Die Preußischen
Polizei-Strafgesetze

unter Einfügung
der für den Regierungs-Bezirk Potsdam und
die Stadt Berlin
erlassenen Spezial-Verordnungen.

Zum
Handgebrauch für den Richter, Anwalt und jeden Privatmann
nach dem Text der verschiedenen Rechtsquellen

herausgegeben

von

F. H. Sydow,
Königl. Obergerichts-Assessor und Gehülfen des Ober-Staatsanwalts,
beim Königl. Kammergericht.

Berlin.
Druck und Verlag von G. Reimer.
1851.

Vorwort.

Die nachfolgende Arbeit hat den Zweck, einem neuerdings aufgetauchten Bedürfniß der Strafrechtspflege zu begegnen.

Seitdem es den Preußischen Richtern obliegt, auch über Polizei-Vergehen zu erkennen (§. 161. der Verordnung vom 3. Januar 1849), hat sich der Mangel einer Zusammenstellung derjenigen Vorschriften, nach welchen diese Vergehen zu bestrafen, vielfach störend gezeigt. Dieselben sind in den verschiedensten Rechtsquellen, dem Corpus Constitutionum Marchicarum, dem Novum Corpus Constitutionum, dem Allgemeinen Landrecht, der Gesetzsammlung, den von Kamptz'schen Annalen, dem Ministerial-Blatt für die innere Verwaltung und den Amtsblättern einer jeden Regierung zerstreut. Dem Richter ist es eine zeitraubende Mühe, das Polizei-Strafgesetz aufzusuchen; der Polizei-Anwalt ist oft gar nicht im Besitz der Quellen und der Privatmann kennt dieselben, geschweige die Verordnungen häufig nicht einmal dem Namen nach.

Dies der Anlaß zur Arbeit.

*

Drei Schwierigkeiten stellten sich derselben entgegen.

1. Der Mangel bestimmter, unzweifelhafter Erkennungszeichen für den Begriff des Polizei-Vergehens.

Die Wissenschaft giebt einen Anhaltpunkt für den Unterschied zwischen Verbrechen und Polizei-Uebertretungen nicht.

Das französische und österreichische Gesetzbuch stellen bestimmte äußere Merkmale dafür auf.

Dies fehlt in unsern Gesetzen.

Ich bin deshalb der meiner Ueberzeugung nach richtigen Ansicht gefolgt, welche die Autorität mehrfacher Aussprüche des Justiz-Ministerii und des Kammergerichts für sich hat. Ich habe die §§. 10. ff. Th. II. Tit. 17. A. L. R. als Leitfaden genommen.

Polizei-Vergehen ist danach die Uebertretung desjenigen Strafgesetzes, welches die Erhaltung der öffentlichen Ruhe, Sicherheit und Ordnung und die Abwendung der dem Publikum oder einzelnen Mitgliedern desselben bevorstehenden Gefahren zum Zweck hat, ein vorsätzliches oder schuldbares Verbrechen aber nicht ahndet.

Es liegt zu Tage, daß dieser Leitfaden ein schwankender ist. Gleichwohl giebt es keinen sicherern. Ich habe ihn bei Bearbeitung des Stoffs unter genauer Prüfung jeden Zweifels benutzt. Derselbe ist in den einzelnen Fällen in einer Anmerkung ausgesprochen; die etwa vorhandene Entscheidung des Königl. Kammergerichts und des Ober-Staatsanwalts ist unter Benutzung der Akten desselben mitaufgeführt und zu Grunde gelegt worden. Im Allgemeinen habe ich zu bemerken:

Ausgeschlossen blieben

a) alle mit Strafen bedrohte, wirkliche Rechtsverletzungen, wenn im Gesetz früher auch dafür eine polizeimäßige

Untersuchung vorgeschrieben war, wie z. B. der kleine gemeine Diebstahl, die geringe Beschädigung fremden Eigenthums aus Muthwillen u. s. w., da diese unter Festhaltung des landrechtlichen Begriffs eines Verbrechens nicht als rein polizeilich, d. h. der Vorbeugung einer Rechtsverletzung wegen strafbare Uebertretungen gelten konnten, wie dies auch wohl allgemein anerkannt ist;

b) alle Steuer-Contraventionen, da diese nach §. 181. der Verordnung vom 3. Januar 1849 dem Untersuhungsverfahren des Abschnitts V. nicht unterliegen;

c) alle Contraventionen in Bezug auf landesherrliche Vorrechte, wie z. B. die Zoll- und Post-Contraventionen, die Eingriffe in das Münzregal, die strafbare Anfertigung öffentlicher Siegel u. a. m., da sie unter denselben Gesichtspunkt wie zu b fallen;

d) die Jagd-Contraventionen, da diese auch jetzt noch nicht deshalb strafbar erscheinen, weil sie dem Wilddiebstahl vorbeugen sollen, sondern weil in dem bloßen Betreten eines fremden Grundstücks mit einem Gewehr schon eine schuldbare Rechtsverletzung zu erblicken ist; während natürlich die Uebertretungen der Jagdpolizeigesetze aufgenommen sind;

e) die Medizinal-Contraventionen, weil diese auch nach der anderweit ausgesprochenen Ansicht (Reg. Verordn. v. 5. Febr. 1832. Amtsbl. S. 62) als dienstliche Vergehen der Aerzte gelten müssen;

f) alle Vorschriften, welche nur gewissen Executiv-Maaßregeln durch Ordnungs- oder andere Strafen Nachdruck geben, wie z. B. die Verordnung in Bezug auf die Versäumniß des Schulbesuchs (Regierungs-Verordnung v. 3. September 1849. Amtsbl. S. 297) u. a. mehr;

g) diejenigen Strafverordnungen, welche die Festsetzung der Strafe gewissen einzelnen Personen, z. B. den Börsen-Commissarien bei Uebertretung der Börsenordnung, den Graben-Schau-Commissionen bei Uebertretung der Graben-Schau-Ordnungen übertragen haben, da diese Strafen sich als Ordnungsstrafen aus einem gesetzlich bestätigten Vertrage darstellen, welchen der Theilnehmer sich durch seinen Beitritt zu dem Unternehmen unterwirft.

2. Die zweite Schwierigkeit der Arbeit war die Zerstreutheit und die große Menge des Materials. Vollständigkeit ist wesentliche Bedingung jedes compilatorischen Unternehmens. Ich maaße mir nicht an, sie ohne Zweifel erfüllt zu haben. Durch eine sorgfältige Durchsicht der oben genannten Quellen hoffe ich, mich der Erfüllung genähert zu haben. Ich habe mir vor Allem gewisse Gränzen gesteckt, von denen ich glaube annehmen zu können, daß sie dem Zwecke des Unternehmens entsprechen.

Ich habe nämlich nur aufgenommen:

a) die für den Preußischen Staat im Allgemeinen, — so weit die Verordn. vom 3. Januar 1849 Anwendung findet — erlassenen, hierher gehörigen Gesetze;

b) nur die gültigen;

c) nur wirkliche Strafvorschriften und alle andern, soweit sie zum Verständniß derselben dienten;

d) diese aber im Text der Verordnungen;

e) die noch gültigen speziellen Polizei-Strafvorschriften des Regierungs-Bezirks Potsdam und der Stadt Berlin. Die beiden Letzteren sind zur Raum-Ersparniß und zur bessern Uebersicht mit kleineren Buchstaben gedruckt. Sie vermehren deshalb den Preis des Bucs nicht bedeutend und werden für andere Bezirke in vielen Fällen sicherlich den Werth der Vergleichung und zuweilen auch den eines Vorbildes haben.

3. Die dritte Schwierigkeit war die der Anordnung. Hier glaubte ich keinen bessern Haltpunkt finden zu können, als den Entwurf des Strafgesetzbuchs für den Preußischen Staat vor 1847. Dieser enthält in dem dritten Theil „von den Polizei-Vergehen und deren Bestrafung" die in der Eintheilung beobachteten Abschnitte. Nur der dritte Titel hat den nothwendigen Zusatz „Vergehen in Beziehung auf die öffentliche Ordnung" erhalten und ein siebenter Titel „Vergehen in Beziehung auf die Gewerbe-Polizei" ist als durch jenen Entwurf nicht berührt, hinzugetreten.

Diese Anordnung, welche auch dem zu erwartenden neuen Strafgesetzbuche höchst wahrscheinlich zu Grunde liegen wird, gewährt den Vortheil, die erfolgenden Abänderungen einzelner Vorschriften leicht vornehmen zu können. Ueberflüssig wird die vorliegende Arbeit durch dies neue Strafgesetz nicht, da Letzteres einen großen Theil hierher gehörender Gebiete (die Forst-, Jagd-, Feld-, Medicinal-, Gewerbe-, Wasser-, Fischerei-Polizei und die spezielleren Bau- und Feuer-Ordnungen) ganz außer Betracht lassen wird; die bisher in dieser Beziehung ergangenen Vorschriften aber nach dem Gesetz über die Polizei-Verwaltung vom 11. März 1850 völlig gültig stehen bleiben, bis sie besonders aufgehoben werden.

Innerhalb der einzelnen Titel ist eine Anordnung nach fortlaufenden Paragraphen am Rande getroffen, damit die einzelnen Gesetzes-Paragraphen nicht mit diesen verwechselt werden können. Die Gesetzesquelle, der Tag und Paragraph eines Gesetzes stehen überall **unter** der mitgetheilten Gesetzesstelle.

Möge der lebhafte Wunsch, etwas Nützliches gewirkt zu haben, einige Erfüllung, die Arbeit selbst aber freundliche Nachsicht finden.

Jeder Beitrag zur Vervollständigung wird dringend erbeten.

Schließlich erlaube ich mir, Herrn Ober-Staatsanwalt Sethe hierselbst, dessen Leitung und Rath mich auch bei dieser Arbeit, wie auf dem ganzen Wege meines amtlichen Lebens, so mannigfach unterstützt hat, dafür den wärmsten Dank, den Dank treuer Ergebenheit auszusprechen.

Berlin, im Dezember 1850.

F. H. Sydow.

Inhalt.

Erster Titel.

Allgemeine Grundsätze über Polizei-Vergehen.

Zweiter Titel.

Vergehen in Bezug auf die Sicherheit und Würde des Staats.

Dritter Titel.

Vergehen in Bezug auf die öffentliche Sittlichkeit und Ordnung.

Vierter Titel.

Vergehen in Bezug auf die persönliche Sicherheit.

Fünfter Titel.

Vergehen in Bezug auf das Vermögen.

Sechster Titel.
Vergehen in Bezug auf die Feuerpolizei.

Siebenter Titel.
Vergehen in Bezug auf die Gewerbepolizei.

Erklärung der Abkürzungen.

a. a. O.	bedeutet:	am angeführten Orte, mit Bezug auf die zunächst vorher genannte Gesetzesstelle.
A. B. oder Amtsbl.	=	Amtsblatt der Königlichen Regierung zu Potsdam.
Absch.	=	Abschnitt.
A. K. O.	=	Allerhöchste Kabinets-Ordre.
allg.	=	allgemein.
A. L. R.	=	Allgemeines Landrecht für die Preußischen Staaten. (Von den dabei stehenden Zahlen weist die römische auf den Theil, die deutsche auf den Titel, in welchem der jedesmal bezeichnete Paragraph zu finden ist.)
Anh.	=	Anhang zum Allgemeinen Landrecht.
Ann. oder v. Kampt Ann.	=	von Kampt Annalen der Preußischen Verwaltung.
Bd.	=	Band.
Bef.	=	Befehl.
Bericht.	=	Berichtigung.
Bekanntm.	=	Bekanntmachung.
C. C. M.	=	Mylii Corpus Constitutionum Marchicarum, enthaltend die Preußischen Gesetze bis 1736.
Circ. Erl. oder Vrf.	=	Circular-Erlaß oder Circular-Verfügung.
Cont.	=	Continuatio des Corpus Constitutionum Marchicarum enthaltend die Preußischen Gesetze von 1737—1747.
Cr. Ordn.	=	Criminal-Ordnung für die Preußischen Staaten.
Ed.	=	Edict.
Entsch.	=	Sammlung der Entscheidungen des Königlichen Ober-Tribunals; im amtlichen Auftrage herausgegeben von verschiedenen Mitgliedern des höchsten Gerichtshofs. Berlin 1837 bis jetzt.
Erk.	=	Erkenntniß.

f.	bedeutet:	für.
F.	=	Fuß.
G. oder Ges.	=	Gesetz.
Gen.	=	Genossen.
G. S. oder Gesetzs.	=	Gesetzsammlung für die Preußischen Staaten.
Jhrb. oder v. Kamptz Jhrb.	=	von Kamptz Jahrbücher für Preußische Rechtswissenschaft.
J. M. Bl.	=	Justizministerial-Blatt für die Preußische Gesetzgebung.
Int. Bl.	=	Intelligenz-Blatt für die Stadt Berlin.
K. O.	=	Kabinets-Ordre.
M. Bl. d. i. V.	=	Ministerial-Blatt der innern Verwaltung für die Preußischen Staaten.
M. Erl.	=	Ministerial-Erlaß.
M. R. oder M. Rscr.	=	Ministerial-Rescript.
M. V. oder Vrf.	=	Ministerial-Verfügung.
N. C. C.	=	Novum Corpus Constitutionum Prussico-Brandenburgensium praecipue Marchicarum, enthaltend die Preußischen Gesetze von 1751 — 1806.
Ob. Pr. Erl.	=	Ober-Präsidial-Erlaß.
P. oder Publ.	=	Publicandum.
Pl. Bschl.	=	Plenar-Beschluß.
Pol. Präs.	=	Königliches Polizei-Präsidium zu Berlin.
Rabe	=	von Rabe, Sammlung Preußischer Gesetze und Verordnungen. Halle und Berlin 1816 — 1825.
Reg. B.	=	Regierungs-Bezirk.
Reg. Instr.	=	Regierungs-Instruktion.
Rgl.	=	Reglement.
Regul.	=	Regulativ.
R. V. oder Reg. V.	=	Regierungs-Verordnung.
S.	=	Seite.
Samml.	=	Sammlung der Polizei-Verordnungen für Berlin, vom Königlichen Polizei-Präsidium herausgegeben. Berlin 1847.
Staatsmin. Bschl.	=	Staatsministerial-Beschluß.
Th.	=	Theil.
Tit.	=	Titel.
u.	=	und.
v.	=	von.
V.	=	Verordnung.
Vrf.	=	Verfügung.
Z.	=	Zoll.

Anweisung zum Gebrauch.

Das Buch zerfällt in 7 Titel; jeder Titel in fortlaufende, durch das vorgedruckte Inhalts-Verzeichniß ausgewiesene, **am Rande** stehende Paragraphen.

Diese enthalten die einzelnen Verordnungen unter Angabe ihres Datums und der amtlichen Quelle, aus welcher sie entnommen sind.

Beides Datum und amtliche Quelle, so wie die einzelnen Paragraphen einer größeren Verordnung, namentlich also auch die Paragraphen der Bestimmungen aus dem Allgemeinen Landrecht stehen **unter dem Text** der Verordnung selbst, sobald das Gegentheil nicht klar erhellt.

Am Schluß ist ein chronologisches und ein alphabetisches Sachregister, so wie ein Verzeichniß der aus dem Allgemeinen Landrecht aufgenommenen Bestimmungen angefügt.

Erster Titel.

Allgemeine Grundsätze über Polizeivergehen.

I. Begriff.

Die nöthigen Anstalten zur Erhaltung der öffentlichen Ruhe, Sicherheit und Ordnung und zur Abwendung der dem Publico oder einzelnen Mitgliedern desselben bevorstehenden Gefahr zu treffen ist das Amt der Polizei. §. 1.

§. 10. II. 17. A. L. R.

Die Untersuchung und Bestrafung der gegen solche Polizeigesetze begangenen Uebertretungen kommt, sobald damit kein vorsätzliches oder schuldbares Verbrechen verbunden ist, der Polizeigerichtsbarkeit zu. §. 2.

§. 11. a. a. O.

Bei einem jeden Vorfalle, wodurch die unter der besondern Obsorge der Polizei stehende öffentliche Ruhe und Sicherheit gestört worden, hat die Polizeigerichtsbarkeit das Recht des ersten Angriffs und der vorläufigen Untersuchung. §. 3.

§. 12. a. a. O.

Findet sich aber bei dieser Untersuchung, daß außer der Uebertretung des Polizeigesetzes zugleich ein vorsätzliches oder schuldbares Verbrechen begangen worden, so muß die Polizei die fernere Verfügung der ordentlichen Gerichtsbarkeit überlassen. §. 4.

§. 13. a. a. O.

Nähere Bestimmungen der Grenzen zwischen der Polizei- und der peinlichen oder bürgerlichen Gerichtsbarkeit bleiben den Provinzialgesetzen und besonderen Polizei-Ordnungen vorbehalten. §. 5.

§. 16. a. a. O.

Die Uebertretung eines Polizeigesetzes, welches der Staat zur Verhütung der Beschädigungen seiner Bürger gegeben hat, ist strafbar, auch wenn dadurch noch kein wirklicher Schade entstanden wäre. §. 6.

§. 512. II. 20. A. L. R.

§. 7. Doch findet in diesem Falle förmliche Untersuchung und Erkenntniß auf Leibes- oder Geld-Strafe nur insofern statt, als auf die Uebertretung eine solche Strafe in den Gesetzen ausdrücklich verordnet ist.

§. 513. a. a. O.

§. 8. II. Ueber die Anwendbarkeit der in den §§. 7—90. Th. II. Tit. 20. A. L. R. enthaltenen allgemeinen strafrechtlichen Bestimmungen auf Polizeivergehen ist gesetzlich nichts Besonderes festgestellt; nur in Betreff der §§. 64 ff. daselbst über die Strafbarkeit der Theilnehmer, Gehülfen und Begünstiger eines Verbrechens hat die K. O. v. 31. Oct. 1841 ausdrücklich ausgesprochen, daß diese Bestimmungen auch bei Polizei-Contraventionen zur Anwendung zu bringen sind, wobei es jedoch dem vernünftigen Ermessen der Polizei-Behörden überlassen wird, nach der Natur und dem Zwecke der Polizeistrafen nicht jede, auch entferntere Theilnahme an einer Polizei-Contravention einer Rüge zu unterwerfen.

Min. Bl. d. i. V. 1842. S. 120.

Ein Bedenken gegen die Anwendung aller andern allgemeinen Strafvorschriften ist übrigens nicht erfindlich.

§. 9. III. Ebenso wenig findet sich eine ausdrückliche Bestimmung über die Verjährung der Polizeivergehen. Wo deshalb nicht einzelne Polizeiverordnungen ein geringeres Maß festsetzen, wird im allgemeinen auch hier auf §. 600. der Cr.-Ordn. zurückzugehen sein, wonach diejenige Strafe, welche in 6monatlichem Gefängniß oder weniger, oder in einer Geldbuße besteht, in 5 Jahren verjährt.

IV. Bedingungen der Gültigkeit eines Polizeistrafgesetzes.

Hier sind zu unterscheiden:

§. 10. A. Die seit der Gültigkeit des Gesetzes über die Polizei-Verwaltung v. 11. März 1850 (Ges. Samml. S. 265 ausgegeben am 27. März) erlassenen Vorschriften. Dasselbe lautet:

§. 1. Die örtliche Polizeiverwaltung wird von den nach den Vorschriften der Gemeindeordnung dazu bestimmten Beamten (Bürgermeistern, Kreisamtmännern, Oberschulzen) im Namen des Königs geführt. Jeder, der sich in ihrem Verwaltungsbezirke aufhält oder daselbst ansässig ist, muß ihren polizeilichen Anordnungen Folge leisten.

§. 2. In Gemeinden, wo sich eine Bezirksregierung, ein Land-, Stadt- oder Kreis-Gericht befindet, so wie in Festungen und in Gemeinden von mehr als 10,000 Einwohnern kann die örtliche Polizeiverwaltung durch Beschluß des Ministers des Innern besondern

dern Staatsbeamten übertragen werden. Auch in anderen Gemeinden kann aus dringenden Gründen dieselbe Einrichtung zeitweise eingeführt werden.

§. 5. Die mit der örtlichen Polizeiverwaltung beauftragten Behörden sind befugt, nach Berathung mit dem Gemeindevorstande ortspolizeiliche, für den Umfang der Gemeinde gültige Vorschriften zu erlassen, und gegen die Nichtbefolgung derselben Geldstrafen bis zum Betrag von 3 Thlr. anzudrohen. Die Strafandrohung kann bis zu einem Betrage von 10 Thlr. gehen, wenn die Bezirksregierung ihre Genehmigung dazu ertheilt hat. Die Bezirksregierungen haben über die Art der Verkündigung der ortspolizeilichen Vorschriften, so wie über die Formen, von deren Beobachtung die Gültigkeit derselben abhängt, die erforderlichen Bestimmungen zu erlassen.

§. 6. Zu den Gegenständen der ortspolizeilichen Vorschriften gehören:

a. Der Schutz der Personen und des Eigenthums;
b. Ordnung, Sicherheit und Leichtigkeit des Verkehrs auf öffentlichen Straßen, Wegen und Plätzen, Brücken, Ufern und Gewässern;
c. Der Marktverkehr und das öffentliche Feilhalten von Nahrungsmitteln;
d. Ordnung und Gesetzlichkeit bei dem öffentlichen Zusammensein einer größern Anzahl von Personen;
e. Das öffentliche Interesse in Bezug auf die Aufnahme und Beherbergung von Fremden; die Wein-, Bier- und Caffee-Wirthschaften und sonstige Einrichtungen zur Verabreichung von Speisen und Getränken;
f. Sorge für Leben und Gesundheit;
g. Fürsorge gegen Feuersgefahr bei Bau-Ausführungen, so wie gegen gemeinschädliche und gemeingefährliche Handlungen, Unternehmungen und Ereignisse überhaupt;
h. Schutz der Felder, Wiesen, Weiden, Wälder, Baumpflanzungen, Weinberge u. s. w.;
i. Alles andere, was im besonderen Interesse der Gemeinden und ihrer Angehörigen polizeilich geordnet werden muß.

§. 7. Zu Verordnungen über Gegenstände der landwirthschaftlichen Polizei ist die Zustimmung der Gemeindevertretung erforderlich.

(§. 8. interessirt hier nicht.)

§§. 9. 10. Der Regierungspräsident ist befugt, jede ortspolizeiliche Vorschrift durch einen förmlichen Beschluß unter Angabe der Gründe außer Kraft zu setzen, abzuändern oder aufzuheben. Dem Beschlusse muß, mit Ausnahme dringender Fälle, eine Berathung des

Bezirksraths vorhergehen. Die Erklärung des Letzteren ist entscheidend: 1) wenn eine ortspolizeiliche Vorschrift außer Kraft gesetzt werden soll, weil sie das Gemeindewohl verletzt; 2) wenn es sich darum handelt, eine Verordnung über Gegenstände der landwirthschaftlichen Polizei wegen ihrer Unzweckmäßigkeit aufzuheben.

§. 11. Die Bezirksregierungen sind befugt, für mehrere Gemeinden ihres Verwaltungsbezirks oder für den ganzen Umfang desselben gültige Polizei-Vorschriften zu erlassen, und gegen die Nichtbefolgung derselben Geldstrafen bis zum Betrage von 10 Thlr. anzudrohen. Der Minister des Innern hat über die Art der Verkündigung solcher Vorschriften, so wie über die Formen, von deren Beobachtung die Gültigkeit derselben abhängt, die erforderlichen Bestimmungen zu erlassen.

§. 12. Die Vorschriften der Bezirksregierungen (§. 11.) können sich auf die im §. 6. dieses Gesetzes angeführten und alle anderen Gegenstände beziehen, deren polizeiliche Regelung durch die Verhältnisse der Gemeinden oder des Bezirks erfordert wird.

§. 13. Zum Erlasse solcher Vorschriften der Bezirksregierungen, welche die landwirthschaftliche Polizei betreffen, ist die Zustimmung des Bezirksraths erforderlich.

§. 14. Die Befugniß der Bezirksregierungen, sonstige allgemeine Verbote und Strafbestimmungen in Ermangelung eines bereits bestehenden gesetzlichen Verbots mit höherer Genehmigung zu erlassen, ist aufgehoben.

§. 15. Es dürfen in die polizeilichen Vorschriften (§§. 5 u. 11.) keine Bestimmungen aufgenommen werden, welche mit den Gesetzen oder den Verordnungen einer höheren Instanz in Widerspruch stehen.

§. 16. Der Minister des Innern ist befugt, soweit Gesetze nicht entgegenstehen, jede polizeiliche Vorschrift durch einen förmlichen Beschluß außer Kraft zu setzen. Die Genehmigung des Königs ist hierzu erforderlich, wenn die polizeiliche Vorschrift vom Könige oder mit dessen Genehmigung erlassen war.

§. 17. Die Polizeirichter haben über alle Zuwiderhandlungen gegen polizeiliche Vorschriften (§§. 5 u. 11.) zu erkennen, und dabei nicht die Nothwendigkeit oder Zweckmäßigkeit, sondern nur die gesetzliche Gültigkeit jener Vorschriften nach den Bestimmungen der §§. 5, 11 u. 15. dieses Gesetzes in Erwägung zu ziehen.

§. 18. Für den Fall des Unvermögens des Angeschuldigten ist auf verhältnißmäßige Gefängnißstrafe zu erkennen. Das höchste Maaß derselben ist 4 Tage statt 3 Thlr. und 14 Tage statt 10 Thlr.

§. 19. Die bisher erlassenen polizeilichen Vorschriften bleiben so lange in Kraft, bis sie in Gemäßheit dieses Gesetzes aufgehoben werden.

In Gemäßheit des §. 11. des G. v. 11. März 1850 hat der Min. des Innern durch Verf. v. 6. Juni 1850 bestimmt: §. 11.

1) der Erlaß muß ausdrücklich auf den §. 11. Bezug nehmen und als polizeiliche Vorschrift, Polizei-Verordnung oder Polizei-Reglement bezeichnet sein;
2) die Strafe der Nichtbefolgung oder Uebertretung ist innerhalb des zulässigen Betrages von 10 Thlr. dergestalt festzusetzen, daß entweder eine bestimmte Summe oder ein Minimum und Maximum oder auch nur das Letztere angegeben wird;
3) die Verkündigung muß durch Aufnahme des ganzen Erlasses in das Amtsblatt bewirkt werden.

Jede andere Art der Bekanntmachung ist einflußlos für die gesetzliche Wirkung polizeilicher Vorschriften der Bezirksregierungen.

A. B. S. 209.

Durch Min.-Erlaß v. 22. Juli 1850 ist bestimmt, daß die Befugniß zum selbstständigen Erlaß von Ortspolizeiverordnungen auf Grund des Gesetzes vom 11. März 1850 auch schon den bestehenden Ortspolizeibehörden gebühren soll.

A. B. S. 282.

Für den Reg.-B. Potsdam

ist demgemäß außer den gesetzlichen Vorschriften wegen der Gültigkeit solcher Verordnungen noch Folgendes bestimmt:

a) sie sind in den Städten am Rathhause oder Polizei-Dienstgebäude, auf dem Lande an dem von der Polizeiobrigkeit ein für allemal dazu bestimmten Ort öffentlich anzuschlagen und 3 Monate lang daselbst zu belassen,

b) ihrem ganzen Inhalt nach und mit der ausdrücklichen Bezeichnung „Ortspolizei-Verordnung" in ein geeignetes im Kreise oder in der Stadt erscheinendes Blatt, welchem die Publikationskraft von der Reg. besonders beigelegt worden ist, aufzunehmen oder in Ermangelung eines solchen Blattes in den Städten öffentlich auszurufen, auf dem Lande einmal öffentlich in der Gemeinde-Versammlung vorzulesen.

c) Verordnungen, die sich nur auf eine gewisse Stelle oder Oertlichkeit beziehen, sind überdies noch in einer an Ort und Stelle aufzurichtenden Verbots- oder Warnungstafel zu veröffentlichen.

d) Die verbindliche Kraft der Verordnung tritt ein mit dem Ausgabe-Tage des öffentlichen Blattes, in dessen Ermangelung mit dem Tage des Ausrufs oder auf dem Lande des Vorlesens vor versammelter Gemeinde.

Reg. V. v. 20. Aug. 1850. A. Bl. S. 282.

B. Die früher erlassenen polizeilichen Vorschriften. §. 12.

In Bezug auf sie verordnet §. 45. der V. v. 26. Dez. 1808 (N. C. C. Bd. XII. S. 699):

Auf die von den Regierungen mit höherer Genehmigung in Polizei- und Landes-Angelegenheiten erlassenen Publicanda sind die Landesjustizcollegien bei ihren Entscheidungen in soweit Rücksicht zu nehmen verbunden, als darin keine härtere Strafe, wie in den Gesetzen, festgesetzt ist, in welchem Falle die Strafe nach diesen zu bestimmen ist.

Ferner §. 11. der Reg.-Instr. v. 23. Oct. 1817, Gesetzs. S. 254:

Allgemeine Verbote und Strafbestimmungen dürfen sämmtliche Regierungen nicht ohne höhere Genehmigung erlassen, es sei denn, daß das Verbot an sich schon durch ein Gesetz feststeht, in letzterem aber die Strafe nicht ausdrücklich bestimmt ist. In diesem Falle können sie innerhalb der Grenzen des A. L. R. Th. II. Tit. 20. §§. 33, 35 u. 240. (bis 50 Thlr. Geld oder 6 Wochen Gefängniß) die Strafe bestimmen und bekannt machen. Auch steht ihnen ohne Anfrage frei, schon bestehende Vorschriften von neuem in Erinnerung zu bringen und bekannt zu machen.

Für Berlin,

und zwar für die Stadt selbst und deren Vorstädte und die zum Communalverband des platten Landes nicht gehörigen Umgebungen ist durch das Rgl. v. 18. Sept. 1822 (Ann. Bd. 8. S. 492) diese Befugniß der Regierungen auf das Königl. Polizei-Präsidium daselbst übertragen worden.

§. 13. Die Ausübung des in §. 6. II. 13. A. L. R. gedachten Majestätsrechts, allgemeine Polizei-Verordnungen zu erlassen, steht verfassungsmäßig den Verwaltungsministerien in so weit zu, als dieselben für ermächtigt gehalten werden müssen, polizeiliche Anordnungen und Strafbestimmungen innerhalb der Gränzen der polizeilichen Strafgewalt zu erlassen und deren Erlaß von Seiten der Regierungen zu genehmigen.

Staatsmin. Bschl. v. 7. Januar 1845, Just. M. Bl. S. 31.

§. 14. Durch K. O. v. 8. Feb. 1840 (Ges. S. S. 32) ist den Regierungen die Befugniß beigelegt, die Art der Publication kreis- und lokalpolizeilicher Verordnungen innerhalb ihrer Verwaltungsbezirke, wo ein Bedürfniß dazu vorhanden ist, mit verbindlicher Kraft für das Publicum und für sämmtliche Verwaltungs- und Justizbehörden, zu bestimmen.

Für Berlin:

Das Polizeipräsidium der Residenz Berlin, welchem dieselbe Befugniß ertheilt ist, hat zur Feststellung der Publicationsart lokalpolizeilicher Verordnungen für Berlin und dessen Polizei-Bezirk zuvor die Genehmigung des Ministers des Innern und der Polizei einzuholen.

K. O. v. 8. Feb. 1840.

Mit ministerieller Genehmigung ist das Intelligenzblatt für Berlin zum amtlichen Publicationsorgan gewählt worden.

Vrf. v. 26. Dec. 1849 (A. B. 430). Vrf. v. 24. Dec. 1847 (A. B. v. 1848 S. 7).

Für den Reg.-B. Potsdam:

Demgemäß hat die Regierung zu Potsdam unter dem 13. Dec. 1842 (Amtsbl. S. 363) bestimmt:

1. Alle Lokalpolizei-Verordnungen müssen sowohl in den Städten am Rathhause oder Polizei-Dienstgebäude, als auch in den Landgemeinden an dem von der Polizeiobrigkeit ein für allemal dazu bestimmten Orte öffentlich angeschlagen und 3 Monate lang ausgehangen werden.

2. Außer dem öffentlichen Anschlag und Aushang soll als zweites Erforderniß einer vollständigen Publication in den Städten entweder der öffentliche Ausruf, daß die im Auszuge zu verkündende Verordnung erlassen, angeschlagen und nachzulesen sei, oder die Insertion derselben in geeignete Intelligenzblätter, welche an dem Orte erscheinen, und auf dem Lande das einmalige öffentliche Vorlesen in der Gemeindeversammlung erfolgen.

Die Bestimmung der öffentlichen Plätze und Stellen, wo der Ausruf stattfinden soll, bleibt den städtischen Polizei-Behörden überlassen.

Die an die Stelle des Ausrufs tretenden öffentlichen Blätter werden auf den Vorschlag und Antrag der Ortspolizei-Behörden von der Regierung bestimmt, und die betreffenden Städte und Blätter namentlich durch das Regierungs-Amtsblatt bekannt gemacht.

3. Die verbindliche Kraft der Lokalpolizei-Verordnung tritt in den Städten mit dem Tage, wo der Ausruf geschehen, oder das Intelligenzblatt ausgegeben ist, und auf dem Lande mit dem Tage des Ablesens vor versammelter Gemeinde ein. Die in der einen oder der andern Art vollzogene Publication ist von der Behörde, welche die Verordnung publicirt, aktenmäßig zu vermerken.

4. Bei Lokalverordnungen, welche nur einzelne Klassen oder Personen der Einwohnerschaft betreffen, genügt die gehörig bescheinigte Insinuation der Verordnung durch Patente oder Circulare an die Betheiligten; und bei Verordnungen, die sich nur auf eine gewisse Stelle oder Oertlichkeit beziehen, ist zur gültigen Publication die Aufstellung einer Verbots- oder Warnungs-Tafel an Ort und Stelle erforderlich und auch zulänglich.

5. Die kreispolizeilichen Verordnungen sollen in jeder Ortschaft des Kreises auf dieselbe Weise, wie die Lokalverordnungen, durch die Ortsbehörde publicirt werden, und mit dem für deren Publicationsart vorgeschriebenen Zeitpunkt in Gültigkeit treten. Die landräthlichen Behörden haben nur dafür zu sorgen, daß ihre zur Publication bestimmten amtlichen Verfügungen den Ortsbehörden entweder durch ein Exemplar der etwa bestehenden Kreisblätter oder auf dem gewöhnlichen Wege schriftlich zugehen.

Durch Reg.-V. v. 7. Jan. 1847 (Amtsbl. S. 13) ist die an einzelnen Orten üblich gewesene Publicationsweise von Verordnungen mittelst des Aushängens an Kirchthüren untersagt worden.

V. Nach Abschnitt V. der V. v. 3. Jan. 1849 (Gesetzs. S. 12 ff.) wird die Polizeigerichtsbarkeit von einzelnen commissarisch zu diesem Geschäfte ernannten Richtern auf Anklage der dazu bestellten Polizei-Anwälte verwaltet. Ueber die Zuständigkeit dieser Richter für einzelne Fälle ist in den Gesetzen etwas Ausdrückliches nicht verordnet. Praktisch sind in dem Bezirk des Königl. Kammergerichts bis jetzt in dieser Beziehung deshalb die betreffenden Vorschriften der Kriminalordnung §§. 77 ff. angewendet worden, so weit dieselben passend erschienen, und ist namentlich als der hauptsächlich zuständige Richter stets §. 15.

der Richter des Bezirks betrachtet worden, innerhalb dessen Grenzen das Vergehen verübt worden ist (forum delicti commissi).

§. 16. Hinsichts der Militairpersonen erscheint §. 3. Absch. 1. Tit. 1. Th. II. des Militairstrafgesetzbuches v. 3. Apr. 1845 (Gesetzs. S. 330) nicht aufgehoben, welcher lautet:

Den Civilbehörden bleibt die Untersuchung und Entscheidung der Contraventionen gegen Finanz- und Polizei-Gesetze und gegen Jagd- und Fischerei-Verordnungen in dem Falle überlassen, wenn die Contravention im Gesetz nur mit Geldbuße oder Confiscation bedroht ist. Ist dagegen im Gesetz die Contravention nur oder alternativ mit Freiheitsstrafe bedroht, oder trifft mit der Contravention ein anderes Verbrechen zusammen, so steht die Untersuchung und Entscheidung ausschließlich den Militairgerichten zu.

Nach der K. O. v. 19. Aug. 1847 (Gesetzs. S. 334) sind die Civilbehörden aber nicht zuständig, sobald die erwähnten Polizeigesetze aus militairpolizeilichen Anordnungen bestehen.

Zweiter Titel.

Vergehen in Beziehung auf die Sicherheit und Würde des Staates.

I. Aeußere Sicherheit des Staates.

Ohne besondere Erlaubniß der Obrigkeit darf kein Einwohner des Staats sich zu Kriegszeiten mit irgend jemanden von feindlicher Seite in heimliches Vernehmen einlassen. §. 1.

§. 120. Th. II. Tit. 20. A. L. R.

Wer seiner Privatgeschäfte wegen zu Kriegszeiten Reisen in feindliche Lande vornehmen muß, ist die schriftliche Erlaubniß seiner Obrigkeit nachzusuchen verbunden. §. 2.

§. 121. a. a. O.

Briefwechsel in feindliche Lande darf ohne dergleichen besondere Erlaubniß nicht anders als durch den Weg der öffentlichen Posten, auch nie in Ziffern oder andern geheimen Zeichen geführt werden. §. 3.

§. 122. a. a. O.

Niemand soll fremde Personen bei sich aufnehmen oder deren heimlichen Aufenthalt begünstigen; sondern er ist schuldig, der Obrigkeit seines Ortes davon sofort Nachricht zu geben. §. 4.

§. 123. a. a. O.

Wer diesen Vorschriften (§§. 121—123.) zuwider handelt, soll, wenn er auch bei näherer Untersuchung einer Verrätherei oder der Theilnehmung und Mitwissenschaft davon nicht schuldig befunden wird, dennoch in eine seinem Vergehen angemessene empfindliche Leibes- oder verhältnißmäßige Geld-Strafe verurtheilt werden. §. 5.

§. 124. a. a. O.

Ohne ausdrückliche Bewilligung des Landesherrn soll niemand im Lande Befestigungen anlegen, welche den Feinden des Staates zum Aufenthalte dienen könnten. §. 6.

§. 125. a. a. O.

§. 7. Niemand soll schweres Geschütz, Waffen oder Kriegsvorräthe heimlich aufsammeln.

§. 126. a. a. O.

§. 8. Niemand soll ohne Zwang dem Feinde Lebensmittel oder Kriegesbedürfnisse zuführen.

§. 127. a. a. O.

§. 9. Niemand soll bewaffnete Leute zusammenbringen oder in Sold nehmen, der nicht von dem Staate ausdrücklich dazu bevollmächtigt worden.

§. 128. a. a. O.

§. 10. Niemand, der nicht vermöge seines Amtes dazu berechtigt ist, soll Risse der Festungen, Operationspläne und andere geheime Nachrichten, deren Bekanntwerdung besonders in Kriegeszeiten dem Staate gefährlich sein könnte, sammeln und besitzen; vielmehr dieselben, wenn sie ihm zukommen, an die Behörde sofort abliefern.

§. 129. a. a. O.

§. 11. Wer wider diese Vorschriften (§§. 125—129.) handelt, der soll, nach Verhältniß seiner Uebertretung, der für den Staat zu besorgenden Gefahr und des seine Absicht dabei treffenden Verdachts, mit nachdrücklicher Geld- oder Leibesstrafe nach Beschaffenheit der Person und ihres Vermögens belegt werden.

§. 130. a. a. O.

§. 12. Wer der Bestimmung in Art. 20. der Cartell-Convention mit Rußland v. $\frac{20}{8}$ Mai 1813 zuwider einen Deserteur, einen bereits reklamirten Militairpflichtigen oder einen zur Auslieferung geeigneten Verbrecher verbirgt, oder demselben nach andern entfernten Gegenden forthilft, um ihn auf diese Weise der Auslieferung zu entziehen, wird mit der im §. 35. II. 20. A. L. R. verordneten Strafe belegt.

A. K. O. v. 27. Sept. 1841 Gesetzs. S. 660.

§. 13. Ein beurlaubter Landwehrmann, der bei seiner Aufenthaltsveränderung die Anmeldung in dem neuen Aufenthaltsorte länger als 14 Tage versäumt hat, ist disciplinarisch mit Geldstrafe von 2—5 Thlr. oder mit Gefängnißstrafe von 3—8 Tagen zu belegen.

Hat er jedoch nur die vorschriftsmäßige Abmeldung versäumt, sich aber rechtzeitig in dem Bezirk seines neuen Aufenthaltsortes angemeldet, so trifft ihn nur Geldstrafe von 1—2 Thlr. oder Gefängnißstrafe von 1—2 Tagen.

Diese Strafen für die unterlassene An- oder Abmeldung sind auf Requisition des Bataillons-Commandeurs durch die Civilbehörden festzusetzen und sofort zu vollstrecken.

§. 39. der V. über die Disciplinarbestrafung in der Armee v. 21. Oct. 1841 (Gesetzs. S. 334.)

§. 14. Ein jeder in der Aushebungsliste als anwesend aufgeführter Militairpflichtiger, welcher der Aufforderung, sich zur Musterung vor der

Kreis-Ersatz-Kommission persönlich zu gestellen, ohne einen von dieser Kommission als genügend und rechtmäßig erkannten Grund keine Folge leistet, muß ohne Rücksicht auf die Nummer des für ihn gezogenen Looses primo loco, insofern er späterhin dienstbrauchbar befunden wird, eingestellt, falls er aber nicht tauglich sein möchte, mit einer dreitägigen polizeilichen Gefängnißstrafe belegt werden. Hält die Kommission den Militairpflichtgen wegen seines Nichterscheinens für entschuldigt, so wird derselbe vorläufig für diensttauglich geachtet und es wird darnach das Nöthige in der Liste bemerkt.

§. 31. der Min. Instr. v. 13. April 1825 betr. das Verfahren bei den Ersatz-Aushebungen. Amtsb. Beilage zum 23. Stück.

Die Landräthe werden, nachdem sie die Bestimmung der Departements-Ersatz-Commissionen wegen der Versammlungstage und Orte erhalten haben, die in den Aushebungslisten als anwesend verzeichneten, vor die Departements-Commission zu gestellenden Mannschaften wenigstens 3 Tage vor der Ankunft der gedachten Commission anweisen lassen, sich zur festgesetzten Stunde an den bestimmten Orten unter der Verwarnung persönlich einzufinden, daß diejenigen, welche sich ohne einen der Commission genügenden Entschuldigungsgrund nicht gestellen möchten, als ungehorsame Militairpflichtige behandelt, und demzufolge im Fall ihrer Dienstbrauchbarkeit, sobald man sich ihrer habhaft gemacht, sofort, ohne Rücksicht auf ihre Loosungsnummer, einem Truppentheile zur augenblicklichen Einstellung überwiesen, im Fall ihrer Dienstuntauglichkeit aber mit einer polizeilichen dreitägigen Gefängnißstrafe belegt werden würden. §. 15.

§. 44. a. a. O.

Sobald der König es für angemessen erachtet, die Armee oder auch nur einen Theil derselben auf den Kriegsfuß setzen zu lassen, tritt für sämmtliche Unterthanen die Verpflichtung ein, die zum Kriegsdienst tauglichen Pferde auf die deshalb an sie ergehende Aufforderung der Behörden sofort unweigerlich zu gestellen. §. 16.

Ausgenommen von dieser Verpflichtung sind nur die Dienstpferde der Beamten und Posthalter, weil hier der Staatsdienst und das öffentliche Interesse Ausnahmen nöthig machen. Bei den Beamten kann jedoch nur die zur Ausführung der ihnen obliegenden Dienstgeschäfte wirklich nöthige Zahl von Pferden, und bei den Posthaltern nur diejenige Zahl verschont bleiben, deren Haltung ihnen contraktlich zur Förderung der Posten obliegt.

Alle übrigen Pferde, sowohl Luxus- als Arbeitspferde und ohne jeden Unterschied der Besitzer müssen, soweit es der Bedarf für die Armee nöthig macht, hergegeben werden. Damit aber diese Ermittelung bei Zeiten und für das Land so schonend als möglich gemacht werden möge, wird der Minister des Innern und der Polizei einer jeden Provinz das Contingent bekannt machen, welches sie zu liefern hat. Der Oberpräsident der Provinz hat darnach, in Uebereinstimmung mit dem commandirenden General, die näheren Bestimmungen über die Art der Gestellung, Auswahl und Abschätzung der Pferde, so wie über die sonstigen Maßregeln, welche für den ordnungsmäßigen Gang des Geschäftes nothwendig sind, unter Berücksichtigung der dieserhalb schon ergangenen Festsetzungen nach den Verhältnissen der einzelnen Landestheile, für jede Provinz in ein besonderes Reglement zusammenzufassen. Diese Provinzialreglements sind, nachdem sie die Genehmigung der Ministerien des Innern und der Polizei und des Krieges erhalten haben werden, durch die Amtsblätter zur öffentlichen Kenntniß zu bringen.

Wo nicht die Ablieferung des vollen Bedarfs und in annehmlicher Qualität zur Zufriedenheit des commandirenden Generals gesichert ist, und eine Mobilmachung eintritt, da sollen auf die erste Aufforderung alle die oben nicht ausgenommenen Pferde sofort an diejenigen Orte gestellt werden, welche die Behörde zu ihrer Auswahl und resp. Abnahme bestimmen wird.

Die Provinzialbehörden sind ermächtigt, gegen diejenigen Eigenthümer von Pferden, welche sich in deren Gestellung säumig finden lassen, eine polizeiliche Geldstrafe von 5—50 Thlr. festzusetzen.

Die vorstehenden Anordnungen beziehen sich überall nur auf die Aushebung der zum Bedarf des stehenden Heeres und der Gardelandwehr erforderlichen Pferde. Hinsichtlich der Provinziallandwehr behält es bei der schon durch die Landwehrordnung v. 21. Nov. 1815 begründeten Bestimmung dahin sein Bewenden, daß jeder Landwehrbataillonsbezirk die zur Ausrüstung seiner Landwehr nöthigen Pferde unentgeltlich beschaffen muß. Den Beschlüssen der Kreisstände bleibt es überlassen, ob sie ihre Contingente an Landwehrpferden durch Aushebung in derselben Art, wie für die Linie, oder im Wege des Ankaufs beschaffen wollen.

Verord. v. 24. Febr. 1834 Gesetzs. S. 56 ff.

Für den Reg.=B. Potsdam:

In Gemäßheit obiger Verordnung hat der Ober=Präsident der Provinz Brandenburg im Einverständniß mit den General=Commandos des 2ten, 3ten und 4ten Armee=Corps das Reglement wegen Gestellung, Auswahl und Abschätzung der Mobilmachungs=Pferde in der Provinz Brandenburg aufgestellt, welches die Minister des Innern und des Krieges unterm 27. Aug. 1838 genehmigt haben.

Dies Reglement vom 30. Mai 1838 (A. B. S. 293 u. Beilage) ordnet das Verfahren und bestimmt dann noch ausdrücklich:

Jede Unwillfährigkeit gegen die Aufforderungen der Landräthe oder Bezirks=Vorstände bei einer Armee=Mobilmachung hat angemessene Geldstrafe in den Gränzen der Verordnung vom 24. Febr. 1834 (5—50 Thlr.) zur Folge.

II. Innere Sicherheit und Würde des Staates.

1. Vorbeugungsmittel gegen Auflauf und Aufruhr.

Allem Zusammenlauf des Volks an ungewöhnlichen Tagen und Orten, besonders aber nächtlichen Schwärmereien und Beunruhigungen der Einwohner eines Ortes, soll von der Obrigkeit durch ernstliche Mittel gesteuert werden. §. 17.

§. 181. II. 20. A. L. R.

Die Anstifter derselben, sowie die Theilnehmer, welche sich nicht weisen lassen, sind mit Arrest in dem öffentlichen Gefängniß auf 8 Tage bis 6 Wochen, oder verhältnißmäßiger Geld- oder anderer Leibes-Strafe zu belegen. §. 18.

§. 182. a. a. O.

Muthwillige Buben, welche auf den Straßen oder sonst Unruhe erregen, oder grobe Unsittlichkeiten verüben, sollen mit verhältnißmäßigem Gefängniß, körperlicher Züchtigung oder Zuchthausstrafe belegt werden. §. 19.

§. 183. a. a. O.*)

Machen andere Personen sich dergleichen Unfugs schuldig, so finden die vorstehenden Vorschriften (unter diesen ist §. 183.) auch auf sie ihre Anwendung. §. 20.

§. 2. der V. v. 17. Aug. 1835. (Gesetzs. S. 170.)

Bei entstehenden Tumulten ist jeder Hauswirth oder derjenige, der seine Stelle versieht, sobald er von dem Auflaufe Nachricht erhält, verpflichtet, sein Haus zu verschließen, und so lange der Auflauf nicht gestillt ist, solchen im Hause befindlichen Personen den Ausgang zu verwehren, von welchen zu besorgen ist, daß sie aus Neugierde oder böser Absicht den versammelten Volkshaufen vermehren könnten. Sämmtliche Bewohner des Hauses sind schuldig, durch Befolgung der in nachstehenden §§. 2 u. 3. enthaltenen Vorschriften dem Hauswirthe hierin zu assistiren, und ihn in den Stand zu setzen, dieser Obliegenheit zu genügen, wobei jederzeit dafür gesorgt werden muß, daß den nach Hause Zurückkehrenden der Eingang nicht verwehrt werde. §. 21.

§. 1. der Circ. V. v. 30. Dez. 1798. (N. C. C. X. S. 1851.)

Gleichmäßig sind Eltern, Schullehrer und Herrschaften verbunden, ihre Kinder, Zöglinge und Gesinde zurückzuhalten, und ihnen unter keinerlei Vorwand zu gestatten, die Volksmenge durch ihr Hinzutreten zu vergrößern. §. 22.

§. 2. a. a. O.

*) Es kann zweifelhaft sein, ob §. 183. a. a. O. ein Polizeivergehen enthält. Das Königl. Kammergericht hat es bisher in mehrfachen Erkenntnissen und Verfügungen angenommen.

§. 23. Die Entrepreneurs von Fabriken, die Gewerkmeister, im besondern diejenigen, welche Spinnereien halten, sind schuldig, solche Vorkehrungen zu treffen, daß ihre Arbeiter, Gesellen, Lehrlinge und Tagelöhner verhindert werden, sich aus den Werkstätten und Wohnungen zu entfernen.

§. 3. a. a. O.

§. 24. Sollten sich Miethsleute, Gesellen, Lehrlinge oder Dienstboten den Anordnungen der Hauswirthe, Meister oder Herrschaften widersetzen, und des Verbotes ungeachtet sich zur Zeit eines Tumultes von ihren Wohnungen oder Werkstätten ohne rechtliche Veranlassung entfernen, so sollen sie deshalb auf erfolgende Anzeigen von der Obrigkeit gebührend bestraft werden; so wie denn auch diejenigen, welche die nach §§. 1—3. zu treffenden Vorkehrungen unterlassen, deshalb zur Verantwortung gezogen werden sollen, wenn der Auflauf durch solche Personen vergrößert worden, welche sie hätten abhalten können und sollen.

§. 4. a. a. O.

§. 25. Alle diejenigen, welche Wein, Branntwein, Liqueur, Bier und andere Getränke feil haben, ferner diejenigen, welche Tanzboden halten, müssen bei entstehendem Tumulte ihre Läden, Keller und Wohnungen sogleich verschließen und sie nicht eher wieder öffnen, bis der Auflauf ganz gedämpft ist. In der Nähe des Tumultes dürfen dergleichen Getränke unter keinerlei Vorwande an irgend Jemand gereicht werden, und erst in den, von dem Tumulte entfernten Gegenden dürfen während der Dauer desselben nur an solche Personen Getränke überlassen werden, von welchen man gewiß überzeugt ist, daß sie an dem Tumulte keinen Theil nehmen. Wer diese Vorschrift übertritt, hat nachdrückliche Geld- oder Leibes-Strafe zu gewärtigen.

§. 5. a. a. O.

§. 26. Die §§. 181—183. II. 20. A. L. R. sind zur Anwendung zu bringen bei dem an den sogenannten Polterabenden begangenen Unfug.

Min. Rscr. v. 10. Nov. 1833 (Ann. XVII. S. 1006.)

Für den Reg.-B. Potsdam:

ist das Rscr. v. 10. Nov. 1833 besonders eingeschärft durch Reg. V. v. 23. Dez. 1833 (A. B. v. 1834 S. 2.), welche auf den Unfug der sog. Polterabende eine Strafe von 2—5 Thlrn. setzt.

§. 27. Ebenso ist der §. 183. a. a. O. auf diejenigen zu beziehen, welche fälschlich vorgeben, beraubt zu sein, und auf diese Weise das Publicum beunruhigen.

Rscr. v. 7. März 1840. (Min. Bl. d. i. V. S. 67.)

§. 28. Ebenso trifft die darin verordnete Strafe diejenigen, welche sich boshafter und muthwilliger Thierquälerei schuldig machen.

Rscr. v. 3. Juli 1841. (Min. Bl. d. i. V. S. 173.)

Für den Reg.-B. Potsdam:

Das Rscr. v. 3. Juli 1841 ist durch die Reg. V. v. 10. Aug. 1841 (Amtsb. S. 225.) besonders eingeschärft.

Mit Rücksicht auf die Dorfordnung v. 1702, die V. v. 17. Dez. 1686, 18. Dez. 1711 u. 23. Dez. 1739 wird festgesetzt: daß alles Musiciren und Singen vom Thurme in der Christnacht gänzlich unterbleiben, und wo es am Tage geschieht, nur unter gehöriger polizeilicher Aufsicht zur Vermeidung alles dabei entstehenden Unfugs vorgenommen werden soll.

Vrf. v. 25. Nov. 1811 Amtsb. S. 297.

Für Berlin:

ist die Ruhestörung an den sogenannten Polterabenden durch mehrfache Verordnungen, unter andern v. 24. Febr. 1834 ausdrücklich untersagt.

Wer sich ohne polizeiliche Erlaubniß zum Zweck des Abwartens einer Gelegenheit zur Beschäftigung auf den Straßen oder öffentlichen Plätzen aufstellt, hat 24stündiges Gefängniß, im Wiederholungsfall nachdrücklichere Strafe verwirkt.

V. v. 27. Febr. 1829. A. B. S. 42.

Ohne ausdrückliche Erlaubniß der Polizeiobrigkeit soll keine Redoute, öffentliche Maskerade oder andere dergleichen öffentliche Lustbarkeit veranstaltet werden. §. 29.

§. 186 II. 20. A. L. R.

Wenn die Obrigkeit die Erlaubniß ertheilt, so muß sie zugleich die nöthige Aufsicht zur Verhütung aller Unordnungen, bei eigener Vertretung, veranstalten. §. 30.

§. 187. a. a. O.

Wenn der Unternehmer solcher Lustbarkeiten sich die Erlaubniß und den Schutz der Obrigkeit nicht erbeten hat, so soll er wegen aller dabei vorgefallenen Unordnungen oder Verbrechen gleich demjenigen, welcher dazu thätigen Beistand geleistet hat, bestraft werden. §. 31.

§. 188. a. a. O.

Ein gleiches findet statt, wenn der Unternehmer bei wirklich entstandenen Unordnungen die nöthige Hülfe zu deren Beilegung nicht in Zeiten erfordert, ob er gleich die §. 186. vorgeschriebene Anzeige bei der Obrigkeit nicht unterlassen hat. §. 32.

§. 189. a. a. O.

Auch bei Gelagen in Wirthshäusern und anderen Versammlungsplätzen des gemeinen Volkes muß die Obrigkeit durch die Polizei darauf Acht haben, daß keine Unordnungen vorfallen, und nicht zugeben, daß solche Zusammenkünfte über die in der Polizeiordnung bestimmte Zeit fortdauern. §. 33.

§. 190. a. a. O.

Für den Reg.-B. Potsdam:

Nur diejenigen, welche das nach §. 131. des Gew. Pol. Edikts v. 7. Sept. 1811 erforderliche Zeugniß der örtlichen Polizei-Behörde über die ihnen gestattete Unterhaltung eines öffentlichen Tanzbodens beibringen, sind zur Veranstaltung von Tanzlustbarkeiten ohne weitere Erlaubniß unter Beobachtung der übrigen polizeilichen Vorschriften berechtigt.

Die auf gesetzlichem Wege erlangte Befugniß, eine Gastwirthschaft, Schankstätte, Krugnahrung, Herberge 2c. zu betreiben und zu halten, berechtigt die Inhaber nicht, Tanzlustbarkeiten zu veranstalten, ohne zuvor von der Ortspolizeibehörde die schriftliche Erlaubniß erhalten zu haben.

Die allgemein bestehende Vorschrift, daß Tabagieen, Krüge, Schankstätten 2c. im Winter um 10 Uhr, im Sommer um 11 Uhr Abends (die sog. Polizeistunde) von sämmtlichen Gästen verlassen werden müssen, gilt auch für Tanzgesellschaften an dergl. öffentlichen Orten; nur ausnahmsweise kann von der Polizeibehörde gestattet werden, daß Zusammenkünfte von Gästen oder schon erlaubte Tanzgesellschaften über die Polizeistunde hinaus bis zu einer andern, zugleich zu bestimmenden Stunde in den Tabagieen 2c. geduldet werden.

Die Inhaber von Tanzböden, Tabagieen, Krügen, Schankwirthschaften 2c., welche obige Anordnungen übertreten, sind dafür mit Polizei-Strafen von 1—5 Thlr. oder verhältnißmäßigem Gefängniß zu belegen.

Reg. V. v. 4. Febr. 1834, erlassen auf Grund des oben aufgeführten §. 186. II. 20. A. L. R., außerdem des §. 440. II. 8. das., §. 18. des Gewerbesteueredikts v. 2. Nov. 1810 und §. 58. des Gewerbepolizeiedikts v. 7. Sept. 1811. A. B. v. 1834 S. 38 ff.

Tanzgesellschaften der untern Volksklassen in Privatlokalen, die auf gemeinschaftliche Kosten der Theilnehmer veranstaltet werden, verlieren der Regel nach den Charakter bloßer Privatgesellschaften und sind dann als öffentliche Zusammenkünfte zu betrachten.

Von allen derartigen geselligen Versammlungen ist deshalb derjenige, der das Lokal für dieselben bereit stellt, der Ortspolizei-Behörde, bei Vermeidung einer Polizeistrafe von 1—5 Thlr. oder verhältnißmäßigem Gefängniß, vorher Anzeige zu machen, verpflichtet.

Reg. V. v. 30. Aug. 1845 Amtsb. S. 275; erlassen mit Ministerial-Genehmigung.

Dasselbe gilt von allen Tanzvergnügungen in Privatlokalen, zu welchen außer den, von dem Gastgeber eingeladenen Personen, andere gegen Bezahlung zugelassen werden.

Reg. V. v. 18. Juni 1847, erlassen mit Ministerial-Genehmigung auf Grund Allerh. Bestimmung aus Veranlassung eines Specialfalles. Amtsb. S. 230.

Für Berlin:

Gast- oder Schankwirthe jeder Art, welche in ihren Lokalen Tanzlustbarkeiten veranstalten wollen, bedürfen dazu, sofern sie nicht von dieser Verpflichtung ausnahmsweise entbunden sind, in Gemäßheit des §. 186. II. 20. A. L. R. für jeden einzelnen Fall der besonderen, beim betreffenden Revier-Polizei-Commissarius nachzusuchenden Erlaubniß, im weiteren Berliner Polizeibezirk auch zunächst der Zustimmung der Ortsbehörde, welche darüber eine Bescheinigung ertheilt. Wer in seinem Lokale ohne polizeiliche Erlaubniß eine Tanzlustbarkeit veranstaltet, verfällt in eine Geldstrafe von 5—50 Thlr.

Verf. v. 2. März 1844 A. B. S. 57.

2. Vergehen durch die Presse.*)

Auf jeder Druckschrift muß der Name und der Wohnort des Druckers genannt sein. Auf Druckschriften, welche für den Buchhandel oder sonst zur Verbreitung bestimmt sind, muß außerdem der Name und Wohnort entweder des Verlegers oder Commissionairs, oder endlich des Verfassers oder Herausgebers, welche ein Werk im Selbstverlage erscheinen lassen, genannt sein. §. 34.

§. 1 der Verordn. v. 30. Juni 1849. Ges. S. S. 226.

Jede Nummer, jedes Stück oder Heft einer Zeitung oder Zeitschrift muß außer dem Namen und Wohnort des Druckers (§. 1.) den Namen und Wohnort des Verlegers, so wie des Herausgebers, wenn dieser von dem Verleger verschieden ist, enthalten. §. 35.

§. 2. a. a. O.

Druckschriften, welche den vorstehenden Vorschriften nicht entsprechen, dürfen von Niemand verbreitet werden. Diese Bestimmung findet auf Druckschriften, welche nur den Namen entweder des Verlegers oder Commissionairs oder Druckers enthalten, keine Anwendung, wenn sie den Gesetzen über die Ordnung der Presse entsprechen, welche zu der Zeit ihres Erscheinens am Orte desselben in Kraft waren. §. 36.

§. 3. a. a. O.

Von jeder Nummer, jedem Hefte oder Stück einer Zeitung oder einer in monatlichen oder kürzeren Fristen erscheinenden Zeitschrift, welche im Inlande herauskommen, muß der Herausgeber, sobald die Austheilung oder Versendung beginnt, ein mit seiner Unterschrift versehenes Exemplar gegen eine ihm zu ertheilende Bescheinigung bei der Ortspolizeibehörde hinterlegen. Die Austheilung und Versendung der Zeitung oder Zeitschrift soll durch die Hinterlegung nicht aufgehalten sein. §. 37.

§. 5. a. a. O.

Der Herausgeber einer Zeitung oder einer in monatlichen oder kürzeren Fristen erscheinenden Zeitschrift, welche Anzeigen aufnimmt, ist gegen Zahlung der üblichen Einrückungsgebühren verpflichtet, jede ihm von einer öffentlichen Behörde mitgetheilte amtliche Bekanntmachung, auf deren Verlangen in eines der beiden nächsten Stücke aufzunehmen. §. 38.

§. 6. a. a. O.

*) Die gegen das Gesetz vom 11. März 1850, betr. die Verhütung eines die gesetzliche Freiheit und Ordnung gefährdenden Mißbrauchs des Versammlungs- und Vereinigungsrechts (G. S. S. 277) verstoßenden Handlungen sind, als die Grundfesten des Staats bedrohend, nicht für Pol.-Vergehen zu halten. Dies hat auch das Kgl. Kammergericht im Beschluß vom 10. Mai 1850 angenommen.

§. 39. Der Herausgeber einer Zeitung oder einer in monatlichen oder kürzeren Fristen erscheinenden Zeitschrift ist verpflichtet, die Entgegnung zur Berichtigung der in derselben erwähnten Thatsachen, zu welcher sich die betheiligte öffentliche Behörde oder die angegriffene Privatperson veranlaßt findet, in den nächsten 3 Tagen nach Empfang der Entgegnung, oder falls in dieser Zeit keine Nummer der Zeitung oder Zeitschrift erscheint, in die nächste Nummer aufzunehmen. Die Aufnahme muß kostenfrei geschehen, in so weit der Umfang der Entgegnung die Länge des Artikels, welcher dazu Veranlassung gab, nicht übersteigt.

§. 7. a. a. O.

§. 40. Anschlagezettel und Placate, welche einen andern Inhalt haben, als Ankündigungen über gesetzlich nicht verbotene Versammlungen, denen die erforderliche Anzeige oder Genehmigung vorhergegangen ist; Anzeigen über öffentliche Vergnügungen, über gestohlene, verlorene oder gefundene Sachen, über Verkäufe oder ähnliche Nachrichten für den gewerblichen Verkehr, dürfen nicht angeschlagen, angeheftet oder in sonstiger Weise öffentlich ausgestellt werden.

In Städten und Ortschaften dürfen Anschlagezettel und Placate, auch wenn sie nach ihrem Inhalt erlaubt sind, an denjenigen Stellen nicht angeschlagen, angeheftet oder in sonstiger Weise öffentlich ausgestellt werden, welche als hierzu nicht geeignet durch eine allgemein und öffentlich bekannt gemachte Verfügung der Ortspolizeibehörde bezeichnet worden sind.

Auf die amtlichen Bekanntmachungen öffentlicher Behörden sind die vorstehenden Bestimmungen nicht anwendbar.

§. 8. a. a. O.

§. 41. Niemand darf auf öffentlichen Wegen, Straßen oder Plätzen oder an anderen öffentlichen Orten Druckschriften (§. 30.) oder andere Schriften ausrufen, verkaufen, vertheilen, anheften oder anschlagen, ohne daß er dazu die Erlaubniß der Ortspolizeibehörde erlangt hat, und ohne daß er den Erlaubnißschein, in welchem sein Name ausgedrückt ist, bei sich führt. Die Erlaubniß kann jederzeit zurückgezogen werden.

§. 9. a. a. O.

§. 42. Den Druckschriften im Sinne dieser Verordnung werden gleichgestellt: alle auf mechanischem Wege irgend einer Art vorgenommenen Vervielfältigungen von Schriften, bildlichen Darstellungen mit oder ohne Schrift und von Musikalien mit Text oder sonstigen Erläuterungen.

§. 30. a. a. O.

§. 43. Die Zuwiderhandlung gegen eine der in den §§. 1, 2, 3, 5, 6, 7. enthaltenen Vorschriften, zieht eine Geldbuße von 5 bis zu 50 Thlr. nach sich. Ist eine der durch die §§. 1 u. 2. erforderten Angaben falsch, so ist die Strafe Gefängniß von 8 Tagen bis zu 2 Monaten und

Geldbuße von 5 bis zu 50 Thlr. Den Verbreiter trifft diese höhere Strafe nur dann, wenn er von der Unrichtigkeit der Angabe Kenntniß hatte.

§. 10. a. a. O.

Die Zuwiderhandlung gegen eine der in §. 8 u. 9. enthaltenen Vorschriften zieht eine Geldbuße von 1 bis zu 50 Thlr. oder Gefängniß von 1 Tag bis zu 6 Wochen nach sich. §. 44.

§. 11. a. a. O.

Wer Druckschriften, welche die Sittlichkeit verletzen, verkauft, vertheilt oder sonst verbreitet, oder an Orten, welche dem Publikum zugänglich sind, ausstellt oder anschlägt, wird mit Geldbuße von 10 bis 100 Thlr. oder mit Gefängniß von 14 Tagen bis zu einem Jahre bestraft. §. 45.

§. 24. a. a. O.*)

Für Berlin:

Nur eine, auf Grund der Verord. v. 30. Juni 1849 ertheilte Erlaubniß zu der im §. 9. das. beregten Verbreitung von Schriften berechtigt fernerhin zu einer solchen, und kann daher von früher etwa ertheilten Erlaubnißscheinen kein weiterer Gebrauch gemacht werden.

V. v. 4. Aug. 1849. Amtsb. S. 259.

Auf Grund des §. 8. der V. v. 30. Juni 1849 ist das Anheften aller Plakate für sämmtliche Kirchen, das Königliche Schloß und das Palais des hochseligen Königs Majestät verboten.

V. v. 12. Juli 1849. Int. Bl. Nr. 168.

3. Vergehen in Bezug auf Telegraphen-Anstalten.

Die Vorsteher der Eisenbahngesellschaften, welche die Entsetzung eines wegen Beschädigung von Telegraphen-Anstalten verurtheilten Officianten nach der Mittheilung des Erkenntnisses nicht sogleich bewirken, haben eine Geldstrafe von 10 bis 100 Thlr. verwirkt. Gleiche Strafe trifft den Officianten, wenn er sich nachher bei einer Telegraphen-Verwaltung oder Eisenbahn wieder anstellen läßt, so wie diejenigen, welche ihn wieder angestellt haben, obwohl denselben seine Unfähigkeit bekannt war. §. 46.

§. 6. der Verord. v. 15. Juni 1849. G. S. S. 218.

4. Vergehen in Bezug auf das Paßwesen.

Niemandem, ohne Unterschied des Standes, Alters, Geschlechts oder Glaubens, und ohne Unterschied, ob er zu Lande oder zu Wasser, zu Wagen, zu Pferde oder zu Fuße ankommt, ob er in den preußi- §. 47.

*) Es kann zweifelhaft sein, ob die in den §§. 8, 9 u. 24. der Verord. v. 30. Juni 1849 gerügten Vergehen Polizeivergehen sind. Der Justizminister hat sich in einer an den Oberstaatsanwalt beim Kgl. Kammergericht erlassenen Verfüg. v. 7. Juni 1850 in Uebereinstimmung mit diesem Gerichtshofe dafür entschieden.

schen Staaten verweilen oder dieselben nur durchreisen will, soll anders, als auf den Paß einer zuständigen Behörde, der Eingang in die preußischen Staaten gestattet werden.

§. 1. des allg. Paß-Edikts v. 22. Juni 1817, Gesetzs. S. 152.

§. 48. Hiervon sind jedoch ausgenommen:

1. Regierende Fürsten und Mitglieder ihres Hauses, für sich und ihr Gefolge;

2. die aus dem Auslande in das Inland zurückkehrenden Unterthanen, insoweit sie mit einem vorschriftsmäßigen Ausgangspasse versehen waren;

3. die Bewohner der an die Staaten zunächst gränzenden auswärtigen Städte und anderen Ortschaften, insofern sie nicht weiter als in die diesseitigen Grenzörter reisen und als unverdächtig bekannt sind, oder sich legitimiren können;

4. Handwerker, welche mit einem nach Vorschrift des deshalb zu erlassenden Edikts, eingerichteten unverdächtigen Wanderbuche, oder, wenn sie aus Staaten kommen, wo keine Wanderbücher eingeführt sind, mit vorschriftsmäßigen Pässen versehen sind;

5. die Schiffsmannschaft bei Land- und Stromreisen nach den Bestimmungen des §. 5.;

6. diejenigen, welche zur Verfolgung von Verbrechern abgesendet und durch gerichtliche Certificate oder andere öffentliche Papiere dazu legitimirt sind;

7. Ehefrauen, welche mit ihren Männern, und Kinder, welche mit ihren Aeltern oder einem derselben reisen und annoch unter väterlicher Gewalt stehen; Pflegebefohlene, die bis zum zurückgelegten 14ten Jahre ihren Vormund auf der Reise begleiten, und alle diejenigen, die in des Reisenden Lohn, Brod und Gefolge sich befinden, insofern diese Personen in dem Passe resp. des Ehemannes, der Aeltern, des Vormundes und der Dienstherrschaft namentlich mit aufgenommen, und bei Paßinhabern geringeren Standes, oder die nicht unter der Paßausstellenden Behörde stehen, im Passe signalisirt sind.

§. 2. a. a. O.

§. 49. Was die zur See und auf Strömen reisenden Personen betrifft, so bedarf:

1) die Schiffsmannschaft keines eigenen besonderen Passes, sondern genügt es, wenn das die Persons-Beschreibung enthaltende namentliche Verzeichniß derselben dem gesetzlich eingerichteten Passe des Schiffers oder Kapitains, oder in der Musterrolle in beglaubter Art beigefügt ist. Jedoch muß der Schiffer, wenn bei Stromreisen jemand von der Schiffsmannschaft im Lande vom Schiffe entlassen wird oder zurückbleibt, oder die Schiffsmannschaft verstärkt wird, dies sogleich der Polizeibehörde des Ortes, an welchem derselbe das Schiff

verließ, melden, und von dieser das zurückbleibende Individuum im Passe oder in der Musterrolle gelöscht werden.

2) Den auf den Schiffen befindlichen übrigen Personen, sie seien Eigenthümer oder Führer des Schiffes oder der Ladung, Cargadoren oder bloße Reisende, ohne Unterschied, ob sie in Handels- oder anderen Geschäften reisen und von den Schiffern verlangt oder gebraucht worden, ist der Eingang in die preußischen Staaten auf den Paß entweder der Ortspolizeibehörde des einheimischen Hafens, in welchem sie landen, oder der auswärtigen Hafenstadt, aus welcher sie kommen, gestattet; jedoch ist im letzten Falle der Paß der Polizeibehörde des Hafens zur Visa und eventualiter zur Vervollständigung vorzulegen.

§. 5. a. a. O.

Niemand, ohne Unterschied zwischen Inländern und Fremden, soll ohne einen Ausgangspaß zu Wasser oder zu Lande auf irgend eine Art aus den preußischen Staaten in das Ausland reisen. §. 50.

§. 7. a. a. O.

Ausgenommen von dieser Vorschrift sind nur die §. 2. angeführten Individuen und Militairpersonen, welche auf Commando gehen, so wie alle diejenigen, die mit vorschriftsmäßigen Pässen in den preußischen Staaten angekommen sind, zur Rückreise aus denselben, insofern der Eingangspaß auch auf letztere lautet, noch nicht abgelaufen und von der Polizeibehörde des inländischen Bestimmungs- oder Aufenthalts-Ortes zur Rückreise visirt ist. §. 51.

§. 8. a. a. O.

Fuhrleute, und überhaupt diejenigen, welche sowohl in den Städten als auf dem Lande Pferde vermiethen, sollen mit Ausnahme der §. 2 u. 8. bemerkten Fälle, bei willkührlicher Strafe, keinen Reisenden über die Grenzen der preußischen Staaten oder von den Grenzörtern weiter in die preußischen Staaten fahren, als auf die Genehmigung der Polizei-Behörde des Ortes. §. 52.

§. 21. a. a. O.

Die auf das Paß-Edikt ergangene General-Paß-Instruktion des Königl. Polizei-Ministeriums v. 12. Juli 1817 (Ann. Bd. 15. S. 439) enthält keine mit einer Strafe bedrohte Handlung, sondern verordnet nur die genaue Controlle der Reisenden und ihrer Legitimationen, erforderlichen Falles aber ihre Ausweisung aus den preußischen Staaten. §. 6. gestattet polizeiliche Bestrafung gegen denjenigen, welcher von der ihm ertheilten Reise-Route abweicht. §. 53.

Für den Reg.-B. Potsdam:

Auf Grund des §. 5. des Paßedikts ist verordnet:

daß Schiffsführer für jeden Fall, in welchem sie die Anzeige von der Annahme oder Entlassung eines zur Schiffsmannschaft gehörigen Individuums unterlassen, in eine Strafe von 1 Thlr. verfallen.

V. v. 14. Aug. 1840, ergangen in Gemäßheit des Ministerial-Erlasses v. 29. Juli 1839. Amtsbl. v. 1840 S. 248; erneuert durch V. v. 31. Jan. 1848. Amtsbl. S. 30.

Die durch Regierungs-Verordnung v. 19. Sept. 1843 und in dem Allerh. Regulativ v. 12. Jan. 1839 Amtsbl. für 1843 S. 265 ausgesprochene besondere Paßpflicht der Grenzbewohner ist aufgehoben durch Minist. Erlaß v. 24. Oct. 1848, bekannt gemacht durch Reg.-V. v. 7. Nov. dess. J. Amtsbl. S. 356.

Für die Reisen auf den Berlin- Anhalt- Magdeburg- Leipzig- Dresdener Eisenbahnen genügen an Stelle der Pässe die von den Behörden ausgestellten Paßkarten, in Bezug auf welche verordnet ist:

Wer die Paßkarte verfälscht oder eine verfälschte zu seiner Legitimation producirt, oder die ihm ertheilte Paßkarte einem andern zum Gebrauche als Legitimationsmittel überläßt, hat, wenn nicht ein damit beabsichtigtes oder in Verbindung stehendes Verbrechen criminelle Bestrafung nach sich zieht, jedenfalls eine polizeiliche Geldstrafe bis zu 25 Thlr. oder eine Gefängnißstrafe bis zu 14 Tagen zu gewärtigen.

Minist. Verf. v. 6. Dez. 1841. Minist. Bl. d. i. V. 1841 S. 349.

Mittelst Min. Erlasses vom 4. September 1843 ist der Rayon für die Paßkarten-Ertheilung zur Ausgangs-Legitimation auf den ganzen Potsdamschen Regierungs-Bezirk und auf die angränzenden Departements ausgedehnt worden.

Reg. V. v. 19. Sept. 1843. Amtsbl. S. 274.

Ueber das Wandern der Handwerksgesellen haben die Min. Rscr. vom 10. April 1833 (Annalen Bd. XVII. S. 185) u. 21. März 1835 (Ann. Bd. XIX. S. 210) Anordnungen getroffen, welche indeß keine Strafandrohungen enthalten.

Jeder Inhaber eines Zwangspasses, welcher sich auf einer andern, als der ihm vorgeschriebenen, Reiseroute betreffen läßt, ist sofort anzuhalten, und falls er sich hierüber nicht genügend zu rechtfertigen vermag, von der Polizeibehörde des Ortes, wo er betroffen wird, in Strafe zu nehmen. Diese Strafe, welche nach den Umständen, resp. mit Rücksicht auf frühere Contraventionen derselben Art, höher oder niedriger zu bemessen ist, aber das im §. 62. Tit. 17. Th. II. A. L. R. vorgeschriebene Maaß von 14 Tagen Gefängniß oder Strafarbeit oder von 5 Thlr. Geld niemals überschreiten darf, wird unter Beachtung der Vorschrift des §. 85. Tit. 20. Th. II. das. — wonach gegen unbemittelte Personen der niedern Volksklasse niemals auf Geldstrafe, sondern jederzeit auf Strafarbeit oder Gefängnißstrafe erkannt werden soll — festgesetzt.

Reg. V. v. 22. Juli 1840, erlassen mit Minist.-Genehmigung unter Bezugnahme auf §. 6. der General-Paßinstruktion v. 12. Juli 1817, welche den Polizei-Behörden das Recht zu einer solchen Strafe ertheilt, Amtsbl. v. 1840 S. 229.

5. Vergehen in Bezug auf polizeiliche Meldungen.

§. 54. Wer an einem Orte seinen Aufenthalt nehmen will, muß sich bei der Polizeiobrigkeit dieses Ortes melden und über seine persönlichen Verhältnisse die erforderliche Auskunft geben.

§. 8. des Gesetzes über die Aufnahme neu zuziehender Personen v. 31. Dez. 1842, Gesetzs. v. 1843. S. 6.

Ein Jeder, welcher einem Neuanziehenden Wohnung oder Unterkommen gewährt, ist verpflichtet, bei Vermeidung einer Polizeistrafe darauf zu halten, daß die Meldung (§. 8.) geschehe. §. 55.

§. 9. a. a. O.

Für den Reg.-B. Potsdam:

Die angeführten §§. 8. 9. sind eingeschärft durch die V. v. 23. Oct. 1843 Amtsbl. S. 295, welche verordnet:

Die für das Wohnungsbeziehen nach §. 9. a. a. O. den Hauseigenthümer oder Aftervermiether treffende Polizeistrafe wird hiermit auf 1—5 Thlr. festgesetzt.

Nach der Reg. V. v. 20. Mai 1848 Amtsbl. S. 196 trifft diese Strafe auch den Neuanziehenden, welcher nach §. 8. des angeführten Gesetzes zur Meldung bei der Polizeiobrigkeit selbst verpflichtet ist, für den Unterlassungsfall dieser Meldung. (Erlassen mit Ministerial-Genehmigung.)

Kein Hauswirth in Nowawes darf bei Vermeidung einer Pol.-Strafe von 1—5 Thlr. einen Ankömmling von außerhalb als Miether in sein Haus aufnehmen, wenn er nicht die Genehmigung des Pol.-Directors zu Potsdam zur Niederlassung producirt.

Reg. V. v. 9. Sept. 1837 Amtsbl. S. 275.

Dieselle Bestimmung ist für die Hauswirthe in Zinna erlassen; nur muß die Genehmigung des Landraths vom Jüterbogk-Luckenwaldeschen Kreis vorgezeigt werden.

Reg. V. v. 10. Juni 1844, erlassen auf Grund A. K. O. vom 31. März u. Min. Rescr. v. 22. April dess. J. Amtsbl. S. 167.

Für Berlin:

Gegen denjenigen, welcher einem Neuanziehenden Wohnung oder Unterkommen gewährt, und nicht darauf hält, daß die in §. 8. a. a. O. vorgeschriebene Meldung geschieht, ist eine Strafe von 2—5 Thlr. angedroht.

Verf. v. 29. April 1846 Amtsbl. S. 173.

Für den Reg.-B. Potsdam:

1. Jeder Hauseigenthümer ist verpflichtet, von dem Anzuge oder Abzuge seiner Miether der Ortspolizeibehörde binnen 24 Stunden nach dem Anziehen oder Verlassen der Wohnung, schriftliche Anzeige zu erstatten. Zu einer gleichen Anzeige sind Aftervermiether und diejenigen Personen verpflichtet, welche Andere bei sich in Schlafstellen aufnehmen.

2. Der An- und Abzug des Gesindes und der Hausofficianten ist von der Dienstherrschaft binnen 24 Stunden bei der Ortspolizeibehörde anzuzeigen.

3. Binnen gleicher Frist soll daselbst von den Handwerksmeistern, Fabrik- und andern Unternehmern die Anzeige von der Annahme oder Entlassung ihrer Gesellen und Gewerbegehülfen erfolgen.

4. Bei Unterlassung der einen oder der andern dieser vorbestimmten Meldungen wird eine Polizeistrafe von 1 Thlr. oder im Unvermögensfalle von 24stündigem Gefängniß festgesetzt.

5. In den Dörfern geschehen die vorgeschriebenen Meldungen bei dem Ortschulzen mündlich oder schriftlich. Die Rittergutsbesitzer, so wie die Domänen-, Rent- und Pachtbeamten, welche als ländliche Polizei-Obrigkeiten auf den Amtssitzen wohnen, sollen von den bei ihnen miethsweise oder als Gesinde, Hausofficianten, Fabrikarbeiter u. s. w.

anziehenden Personen, so wie von dem Abgange derselben, dem Landrath binnen 8 Tagen Anzeige machen, ebenfalls bei Vermeidung einer Geldstrafe von 1 Thlr.

V. v. 13. Febr. 1839, erlassen auf Grund der Minist.-Verf. v. 18. Dez. 1837 u. v. 8. Febr. 1839 für die Städte und ländlichen Ortschaften des Regierungs-Bezirks, excl. des weitern Berliner Polizei-Bezirks. Amtsbl. f. 1839 S. 69 u. V. v. 13. Mai 1839 (Amtsbl. S. 179).

§. 56. Gastwirthe sind schuldig, die zur Nachtherberge bei ihnen einkehrenden Personen, in den Städten dem Magistrat, auf den Dörfern aber dem Schulzen anzuzeigen.

§. 439. II. 8. A. L. R.

Für den Reg.-B. Potsdam:

Alle Gast- und Krugwirthe sind verbunden, die bei ihnen im Laufe des Tages einkehrenden und übernachtenden Fremden durch einen Meldezettel und, mit Beifügung der etwa in ihren Händen befindlichen Reisepässe, am Abend sowohl bei der städtischen Polizeibehörde, als auf dem Lande bei der Ortsobrigkeit, oder nach deren Bestimmung beim Schulzen, zu melden, widrigenfalls sie mit einer Strafe von 1 Thlr., welche im Wiederholungsfalle verdoppelt werden kann, belegt werden.

V. v. 1. Apr. 1842, Amtsbl. S. 95.

Für Berlin:

In Bezug auf polizeiliche Meldungen gelten hier folgende Vorschriften:

I. Hinsichtlich der Einwohner:

1. Bei Wohnungsveränderungen sind zur An- und Abmeldung verpflichtet:

a. Jeder Vermiether oder Aftervermiether, Chambregarnie-Vermiether, Schlafstellenvermiether nur für die Person seines Miethers;

b. Jeder Inhaber einer Wohnung für seine Ehefrau, Kinder, Dienstboten, Gehülfen und alle andern Personen, welche von ihm Wohnung erhalten, auch wenn er die Wohnung gleichzeitig mit den An- und Abzumeldenden bezieht oder verläßt.

2. Wer sein eigenes Haus bezieht oder seine Wohnung in demselben verläßt, hat sich selbst nebst den Personen, welche mit ihm die Wohnung verändern, an- und abzumelden.

3. Die Vermiether und Inhaber von Sommerwohnungen sind diesen Vorschriften ebenfalls unterworfen.

4. Apotheker, Kaufleute und Händler sind verpflichtet, ihre Geschäftsgehülfen bei der Annahme und Entlassung, ohne Rücksicht, ob der Geschäftsgehülfe bei dem Prinzipal Wohnung hat oder nicht, dem Polizei-Commissarius des Reviers, in welchem das Geschäftslokal belegen ist, unter Bezeichnung der Wohnung des Gehülfen resp. an- und abzumelden.

5. Sämmtliche Familienhäupter, ohne Unterschied der Religion oder Confession, haben bei jeder an den Revier-Polizei-Commissarius zu richtenden Wohnungsmeldung, zugleich für alle zu ihrem Hausstande gehörige Kinder in dem Alter von vollendeten 6ten bis zum vollendeten 14ten Lebensjahre, die seitens der Schulvorstände auszustellenden Schulbesuchskarten von den laufenden halben Jahre, für diejenigen Kinder christlicher Eltern aber, welche das 13te Lebensjahr angetreten, das 16te jedoch noch nicht vollendet

habe, auch die Bescheinigung des Geistlichen, bei dem sie den Confirmationsunterricht besuchen, oder insofern sie bereits confirmirt sind, den Confirmationsschein mit vorzulegen. Diese Atteste werden ihnen nach befundener Richtigkeit sogleich von dem Revier-Polizei-Commissarius zurückgegeben. Besucht ein im schulpflichtigen Alter befindliches Kind keine öffentliche Schule, so ist anzugeben, welchen anderweitigen Unterricht dasselbe genießt.

6 Verheirathungen müssen von dem Ehemanne angemeldet werden.

7 Die Meldung der Geburt eines Kindes muß zunächst der Vater, in dessen Abwesenheit aber, oder wenn dasselbe unehelich geboren ist, der Geburtshelfer oder die Hebeamme, welche bei der Geburt assistirt haben, endlich die Personen, bei welchen die Niederkunft erfolgt ist, wenn die Gebärende nicht in ihrer Wohnung entbunden worden, bewirken; und zwar ohne Unterschied, ob das Kind todt geboren, gleich nach der Geburt gestorben ist oder fortlebt. Damit jedoch Unrichtigkeiten der Kirchenbücher vermieden werden, so sind diese Geburtsmeldungen in zwei Exemplaren dem Revier-Polizei-Commissarius vorzulegen, der Meldende erhält ein Exemplar abgestempelt zurück und übergiebt dasselbe demnächst dem Küster seiner Parochie.

8. Die erfolgte Taufe eines ehelichen Kindes sind die Eltern desselben, die eines unehelichen Kindes diejenigen Personen, welche die Verrichtung der Taufe veranlaßt, zu melden verpflichtet.

9. Zur Meldung eines Todesfalles ist zunächst das Familienhaupt dann der Vermiether, endlich die Person, welche für die Beerdigung des Verstorbenen sorgt, verpflichtet.

10. Jede Meldung muß von den dazu Verpflichteten, mit Ausnahme der Personen, welche nicht schreiben können, schriftlich gemacht werden, und außer den übrigen Erfordernissen die Angabe der letzten und der neu bezogenen Wohnung, des vollständigen Namens (bei Frauen außerdem des Geschlechtsnamens), des Standes, des Alters und des Geburtsortes der an- oder abzumeldenden Personen, bei neugeborenen Kindern diese Bezeichnung von den Eltern, bei unehelich geborenen Kindern von der Mutter, so wie den Tag und die Stunde ihrer Geburt, auch den Vermerk, ob diese ehelich oder unehelich erfolgt ist, enthalten.

11 Damit der zur Abmeldung Verpflichtete im Stande ist, in der Abmeldung die neue Wohnung der abziehenden Person anzugeben, ist letztere verpflichtet, ersterem spätestens bei dem Abzuge ihren Verbleib anzugeben.

12. Alle Meldungen sind dem Polizei-Commissarius des Reviers, in welchem der Fall, der sie erfordert, sich ereignet und zwar binnen 24 Stunden, die der neugeborenen Kinder aber binnen 3 Tagen zu machen.

13. Die vorstehenden Bestimmungen sind nicht nur für die Stadt Berlin und den engeren Polizeibezirk gültig, sondern finden auch, mit Ausnahme der Bestimmung ad 5., auf den weiteren Polizeibezirk von Berlin, mit der Maßgabe Anwendung, daß die Meldungen in denjenigen Orten, wo der Polizei-Commissarius wohnt, so wie in den zu demselben Communalverbande gehörigen Kolonien oder Besitzungen an den Polizei-Commissarius unmittelbar, und in den andern Dörfern, Kolonieen und Besitzungen an den Schulzen geschehen, welcher letztere die eingegangenen Meldungen zweimal wöchentlich dem Polizei-Commissarius zu übersenden hat.

II. Hinsichtlich der Gewerbegehülfen.

1. Handwerksgesellen und Gewerbegehülfen, welche vom außerhalb in Berlin eintreffen, sind verpflichtet, sich bei der 5ten Abtheilung des Polizei-Präsidii und zwar in dem Geschäftslokale derselben, Molkenmarkt No. 2, zur Empfangnahme einer Aufenthaltskarte gegen Niederlegung ihrer Reisedokumente, und wenn sie hier Arbeit erhalten, zur Empfangnahme eines für die Dauer ihres hiesigen Aufenthalts gültigen Arbeitsbuches, zu melden.

2. Dieses Arbeitsbuch muß der Gehülfe bei dem Arbeitsantritt sogleich dem Arbeitsgeber aushändigen; kein Arbeitsgeber aber darf den Gehülfen ohne dies wirklich annehmen.

3. Der Arbeitsgeber muß darauf in dem Arbeitsbuche den Arbeitsantritt vermerken und dasselbe innerhalb 24 Stunden dem Revier-Polizei-Commissarius vorlegen; nachdem er es aber bescheinigt zurückempfangen hat, in Verwahrung nehmen.

4. Sobald der Gehülfe sein Arbeitsverhältniß aufgiebt, muß der Arbeitsgeber den Tag seines Austritts in dem Arbeitsbuche vermerken, und dieses innerhalb 24 Stunden dem Revier-Polizei-Commissarius vorlegen, welcher dasselbe an sich behält.

5. Hat der Gehülfe innerhalb 3 Tagen nach seinem Austritt aus der Arbeit ein anderweitiges Arbeitsverhältniß gefunden, so muß er hierüber eine, von dem neuen Arbeitsgeber ausgestellte, und wenn dies ein zünftiger Meister ist, von dem Gewerksältesten, sonst aber von dem Revier-Polizei-Commissarius des Arbeitsgebers, attestirte Bescheinigung dem Polizei-Commissarius, welcher sein Arbeitsbuch aufbewahrt, überbringen. Er erhält dasselbe demnächst, nachdem es zu diesem Behuf visirt worden, zurück, um es dem neuen Arbeitsgeber, wie oben ad 3. vorgeschrieben ist, zu übergeben.

6. Erhält der Gehülfe innerhalb 3 Tagen keine neue Arbeit, so muß er Berlin verlassen, und zu dem Ende sein Arbeitsbuch bei dem Polizei-Commissarius, wo dasselbe deponirt ist, zur Abreise visiren lassen, worauf er, nach Rückgabe des Arbeitsbuches, bei der 5ten Abtheilung des Polizei-Präsidii seine dort asservirten Reisedocumente zurückempfängt.

7. Dasselbe hat der Gehülfe zu beobachten, wenn er aus anderen Gründen Berlin wieder verlassen will.

8. Ein Gehülfe, welcher binnen 3 Tagen, nachdem er arbeitslos geworden, sein Arbeitsbuch nicht zur Abreise visiren läßt, und Berlin nicht verläßt, wird zwangsweise fortgeschafft.

9. Wenn der Arbeitsgeber dem Gehülfen mit der Arbeit zugleich Wohnung oder Schlafstelle gewährt, so bedarf es hierüber noch einer besondern Anmeldung; und dasselbe gilt von der Abmeldung, wenn der Arbeitsgeber den Gehülfen mit der Arbeit gleichzeitig aus der Wohnung oder Schlafstelle entläßt.

10. Verstöße gegen obige Vorschriften werden mit einer Geldbuße bis 5 Thlr. oder verhältnißmäßiger Gefängnißstrafe geahndet; nur unterlassene Wohnungs An- und Abmeldungen werden im engeren Polizeibezirk jedesmal mit zwei Thalern Geld oder verhältnißmäßiger Gefängnißstrafe bestraft.

11. Wissentlich unrichtige Anmeldungen werden, wenn damit nicht ein Verbrechen verbunden ist, als unterlassene Meldungen bestraft.

Verordn. des Gouvernements u. Polizei-Präsidii v. 5. Febr. 1848 Amtsbl. S. 70.

III. Hinsichtlich der Fremden.

1. Wer einem Fremden in seiner Wohnung Aufenthalt oder Schlafstelle gewährt, muß denselben, nebst den etwa in seiner Begleitung befindlichen Personen binnen 4 Stunden nach der Aufnahme bei dem Revier-Polizei-Commissarius schriftlich melden.

2. Die Meldung muß außer der von dem Fremden bezogenen Wohnung, den vollständigen Namen, bei den Frauen auch den Geburtsnamen, den Stand, das Alter, so wie die Angabe des Geburts- und Wohnortes, und endlich des Ortes, woher der Fremde kommt, enthalten.

3. Die Abmeldung der Fremden muß gleichfalls binnen 4 Stunden nach der Abreise bei dem Revier-Polizei-Commissarius schriftlich erfolgen, und jedesmal den Ort angeben, wohin der Fremde sich begiebt.

4. Gastwirthe und Inhaber von Hôtels garnis haben die An- und Abmeldung der bei ihnen logirenden Fremden zweimal an jedem Tage bei dem Revier-Polizei-Commissarius einzureichen, so daß diejenigen Fremden, welche nach 8 Uhr Morgens zu- oder abreisen, bis 6 Uhr Nachmittags desselben Tages, und diejenigen Fremden, welche nach 6 Uhr Nachmittags eintreffen oder abreisen, bis 8 Uhr Morgens des folgenden Tages an- oder abgemeldet sein müssen.

5. Wenn der Fremde während seines hiesigen vorübergehenden Aufenthalts seine Wohnung wechselt, so muß den Polizei-Commissarien der Reviere, in denen die neu bezogene und die aufgegebene Wohnung belegen sind, resp. An- oder Abmeldung gemacht werden.

6. Der Fremde selbst ist verpflichtet, sobald er seinen Aufenthalt länger als zwei Tage zu nehmen beabsichtigt, vor Ablauf dieser Frist sich für die Dauer seines hiesigen Aufenthalts mit einer Aufenthaltskarte zu versehen, deren Ertheilung nach vorgegangener genauer Prüfung und befundener Unverdächtigkeit der Verhältnisse des Fremden, und gegen Niederlegung seiner Reisedocumente im Geschäftslokal der 5ten Abtheilung des Polizei-Präsidii, Molkenmarkt No. 2, erfolgt. Befreit von dieser Verpflichtung sind nur: regierende Fürsten, Mitglieder ihres Hauses und deren Gefolge, die Mitglieder beider Kammern für die Dauer der Sitzungsperiode, und alle in Dienstangelegenheiten oder mit Urlaub ihrer vorgesetzten Behörden im Orte sich aufhaltenden einheimischen und fremden Civil- und Militair-Beamten.

7. Wer die Meldung eines bei ihm logirenden Fremden nach obigen Vorschriften unterläßt, und jeder Fremde, welcher seiner Verpflichtung zur Lösung einer Aufenthaltskarte nicht genügt, hat Geldbuße von 2—50 Thlr. oder verhältnißmäßige Gefängnißstrafe zu gewärtigen.

V. v. 27. Juli 1849 Amtsbl. S. 258.

IV. Hinsichtlich des Gesindes.

1. Personen, welche von außerhalb hierher kommen, um in Gesindedienst zu treten, haben ihre gute Führung während der letzten 3 Jahre, desgleichen, wenn sie bisher noch nicht in herrschaftlichem Dienste gewesen und nicht selbstständig sind, ihre Befugniß zum Eintritt in ein Gesindeverhältniß durch obrigkeitlich ausgestellte oder beglaubigte Zeugnisse nachzuweisen, und überdies darzuthun, daß sie diejenigen wirklich sind, für welche sie sich ausgeben.

2. Um auf diese Bedingung die Erlaubniß zu ihrer Vermiethung zu erhalten, müssen sich die Dienstsuchenden in dem dafür bestimmten Geschäftszimmer des Polizei-Präsidii melden, und nach Empfang des polizeilichen Dienst-Erlaubniß-Scheines, sich auf einem der hiesigen Gesinde-Vermiethungs-Comptoire in die Listen des Gesindes eintragen lassen. Diese Meldung und Eintragung muß der Dienstsuchende innerhalb 48 Stunden nach seiner Ankunft hierselbst, bewirken.

3. Diejenigen, welche bei ihrer Meldung den zu 1. geforderten Nachweis nicht geführt haben und deshalb zurückgewiesen sind, müssen Berlin sofort verlassen, die zugelassenen und eingetragenen aber binnen 14 Tagen dem Gesinde-Vermiethungs-Comptoir ihr Dienstunterkommen anzeigen, oder gleichfalls Berlin verlassen.

4. Wer das vorschriftsmäßig erlangte Dienstunterkommen in der Folge verliert oder aufgiebt, muß binnen 48 Stunden nach seinem wirklichen Dienstaustritt sich von einem hiesigen Gesinde-Vermiethungs-Comptoir die Befugniß zur weiteren Vermiethung bescheinigen lassen, und binnen 14 Tagen ein anderes Dienstunterkommen demselben anzeigen oder Berlin verlassen.

5. Die Dienstsuchenden, welche die vorstehend zu 2. u. 4. bestimmte 48stündige Frist nicht inne halten, verwirken dadurch eine Strafe von 15 Sgr. bis 1 Thlr., bei ihrem Unvermögen verhältnißmäßiges Gefängniß. Alle diejenigen aber, welche den obigen Bestimmungen entgegen länger als 14 Tage dienstlos in Berlin bleiben, werden zwangsweise fortgeschafft.

6. Alle hierorts angehörige Personen müssen, bevor sie in einen Gesindedienst eintreten, sofern es ihr erster ist, polizeiliche Erlaubniß und Eintragung in die Listen der Dienstboten, und wenn sie einen Dienst verlassen haben, über ihre Befugniß zu ihrer weiteren Vermiethung die Bescheinigung eines hiesigen Gesinde-Vermiethungs-Comptoirs, bei Vermeidung einer Geldbuße von 15 Sgr. bis zu 1 Thlr. oder im Unvermögensfalle verhältnißmäßiger Gefängnißstrafe, erlangen.

V. v. 19. Sept. 1849. Amtsbl. S. 326.

V. Hinsichtlich der Schiffer.

Die Spree mit ihren Kanälen und Wasserläufen von der Einmündung bis zur Ausmündung des Landwehrkanals und mit Einschluß dieses und des Luisenstädtischen Kanals gehört zum engeren Polizeibezirk. Es müssen daher auch alle Personen, welche auf Schiffen logiren und übernachten, die auf hiesigen Wasserläufen angelegt worden sind, dem Königl. Polizei-Schiffahrtsbüreau von den Meldungspflichtigen unter Angabe ihrer Pässe und sonstigen Legitimationspapiere, als Fremde innerhalb 4, als Einheimische innerhalb 24 Stunden, vollständig an- resp. abgemeldet werden. Ausgenommen sind nur die Führer kleiner, nicht vermessungspflichtiger Kähne, welche mit Marktprodukten hier ankommen und innerhalb 24 Stunden die Stadt wieder verlassen. Im Uebrigen gelten ganz dieselben Vorschriften wie ad I. bis IV.

V. v. 8. März 1850, Amtsbl. S. 145 ff. u. v. 30. August 1850 Amtsbl. S. 303.

6. Vergehen in Bezug auf die anderweitige Controlle persönlicher Verhältnisse.

§. 57. Die bürgerliche Beglaubigung der Geburts-, Heiraths- und Sterbefälle, die sich in solchen geduldeten Religionsgesellschaften ereignen, bei welchen den, zur Feier ihrer Religionshandlungen bestellten Personen, die Befugniß nicht ertheilt ist, auf bürgerliche Rechtsverhältnisse sich beziehende Amtshandlungen mit civilrechtlicher Wirkung vorzunehmen, soll durch Eintragung in ein gerichtlich zu führendes Register bewirkt werden.

§. 1. der V. v. 30. März 1847, Gesetzs. S. 125.

Dieses Register wird von einem öffentlichen Richter des Ortes, wo der Geburts- oder Sterbefall sich ereignet hat, oder die Brautleute wohnen, geführt. §. 58.

Haben die Brautleute ihren Wohnsitz in verschiedenen Gerichtsbezirken, so kann die Eintragung der Ehe bei dem einen oder dem andern der beiden Richter nachgesucht werden. Der Richter, welcher hiernach die Eintragung vornimmt, hat von derselben dem Richter des Orts, in welchem der andere Theil des Brautpaares wohnt, Mittheilung zu machen, und dieser hat die vollzogene Ehe auch in das von ihm geführte Register zu übernehmen.

§. 2. a. a. O.

Zur Anzeige einer erfolgten Geburt ist zunächst der Vater des Kindes verpflichtet. Ist derselbe nicht bekannt, oder zur Erfüllung dieser Verpflichtung nicht im Stande, so muß die Anzeige von dem Geburtshelfer oder der Hebeamme, wenn aber solche bei der Niederkunft nicht gegenwärtig gewesen sind, von den sonst dabei zugegen gewesenen Personen, und wenn die Geburt ohne Beisein Anderer erfolgt ist, von demjenigen, in dessen Wohnung das Kind geboren ist, geschehen. Andere, zu den Verwandten oder Hausgenossen gehörige Personen sind zu der Anzeige berechtigt, aber nicht verpflichtet. §. 59.

Die Anzeige muß den Tag und die Stunde der Geburt, das Geschlecht des Kindes und dessen Vornamen, ferner die Namen, den Stand oder das Gewerbe, so wie den Wohnort der Eltern enthalten. Waren bis zur Zeit der gemachten Anzeige dem Kinde noch keine Vornamen beigelegt, so ist hierüber binnen 3 Tagen, nachdem dies geschehen, nachträglich Anzeige zu leisten.

§. 3. a. a. O.

Bei Todesfällen muß die Anzeige vom Familienhaupte, oder, wenn ein solches nicht vorhanden oder hierzu nicht im Stande ist, von demjenigen gemacht werden, in dessen Wohnung der Todesfall sich ereignet hat. Andere Verwandte oder Hausgenossen des Verstorbenen sind zu der Anzeige berechtigt, aber nicht verpflichtet. §. 60.

Die Anzeige muß Tag und Stunde des Todes, Vor- und Familiennamen, Alter, Stand oder Gewerbe des Verstorbenen enthalten.

§. 4. a. a. O.

Zur Eintragung der Ehe in das Register (§. 1.) ist erforderlich: §. 61.
1. die Erklärung der Brautleute, daß und wann die, nach dem

Gebrauche der geduldeten Religionsgesellschaft zum Abschluß der ehelichen Verbindung erforderliche Handlung stattgefunden hat.

2. eine die Richtigkeit dieser Erklärung bestätigende Versicherung zweier glaubwürdigen, zu derselben Religionsgesellschaft gehörenden Personen.

3. der Nachweis des Aufgebots.

§. 7. a. a. O.

§. 62. Die in den §§. 3., 4. u. 7. vorgeschriebenen Anzeigen oder Erklärungen müssen von den dazu Verpflichteten gemacht werden:

1. bei Geburten innerhalb der zunächst folgenden 3 Tage;

2. bei Heirathen binnen der zunächst folgenden 8 Tage nach Vollziehung der nach dem Gebrauche der Religionsgesellschaft erforderlichen Handlung;

3. bei Todesfällen spätestens an dem nächstfolgenden Tage.

Eine schuldbare Versäumniß dieser Fristen ist mit Geldbuße bis zu 50 Thlr. oder mit Gefängniß bis zu 4 Wochen zu bestrafen.

§. 11. a. a. O.

§. 63. Die Festsetzung der in §. 11. angedrohten Strafe erfolgt durch richterliches Erkenntniß.

§. 12. a. a. O.*)

§. 64. Die bürgerliche Beglaubigung der Geburts-, Heiraths- oder Sterbefälle unter den Juden soll durch Eintragung in ein gerichtlich zu führendes Register geführt werden.

§. 8. des Gesetzes v. 23. Juli 1847, Gesetzs. S. 265.

§. 65. Wörtlich entsprechend den so eben angeführten §§. 2., 3. und 4. der Verordnung vom 30. März 1847 sind die §§. 9., 10. und 11. des Gesetzes vom 23. Juli 1847.

§. 66. Im §. 17. ist sodann die schuldbare Versäumniß der bei den Geburten auf die zunächst folgenden 3 Tage, bei Todesfällen auf den nächstfolgenden Tag auch hier festgesetzten Fristen, gleichfalls mit Geldbuße bis zu 50 Thlr., aber mit Gefängniß bis zu 6 Wochen bedroht.

§. 18. verordnet auch hier die Festsetzung dieser Strafe durch gerichtliches Erkenntniß.

§. 67. Da die Erfahrung gelehrt hat, daß das Führen fremder oder erdichteter Namen der Sicherheit des bürgerlichen Verkehrs, sowie der Wirksamkeit der Polizeibehörde nachtheilig ist, so ist verordnet:

---

*) Es kann nach dieser Vorschrift des §. 12. zweifelhaft sein, ob das in §. 11. gerügte Vergehen ein Polizeivergehen enthält oder nicht; man wird sich indeß für die Bejahung dieser Frage entscheiden müssen, wenn man den Werth und die Bestimmung der ganzen Verordnung ins Auge faßt, welche lediglich darin besteht, daß eine für die öffentliche Sicherheit überhaupt nöthige Controlle der in den fraglichen Religionsgesellschaften vorgehenden Handlungen, durch welche bürgerliche Rechtsverhältnisse hergestellt werden, ermöglicht wird.

Niemand soll bei Vermeidung einer Geldstrafe von 5—50 Thlr. oder eines verhältnißmäßigen Arrestes sich eines ihm nicht zukommenden Namens bedienen.

§. 1. der V. v. 30. Oct. 1816, Gesetzs. S. 216.*)

Die Führung eines fremden Namens, wenn solches auch nicht aus betrüglicher Absicht geschieht, unterliegt, ohne daß erst eine Verwarnung oder Untersagung voraufgegangen sein müßte, schon in dem ersten Uebertretungsfall einer Geldstrafe von 5—50 Thlr. oder verhältnißmäßigem Arrest. §. 68.

Erk. des Kgl. Geh. Ober-Tribunals v. 7. Oct. 1847 (Entscheid. Bd. 15. S. 390).

Bei Vermeidung einer Geldbuße von 50 Thlr. oder 4wöchentlicher Gefängnißstrafe soll Niemandem gestattet sein, ohne unmittelbare landesherrliche Erlaubniß seinen Familien- oder Geschlechtsnamen zu ändern, wenn auch durchaus keine unlautere Absicht dabei zu Grunde liegt. §. 69.

Allerh. K. O. v. 15. Apr. 1822, Gesetzs. S. 108.

Für den Reg.-B. Potsdam:
besonders eingeschärft durch die Verordn. v. 1. März 1843, Amtsbl. S. 56.

7. Vergehen in Bezug auf die Eigenschaft als Preußischer Unterthan.

Unterthanen, welche ohne vorgängige Entlassung auswandern, oder in fremde Staatsdienste treten, sind nach den darüber bestehenden Gesetzen zu bestrafen. §. 70.

§. 26. des Ges. v. 31. Dec. 1842, Gesetzs. v. 1843 S. 15.

Wer ohne die vorgeschriebene Anzeige und die erforderliche Erlaubniß des Staats auszuwandern unternimmt, hat willkürliche Geld- oder Leibesstrafe verwirkt. §. 71.

§. 139. II. 17. A. L. R.

Wenn aus landesherrlicher Gnade in der Folge der Auswanderungs-Consens supplirt worden, so soll die auf das ohne vorgeschriebene Anzeige und ohne die erforderliche Erlaubniß des Staats geschehene Auswandern geordnete Strafe nicht nachgeholt, sondern als erlassen angesehn werden, daher in Zukunft in solchen Fällen von den Landes-Collegiis nicht auf Strafe anzutragen ist. §. 72.

Anh. z. A. L. R. §. 150.

---

*) Die Frage, ob das in dieser Verordnung gerügte Vergehen ein polizeiliches oder mit Criminalstrafe bedrohtes sei, muß nach Maßgabe der oben mitgetheilten §§. 10 ff. II. 17. A. L. R. (S. 1) und nach den Einleitungsworten des Gesetzes für die erstere Alternative entschieden werden, da, so lange keine betrügliche Absicht obwaltet, die Verordnung sich selbst als eine die Wirksamkeit der polizeilichen Behörden fördernde hinstellt.

8. Vergehen in Beziehung auf die Verhältnisse ausländischer Juden.

§. 73. Zur Niederlassung ausländischer Juden bedarf es vr Ertheilung der Naturalisations-Urkunde der Genehmigung des Ninisters des Innern.

Ausländische Juden dürfen ohne eine gleiche Genehrigung weder als Rabbiner und Synagogenbeamte, noch als Gewerks.ehülfen, Gesellen, Lehrlinge oder Dienstboten angenommen werden. Die Ueberschreitung dieses Verbots zieht gegen die Inländer un die fremden Juden, gegen Letztere, sofern sie sich bereits länger als 6 Wochen in den diesseitigen Staaten aufgehalten haben, eine fiscalishe Geldstrafe von 20—300 Thlrn. oder verhältnißmäßige Gefängnißstafe nach sich. Fremden Juden ist der Eintritt in das Land zur Durcheise und zum Betrieb erlaubter Handelsgeschäfte nach näherem Inhat der darüber bestehenden oder künftig zu erlassenden polizeilichen Vrschriften gestattet. In Betreff der Handwerksgesellen bewendet es jedoch bei den Bestimmungen der Order vom 14. October 1838 (Gsetzs. S. 503) und der mit auswärtigen Staaten besonders geschlossenn Verträge.

§. 71. des Ges. v. 23. Juli 1847 (Gesetzs. S. 28). *)

9. Vergehen in Beziehung auf die Controlle zefährlicher Personen.

§. 74. Wer unter Polizei-Aufsicht gestellt ist und den ihm in Folge derselben auferlegten Beschränkungen der Freiheit entgegenhandelt, wird mit Gefängniß bis zu 3 Monaten, im Wiederholungsfale von 14 Tagen bis zu einem Jahre bestraft.

§. 11. des Gesetzes, betreffend die Stellung unter Polizeiaufsicht v. 12. Febr. 1850. Gesetzs. S. 50. **)

§. 75. Die Stellung unter Polizeiaufsicht, sowie deren Dauer hat der Richter zugleich mit den übrigen Strafen zu erkennen.

§. 6. a. a. O.

§. 76. Die Wirkungen der Stellung unter Polizeiaufsicht beginnen mit der Rechtskraft des Urtheils, in dessen Folge sie eintrtt; die Dauer der Polizei-Aufsicht wird jedoch erst von dem Tage ar berechnet, wo die Freiheitsstrafe verbüßt worden ist.

§. 7. a. a. O.

---

*) Die fortdauernde Gültigkeit dieses Polizei-Strafgesetzes hat das Kgl. Kammergericht in einem Rekursbescheide vom 2. August 1850 in Sachen wider Plaut angenommen, da die Verf. Urk. v. 31. Januar 1850 über die Verhältnisse der zuziehenden ausländischen Juden Nichts bestimmt.

**) Es wird zweifelhaft sein, ob das hier gerügte Vergehen ein polizeiliches ist. Der Ober-Staatsanwalt beim Königl. Kammergericht hat sich in der Verf. v. 6. Mai 1850 (Amtsbl. S. 170) dafür ausgesprochen.

Die Stellung unter Polizei-Aufsicht hat folgende Wirkungen: §. 77.

1. Es kann dem Verurtheilten der Aufenthalt an bestimmten Orten von der Landespolizeibehörde untersagt werden.

2. Haussuchungen bei dem Verurtheilten unterliegen keiner Beschränkung hinsichtlich der Zeit, zu welcher sie stattfinden dürfen.

§. 8. a. a. O.

Ist die Verurtheilung wegen Diebstahls, Raubes, Hehlerei, Contrebande oder Zolldefraudation erfolgt, so kann die Ortspolizeibehörde außerdem (§. 8.) dem Verurtheilten untersagen, während der von ihr zu bestimmenden Stunden der Nacht, ohne ihre Erlaubniß seinen Wohnort und selbst seine Wohnung zu verlassen. §. 78.

Im Falle der Verurtheilung wegen Contrebande oder Zolldefraudation ist die Grenz-Zoll-Behörde befugt, dem unter Polizei-Aufsicht Stehenden das Betreten des Auslandes ohne ihre besondere Erlaubniß zu untersagen.

§. 9. a. a. O.

In den Landestheilen, in welchen bisher die Stellung unter Polizeiaufsicht durch ein Straferkenntniß nicht stattgefunden hat, sind Haussuchungen bei Nachtzeit in den Wohnungen derjenigen Personen zulässig, welche vor dem Eintritt der Gesetzeskraft des Gesetzes, die Stellung unter Polizeiaufsicht betreffend v. 12. Febr. 1850 (ausgegeben den 15. Febr.) wegen Diebstahls, Raubes, Hehlerei oder wegen Contrebande oder Zolldefraudation, in den Fällen der §§. 3., 4., 11. No. 2. §§. 13., 14., 15., 24. des Zollstrafgesetzes v. 23. Jan. 1838 zu einer 6wöchentlichen oder längeren zeitigen Freiheitsstrafe von einem Collegialgerichte verurtheilt sind. Die Befugniß zu nächtlichen Haussuchungen in den Wohnungen dieser Personen dauert von dem Tage, an welchem die Freiheitsstrafe verbüßt worden ist, mindestens ein Jahr; in denjenigen Fällen, in welchen auf eine längere als eine einjährige Freiheitsstrafe erkannt worden, jedoch während eines der erkannten Freiheitsstrafe gleichkommenden Zeitraums. Den Personen, welche in den vorstehend bezeichneten Fällen wegen Contrebande oder Zolldefraudation verurtheilt sind, kann von der Polizeibehörde auch untersagt werden, bei Vermeidung einer Polizei-Strafe von 2 bis 5 Thlr. oder Gefängnißstrafe bis zu 8 Tagen, während der von der Polizeibehörde zu bestimmenden Stunden der Nachtzeit (§.8.) ihre Wohnungen zu verlassen. §. 79.

§. 13. des Gesetzes zum Schutze der persönlichen Freiheit v. 12. Febr. 1850, Gesetzs. S. 48.

Die Nachtzeit umfaßt für die Zeit v. 1. Oct. bis 31. März die Stunden von 6 Uhr Abends bis 6 Uhr Morgens, und für die Zeit vom 1. April bis 30. Sept. die Stunden von 9 Uhr Abends bis 4 Uhr Morgens. §. 80.

§. 8. a. a. O.

§. 81. Wer unter dem Vorwande, Privatcollecten für Communen oder Nothleidende zu sammeln, sich in die Häuser eindrängt, der wird mit 10—50 Thlr. Geld oder verhältnißmäßiger Leibesstrafe belegt.

§. 244. II. 20. A. L. R.

§. 82. Ohne vorher erhaltene Königl. Genehmigung sollen weder in den Städten noch auf dem Lande Geld-Sammlungen geschehen, es sei von Aussteuer-, Begräbniß- oder andern Gesellschaften, zu welchem Zweck und unter welchem Vorwande es sein mag, widrigenfalls alle colligirten Gelder nicht nur confiscirt werden und der General-Straf-Kasse zufallen, sondern auch die Vorsteher, Rendanten und Collecteurs noch besonders nachdrücklich bestraft werden sollen.

§. 1. der V. v. 13. März 1781 (N. C. C. v. 1781 S. 181).

§. 83. Das (erste) Betteln wird mit Gefängniß bis zu 6 Wochen geahndet.

§. 2. des Gesetzes v. 6. Jan. 1843, Gesetzs. S. 19.

§. 84. Dieser Bestimmung unterliegen auch diejenigen, welche Kinder zum Betteln anleiten oder ausschicken.

§. 4. a. a. O.

§. 85. Wer Personen, die seiner Gewalt oder Aufsicht untergeben sind und zu seiner Hausgenossenschaft gehören, vom Betteln abzuhalten unterläßt, hat Gefängnißstrafe bis zu 8 Tagen verwirkt.

§. 5. a. a. O.

§. 86. Mit der im §. 2. bestimmten Strafe sind auch diejenigen zu belegen:

1. welche dem Spiele, Trunke oder Müßiggange sich dergestalt hingeben, daß sie in einen Zustand versinken, in welchem zu ihrem Unterhalte oder zum Unterhalte derjenigen, zu deren Ernährung sie verpflichtet sind, durch Vermittelung der Obrigkeit fremde Hülfe in Anspruch genommen werden muß;

2. welche eine Unterstützung aus öffentlichen Armenfonds empfangen, wenn sie sich weigern, die ihnen von der Obrigkeit angewiesene, ihren Kräften angemessene Arbeit zu verrichten;

3. welche nach Verlust ihres bisherigen Unterkommens binnen einer, von der Ortspolizeibehörde zu bestimmenden Frist sich kein anderweitiges Unterkommen verschaffen und auch nicht nachweisen können, daß sie solches, aller angewandten Bemühungen ungeachtet, nicht vermocht haben.

§. 6. a. a. O.*)

§. 87. Zum Begriff und Wesen einer strafbaren Bettelei gehört nicht nothwendig, daß der Ansprechende die Gabe persönlich erheische, viel-

*) Wie die Kabinetsordre v. 17. März 1843 ausdrücklich anerkannt hat, sind die oben angeführten im Gesetz v. 6. Jan. 1843 gerügten Vergehen (erstes Betteln und erste Arbeitsscheu) bloße Polizeivergehen. (Justiz-Minist.-Bl. v. 1843 S. 107); vergl. auch das Landarmen-Reglement für die Kurmark v. 14. Januar 1848 (Gesetzs. S. 50).

mehr genügt dazu unter Umständen auch ein bloß schriftliches Gesuch, und bleibt die Entscheidung über die Strafbarkeit des Vergehens der Beurtheilung des Richters anheimgegeben.

Plenarbeschluß des Königl. Ober-Tribunals v. 21. Nov. 1849. Entscheidungen, neue Folge, Bd. 8. S. 81.

Für den Reg.-B. Potsdam:

Die Ertheilung der Brand- und Bettel-Briefe ist bei 50 Thlr. Strafe untersagt.

§. 6. des Edicts v. 28. Apr. 1748.
Wiederholt bekannt gemacht durch die Verordn. v. 23. Jan. 1814 Amtsbl. S. 39 und v. 18. Juli 1815 Amtsbl. S. 208.

10. Polizeivergehen bei Ausübung besonderer vom Staate verliehener Rechte.

Wer bei Ausübung eines vom Staate verliehenen Rechtes den Polizeigesetzen des Staates zuwider handelt, ist mit der in den besonderen Polizei-Ordnungen vorgeschriebenen Strafe zu belegen. §. 88.

§. 239. II. 20. A. L. R.

Ist die Strafe der Uebertretung in der Polizei-Ordnung nicht bestimmt, so muß der Richter nach Maaßgabe der Gefahr und Schädlichkeit der Uebertretung eine, die Summe von 50 Thlr. nicht übersteigende, fiskalische Geld- oder verhältnißmäßige Arreststrafe festsetzen. §. 89.

§. 240. a. a. O.

A. Bei Ausübung des Deichwesens.

Deiche oder ähnliche Erhöhungen der Erdoberfläche, welche die Ausbreitung der zeitweise aus ihren Ufern tretenden Gewässer beschränken, dürfen in der ganzen Breite, welche das Wasser bei der höchsten Ueberschwemmung einnimmt (Inundationsgebiet) nicht anders, als mit ausdrücklicher Genehmigung der Regierung angelegt, verlegt, erhöht, so wie theilweise oder ganz zerstört werden. Wer diesen Verboten zuwider handelt, soll polizeilich nicht nur mit einer Geldbuße bis zu 50 Thlr. bestraft, sondern auch, wenn es erforderlich ist, zur Wiederherstellung des früheren Zustandes angehalten werden. §. 90.

Auf Schutzmaßregeln, welche in Nothfällen für die Dauer der Gefahr getroffen werden, finden diese Vorschriften keine Anwendung.

§. 1. des Gesetzes über das Deichwesen v. 28. Jan. 1848, Gesetzs. S. 54.

Die bei der Publication des gegenwärtigen Gesetzes vorhandenen Deichordnungen und Statuten bleiben in Kraft; ihre Abänderung und Aufhebung kann nur unter landesherrlicher Genehmigung erfolgen. §. 91.

§. 23. a. a. O.

§. 92. Die Regierung ist befugt, eine solche Benutzung der Deiche, welche deren Widerstands-Fähigkeit zu schwächen geeignet ist, zu beschränken oder ganz zu untersagen.

§. 24. a. a. O.

Für den Reg.-B. Potsdam

sind auf Grund dieses §. 24. zum Schutz der Priegnitzschen Elbdeiche nachstehende Vorschriften erlassen:

§. 1. Die Deichkrone darf mit Lastwagen gar nicht, mit anderem leichten Fuhrwerk aber nur bei trockenem Wetter befahren werden; sobald nasse Witterung eintritt, sind die auf der Deichkrone befindlichen Wege durch Schlagbäume zu sperren. Wer dieser Sperrung ungeachtet oder wer mit einem Frachtwagen bei nicht vorhandener Sperrung die Deichkrone befährt, hat eine polizeiliche Strafe bis zu 5 Thlrn. verwirkt.

§. 2. Ausgenommen von dieser Bestimmung (§. 1.) sind die Fuhrwerke, deren sich die Deich- und Deichaufsichts-Beamten, so wie die Polizeibeamten zu ihren Dienstreisen bedienen; desgleichen diejenigen Fuhrwerke, auf welchen Baumaterialien für die Deiche oder Buhnen angefahren werden. Auch findet jene Bestimmung nicht Anwendung auf diejenigen Deichstrecken, welche bisher als Verbindungswege aus dem Grunde benutzt werden mußten, weil andere Communicationswege im Binnenlande nicht vorhanden sind.

§. 3. Werden die im Binnenlande vorhandenen Verbindungswege durch Hochwasser überschwemmt oder sonst unpassirbar, so kann außerdem die Benutzung einzelner Deichstrecken zum Befahren, nach Maßgabe des Bedürfnisses, von der Deichbehörde zeitweise frei gegeben werden.

§. 4. Das Behüten der Deiche mit Schaafen ist gestattet; Schweine müssen dagegen zu allen Zeiten von den Deichen entfernt gehalten werden; für jedes auf den Deichen angetroffene Schwein verfällt der Eigenthümer desselben in eine Strafe von 10 Sgr.

§. 5. Das Behüten der Schaardeiche mit Pferden und Hornvieh ist gänzlich untersagt, und wird mit einer gegen den Eigenthümer des auf den Deichen angetroffenen Viehes festzusetzenden Strafe von 5 Sgr. für jedes Stück bedroht.

§. 6. Das Uebertreiben von Vieh über die Deiche darf nur auf den dazu bestimmten Triften und Wegen stattfinden.

Uebertretungen dieser Vorschrift ziehen für die Besitzer des Viehes eine Strafe von 1—5 Thlr. nach sich.

§. 7. Die auf und an den Deichen stehenden Bäume dürfen nur mit Erlaubniß und unter genauer Befolgung der, von den betreffenden Deichaufsichts-Beamten zu ertheilenden Anweisung, aus dem Boden herausgenommen werden. Wer dieser Vorschrift entgegenhandelt, verfällt in eine Strafe von 1—5 Thlr.

§. 8. Die Krone und die Dossirungen der Deiche dürfen mit Bäumen nicht bepflanzt werden. Für jeden dieser Vorschrift entgegen gepflanzten Baum verfällt der Contravenient in eine Strafe von 5 Sgr.

§. 9. Das Ankerwerfen auf der Deichkrone und auf den Deichdossirungen, so wie das Einschlagen von mehr als 3 Zoll starken Anlagepfählen ist bei Strafe von 1 Thlr. verboten.

§. 10. Das unbefugte Betreten der Deichdossirungen, so wie das Ausschütten von Kehricht auf denselben zieht eine Strafe von 5—15 Sgr. nach sich.

Reg. V. v. 8. April 1850 Amtsbl. S. 120.

Soweit nicht bereits besondere Verordnungen bestehen, ist für alle schiffbaren Gewässer bei 1—5 Thlr. Strafe verboten, die Buhnen, Anpflanzungen und Verwallungen durch Vieh betreten und beweiden zu lassen oder dazu zu benutzen, um dort Gegenstände niederzulegen, Holz zu hauen oder Feuer anzumachen, oder zum Schaden der Dämme oder der Deiche Wege darüber zu nehmen.

Reg. V. v. 22. Juli 1841. Amtsbl. S. 215 und v. 24. Mai 1845. Amtsbl. S. 171.

Jede Schiffsmühle, welche im Hauptstrom der Elbe liegt, muß 5 Ruthen vom Ufer entfernt bleiben, es mag solche schaar oder mit Buhnen, Buhnenköpfen und Landfesten befestigt sein oder nicht.

In die Arme der Elbe darf nur dann eine Schiffsmühle sich legen, wenn im Hauptstrom sich erhebliche Hindernisse finden, und hier muß sie wenigstens 4 Ruthen sich von dem Ufer entfernt halten.

In einwärts nach den Ufern des Stromes sich ziehenden Buchten dürfen Schiffsmühlen gar nicht angelegt werden.

Oberhalb einer Buhne oder eines Buhnenkopfes muß die Schiffsmühle 10 Ruthen und unterhalb wenigstens 15 Ruthen von dergleichen Wasserwerken entfernt bleiben, stromaufwärts oder niederwärts gerechnet, so daß daher die oben gedachte Entfernung vom Ufer beobachtet wird.

Die Taue und Ketten der Schiffsmühlen dürfen nie mit Ankern, Pfählen oder auf andere Art in den Landfesten oder Buhnen befestigt werden. Ebensowenig darf eine Kahnstelle an selbige angelegt oder sonst ein Uebergang nach der Mühle über diese Landfesten oder Buhnen gestattet werden. Jede Uebertretung dieser Vorschriften zieht eine Strafe von 10 Thlrn., die der letzteren beiden eine Strafe von 5 Thlrn. für den Eigenthümer oder Besitzer der Schiffsmühle, im Wiederholungsfalle aber die doppelte Geldstrafe nach sich, welche dann in verhältnißmäßige Gefängniß- und Zuchthausstrafe nach Befinden der Umstände und des Grades der Widersetzlichkeit und des Ungehorsams verwandelt werden kann.

Deklaration des Patentes v. 12. Febr. 1727. de dato 9. Aug. 1793 N. C. C. Bd. 9. No. 60. S. 1641.

Nach diesen Verordnungen und dem Elb-Buhnen-Reglement für die Priegnitz vom 6. Febr. 1737 (C. C. M. Cont. I. S. 11) ist auch verboten, die Buhnen, Werder und Einlagen, auf welchen bereits Buschwerk ausgeschossen ist, mit Vieh betreiben oder hüten zu lassen, und den Hirten, die Buhnen, Schaardeiche, Dämme, Gräbenbefestigungen und neu entstehenden Ruthenwerder mit Vieh zu betreiben, oder sich mehr als 10 Schritt mit demselben dem Fuße des Dammes zu nähern, Alles bei Vermeidung einer Strafe von 15 Sgr., im Wiederholungsfalle von 1 Thlr. für jedes Stück Vieh.

Wieder bekannt gemacht durch die
Verordn. v. 24. Mai 1845. Amtsbl. S. 171.

B. Bei Ausübung der Schifffahrt und Flößerei auf öffentlichen Strömen, so wie bei Benutzung dieser und deren Ufer überhaupt.

Der Gebrauch des Flußwassers aus öffentlichen Strömen durch Schöpfen, Baden und Tränken ist einem Jedem unverwehrt. §. 93.

§. 44. II. 15. A. L. R.

Doch muß jeder, welcher Vieh aus einem Flusse tränken will, der dazu bereits vorhandenen Schwemm- und Tränkstätte sich bedienen. §. 94.

§. 45. a. a. O.

§. 95. Wasserleitungen dürfen aus öffentlichen Strömen, ohne besondere Erlaubniß des Staats, nicht geführt, noch Wasch- oder Badehäuser darin ohne dergleichen Erlaubniß angelegt werden.

§. 46. a. a. O.

§. 96. Die Schifffahrt auf solchen Flüssen ist unter den vom Staate festgesetzten Bedingungen einem Jeden erlaubt.

§. 47. a. a. O.

§. 97. Unverbundenes Holz auf schiffbaren Strömen zu flößen, ist nach gemeinem Recht ein Vorbehalt des Staates und darf, ohne Vorwissen desselben, von Privatpersonen nicht unternommen werden.

§. 49. a. a. O.

§. 98. Fähren und Prahmen zum eigenen Gebrauch kann jeder Anwohner eines solchen Flusses halten.

§. 50. a. a. O.

§. 99. Das Recht aber, Fähren und Prahmen zur Uebersetzung für Geld zu halten, gehört zu den Regalien des Staates.

§. 51. a. a. O.

§. 100. Neue Brücken über öffentliche Ströme darf Niemand, auch auf eigenem Grund und Boden, ohne besondere Erlaubniß des Staates anlegen.

§. 52. a. a. O.

§. 101. Die Unterhaltung der Brücken über öffentliche Ströme liegt in der Regel demjenigen ob, welcher daselbst die Nutzung des Stromes hat.

§. 53. a. a. O.

§. 102. Zur Beförderung des Handels und der Schifffahrt auf der Elbe haben die Elb-Ufer-Staaten unter dem 23. Juni 1821 sich über eine Elbschifffahrts-Acte und unter dem 13. April 1844 über eine Additionalacte zu jener vereinbart, mit welcher zugleich eine Uebereinkunft über die schifffahrts- und strompolizeilichen Vorschriften für die Elbe unter demselben Datum erlassen worden ist.

§. 103. Darnach muß jedes Flußschiff und jedes Floß, welches die Elbe befährt, ohne sich auf das Gebiet des Uferstaates, dem es angehört, zu beschränken, dem Befehl und der speciellen Leitung eines Führers untergeben sein.

§. 8. der Additional-Acte. Gesetzs. f. 1844 S. 460.

§. 104. Jedes der, im §. 8. erwähnten Fahrzeuge muß während der Fahrt von den, zur Legitimation des Schiffes und des Führers erforderlichen Patenten begleitet sein.

§. 9. a. a. O.

§. 105. Wer es unternimmt, Schifffahrt oder Holzflößerei auf der Elbe zu treiben, ohne die erforderlichen Patente erlangt zu haben, verfällt in eine, nach Ermessen der entscheidenden Behörde auf 20—25 Thlr.

für ein Dampfschiff, 10—20 Thlr. für ein Segelschiff, 5—10 Thlr. für ein Floß zu bestimmende Ordnungsstrafe.

§. 14. a. a. O.

Wer sich des für einen anderen Führer oder ein anderes Fahrzeug ausgestellten, oder eines bereits ungültig gewordenen, oder widerrufenen Patentes fälschlich bedient, unterliegt derselben Strafe, jedoch mit einer Verschärfung von 10 Thlr. §. 106.

§. 15. a. a. O.

Führt ein patentirter Schiffs- oder Floßführer sein Schiffer- oder Schiffs-Patent auf einer Reise nicht bei sich, so hat er eine Ordnungs-Strafe von 5 Thlr. verwirkt. §. 107.

§. 16. a. a. O.

Die in den §§. 14, 15, 16. angedrohten Strafen sind für jede Reise, Hin- und Rückfahrt zusammengenommen, nur einmal zu erlegen. Werden jedoch die in jenen §§. erwähnten Uebertretungen bei folgenden Reisen wiederholt, so wird die Strafe im ersten Wiederholungsfalle auf das 1½fache, im zweiten und jedem ferneren aber auf das Doppelte des einfachen Betrages erhöht. §. 108.

§. 17. a. a. O.

Kein Schiffer oder Flößer darf vom Ladungsplatze abfahren, bevor er mit den Frachtbriefen über die geladenen Waaren und mit einem vorschriftsmäßigen Manifeste versehen ist. Die Frachtbriefe müssen von den Absendern ausgestellt sein und die Gattung und Menge, so wie den Bestimmungsort und Empfänger der Waaren benennen. Das Manifest ist von dem Schiffsführer oder für denselben von einem Dritten, welcher jedoch kein Elbzoll- oder Hafenbeamter sein darf, anzufertigen. Jede unterwegs eintretende Bei- oder Ausladung muß sofort in dem Manifeste bemerkt, und von dem Zollamt des Bei- oder Ausladungs-Ortes, oder wenn sich ein solches dort nicht befindet, von dem auf der ferneren Fahrt zunächst berührten Elbzollamte beglaubigt werden. §. 109.

§. 31. a. a. O.

Die Schiffsmanifeste müssen enthalten 1) die Nummer und sonstige Bezeichnung des Schiffs und die Orte, an welchen dessen dermalige Fahrt angefangen hat und endigen soll; 2) Namen und Wohnort des Schiffseigenthümers; 3) Namen und Wohnort des Schiffsführers; 4) die Angabe der Zahl der Bemannung; 5) Aufzählung, Benennung u. Gewicht der geladenen Waaren nach der Nummer und Reihefolge der Frachtbriefe, in der Art, daß jedes Kollo aufzuzählen und bei demselben a) dessen Bezeichnung und Bruttogewicht, b) dessen Einladungs- und Bestimmungsort nebst den Namen des Versenders und Empfängers und c) die Benennung der in demselben enthaltenen Waaren §. 110.

anzugeben ist; 6) die Versicherung der Richtigkeit des Inhalts unter öffentlich beglaubigter Unterschrift des Schiffsführers.

§. 32. a. a. O.

§. 111. Die Vorschriften über Anlegen und Meldung bei den Elbzollämtern gelten auch für leere Fahrzeuge.

§. 33. a. a. O.

§. 112. Der Führer eines Floßes soll ein vollständiges Verzeichniß aller Stämme des Holzes mit Bemerkung der Holzart und Dimersion eines jeden einzelnen Stammes bei sich führen. Derselbe ist überdies gehalten, ein Manifest vorzulegen, worin die Totalsumme der Stämme und übrigen Holzsorten, so wie deren kubischer Inhalt im Ganzen angezeigt wird und die etwaigen Beiladungen bemerkt sind.

Art. 18. der Elbschifffahrts-Akte v. 23. Juni 1821. Gesetzs. v. 1822 S. 17.

§. 113. Die Schiffer und Flößer sind gehalten, bei jedem Zollamt, welches sie auf ihrer Fahrt berühren, anzulegen, im Amt sich zu melden und das Manifest mit seinen Beilagen vollständig vorzulegen.

Art. 19. a. a. O.

§. 114. Die Manifeste begleiten das Fahrzeug vom Einladungs- bis zum Ausladungsort und sind an letzterem bei der dazu bestimmten Behörde abzugeben.

Art. 21. a. a. O.

§. 115. Dem ersten Elbzollamt jedes Staatsgebiets ist eine richtige Abschrift des vorzuzeigenden Original-Manifests einzuhändigen.

§. 34. der Additional-Akte v. 13. April 1844.

§. 116. Jede Ordnungswidrigkeit, als welche die Uebertretung der Art. 18, 19, 21. u. §§. 31—34. anzusehen ist, wird mit Geldbuße von 1—10 Thlr. nach der Erheblichkeit, Gefährlichkeit und Absichtlichkeit der Uebertretung bestraft.

§. 41. a. a. O.

§. 117. Gleiche Strafe, im Falle des Unvermögens verhältnißmäßiges Gefängniß, trifft die Uebertreter folgender Vorschriften:

1) Die bei amtlichen Untersuchungen der Fahrzeuge gerügten Mängel sind sofort abzustellen.

2) Die ein Holzfloß bildenden Stämme, Balken und andern Materialien müssen unter sich fest und dauerhaft verbunden, und die Floße selbst an beiden Enden mit einem Steuerruder versehen sein. Die Breite des Flosses darf in der Regel 20 Fuß preußisch nicht überschreiten.

3) Kein Schiff oder Floß darf stärker belastet werden, als es die bekannte Beschaffenheit der Fahrbahn und der herrschende Wasserstand erlauben.

4) Bei jedem auf der Fahrt begriffenen, zur Fracht oder Personenfahrt dienenden Schiffe muß sich wenigstens ein gut und dauerhaft gebautes Boot befinden.

5) Während der Fahrt darf kein Schiff oder Floß die Fahrbahn absichtlich verlassen. Dieselbe darf durch Auswerfung von Ballast, Steinen, Steinkohlenschlacken oder anderen der Schifffahrt hinderlichen oder gefährlichen Gegenständen, nicht verunreinigt werden.

6) Die Ufer, nebst den an denselben befindlichen Werken und Anlagen, so wie die Brücken, Schiffsmühlen, Fähren u. s. w. dürfen von Schiffen und Holzflößen auf ihrer Fahrt nicht berührt und beschädigt, auch die Leinpfade von den Zugknechten oder dem Zugvieh weder verdorben, noch zum Nachtheil der anliegenden Grundstücke überschritten werden. Dampfschiffe müssen sich von den Uferanlagen möglichst entfernt halten, damit letztere vom Wellenschlage nicht beschädigt werden.

7) Die Schiffs- und Floßführer dürfen in der Regel nur an den bestimmten Landungs- und Ladeplätzen, oder da, wo es außerdem für gewöhnlich nachgelassen ist, anlegen und vor Anker gehen. Nur in Nothfällen ist es gestattet, auch an andern Uferstellen anzulegen, wobei jedoch Buhnen, Packwerke, Uferbefestigungen (Vernähterungen), Dämme und unterbrüchige oder durch Verbotstafeln bezeichnete Uferstrecken zu meiden sind.

An das Ufer, auf welchem sich der Leinpfad befindet, darf ein Schiff oder Floß nur dann anlegen, wenn ihm die Ladung oder Löschung seiner Waare, oder das Aus- und Einladen der Hölzer daselbst erlaubt ist, oder wenn Unwetter oder Beschädigung dasselbe hierzu nöthigen. Dergleichen außergewöhnliche Landungsplätze sind jedoch von den Schiffs- und Floßführern sofort nach entfernter Gefahr oder erfolgter Ein- oder Ausladung, wieder zu verlassen. Auch sind die Fahrzeuge und Floße, so lange sie daselbst liegen, bei Nacht oder dichtem Nebel durch Aussteckung einer erleuchteten Laterne zu signalisiren, und die Masten niederzulegen.

Das Einschlagen von Pfählen auf dem Ufer ist an solchen außergewöhnlichen Ankerplätzen unbedingt untersagt.

Das Anlegen und Ankern unmittelbar vor oder hinter den Pfeilern stehender Brücken ist unter allen Umständen verboten.

8) In der Fahrbahn darf ein Schiff oder Floß nur an solchen Stellen vor Anker gehen, an welchen jene so breit ist, daß andere, selbst die größten Fahrzeuge oder Floße neben jenem noch bequem vorbeifahren können. Solchenfalls, und wenn ein Schiff auf einer vom Ufer entfernten Stelle vor Anker geht, treten wegen dessen Signalisirung die Bestimmungen No. 7. ein.

9) Kein Schiff darf im Fahrwasser da um- oder überladen, wo es dem Schiffsverkehr hinderlich ist. Ist die Ableichtung nöthig, um

das Schiff über Untiefen im Fahrwasser zu schaffen, so muß sie stets vor den letzteren und an solcher Stelle geschehen, wo weder das beladene Schiff noch der Leichter den Schiffsverkehr hindern oder erschweren.

Der Führer ist dafür strafbar, wenn ein Schiff im Fahrwasser dergestalt festgefahren wird, daß dasselbe nicht sofort oder nur durch Ableichtung wieder abgebracht werden kann.

10) Stehende Brücken dürfen von Dampfschiffen nur mit halber Geschwindigkeit und zurückschlagenden Rädern passirt werden. Unbeladene Fahrzeuge und Floße können stromrecht durchgehen, beladene Segelschiffe müssen im Fahrwasser beim Passiren der Brücke mittelst des Ankers sacken oder umlegen. Segel- und Dampfschiffe haben dabei ihre Masten und Rauchfänge so weit niederzulegen, daß die Bogenwölbung von denselben nicht berührt werden kann. Auch ist von Fahrzeugen und Holzfloßen jedes Anstreifen an die Seitenwände der Pfeiler zu vermeiden.

11) Jedes Schiff, welches im Begriff steht, eine im Gange befindliche Fähre zu passiren, muß in angemessener Entfernung beilegen.

12) Während des Fahrens bei finsterer Nacht oder dichtem Nebel muß jedes Schiff oder Floß in der Thalfahrt 3, in der Bergfahrt 2 über einander befindliche hellerleuchtete Laternen am halben Maste, oder, wenn es ohne Mast fährt, an einer nach allen Seiten hin sichtbaren Stelle, führen. Außerdem hat jedes Dampfschiff von 5 zu 5 Minuten, und dafern es ein Fahrzeug in seinem Fahrstrich vor sich bemerkt, sofort nach dessen Wahrnehmung ein deutlich vernehmbares Zeichen durch die Glocke oder Dampfpfeife zu geben.

13) Von zwei, sich im freien Fahrwasser begegnenden Segelschiffen oder Floßen behält dasjenige, welches gezogen wird, die Leinpfadseite; wird keines gezogen, so muß das zu Berg gehende dem zu Thal fahrenden, so weit es Wind und Oertlichkeit gestatten, ausweichen, und gleichzeitig diejenige Seite, auf welcher letzteres vorbeikommen kann, von einem an der Spitze aufgestellten Mann in angemessener Entfernung durch Zuruf und verständliche Zeichen andeuten lassen. Auf diesen Zuruf ist von dem thalwärts fahrenden Schiffe oder Floße zum Zeichen, daß es richtig verstanden worden, zu antworten.

14) Begegnen sich im freien Fahrwasser zwei Dampfschiffe, so muß jedes beim Ausweichen, so weit es thunlich ist, das ihm zur Rechten liegende Ufer halten. Begegnen sie sich zur Nachtzeit oder bei dichtem Nebel, so hat jedes derselben durch zwei Zeichen mit der Glocke anzukündigen, daß es rechts ausweiche. Ist aber ein Dampfschiff durch die Oertlichkeit verhindert, auszuweichen, so hat dessen Führer es dem entgegenkommenden Fahrzeuge durch 3 Zeichen mit der Glocke, und gleichzeitig durch Zuruf, der beantwortet werden muß (Nr. 13.), an-

zudeuten. In diesem Falle muß das letztere Fahrzeug nach der ihm als fahrbar bezeichneten Stelle ganz ausweichen.

15) Dampfschiffe müssen im freien Fahrwasser den Segelschiffen oder Floßen ausweichen, und zwar nach derjenigen Seite hin, auf welcher sie an letzteren ohne Gefahr vorbeizukommen vermögen.

Gestattet indessen die Oertlichkeit dem Dampfschiffe nicht, seinerseits auszuweichen, so hat dessen Führer solches dem entgegenkommenden Fahrzeuge oder Floß zur Tageszeit durch Aufziehen einer blauen Flagge bis zum halben Mast und gleichzeitig durch 3 Zeichen mit der Glocke und durch Zuruf, der nach Nr. 13. beantwortet werden muß, zur Nachtzeit oder bei dichtem Nebel aber durch drei Zeichen mit der Glocke und durch Zuruf, welcher nach Nr. 13. beantwortet werden muß, unverzüglich zu erkennen zu geben. Solchenfalls muß das segelnde Schiff oder Floß nach der ihm als fahrbar bezeichneten Seite ganz ausweichen.

16) Ist von zwei sich entgegenkommenden Fahrzeugen oder Floßen eine schmale, für das gegenseitige Ausweichen keinen hinreichenden Raum darbietende Stromrinne zu passiren, und das eine derselben schon in letztere eingelaufen, so muß das noch außerhalb der Stromrinne befindliche Fahrzeug oder Floß so lange beilegen, bis das andere dieselbe völlig durchfahren hat. Kommen beide sich entgegenfahrende Fahrzeuge gleichzeitig an den Ein- und Ausgängen der Stromrinne an, so muß das zu Berg fahrende so lange anhalten, bis das zu Thal fahrende die Rinne zurückgelegt hat. Vermöchte jedoch das stromabwärts kommende Fahrzeug oder Floß nicht mit aufgespannten Segeln oder nicht stromrecht hindurch zu fahren, so muß es anhalten, und dem zu Berg fahrenden Schiffe oder Floße das Passiren der Rinne zuerst einräumen.

Das gleichzeitige Einlaufen beider sich entgegenkommenden Fahrzeuge in die vor ihnen liegende schmale Stromrinne ist untersagt. Im Falle einer Uebertretung dieses Verbots muß das zu Berg fahrende Fahrzeug oder Floß wieder zurück bis vor die Ausmündung der schmalen Stromrinne gehen, und das thalwärts fahrende vorbeilassen.

17) Erreicht im freien Fahrwasser ein schneller fahrendes Dampf- oder Segelschiff oder Floß das voraus und langsamer fahrende, so ist ersteres befugt, zu verlangen, daß es von letzterem vorbeigelassen werde. Dieses Verlangen und die Seite, an welcher es vorbeifahren will, hat das hinterdrein kommende Fahrzeug oder Floß dem vorausfahrenden durch die in Nr. 13. angeordneten Signale zu erkennen zu geben, und das vorausfahrende Schiff oder Floß ist verpflichtet, diesen Signalen ohne Verzug Folge zu leisten.

Erreicht ein Dampfschiff das Segelschiff oder Floß am Eingange einer schmalen Stromrinne, so müssen letztere das erstere jederzeit vorbeilassen.

18) In allen Fällen, wo ein Dampfschiff an kleineren Fahrzeugen, oder auch an schwer beladenen größeren mit geringer Bordhöhe fahrenden Schiffen vorüberzugehen genöthigt ist, muß dies in gehöriger Entfernung und nur mit halber Maschinenkraft geschehen, um jede, aus dem Wellenschlage etwa entstehende Gefahr möglichst abzuhalten. Wäre jedoch ersteres den letzteren schon so nahe gekommen, daß der Wellenschlag für diese auch noch bei halber Maschinenkraft gefahrbringend werden könnte, so muß das Dampfschiff die Räder so lange hemmen, bis alle Gefahr vorüber ist. Hierbei müssen sich übrigens das Dampfschiff und die anderen Fahrzeuge in der vorgeschriebenen Art und Weise vorher gegenseitig signalisiren. (Vergl. Nr. 13.)

19) Die im Strome zur Bezeichnung des Fahrwassers, der Untiefen oder sonst gefährlicher Stellen gelegten oder ausgesteckten Merkmale und Warnungszeichen dürfen von den vorüberfahrenden Schiffern und Schiffsleuten weder beschädigt, noch verrückt, noch weggenommen werden.

Ist dies ohne Verschuldung eines Schiffers geschehen, so muß derselbe bei der nächsten Polizeibehörde hievon Anzeige machen. Uebrigens hat sich jeder Schiffsführer bei der Fahrt nach dergleichen Merkmalen und Warnungszeichen gebührend zu richten. Namentlich hat derselbe die durch solche bezeichneten hinderlichen und gefährlichen Stellen sorgfältig zu vermeiden.

20) Schiffe, welche Schießpulver geladen haben, müssen eine schwarze Flagge führen und dürfen nicht bei Nacht fahren; anderen Fahrzeugen, insbesondere den Dampfschiffen, haben sie möglichst fern und vor dem Winde zu bleiben. Sie dürfen niemals in der Nähe anderer Schiffe vor Anker gehen und müssen sich ankommenden Fahrzeugen bemerklich machen.

21) Der auf Frachtschiffen oder Floßen dienenden Mannschaft ist es untersagt, neben den eingeladenen Gegenständen gleichnamige oder andere Waaren für eigene Rechnung auf dem Schiffe oder Floße mit sich zu führen, und Handel oder ähnliche Geschäfte mit denselben zu treiben.

Der Schiffs- oder Floßführer darf über das Fahrzeug oder Floß, oder über die auf denselben geladenen Gegenstände in einer mit dem Manifeste in Widerspruch stehenden Art und Weise nicht verfügen.

Niemand darf sich mit den Schiffsleuten, oder mit hierzu nicht gehörig legitimirten Schiffs- oder Floßführern in dergleichen Handelsgeschäfte auf irgend eine Weise mittelbar oder unmittelbar einlassen.

22) Bei sich ereignenden, das Fahrzeug oder Floß mit Gefahr bedrohenden Unglücksfällen dürfen Führer und Mannschaft, bei Vermeidung scharfer Ahndung, das Schiff oder Floß nicht sogleich verlassen; vielmehr müssen sie vor allen Dingen auf Beseitigung der Gefahr, da-

fern hierzu noch die Möglichkeit vorhanden; wo aber nicht, und wenn die Gefahr dringend ist, vorerst auf Rettung der Passagiere, sodann auf Bergung der Waarenladung, die angestrengteste Thätigkeit verwenden. Führer und Mannschaft der in der Nähe befindlichen Fahrzeuge aller Art und der Floße sind zu schleunigster Hülfsleistung verpflichtet.

23) Wegen der für die Uebertretung aller dieser Vorschriften erkannten Geldstrafen haften:

a) der Schiffsführer für die verurtheilten Individuen von der Schiffsmannschaft, insoweit gegen diese weder die erkannte Geldstrafe noch die subsidiarische Gefängnißstrafe vollstreckt werden kann, wobei jedoch dem Schiffsführer der Regreß gegen die Schuldigen vorbehalten bleibt,

b) das Schiff für den Schiffsführer.

Uebereinkunft der Elb-Ufer-Staaten v. 13. April 1844, die Erlassung schifffahrts- u. strompolizeilicher Vorschriften für die Elbe betreffend. Gesetzs. S. 518. ff.

Für den Reg.-B. Potsdam

sind diese polizeilichen Bestimmungen durch Reg. V. v. 31. Dez. 1844 (Amtsbl. v. 1845 S. 13) besonders eingeschärft.

Schiffsengen und demgemäß solche Orte, auf welche die unter Nr. 16. oben aufgeführten strompolizeilichen Vorschriften zur Anwendung kommen, sind:

1) Bei dem Havelberger Mühlenholze längs des untern Theils des Mittelwerders bis zur dritten rechtsseitigen Buhne am Mühlenholze;

2) bei dem Werbenschen Eschenwerder von der obersten linksseitigen Buhne bis zur Ecke desselben oberhalb Neuwerben;

3) bei dem Werbenschen Mittelwerder von der Mitte desselben bis zur untersten Spitze, gegenüber der dritten linksseitigen Buhne oberhalb der Werbenschen Fährstelle;

4) Bei den Kangs. Hier geht die Fahrt von dem linksseitigen Ufer, der untern Spitze des Ruhstädter Streitwerders gegenüber, ab, nach der zweiten rechtsseitigen Buhne unterhalb desselben, und von dort nach der gegenüberliegenden Buhne am linksseitigen Ufer;

Reg. V. v. 11. Aug. 1845. Amtsbl. S. 251.

5) bei Neuwerben zwischen dem Paschenwerder und Werben, von der vorspringenden Ecke des Werders bis zur Buhne 3. am Neuwerbenschen Teich;

6) bei Wittenberge längs des Hafendeichs bis oberhalb der Hafenbuhne daselbst;

Reg. V. v. 4. Juli 1846. Amtsbl. S. 219.

7) bei dem unteren Theile des sogenannten Paschenwerders zwischen den daselbst gelegenen beiden Buhnen;

8) von der dritten Buhne unterhalb des Dorfes Cumlosen bis zu dem dortigen Buhnenmeisteretablissement;

Reg. V. v. 3. Juni 1848. Amtsbl. S. 212.

9) oberhalb des Sandkruges zwischen der 1sten und 2ten dort am rechten Ufer liegenden Buhne.

Reg. V. v. 27. Aug. 1850. Amtsbl. S. 297.

Die in den obigen strompolizeilichen Bestimmungen unter Nr. 6, 7 und 10. enthaltenen Vorschriften des Passirens der Brücken finden auf die Eisenbahnbrücke bei Wittenberge gleichfalls Anwendung.

Reg. V. v. 12. Sept. 1848. Amtsbl. S. 301.

Für den innerhalb des Regierungs-Bezirks Potsdam belegenen Stromtheil der Elbe ist in Gemäßheit der in der Uebereinkunft über die strompolizeilichen Bestimmungen frei gelassenen Befugniß der einzelnen Uferstaaten, das Maaß von 40 Fuß Breite für Holzflöße als Maximum bezeichnet worden, und die Ueberschreitung dieses Maximums mit einer, gegen den Führer des Floßholzes festzusetzenden Polizeistrafe von 2—10 Thlr. für jeden Contraventionsfall oder verhältnißmäßiger Gefängnißstrafe bedroht.

Reg. V. v. 7. Nov. 1845. Amtsbl. S. 344.

Was die ferneren strompolizeilichen Bestimmungen für den Reg.-B. Potsdam betrifft, so ist:

I. über die Breite und Länge der Schiffsgefäße und Flöße auf den Wasserstraßen zwischen Oder und Spree verordnet:

1) Vom 1. Jan. 1853 an darf der Friedrich Wilhelms Kanal, Finow-Kanal und die Havel von Liebenwalde bis zum Einfluß der Spree in Spandau nur von Schiffsgefäßen befahren werden, deren äußierste größte Breite nicht über 14½ F. und deren Länge nicht über 128 F. von einer zur andern Kaffe-Spitze beträgt.

2) Fahrzeuge, welche die in 1) erwähnte Breite oder Länge überschreiten, jedoch nicht breiter als 16 F. 8 Z. und nicht länger als 132 F. 6 Z. sind, werden v. 1. Jan. 1853 auf den gedachten Wasserstraßen zwar noch zugelassen, müssen aber vom 1. Jan. 1849 an vor jeder, zur gleichzeitigen Beförderung von zweien Kähnen eingerichteten Schleuse so lange warten, bis vor derselben ein Fahrzeug, dessen Breite mit der des zu großen Kahnes zusammengerechnet nicht mehr als 29 F. beträgt, nach der Rangfahrt angekommen ist, oder die nach Nr. 1. normalmäßig gebauten und die kleineren Kähne sämmtlich befördert worden sind.

3) Kommt die Reihe zum Durchfahren an einen größeren Kahn in Gemeinschaft mit einem kleineren, so muß der größere in den Kammern der mit versetzten Häuptern gebauten Schiffsschleusen stets die Seite der Kammer einnehmen, welche in der Verlängerung des Unterhauptes liegt; es wird daher bei der Bergfahrt stets der kleinere Kahn zuerst ein- und zuerst ausfahren; bei der Thalfahrt umgekehrt.

4) Die Ankunft eines kleineren zur gemeinschaftlichen Durchfahrt geeigneten Kahnes hat der größere Kahn stets an einer solchen, von dem Schleusenmeister anzuweisenden Stelle abzuwarten, an welcher die Passage der andern Kähne dadurch nicht verhindert wird.

5) Schiffsgefäße, welche breiter als 16 F. 8 Z. oder länger als 132½ F. sind, werden 3 Monate nach Publication dieser Verordnung zu den genannten Wasserstraßen nicht mehr zugelassen.

6) Die größer als nach 1) gebauten Fahrzeuge haben unter sich und beim Mitschleusen mit kleineren Kähnen den Rang nach der Zeitfolge der Ankunft.

7) Besitzer von Schiffsgefäßen, welche nach dem 1. Jan. 1849 die in 1) genannten Wasserstraßen befahren wollen, sind verpflichtet, sich bis dahin bei einer der, mit der Vermessung der Kähne beauftragten, Steuerbehörden zu melden, und auf der Rückseite der Meßbriefe die Länge und Breite des Kahnes nach Maßgabe der Nr. 1. bescheinigen zu lassen. In allen neuen Meßbriefen ist Länge und Breite der Schiffsgefäße mit Rücksicht auf Nr. 1. ebenfalls genau anzugeben. Die neuen Meßbriefe für Schiffsgefäße, welche die normalmäßige Größe überschreiten, sind zur leichteren Unterscheidung auf rothem Papier auszufertigen.

Die Erlaubniß zur Befahrung der Wasserstraßen findet nur gegen Vorzeigung des bescheinigten Meßbriefes statt, welcher während der Fahrt ins Besondere auch jedem Schleusenmeister auf Verlangen vorzulegen ist.

8) Fahrzeuge, welche über Bord geladen haben, werden zu den mehr erwähnten Wasserstraßen nicht zugelassen, mit Ausnahme von Kähnen, die Heu oder Stroh führen. Diesen ist gestattet, der Ladung eine Höhe von 10 F. vom Wasserspiegel, und eine Breite von höchstens 15 F. zu geben.

9) Holzfloße, die durch den Finowkanal gehen, dürfen nicht breiter als 7 Fuß verbunden werden. Unverbundenem Holze wird die Durchfahrt durch die Schleusen nicht gestattet.

10) An solchen Schleusen, in deren Kammern zwei Schiffsgefäße von 14½ F. Breite und 128 F. Länge nicht Platz finden, haben bis zum 1. Jan. 1853 die Kähne von mehr als 14½ F. bis 16 F. 8 Z. Breite und von 128—132½ F. Länge mit den normalmäßig gebauten und den kleineren gleichen Rang, fahren also nach der Zeitfolge der Ankunft vor der Schleuse durch dieselbe.

11) Nach dem 1. Jan. 1853 kann der Transport eines Schiffsgefäßes von größeren Abmessungen als Nr. 1. angiebt, aus der Elbe nach der Oder oder umgekehrt nur auf Grund einer besondern Erlaubniß der Regierungen zu Potsdam oder Frankfurt und auch dann nur in ganz leerem Zustande gestattet werden.

12) Auf Bagger- und Bau-Prahmen finden vorstehende Verordnungen keine Anwendung.

13) Jede Verletzung oder Nichtbeachtung der vorstehenden Bestimmungen wird mit einer polizeilichen Strafe bis zu 50 Thlr. belegt.

Regulativ v. 8. Nov. 1845, bestätigt durch K. O. v. 21. Nov. 1845, publicirt durch Reg. V. v. 23. Dez. deff. J. Amtsbl. Beil. zum 52. Stück.

II. Für den Finow-Kanal ist ins Besondere bestimmt:

Wer den Anordnungen der Kanal-Baubeamten, Kanalaufseher und Schleusenmeister, welche sich auf die Reihenfolge des Schleusens und diejenigen Maßregeln beziehen, die zur Beförderung der Schnelligkeit des Schleusens nöthig erscheinen, nicht unweigerlich Folge leistet; wer sich unberufen zur Schleuse drängt; wer zu langsam in dieselbe hinein oder aus derselben herauszieht; wer die Schifffahrt versperrt oder hemmt; wer einen Kahn, welcher nach seiner eigenthümlichen Schleusungsbefugniß, oder nach der Weisung des Schleusenmeisters hierzu berechtigt ist, an der Schleuse nicht vorbeiläßt, ohne daß der Sperrende oder Verhindernde nachweisen könnte, daß die Ursache der Sperrung oder Verhinderung außer seiner Schuld liege; wer zum Nachtschleusen zugelassen ist und mit Verschweigung dieser Befugniß, nachdem er von derselben bereits Gebrauch gemacht, sich zur Schleuse bei Tage drängt, und eine solche Tagschleusung erschleicht, verfällt, insofern er nicht höhere Strafe verwirkt hat, außer dem Ersatz des verursachten Schadens in eine Strafe von 1—5 Thlr.

§. 34. der Rangfahrtsordnung für die Wasserstraße von der Lieper bis zur Pinnower Schleuse, beide einschließlich; v. 18. Jan. 1845, genehmigt unter dem 23. Apr. deff. J. Amtsbl. Beil. zum Stück 22 Jahrgang 1845.

Jeder Kahn, welcher im Kanal anhält, muß dem Ufer so nahe als möglich und gestreckt anlegen, und in dieser Lage wohl befestigt werden; jedoch dürfen zu diesem Zwecke niemals Anker in die Ufer geworfen werden; die Befestigung darf vielmehr nur an Pfählen geschehen, welche mindestens in einer Entfernung von 2 Ruthen von dem Ufer einzuschlagen sind; dabei ist es nothwendig, daß der Kahn zugleich vorn und hinten befestigt werde.

Wer dies verabsäumt und durch das Herumschlagen seines Kahnes die Schifffahrt hindert, verfällt in Strafe; ebenso muß bei Strafe auch das Floßholz gestreckt neben dem Ufer befestigt werden, und zwar an sogenannten Schricken.

§. 18. der Polizei-Ordn. für den Finow-Kanal vom 18. Apr. 1836, Amtsbl. Beil. zum 19. Stück.

Kein Fahrzeug darf am Geländer oder an anderen Theilen der Brücken, an Buhnen, Pfählen oder an Bäumen befestigt werden.

§. 19. a. a. O.

In engen Kanalstellen, welche durch schwarze Pfähle bezeichnet werden sollen, desgleichen an und zwischen Schälungen und Faschinenwerken, darf überhaupt kein Fahrzeug anlegen. Ebensowenig darf ein Fahrzeug einem andern gegenüber oder zur Seite angelegt werden, es sei denn, daß dies des Ableichtens wegen gestattet würde.

§. 20. a. a. O.

Das Ueberwintern des Floßholzes im Kanal ist ohne ausdrückliche, auf besondere Stellen zu beschränkende Erlaubniß des Kanalbau-Beamten verboten.

§. 21. a. a. O.

Das Aus- nud Einladen von Waaren darf in der Regel nur an den bestimmten, mit Tafeln bezeichneten Anlagestellen vorgenommen werden.

An andern Orten ist das Aus- und Einladen blos gestattet:

a) den am Kanal grenzenden Grundbesitzern für Ladungsgegenstände zu ihrem eigenen Bedarf oder Vertriebe, wenn ihnen dazu von dem betreffenden Kanal-Bauinspector die Erlaubniß ertheilt worden, und solches überhaupt nicht wegen zu geringer Breite des Kanals oder wegen abbrüchiger Beschaffenheit des Ufers ganz unzuläsig ist.

b) Im Falle des durchaus nothwendigen Lüftens, Trocknens oder Umschippens von Waaren, die dem Verderben ausgesetzt sind, ebenfalls nur unter den sub a. gestellten Bedingungen.

c) Im Falle des schnelleren Ableichtens eines zu schwer beladenen, fest liegenden Kahns, wenn derselbe an einer Stelle fest liegen sollte, wo ein Ableichterkahn nicht neben ihm anlegen kann.

d) Im Falle Schiffe, vom Frost überrascht, ihre Waaren ausladen müssen.

In allen 4 Ausnahmefällen muß aber, bevor das Aus- oder Einladen geschieht, an den nächsten Schleusenmeister unter Nachweis der von dem betreffenden Kanal-Bauinspector erhaltenen Erlaubniß, wo diese nöthig ist, und unter Angabe der bestimmten Stunde, wo mit dem Aus- und Einladen begonnen werden soll, damit derselbe die nöthige Aufsicht darüber führen kann, Anzeige davon gemacht werden.

Bei Versäumniß der in diesem §. festgesetzten Bestimmungen verfällt der dagegen handelnde Schiffer in eine Strafe von 5 Thlr.

§. 22. a. a. O.

Holz und andere schwere Waaren dürfen, wo es auch sein mag, nicht näher als 3 Ruthen von dem Kanalbord entfernt, abgelagert werden, und muß das Hinein- und Herausschaffen des Floßholzes auf Streichhölzern, das Ein- und Auskarren anderer Waaren auf Schiebkarren geschehen.

§. 23. a. a. O.

In den Kanalstrecken, wo besondere Trödelpfade angelegt sind, darf nicht gesegelt werden.

§. 24. a. a. O.

In der Regel muß dieselbe Reihenfolge, welche beim Eintritt in den Kanal stattgefunden hat, während der ganzen Fahrt beobachtet werden, und ist ein Vorbeifahren nur erlaubt, wenn der vorfahrende Kahn durch Anhalten oder sonstigen Aufenthalt selbst dazu Veranlassung giebt.

§. 25. a. a. O.

An denjenigen engen Kanalstellen, welche nach §. 20. mit schwarzen Pfählen bezeichnet werden sollen, ist das Vorbeifahren niemals erlaubt; aber auch an anderen Stellen, wo die Breite des Fahrwassers an und für sich das Vorbeifahren gestattet, verfällt der vorbeifahrende Schiffer, wenn dabei etwa durch die Begegnung mit andern Fahrzeugen oder sonst auf irgend eine Art ein Schaden oder eine Stockung entsteht, außer den Schadenersatz in Strafe. Dasselbe gilt von demjenigen, welcher das Vorbeifahren muthwilligerweise zu verhindern sucht.

§. 26. a. a. O.

Wenn ein Kahn sich schon in einer mit Pfählen bezeichneten engen Kanalstrecke befindet, so darf ein ihm entgegenkommender nicht eher in selbige hineinfahren, als bis der erstere diese Strecke passirt ist. Ganz schmale Kähne machen hierbei eine Ausnahme. Kommen zwei Kähne zugleich an den entgegengesetzten Enden einer solchen Strecke an, so hat der abwärts fahrende, und wenn Segelwind ist, der mit dem Winde segelnde das Recht, zuerst hindurch zu fahren.

Als höchster Punkt wird die Stelle, wo der Voß-Kanal in den langen Trödel einmündet, angesehen, so daß von dort an die Fahrt sowohl nach der Liebenwalder als auch nach der Zerpen-Schleuse als abwärtsgehend betrachtet wird.

§. 27. a. a. O.

An allen Kanalstrecken, welche auf beiden Ufern mit Trödelpfaden versehen sind, müssen die trödelnden Schiffer und Schiffszieher sich rechts halten; wo sich aber nur auf der einen Seite ein Trödelpfad befindet, muß, wenn zwei Fahrzeuge oder Holzflöße sich begegnen, das Fallenlassen der Leine bei dem abwärts fahrenden (nach den Bestimmungen des §. 27.) bewirkt werden.

Vor den Brücken und Schleusen müssen die Segel in einer Entfernung von 50 Ruthen und die Trödelleinen in einer Entfernung von 20 Ruthen niedergelegt werden.

§. 28. a. a. O.

Das Baden ist überall, das Fischen und Krebsen an allen engen oder seichten Stellen im Kanale verboten.

§. 29. a. a. O.

Der Kanalbord darf in einer Breite von 3 Ruthen weder von Vieh behütet, noch dasselbe an anderen, als den dazu bestimmten Stellen getränkt werden. An Pfandgeld muß im Contraventionsfalle außer dem Schadenersatze als Strafe erlegt werden:

für ein Stück Hauptvieh 10 Sgr.
für ein Schaaf oder Schwein 5 Sgr.

An Kanalstrecken, wo sich Wälle befinden, müssen auch diese von dem Vieh verschont werden.

§. 30. a. a. O.

Wo keine ordentlichen Fahrwege bestehen, ist das Fahren, Reiten und Karren auf den Kanalborden verboten.

§. 31. a. a. O.

Nur in einer Entfernung von 3 Ruthen vom Ufer des Kanals darf Holz gehauen oder Feuer angemacht werden. Desgleichen ist das Verunreinigen des Kanals durch Hineinwerfen von Schutt, Steinen, Kehricht, Asche und dergl. untersagt.

§. 32. a. a. O.

Wer die am Kanalborde befindlichen Pflanzungen auf irgend eine Weise beschädigt, verfällt neben dem Ersatz des Schadens in Strafe.

§. 33. a. a. O.

Auf die Uebertretungen der vorstehenden Vorschriften und Verbote erfolgt überall, wo nicht schon ein besonderes Strafmaaß ausdrücklich verordnet ist, unabhängig von dem Ersatz des durch das Vergehen herbeigeführten Schadens eine Strafe von 2 Thlr.

§. 34. a. a. O.

III. Ueber das Einlaufen der von der Havel und den untern Theilen des Finow-Kanals herkommenden Kähne in den südlichen Arm des sogenannten langen Trödels sind gleichfalls besondere Bestimmungen ergangen, welche die Rangfolge dieser Kähne ordnen und dieselbe im Wesentlichen von der Anordnung des Kanalaufsehers abhängig machen, bei welchem sich die Kahnführer zu melden haben. Die Uebertretungen der Anweisung desselben und der gedachten Bestimmungen werden nach der obigen Finow-Kanal-Polizei-Ordnung gerügt.

Reg. B. v. 29. Juni 1843 Amtsbl. S. 192.

IV. Hinsichts der Fortsetzung des Finow-Kanals, nämlich der Wasserstraße von der Pinnower Schleuse bis zur Berliner Thorbrücke bei Spandau, ist verordnet:

daß die Strafbestimmungen des §. 34. der Rangfahrts-Ordnung v. 18. Jan. 1845 auch für diese Wasserstraße gelten;

außerdem aber bestimmt: daß jeder Schiffer, welcher die Spandauer Schleuse bei Nachtzeit passirt hat, und die Fahrt ununterbrochen fortsetzen will, bei Vermeidung einer Strafe von 1—5 Thlr. gehalten ist, mit seinem Kahn bis hinter den letzten vor der Schleuse liegenden Kahn zu fahren, also seinen Kahn weder in der Fahrt, noch an einem andern Orte, wo dadurch die freie Fahrt beengt oder behindert würde, anstellen darf.

§§. 7 u. 8. der Rangfahrts-Ordnung v. 5. Mai 1846 Amtsbl. S. 227.

V. Für die Schifffahrt auf der untern Spree und Havel bei Spandau ist bestimmt:

1) Die zur Regulirung des Fahrwassers und zur Deckung der Ufer dienenden Faschinenwerke und Verwallungen dürfen weder als Anlage- noch als Ankerplatz benutzt oder betreten werden.

In gleicher Art ist das Hüten in den an dem Flußufer befindlichen Weidenpflanzungen und überhaupt jede Beschädigung derselben verboten.

2) Die von der Spree und untern Havel kommenden Kähne, welche durch die Spandauer Schleuse fahren wollen, legen, wenn schon Kähne auf das Durchschleusen vor derselben warten, in derselben Rangordnung, wie sie anlangen, und zwar die von der Spree kommenden an das linke Havelufer gestreckt in einer einfachen Reihe bis zur Spree, und wenn dieses Flußufer nicht ausreicht, an das rechte Spreeufer, die von der unteren Havel kommenden Kähne dagegen an das rechte Havelufer an, und haben in dieser Stellung zu warten, bis die Fahrt durch die Berliner Thorbrücke erfolgen kann. Ist dieselbe möglich und gestattet, so passiren, wenn überhaupt eine solche Zahl der wartenden Kähne vorhanden ist, immer auf 4 aus der Spree kommende Fahrzeuge 2 aus der unteren Havel angekommene Kähne die Berliner Thorbrücke.

Diejenigen Kahnführer, welche mit Vorschleuse-Päffen versehen sind, melden sich auf dem Rent- und Polizei-Amt Spandau. Nachdem die Päffe hier visirt worden sind, zeigen sie dieselben dem Brückenwärter und dem Schleusenmeister vor, und werden darauf nach Umständen die Aufforderung zum Vorfahren durch die Berliner Thorbrücke und die Schleuse erhalten.

Beladene Kähne, welche von der Schleuse und der Berliner Thorbrücke abwärts fahren, und unterhalb der letzteren anlegen wollen, nehmen in einer einfachen gestreckten Reihe am rechten Haveluſer Platz.

Floßholz darf unterhalb der Berliner Thorbrücke in der Havel bis zu deren Vereinigung mit der Spree gar nicht aufgestellt werden. Wie viel Kähne, ihrem Range gemäß, die Brücke aufwärts passiren sollen, bestimmt der Brückenwärter, dessen Anordnungen überhaupt bei Passirung der Brücken Folge zu leisten ist.

3) Sobald sich die Fahrzeuge auf der Spree unterhalb der Moabiter Brücke so angesammelt haben, daß sie das linke Flußufer bis zum Landwehrgraben in einer vierfachen gestreckten Reihe vollständig einnehmen, müssen die nach Berlin fahrenden Kähne, unterhalb des gedachten Grabens gleichfalls an das linke Flußufer in einer gestreckten Reihe, ihrer Rangfolge nach, hintereinander und ebenso das nach Berlin gehende Floßholz an das rechte Ufer anlegen. Die hierdurch bedingte Rangordnung dürfen die Fahrzeuge unter keinen Umständen verlassen und nur nach derselben in die vierfache Reihe oberhalb des Landwehrgrabens einrücken.

4) Die Befestigung der Fahrzeuge darf nur durch das Auswerfen der Anker in den Grund des Stromes, niemals aber durch Auswerfen des Ankers auf das Ufer erfolgen. Außerdem wird gestattet, zur besseren Sicherung bei ungünstiger Witterung einen etwa 6 Zoll starken Pfahl, jedoch nur in einer Entfernung von 8 Fuß vom Ufer entfernt, einzuschlagen, und das Fahrzeug an denselben mittelst eines niedrig angebrachten, den Trödelweg nicht versperrenden Taues zu befestigen, wo solches überhaupt und nach Nr. 1. zulässig ist.

5) Jede Uebertretung der in 1 — 4 gegebenen Bestimmungen, so wie aller zur Ausführung der allgemeinen Vorschriften erforderlichen Anordnungen des Stromaufsehers und andrer Polizeibeamten, desgleichen der sonstigen auf den Stromverkehr bezüglichen Vorschriften, mit welchen die Betheiligten sich bekannt zu machen haben, wird mit 2 bis 5 Thlr. Geld- oder mit verhältnißmäßiger Gefängnißstrafe belegt.

Reg. V. v. 13. Jan. 1842 Amtsbl. S. 11.

und in Bezug auf den ersten Absatz in Nr. 2.

Reg. V. v. 6. Febr. 1842 Amtsbl. S. 52.

VI. Hinsichts der Floßholzlagerung auf dem Lieper See ist bestimmt:

Daß diese auf demselben und den daran stoßenden zeitweise überschwemmten Theilen der Hütung der Fischergemeinde zu Liepe, gegen Entrichtung eines Stättegeldes an die gedachte Gemeinde gestattet ist; dadurch aber die freie Schifffahrt auf dem Lieper See zwischen dem Finow-Kanal und der Oder nicht behindert werden darf. Die Zahlung des Stättegeldes berechtigt zur Lagerung auf die Dauer eines Jahres und auf einer bestimmten, vom Stapelmeister anzuweisenden Trift, welche mit einem dauernden Merkzeichen versehen wird.

Bei einer jeden Veränderung der Lagerungsstelle, nämlich beim Wegbringen des lagernden Holzes, müssen die Gegenstände, welche zur Befestigung gedient haben, sorgfältig weggeräumt werden.

Niemand darf Schricke, Stangen, Ruder oder Pfähle, welche zur Befestigung eines Floßes oder einer Trift gedient haben, umbiegen oder abbrechen, die Befestigung eines Floßes auch nicht muth- oder böswillig lockern oder stören.

Wer den Anordnungen des Stapelmeisters entgegenhandelt, oder die obigen Vorschriften verletzt, oder wessen Floß oder Trift ohne das erwähnte Merkzeichen betroffen wird, oder wer die Entrichtung des Stättegeldes zu umgehen sucht, was schon dann vermuthet wird, wenn Jemand ohne hinreichende Entschuldigung sich nicht sofort bei Ankunft des zu lagernden Holzes an der Grenze des See's beim Stapelmeister meldet, verfällt in eine Polizeistrafe von 1 — 5 Thlr.

Regulativ v. 19. Juni 1850, erlassen auf Grund der K. O. v. 21. Mai dess. J. Amtsbl. Beil. zum 26. Stück, genehmigt durch Min. Rscr. v. 6. Juni dess. J.; gültig bis zum 1. Jan. 1855.

VII. Für den Oderberger See allein gelten noch folgende besondere Bestimmungen:

1) daß, außer mit Genehmigung der Gemeinde nur dann Holz auf demselben verbleiben darf, wenn oberhalb des See's ein Raum von 400 Quadrat-Ruthen frei ist;

2) daß ferner das Verbinden des Holzes zur Kanalfahrt für jeden Odertransport, welcher auf demselben stattfindet, innerhalb vier Tagen bewirkt werden muß;

3) daß alles Holz, welches auf dem See angestellt wird, entweder durch starke Schricke, oder durch neben einander eingesteckte Floßstangen oder Ruder so befestigt werden soll, daß ein Losreißen desselben nicht zu befürchten ist.

Jede Uebertretung dieser Bestimmungen, so wie das Steckenlassen der Schricke, Floßstangen oder Ruder beim Wegbringen des aufgestellten Holzes, oder das Ausziehen, Umbiegen und Abbrechen der Schricke oder Stangen, zieht eine Strafe von 2 Thlr. nach sich.

Reglem. v. 18. Juli 1834 Amtsbl. für 1840. S. 39 u. ff.

VIII. In Bezug auf die Schifffahrt bei Alt-Ruppin ist verordnet:

Es wird mit einer Strafe von 15 Sgr. bis 2 Thlr. oder verhältnißmäßiger Gefängnißstrafe belegt:

1) Wer bei Benutzung der Schloßmühlen-Baustelle zum Anlegen sich nicht innerhalb einer Stunde nach dem Anlegen auf dem Königl. Domainen-Rent-Amte meldet;

2) der Anweisung desselben nicht nachkommt;

3) an der Ablage oder neben der Brücke die Segel aufspannt;

4) das festgesetzte Anlagegeld nicht zahlt;

5) wer nicht binnen 24 Stunden das Ein- und Ausladen und Fortschaffen der betreffenden Gegenstände bewirkt;

6) wer die angrenzenden Gehäge beschädigt.

Regulat. v. 17. März 1843 Amtsbl. S. 75.

IX. In Bezug auf das Befahren der Havel unterhalb der Bredereich'schen Schleuse ist bestimmt:

Daß kein Kahn, welcher dort fahren soll, tiefer im Wasser gehen darf, als 2 F. 4 Z., wenn er mit Freiwasser fortgeschafft werden, und als 1 Fuß, wenn er ohne Freiwasser fortkommen soll.

Jeder Kahnführer, welcher den Kahn in der Strecke von der Schleuse bis zur Glasablage Langenwall beladet, hat dafür zu sorgen, daß sein Kahn die vorgeschriebene Ladungstiefe nicht überschreitet, widrigenfalls er für jeden Zoll, um welchen dies der Fall ist, 5 Thlr. Strafe zu erlegen hat, welche noch geschärft wird, wenn durch das Ueberladen des Kahnes die Schifffahrt aufgehalten worden ist.

Regulat. v. 28. Oct. 1840 Amtsbl. S. 361.

X. In eine Strafe von 1 — 5 Thlr. verfällt:

wer, es sei bei Tage oder bei Nacht, innerhalb des Fahrwassers der Schifffahrtsgewässer im Regierungs-Bezirk Potsdam da, wo es dem Schiffsverkehr hinderlich ist, Floßhölzer anlegt.

Reg. V. vom 1. Aug. 1843, erlassen mit höherer Genehmigung Amtsbl. S. 221.

XI. In eine Strafe von 1 Thlr., beim Wiederholungsfall in die des doppelten Betrags verfällt jeder Schiffer, der bei Annäherung an die Brücken nicht zeitig genug das Segel fallen läßt, wozu er bei Zugbrücken schon in einer Entfernung von 200 Ruthen verpflichtet ist.

V. v. 13. Dec. 1813, Amtsbl. S. 560 u. V. v. 3. Jan. 1826, Amtsbl. S. 17.

XII. Schiffer, welche die unterhalb Werder über die Havel führende Eisenbahnbrücke passiren, haben ihre Segel mindestens 100 Ruthen von derselben entfernt, einzuziehen, und nur mit gelegtem Segel hindurchzufahren, bei Vermeidung einer Strafe von 1—5 Thlr., oder verhältnißmäßigem Gefängniß.

V. v. 22. Dec. 1845, Amtsbl. S. 389; erneuert den 14. Aug. 1850, Amtsbl. S. 281.

XIII. Durch die Bogenöffnungen der bei Klein-Glienicke über die Havel führenden Zugbrücke dürfen größere als Handkähne mit niedergelegten Mastbäumen oder ohne solche nicht hindurchfahren und Floßholz nicht durchflößen.

V. v. 4. Juni 1848, Amtsbl. S. 212.

Ueber die polizeiliche Bezeichnung der Flußfahrzeuge ist bestimmt: §. 118.

1. In den Provinzen Brandenburg, Preußen, Pommern (mit Ausnahme des Reg.-Bezirks Köslin), Schlesien, Posen und Sachsen (mit Ausnahme des Reg.-Bezirks Erfurt) muß vom 1. März 1843 ab jedes inländische, zum Transport von Waaren und sonstigen Gegenständen auf inländischen Flüssen oder Kanälen benutzte Fahrzeug mit einer polizeilichen Bezeichnung versehen sein, wenn nicht dasselbe schon anderweit, behufs der Schifffahrtsabgaben, steueramtlich bezeichnet worden ist.

2. Wenn ein mit der polizeilichen Bezeichnung versehenes Fahrzeug zu Grunde geht, festsitzt, oder in das Ausland verkauft wird, muß der frühere Eigenthümer davon durch die Polizeibehörde seines Wohnorts der dazu bestimmten, durch das Amtsblatt zu bezeichnenden Behörde, binnen 14 Tagen nach dem Untergange, resp. dem Uebergange des Fahrzeugs ins Ausland, zur Löschung in dem Register Anzeige machen.

3. Ebenso muß dies geschehen, wenn der Eigenthümer seinen Wohnsitz nach einem Orte verlegt, für welchen eine andere polizeiliche Bezeichnung gilt, und zwar vor dem Abzuge nach dem neuen Wohnorte, in welchem Falle außerdem noch die Bestimmung der für den neuen Wohnort geltenden, anderweitigen Bezeichnung binnen 14 Tagen nach erfolgtem Umzuge nachzusuchen, und letztere unter Wegnahme der früheren Bezeichnung anzubringen ist.

4. Sobald in dem Eigenthum eines mit polizeilicher Bezeichnung versehenen Fahrzeuges ein Wechsel eintritt, muß der neue Erwerber durch die Polizeibehörde des Wohnorts des früheren Eigenthümers der, das Register führenden Behörde, zu dessen Berichtigung von dem Wechsel und der Angabe seines Wohnorts binnen 14 Tagen nach dem eingetretenen Eigenthumswechsel Anzeige machen.

Ueberdies muß, falls für den letzteren Wohnort eine andere Bezeichnung gilt, die neue Bezeichnung nachgesucht, und diese, unter Wegnahme der früheren, angebracht werden.

Ist der neue Eigenthümer ein Ausländer, so kommt die Vorschrift unter No. 2. zur Anwendung.

5. Sobald ein Fahrzeug, welches nach den obigen Vorschriften mit einer polizeilichen Bezeichnung versehen ist, oder in Ermangelung der steueramtlichen Bezeichnung damit versehen sein müßte, steueramtlich bezeichnet wird, ist von Seiten des Eigenthümers spätestens binnen 14 Tagen nach erfolgter steueramtlicher Bezeichnung durch die Polizeibehörde seines Wohnortes der Register führenden Behörde von dieser Bezeichnung Anzeige zu machen, und diese Anzeige, wenn die steueramtliche Bezeichnung an einem andern Orte als seinem Wohnorte erfolgt, der Polizeibehörde des ersteren zur Beförderung an die Polizeibehörde des Wohnorts zuzustellen.

6. Wenn ein mit steueramtlicher Bezeichnung versehenes Fahrzeug zu Grunde geht oder vernichtet wird, desgleichen bei Veränderung des Wohnorts des Eigenthümers, so wie bei eintretendem Wechsel des Eigenthümers muß davon, nach Maaßgabe der No. 2—4., der Register führenden Behörde desjenigen Bezirks, welchem das Fahrzeug angehört, resp. der Register führenden Behörde desjenigen Bezirks, in welchen das Fahrzeug übergeht, Anzeige gemacht werden.

7. Die polizeiliche Bezeichnung, mit welcher ein Fahrzeug versehen ist, darf nicht weggenommen oder verändert werden; vielmehr ist der Eigenthümer des Schiffes gehalten, die polizeiliche Bezeichnung, wenn sie durch Witterung oder andere Umstände undeutlich geworden ist, oder sonst gelitten hat, sofort auf seine Kosten erneuern zu lassen.

8. Nicht minder ist es verboten, die steueramtliche oder polizeiliche Bezeichnung durch Verhängen oder Vorstellen von Gegenständen zu verdecken.

9. Die Nichtbefolgung oder Uebertretung dieser Vorschriften wird mit einer Polizeistrafe von 1—5 Thlr. oder verhältnißmäßigem Gefängniß bestraft.

Minist-Rescr. v. 21. Mai 1842, Minist.-Bl. der i. V. S. 212.

Für den Reg.-B. Potsdam

erfolgt die Ertheilung der neuen polizeilichen Bezeichnungen für die Flußfahrzeuge durch die Regierung zu Potsdam.

V. v. 28. Juni 1842, Amtsbl. Beil. zum 34sten Stück.

Für Berlin

ist über den Verkehr auf den Wasserläufen im engern Polizeibezirke folgendes bestimmt:

1. Jeder Schiffsführer, welcher auf der Spree von der Einmündung bis zur Ausmündung des Landwehrkanals (ehemaligen Landwehrgrabens) mit Einschluß dieses Kanals oder auf den dazu

gehörigen Kanälen und Wasserläufen im engern Polizeibezirke von Berlin, ein Fahrzeug, welches zum Befrachten dient, aufstellen oder an die Ufer anlegen will, mag dasselbe groß oder klein und deshalb nicht vermessungspflichtig sein, bedarf dazu einer polizeilichen Erlaubniß.

Hierzu wird beim Einpassiren am Baume eine Karte, Polizei-Anweisung genannt, behufs Lösung des polizeilichen Auslade- oder sonstigen Erlaubnißscheines gegen Niederlegung eines Pfandes von 7 Sgr. 6 Pf. ertheilt; gehen die Schiffer, ohne anzuhalten, durch die Stadt durch, so empfangen sie nur eine Legitimation (Durchgangsschein). Die Polizeianweisung muß bei längerem Aufenthalt am 1. April jeden Jahres durch eine neue ersetzt werden.

II. Insofern Schiffer beabsichtigen, in Berlin ein- oder auszuladen, mit ihren Gefäßen länger als 24 Stunden auf einer Stelle zu verweilen, ihre Fahrzeuge zur Reparatur an einen Schiffbauerplatz anzulegen, oder hier zu überwintern, haben sie auf Grund der Polizeianweisung noch besondere polizeiliche Erlaubnißscheine für 3 Sgr. 9 Pf. zu lösen.

Jede veränderte Lage eines Schiffsgefäßes macht einen neuen Polizeierlaubnißschein nothwendig, welcher auf 8 Tage gilt. Nach dieser Zeit ist ein neuer nachzusuchen.

Die Anlegung leerer Kähne darf ohne jedesmalige ausdrückliche polizeiliche Erlaubniß nie stattfinden.

Schiffer, die ausgeladen haben, müssen vielmehr ohne weiteren Aufenthalt die Ausladestellen räumen, sonst aber auf Anweisung sofort abstoßen, neu angekommenen Gefäßen Platz machen, wenn ihre Liegezeit auch noch nicht abgelaufen sein sollte, mit ihren leeren Kähnen die Stadt verlassen — im Falle ihnen die fortgesetzte Anlegung der letzteren nicht gestattet wird, und ihre Fahrzeuge außerhalb der Stadt aufstellen, bis ihnen das Einlaufen in die Stadt wieder erlaubt werden kann. Auf längere Zeit, und besonders zur Ueberwinterung müssen die Schiffsgefäße in der Regel außerhalb der Stadt angelegt werden.

Kleine, nicht vermessungspflichtige Kähne und Fischdröbel, welche mit Marktprodukten oder Fischen beladen hierher gebracht werden, und nicht über 24 Stunden auf hiesigen Wasserläufen verweilen, sind von Lösung polizeilicher Ausladescheine gänzlich befreit. Bei einem längern Aufenthalt der zuletzt genannten Fahrzeuge müssen jedoch polizeiliche Erlaubnißscheine für dieselben ebenfalls und für die Fischdröbel Liegescheine beschafft werden. Große Fischerkähne, sogenannte Spülkähne, Fischdröbel, Fischliere und ähnliche Gefäße, welche zu Fischbehältern dienen, dürfen auf längere Zeit hier nirgend aufgestellt, und zu ihrer Befestigung Pfähle oder Stangen in den Strom eingeschlagen, sondern nur zum Transport der Fische hierher benutzt, und müssen nach beendetem Wochenmarkte sofort vom Strome entfernt und wieder aus der Stadt geschafft werden.

III. Jeder Schiffer ist dafür verantwortlich, daß durch die Anlegung seines Gefäßes die Ufer und Schälungen, auch die auf selbigen befindlichen eisernen und hölzernen Geländer nicht beschädigt werden, und verpflichtet, sein Fahrzeug nie ohne Aufsicht zu lassen. Zur Verhütung von dergleichen Beschädigungen dürfen die Fahrzeuge nur auf eine unschädliche Art befestigt, nicht aber an die gedachten Geländer angebunden werden.

Auch ist der Schiffer verpflichtet, das Ufer, so weit die Nothwendigkeit dazu durch die Ausladung herbeigeführt ist, wieder zu reinigen. Den im Gefäße selbst zurückbleibenden Schutt oder Abfall darf er nicht ins Wasser werfen, sondern muß solchen im

Gefäße behalten, wieder zur Stadt hinausnehmen, und auch dort anderweit, als in dem Strome, sich desselben entledigen.

Pulver, Knochen, Dünger und dergleichen gefährliche oder üblen Geruch verbreitende Gegenstände, dürfen weder in die Stadt eingelassen, noch in derselben ein- oder ausgeladen werden.

Innerhalb der Stadt und deren bebauten Umgebungen dürfen die Schiffer nicht die, den öffentlichen Anstand und die Sittlichkeit verletzende, Befriedigung ihrer natürlichen Bedürfnisse über Bord des Schiffes verrichten, sondern sind verpflichtet, eigene Gefäße an verdeckten Orten ihrer Kähne für diesen Zweck zu halten.

Das Kochen von Theer, Pech und Harz für ihren Bedarf auf ihren Kähnen, so wie das Bestreichen der Fahrzeuge mit Theer innerhalb der Stadt, ist den Schiffern untersagt.

IV. Jeder Schiffer, welcher die Moabiterbrücke stromaufwärts passiren will, muß zuvor klar, d. h. bei der Steuer- und Polizeibehörde zum Einlaß abgefertigt und mit den nöthigen Papieren versehen, auch jedes Fahrzeug, welches die Schleuse in Berlin benutzt, abgeleichtet sein, um die Fahrt bis zum Bestimmungsorte ohne Aufenthalt fortsetzen zu können, und sich darüber auf Erfordern gegen die Polizeibeamten ausweisen.

Auf den Wasserläufen innerhalb der Stadt und auf dem Landwehrkanal ist das Ableichten und Ueberladen nicht erlaubt. Dies darf nur außerhalb der Stadt im Oberwasser vor dem Oberbaum, im Unterwasser unterhalb der Moabiter Brücke geschehen. Die Leichterfahrzeuge sind nur vom Schleusenzolle befreit, wenn darüber ein Attest der Steuerbeamten oder des an der Moabiter Brücke stationirten Strommeisters beigebracht wird, daß die Ableichtung in deren Gegenwart geschehen ist.

Letzterer ertheilt überdies denjenigen Schiffern, welche mit ihren Fahrzeugen den Unterbaum passiren wollen, nach der Reihenfolge ihrer Ankunft, sobald sie klar sind, numerirte Karten, welche am Unterbaum den daselbst revidirenden Steuerbeamten ausgehändigt werden müssen.

Kein Schiffer darf die ihm durch die polizeiliche Nummerkarte angewiesene, und durch die Zahl derselben bestimmte Reihenfolge verlassen, sich vordrängen oder andern Schiffern vorbeifahren. Die Schiffer sind dabei schuldig, den Polizeibeamten, mit Einschluß der Strommeister und Schutzmannschaften ihre Nummerkarte auf Erfordern vorzuzeigen.

Sämmtliche Fahrzeuge passiren nur nach der Reihenfolge ihrer Nummer den Unterbaum, und müssen, wenn sie wegen Ueberfüllung des Stromes innerhalb der Stadt nicht sogleich zugelassen werden können, vor dem Unterbaum am linken Spreeufer nach der ertheilten Nummer in dreifacher Reihe gestreckt hinter einander anlegen.

Die rechte Stromseite unterhalb des Unterbaums, welche nur zum Ausgang der Fahrzeuge bestimmt ist, darf so wenig als die Mitte des Stromes mit Fahrzeugen belegt werden.

Ueberhaupt müssen alle zwischen der Moabiter Brücke und dem Unterbaum, so wie durch die Stadt, sowohl stromauf- als stromabwärts fahrenden Schiffe, sie mögen beladen oder nicht beladen sein, den entgegenkommenden Fahrzeugen in der Regel rechts ausweichen, und ihr Schiff soweit zurückstoßen, daß hinlänglicher Raum für jedes vorüberfahrende Schiff gegeben wird. Leere Fahrzeuge, welche nach dem Spreetheile zwischen dem Unterbaum und der Moabiter Brücke sich begeben, um dort Salz oder andere Gegenstände einzuladen, desgleichen Fahrzeuge, welche daselbst entfrachtet worden sind, dürfen, so lange sie auf die einzunehmende Ladung warten, nur unterhalb des Kanals zum Königl. Hof-Staats-Holzplatze an das rechte Spreeufer gestreckt hintereinander angelegt werden, und müssen daselbst so lange verweilen, bis der polizeiliche Erlaubnißschein zum Anlegen an eine andere Stelle erlangt worden ist. Die sämmtlichen, an dem rechten Spreeufer daselbst liegenden Fahrzeuge müssen zur Freihaltung des Trödelweges die Masten niedergelegt haben; und ist das Segeln auf der Unterspree den Schiffern überhaupt nur bis zum Kanal des Königl. Hof-Staats-Holzplatzes erlaubt.

Die mit Vorschleusepässen versehenen Fahrzeuge, ingleichen diejenigen, welche von Königl. Beamten geführt werden, ferner die Dampfschiffe und Gondeln, so wie diejenigen Fahrzeuge, deren Führer sich darüber vollständig ausweisen können, daß sie auf dem Stromtheile zwischen dem Unterbaum und der Moabiter Brücke ein- oder ausladen, passiren den Baum an der Moabiter Brücke ohne die polizeiliche Nummerkarte.

Für die, zwischen dem Unterbaum und der Moabiter Brücke ein- und ausladenden Kähne, welche ohne Nummerkarte die Moabiter Brücke passiren, müssen nachträglich polizeiliche Nummerkarten gelöst, und die Schiffsgefäße der Reihenfolge angeschlossen werden, wenn sie, Ladungen zu löschen oder einzunehmen, später den Unterbaum passiren wollen.

Alle Schiffe müssen, bei Passirung der Moabiter Brücke zwischen der Damenbadeanstalt oberhalb der Brücke am linken Spreeufer, und dem Stationspfahle unterhalb der Brücke, mit niedergelassenen Segeln schwimmen.

Diejenigen Fahrzeuge, welche stromaufwärts bei der Moabiter Brücke ankommen, und dieselbe nicht sofort passiren können, dürfen sich der Brücke nur bis zu dem unterhalb derselben aufgestellten Stationspfahle nähern und müssen von da ab an das linke Spreeufer (Thiergartenseite) nach der Folge ihrer Ankunft, in vierfacher Reihe gestreckt hintereinander anlegen.

Die Befestigung der Fahrzeuge daselbst darf nur durch Auswerfen der Anker in den Grund des Stromes, oder an die dort zu diesem Behuf eingesetzten Pfähle, geschehen, und nur mittelst eines niedrig angebrachten, den Trödelweg nicht versperrenden, Taues.

Das rechte Spreeufer unterhalb der Moabiter Brücke ist lediglich zum Ausladen der Kähne und für die Passage der von der Moabiter Brücke stromabwärts fahrenden Schiffsgefäße bestimmt. Andere Fahrzeuge dürfen deshalb daselbst unter keinerlei Umständen anlegen oder sich aufhalten.

Der Ausladeplatz für alles zu Wasser hier anlangende Getraide, welches nicht zu Boden gebracht, sondern vom Kahne einzeln verkauft werden soll, ist allein der Wassergetraidemarkt. Kähne, welche nur theilweise mit Getraide, theilweise mit Gütern und andern Gegenständen befrachtet sind, dürfen nur andere Ausladestellen einnehmen, wenn sie vom Getraide entlastet sind. Innerhalb der Stadt muß Getraide immer zuerst ausgeladen werden.

Die Getraideschiffer sind verpflichtet, die Ankunft ihrer beladenen Kähne vor den Wasserthoren dem auf dem Wassergetraidemarkt stationirten Marktpolizeibeamten glaubhaft nachzuweisen, um daselbst eingetragen werden zu können, und erhalten die Ausladestellen am Wassergetraidemarkt nur nach Reihenfolge dieser Eintragung in das Journal, welches darüber geführt wird.

V. Zur Aufrechthaltung der Ordnung auf der Spree können Schiffsgefäße nie anders, als in der nach der Zeit ihrer Ankunft bei der Oberbaums- und Moabiter Brücke gebildeten Reihenfolge zur Schleuse gelassen werden.

Fahrzeuge, deren Ladungen gänzlich gelöscht worden sind, werden übrigens, wie bisher, entweder bei der Ausladestelle, oder vor der Inselbrücke, oder vor dem Kupfergraben, zur Schleuse einrangirt.

Jeder Schiffsführer, welcher die Schleuse mit voller Ladung passiren will, mag er dieselbe innerhalb oder außerhalb der Stadt eingenommen haben, muß sich genau von dem Wasserstande der Schleuse an dem Pegel derselben unterrichten, da es nur gestattet ist, die Wasserläufe mit befrachteten Schiffsgefäßen zu befahren, die mit einer der vorhandenen Wassertiefe entsprechenden Ladung versehen sind. Wer mit einem so tief gehenden Kahne hier betroffen wird, daß er wegen zu niedrigen Wasserstandes in der Fahrt nicht fortkommen kann, und sein Gefäß in der Schleuse deshalb nicht schwimmen würde, wird bestraft.

Schiffer, welche mit Anlegekarten des Königl. Hauptsteueramts für ausländische Gegenstände nicht versehen sind, dürfen in den, zwischen der eisernen und Mehl-Brücke liegenden Packhofshafen erst dann einfahren, wenn sie die Fahrt frei sehen; solchen Schiffern ist nicht gestattet, in diesem Hafen anzuhalten oder anzulegen, und auch nicht erlaubt, in demselben Masten zu legen oder zu stechen.

Schiffs- oder Floßholzführer, welche unmittelbar zur Schleuse fahren, dürfen die Schloß- und resp. Gertrauten-Brücke nicht passiren, bevor sie nicht die Schifffahrtsabgaben, insbesondere den Schleusenzoll, berichtigt haben, und im Stande sind, sich darüber auszuweisen; ausgenommen, wenn sie zwischen den beiden zuletzt gedachten Brücken aus- oder einladen, und dazu mit polizeilichem Erlaubnißschein versehen sind.

Verboten wird den Schiffern und Floßholzführern, mit ihren Schiffsgefäßen und Floßhölzern willkührlich vor der Schleuse liegen zu bleiben.

Das Aufstellen der Floßhölzer auf den Schifffahrtsstrecken innerhalb der Stadt darf ohne polizeiliche Erlaubniß nirgend stattfinden. Das Anlegen, An- und Abstoßen der bei den Floßholzlagern vorbeifahrenden Schiffer und anderer Personen, so wie jede Art von Beschädigung und unbefugter Betretung dieser Hölzer wird verboten.

Die Ufer der Spree und der hiesigen Wasserläufe darf Niemand, ohne besondere Erlaubniß der competenten Behörde, zum Aufschwemmen der Floßhölzer benutzen, und den Strom durch Auseinanderschlagen alter Fahrzeuge auf demselben verunreinigen.

Gewerbstreibende und andere Personen, denen eine Aufschwemme zur Benutzung überlassen wird, sind verpflichtet, die ihnen bewilligte Zahl der Floßhölzer an demselben Tage aufschwemmen und abfahren zu lassen, der dazu bestimmt, und auf den polizeilichen Aufschwemme-Erlaubnißschein geschrieben ist. Reste solcher Floßhölzer dürfen auf dem Strome niemals liegen bleiben.

Durch die Schleuse sollen stets zuerst zwei Schützenkähne, dann aber eine Schütze lauter verbundenes Floßholz befördert, und so das Durchschleusen ohne Zögerung und Aufenthalt fortgesetzt werden. In derselben dürfen die Schiffer nicht die mit Eisen beschlagenen Ruder, Staken und Haken zum Zweck der Beförderung in den Schleusenboden, in die Schleusenwände und in die Schleusenthore einsetzen. Es ist ihnen nur erlaubt, das Gefäß mit unbeschlagenen Stangen durchzustoßen.

VI. Für jedes Fahrzeug, welches das Aufziehen der Brücken erfordert, ist vom Schiffsführer ein Passierschein zu lösen. Die hiesigen Brücken sind nur dann von Schiffsgefäßen zu passiren, wenn dieselben so tief schwimmen, daß zwischen dem oberen Theile des Gefäßes, und dem Bogen und den Balken der zu passirenden Brücke, überall ein leichter Zwischenraum von mindestens 6 Zoll verbleibt.

Niemand darf vor oder unter die Brücke fahren, um Versuche über das Zutreffen dieses Maaßes anzustellen. Gefäße, welche mit einem Zwischenraum von 6 Zoll durch die Brücke nicht schwimmen, dürfen die mit Aufzügen versehenen Brücken daher nur, nachdem dieselben gezogen, die mit Aufzügen nicht versehenen Brücken aber gar nicht passiren, überhaupt auch die Fahrzeuge niemals durch das Einsetzen und Anwenden von Rudern, Stangen, Hebebäumen und dergleichen durch die Brücken gedrängt werden.

Das Aufziehen der Brücken durch Schiffer oder sonstige unbefugte Personen ist ganz unstatthaft, und arbeitslose Schiffer dürfen sich nicht auf den Brücken versammeln, noch weniger daselbst aufstellen.

Nach Sonnenuntergang und wenn die Straßenlaternen angezündet sind, dürfen die Brückenklappen nicht mehr geöffnet werden.

Unter die Brücken dürfen Schiffe, kleine Kähne, Gondeln, Fischdröbel, Floßhölzer und dergleichen niemals festgelegt werden.

Das Umgeben oder Umwenden mit den Fahrzeugen darf nur an den Ausladestellen oder vor den Wasserthoren geschehen.

Zur Vermeidung von Beschädigungen sind die Schiffer verpflichtet, zu umgeben und über Steuer zu fahren, wenn der Wasserstand in der Spree die Höhe von 9 Fuß übersteigt.

Die ihnen überwiesenen Ausladestellen sind die Schiffer verpflichtet, zur Abwendung von Unglücksfällen nach Eintritt der Dunkelheit, und wenn sie dieselben gänzlich verlassen, durch Einlegung des Holms in die Schälungsgeländer zu verschließen.

An den Ausladestellen ist den Schiffern nicht erlaubt, die Segel zum Trocknen aufzuspannen; dieselben müssen vielmehr schon vor der Stadt ganz abgenommen, und dürfen innerhalb derselben zum Trocknen nur auf den Verdecken der Kähne ausgebreitet werden.

Auch dürfen innerhalb der Stadt und auf dem Landwehrkanal Schiffer nie mit aufgespannten Segeln fahren.

Bei einem sehr hohen Wasserstande bleibt das Trödeln in der Unterspree, jedoch nur am Ufer entlang, nachgelassen, auf den Bürgersteigen, und auf der Oberspree dagegen verboten. Zu solchen Zeiten sind die Schiffer, welche mit ihren Fahrzeugen an den Ausladestellen der Unterspree liegen, verpflichtet, auf Anweisung der Strompolizeibeamten daselbst die Masten niederzulegen, insofern dies ihre Ladung zuläßt.

VII. Wenn einem mit Pulver beladenen Schiffsgefäße ein Dampfschiff begegnet, so ist der Wimpel aufzuziehen, bis zur Mastspitze zu bringen, und so dem Dampfschiffe sichtbar, nicht aber durch die Segel verdeckt zu machen. Auch ist dahin zu trachten, daß die Dampfschiffe unter dem Winde, d. h. an derjenigen Seite passiren, wohin der Wind geht, damit der aus dem Schornstein des Dampfers kommende Rauch und die möglicherweise darin befindlichen Funken nicht auf das Pulverschiff niederschlagen.

Das Schießen auf den Schiffen und Kähnen aus Flinten, Pistolen und Böllern, so wie das Abbrennen von Lustfeuerwerken ohne polizeiliche Erlaubniß ist innerhalb und außerhalb der Stadt bei 5—50 Thlr. Strafe verboten.

Freies Kochfeuer auf den Schiffsgefäßen zu unterhalten, bleibt untersagt.

Die Feuerung in den Oefen der Kajüten darf eben so wenig stattfinden, wo es an hinreichend sichern Vorrichtungen fehlt, wo die Ladung der Gefäße selbst oder anderer in ihrer Nähe angelegter besondere Gefahr herbeiführt. Ladungen dieser Art sind: alle leicht entzündliche Materialien, namentlich Schießpulver, Heu, Stroh, Getraide, Kohlen jeder Art, Koaks, Holz, Torf, Oel, Theer, Pech und andere Harze; — endlich, wo die Uferumgebungen vorzügliche Vorsicht nothwendig machen, namentlich bei allen Holz- und Torfplätzen, bei Magazinen, der Feldbäckerei und den Kasernen, während des Fahrens und wenn die Schiffsgefäße irgend in Bewegung sind, so wie bei sehr stürmischem Wetter ohne Ausnahme.

Die Ofenfeuerung kann dagegen gestattet werden, wo keines der angegebenen Hindernisse entgegensteht; bedarf aber, so wie das sogenannte Ausbrennen der Fischkasten auf dem Strome unter allen Umständen einer speciellen polizeilichen Erlaubniß.

VIII. Ueber die Erfüllung der vorstehenden Verpflichtungen muß sich jeder Schiffer ein polizeiliches Attest beschaffen, ohne welches er auf der Rückfahrt nicht durch den Baum gelassen wird.

Derjenige polizeiliche Erlaubnißschein, auf dessen Grund die Einfahrt erlangt ist, bleibt jederzeit und bis zum Ausgange des Fahrzeuges am Bord.

Beim Auspassiren aus den Wasserthoren sind die Polizeianweisungen, die Anlegeerlaubnißscheine mit dem Verhaltungsatteste, oder aber die Legitimationskarte bei der Königl. Steuerexpedition abzugeben.

Jeder Schiffer, Flößer und Fischer ist verpflichtet, den schon bestehenden gesetzlichen Bestimmungen, so wie den etwa an ihn ergehenden, besondern Anweisungen der Polizeiofficianten, mit Einschluß der Strommeister und Schutzmannschaften pünktlich nachzukommen.

Jeder, welcher diesen Vorschriften zuwider handelt, verfällt in eine Geldbuße von 2—5 Thlr. und im Unvermögensfalle in verhältnißmäßige Gefängnißstrafe, und wegen der in §. VII. aufgeführten Contraventionen in Strafe von 5—50 Thlr.

V. v. 5. März 1850, Amtsbl. S. 90 ff.

Außerdem gilt folgendes Reglement für den Landwehr- und Louisenstädtischen Kanal:

§. 1. Die zulässige Länge und Breite der Schiffsgefäße ist durch das Regulativ vom 8. Nov. 1845 bestimmt und darf nach demselben vom 1. Januar 1853 ab, erstere nicht über 128′ von Spitze zu Spitze, letztere nicht über 14½′ betragen. Soweit es die Räumlichkeit gestattet, sollen jedoch auch Fahrzeuge von größeren Dimensionen zugelassen werden; doch müssen dieselben, falls andere normalmäßige Kähne vorhanden, so lange vor der Schleuse warten, bis sie mit einem derselben, dessen Breite mit der ihrigen zusammengerechnet nicht mehr als 32′ beträgt, durchgeschleuset werden können. Floßhölzer können bis zu einer Breite von 10′ und bis zu einer Länge von 128 bis 130′ verbunden sein. Unverbundenes Holz wird nicht in die Schleusen gelassen. Auch dürfen die Flöße der Bauhölzer niemals steif verbunden sein.

§. 2. Die Kaffe eines unbeladenen Fahrzeuges darf nicht höher als 8 Fuß über den Wasserspiegel hervorragen.

§. 3. Die zulässige Höhe der Ladung über dem Wasserspiegel richtet sich nach dem Wasserstande und der Höhe der vorhandenen Brücken und darf nach dem Regulativ vom 8. November 1845 höchstens 8 Fuß betragen. Die Ladung darf in der Breite nicht über den Bord hervorragen. — Ausnahmsweise dürfen Kähne, welche Heu, Stroh, Wolle und andere leichte und lockre Waaren führen, nach dem eben angeführten Regulativ bis zu 10 Fuß Höhe und 15 Fuß Breite laden, doch soll jede Hemmung der Fahrt durch zu große Höhe und Breite der Ladung, sowie jede dadurch herbeigeführte Beschädigung der Brücken bestraft werden. Ein beladener Kahn muß überall mindestens 8 Zoll Bordhöhe haben, es sei denn, daß er durch ein Verdeck oder auf sonst geeignete Weise gegen den Wellenschlag geschützt sei, in welchem Falle die Bordhöhe 2 Zoll weniger betragen darf.

§. 4. So lange nicht Untiefen im Kanale Ausnahme-Bestimmungen nöthig machen, werden die Kähne mit 4′ Tiefgang zugelassen. Der Kanal-Meister oder Schleusen-Wärter ist berechtigt und verpflichtet, den Tiefgang jedes Fahrzeuges, welches in den Kanal eingelassen werden will, zu untersuchen.

§. 5. Die Steuer dürfen nicht ohne völlige Sicherheit gegen das Herabfallen der beschwerenden Körper belastet werden. Kasten, welche sich zum Zwecke der Belastung auf den Steuern befinden, müssen mit einem Deckel versehen sein. Steuer, welche vorübergehend ohne Leitung gelassen werden, müssen so befestigt sein, daß sie andere Fahrzeuge nicht gefährden.

§. 6. Die Schiffsgefäße müssen so bemannt sein, daß sie die Brücken mit Leichtigkeit passiren und schnell genug in die Schleuse stoßen können. Kähne über 70 Fuß Länge müssen mindestens zwei starke Leute am Vordertheil und einen Mann am Steuer haben.

§. 7. Es dürfen höchstens acht Plätze Floßhölzer, jede unter 45 Fuß Länge und höchstens sechs Plätze, jede über 45 Fuß Länge auf einmal transportirt werden, wenn sie der Länge nach und nicht steif verbunden sind. Bei der Thalfahrt müssen sie jedoch mindestens mit vier und bei der Bergfahrt mit acht Leuten bemannt sein. Bei dem Durchschleusen der Floßhölzer müssen, die Schleusen-Gehülfen ungerechnet, 6 Mann bereit sein.

§. 8. Das Anlegen zum vorübergehenden Stilleliegen ist an jeder nicht verbotenen Stelle gestattet, soweit die Vorschriften für den Verkehr mit steuerpflichtigen Gegenständen dasselbe zulassen; doch darf kein Fahrzeug so anlegen, daß es die Schiffsfahrt hindert. Die Kanal-Verwaltung hat darüber zu bestimmen, wie lange einem Fahrzeuge mit Rücksicht auf das Interesse ungehinderter Schifffahrt das Stillliegen im Kanal gestattet werden kann. Flöße müssen den Kanal in ununterbrochener Fahrt passiren, beziehungsweise zu ihrem Bestimmungsort am Kanal bewegt werden, ohne anzulegen. Das Anlegen zum Aus- und Einladen, wozu in jedem einzelnen Falle die polizeiliche Erlaubniß nachgesucht werden muß, darf dagegen nur an solchen Stellen stattfinden, die als Ausladestellen bezeichnet, in dem Erlaubnißschein namhaft gemacht, und mit den vorgeschriebenen Vorkehrungen zum Befestigen der Fahrzeuge versehen sind. Die Fahrzeuge sind dem Ufer so nahe wie möglich und zwar gestreckt zu legen; das Nebeneinanderliegen zweier Fahrzeuge oder Floße ist nicht gestattet. Wo an Bassins und öffentlichen Plätzen von der gestreckten Lage abgewichen werden darf, wird dies besonders angegeben.

§. 9. Kähne und Floße müssen so befestigt werden, daß sie nicht vom Ufer abtreiben, sich losreißen, herumschlagen, die Fahrt sperren, Ufer und Bauwerke oder andere Fahrzeuge und Floße beschädigen können. Das Befestigen an Bäumen, Brückengeländern oder sonstigen, zum Befestigen nicht bestimmten, Gegenständen ist untersagt. Befestigungs-Pfähle dürfen nicht in das Ufer oder in die Böschungen eingeschlagen, und Anker nur ins Wasser geworfen werden.

§. 10. Das Ueberwintern der Kähne darf nur an bestimmten Stellen und unter besonderer Erlaubniß stattfinden.

§. 11. Das Ein- und Ausladen der Waaren findet nur an den dazu bestimmten Stellen (conf. §. 8.) unter Beachtung der für steuerpflichtige Gegenstände bestehenden Vorschriften und nach erfolgter polizeilicher Erlaubniß statt. Die Grundbesitzer, welchen die Benutzung des Kanals zur Be- und Entladung von Fahrzeugen vorlängs ihrer an die Uferstraße angränzenden Grundstücke zugesichert ist, müssen hierbei den polizeilichen Vorschriften genau Folge leisten. Jede Beschädigung der Schälung, des Ufers und der Dossirung, sowie jede Verunreinigung des Kanalbettes muß beim Ein- und Ausladen, welches deshalb nur auf gehörig unterstützten Rüstbrettern erfolgen darf, sorgfältig vermieden werden.

§. 12. Das Herausschaffen des Floßholzes darf nur an den dazu bestimmten Orten mit Erlaubniß der Polizei-Behörde mittelst Ausschwemmens oder mit Hülfe von Prahmen stattfinden. Derjenige, welcher die Erlaubniß erhalten hat, bleibt für die etwanigen Beschädigungen des Ufers oder Verunreinigungen des Kanals verantwortlich.

§. 13. Das Segeln auf den Kanälen ist untersagt. Alle Fahrzeuge, welche in den Kanälen be- oder entladen werden, müssen, sofern dies möglich ist, die Masten und Ziehbäume gelegt haben.

§. 14. Nur vom Treidelwege aus darf getreidelt werden. Bei der Thalfahrt wird der rechtsseitige, bei der Bergfahrt der linksseitige Treidelweg benutzt.

§. 15. Zwei große Kähne oder zwei Holzfloße dürfen nicht längere Zeit neben einander herfahren oder zugleich in den Kanal hineinziehen. Insbesondere ist das Kuppeln zweier Kähne verboten.

§. 16. Sich begegnende Fahrzeuge weichen in der Regel rechts aus, doch halten vor der Leine gezogene Fahrzeuge beim Ausweichen mit nicht vor der Leine gezogenen Fahrzeugen immer die Leinpfadseite. Außerdem macht der aufwärtsfahrende Schiffer dem abwärtsfahrenden Platz, wobei an scharfen Biegungen jener nöthigenfalls stillhalten muß.

§. 17. Langsam fahrende Kähne müssen schnellerfahrende vorbeilassen und ihnen möglichst freies Fahrwasser gestatten. Dabei haben sich beide Theile die Erleichterung eines ungehinderten Vorbeifahrens angelegen sein zu lassen. Derjenige, welcher dabei eine Schifffahrtsstörung veranlaßt, fällt in Strafe. Wenn der vorbeifahrende Kahn treidelt, so hat der Tourkahn ihm an der Leinpfadseite Platz zu geben, nöthigenfalls auch Leinen und Ziehbaum fallen zu lassen. Treidelt der Tourkahn, der vorbeifahrende aber nicht, so hält letzterer die entgegengesetzte Seite. Treidelt keiner von beiden, so nimmt der vorbeifahrende die linke Seite des Kanals.

§. 18. Floße dürfen niemals anderen noch im Gange befindlichen Floßen vorbeifahren. Kähne dürfen in der Durchfahrt von Brücken, desgleichen auf Kahnlänge ober- oder unterhalb derselben, so wie in den besonders bezeichneten Kanalstrecken einander nicht überholen und selbst nicht einander vorbeifahren, wenn sie beide beladen sind, vielmehr muß der vor der Brücke oder vor einer bezeichneten engen Kanalstrecke später ankommende Kahn noch vor der Brücke oder Strecke den Durchgang des ihm entgegenkommenden Kahns abwarten. Bei gleichzeitiger Ankunft zweier Kähne vor Brücken oder an den bezeichneten Strecken hat der abwärtsfahrende vor dem aufwärtsfahrenden den Vorzug.

§. 19. Das Befahren des Kanals mit Dampfschiffen ist nicht gestattet, doch dürfen dieselben ohne Benutzung der Maschine durch den Kanal transportirt oder geschleppt werden.

§. 20. Die Annäherung an die Schleusen muß langsam geschehen. Fahrzeuge und Floße, welche vor den Schleusen ankommen, müssen nach näherer Anweisung des Schleusen-Wärters eine solche Lage annehmen, daß das Vorbeifahren anderer Fahrzeuge in keiner Weise behindert wird. Der Schleusen-Wärter hat darüber zu bestimmen, ob sich ein Fahrzeug nähern soll, und darf ohne seine Erlaubniß kein Fahrzeug auf mehr als eine halbe Kahnlänge den geschlossenen Schleusenthoren nahe kommen. Dagegen muß der nächste Kahn oder das nächste Floßholz der Aufforderung des Schleusen-Wärters in die Schleuse zu ziehen, augenblicklich nachkommen.

§. 21. Mit Ausnahme der von Steuerbeamten begleiteten Fahrzeuge erfolgt das gewöhnliche Schleusen von Schiffsgefäßen, in der Reihenfolge, in welcher ein Kahn bei der Schleuse ankommt, oder sich der Reihe von Schiffsgefäßen anschließt, welche vor der Schleuse auf das Durchschleusen warten. Ebenso schleusen Floße unter sich nach der Reihe der Ankunft. Liegen Fahrzeuge und Floße vor der Schleuse, so erfolgen abwechselnd zwei Schleusungen mit Kähnen, eine mit Floßholz. In Fällen, wo die Reihenfolge des Anschlusses an die wartende Kahnreihe sich nicht schon aus der Lage der Fahrzeuge ergiebt, werden die Schiffsführer wohl thun, dem Schleusen-Wärter ihren Rang sogleich nach ihrer Ankunft anzuzeigen, um jeder ihnen nachtheiligen Ungewißheit vorzubeugen.

§. 22. Das Ziehen der Schützen, so wie das Oeffnen der Schleusenthore geschieht nur durch die Schleusen-Gehülfen, nach näherer Bestimmung des Schleusen-Wärters, jedoch niemals vor gänzlicher Füllung oder Leerung der Schleuse. Jedes starke Anstoßen an die Thore oder Wände der Schleusen ist sorgsam zu vermeiden, weshalb jeder Kahn und jede einzelne Verbindung von Floßholz an den hierzu vorhandenen Ringen, mindestens mit einem hinreichend starken Tau befestigt oder gehemmt werden muß. Die von den Schiffern selbst zu leistenden Arbeiten müssen genau nach der Anweisung des Schleusen-Wärters erfolgen. Das Einsetzen von eisenbeschlagenen Rudern oder Stangen in die Wände oder Thore der Schleusen, sowie jede Beschädigung derselben ist verboten und wird bestraft.

§. 23. Den Brücken dürfen sich die Schiffe nur langsam nähern, und haben jedes Einklemmen, sowie das Streichen der Zugklappen oder Balken mit Seegeln, Ziehbäumen oder sonstigen auf den Schiffen liegenden Gegenständen zu vermeiden. Das Aufziehen der Brücke geschieht nur durch den Brücken-Aufzieher. Bei der Thalfahrt ist namentlich bei den schräg über den Kanal führenden Brücken ein gehörig beschwertes Schlepptau auszuwerfen. Auch ist bei den Brücken der Gebrauch eisenbeschlagener Ruder oder Stangen untersagt. Die Seitenöffnungen der Brücken dürfen zur Durchfahrt nicht benutzt werden.

§. 24. Die Verunreinigungen des Kanals durch Einwerfen oder Einlassen von Schutt, Steinen, Ballast, Sägespähnen, Kehricht, Müll, Asche und dergl. mehr ist untersagt und zieht die gesetzlichen Strafen nach sich.

§. 25. Das Betreten der Böschungen und Banquets an andern als den Ausladestellen, das Gehen auf den Kanalborden, das Beschädigen oder Berauben der am Kanal belegenen Anpflanzungen, so wie des sich erzeugenden Aufwuchses, desgleichen die Hinwegnahme der Bezeichnung von Schiffahrts-Hindernissen ist untersagt. Auch dürfen die Treidelsteige nicht versperrt, und nicht zum Reiten, Fahren oder Karren benutzt; auch darf auf dieselben oder auf die Böschungen kein Vieh getrieben oder gehütet werden. Auf den Uferwegen darf nichts gelagert werden. Wasserschöpfen ist nur von den Wassertreppen aus gestattet. Das Baden ist nur innerhalb der Badestellen, das Viehtränken und Pferdeschwemmen aber im Kanale überhaupt nicht erlaubt.

§. 26. Die Anlegung einer Ausladestelle (§. 11.), das Einleiten von Abzugsrinnen in den Kanal, das Einlegen von Brunnenröhren, das Unterhalten von Wassertreppen 2c. darf nur auf Grund einer dafür erhaltenen Concession der Kanalbehörde stattfinden. Diese Concessionen sind zu jeder Zeit widerruflich, in allen Fällen nur für den zeitigen Besitzer des Grundstücks, für welches sie ertheilt werden, gültig und bedürfen einer Erneuerung, wenn hierin ein Wechsel stattfindet. Dieselben enthalten die genauen Vorschriften, unter denen die Anlage zu gestatten, und erlöschen, wenn diesen nicht Folge geleistet wird.

§. 27. Kähne und Holzfloße, welche die in diesem Reglement angegebenen Abmessungen überschreiten, werden in den Kanal nicht eingelassen. Ihre Führer verfallen in Strafe, falls sie sich eingedrängt haben sollten. Fahrzeuge und Floße, welche den Vorschriften dieses Reglements in ihrer Ladung, Ausrüstung und Bemannung nicht entsprechen, werden von der Benutzung des Kanals so lange zurückgewiesen, bis das Hinderniß gehoben ist.

§. 28. Wer den Bestimmungen dieses Reglements zuwider handelt, desgleichen Schiffer und Floßholzführer, welche sich weigern, den Schleusen-Wärtern oder sonstigen Polizei- und Aufsichtsbeamten ihre Legitimationspapiere vorzuzeigen, verfallen, insofern sie nicht nach gesetzlichen Bestimmungen noch höhere oder andere besondere Strafen verwirkt haben, oder gar gerichtlich zu verfolgen sind, und außer ihrer Civil-Verantwortlichkeit für den zugefügten Schaden, in eine polizeiliche Strafe bis zu 10 Thalern. Wird Vieh an verbotenen Stellen betroffen, so erlegt der Eigenthümer desselben für jedes betroffene Pferd und Stück Rindvieh 1 Thaler, für jedes Kalb, Schaaf, Schwein und für jede Ziege 15 sgr., für jedes Stück Federvieh 5 sgr. an Strafe. Für die Strafen und Kosten, welche durch die Contraventionen der Mannschaft eines Kahns verwirkt und veranlaßt worden, ist der Schiffsführer, für den durch Flößer verwirkten der Regimenter verantwortlich.

Regl. v. 27. August 1850. Amtsbl. Beilage zum 36. Stück.

Soweit dies Regl. nicht abweicht, gilt auch für die darin genannten Kanäle die Verordn. v. 5. März 1850. V. v. 30. Aug. 1850 (Int. Bl. v. 2. Sept.)

Bei Strafe ist verboten, sich auf oder unter den Brücken so wie an den Uferschälungen zum Fischangeln aufzustellen, so wie die Eigenthümer von Kähnen verpflichtet sind, dieselben angeschlossen zu halten und dafür verantwortlich bleiben, wenn unerwachsene Personen mit denselben auf der Spree und den sonstigen Wasserläufen der Stadt und ihrer nächsten Umgebungen fahren.

V. v. 1. Mai 1836, erneuert 3. Mai 1842. Amtsbl. S. 145.

Das Baden der Pferde in der Spree neben der Weidendammer Brücke, so wie am Schiffbauerdamm ist bei 5 Thlr. Geld- oder

8 Tage Arreststrafe untersagt. An andern Stellen sind Warnungstafeln mit einem Strafverbot von 2 Thlrn. aufgestellt.

V. v. 27. Juni 1809. Samml. S. 70.

1) Zu jeder neuen Einrichtung, Wiederherstellung oder Reparatur einer baulichen oder den Wasserlauf hemmenden und beschränkenden sonstigen Anlage in oder an der Spree und deren Nebengewässern mit Einschluß des Landwehrgrabens ist obrigkeitliche Genehmigung nöthig.

2) Sie ist nachzusuchen

a) beim Pol. Präsidio: insoweit sie die Anfertignng und Instandsetzung der Uferschälungen mit Einschluß von Privataufschwemmen, die Anweisung der Fluchtlinien am Wasser, die Erneuerung von Schutzpfählen und anderweite Anlagen betreffen, welche sich nicht nachfolgend unter b als ausgenommen bestimmter bezeichnet finden. Es sind indeß auch rücksichtlich dieser sonst ausgenommenen Gegenstände diejenigen Anträge ebenfalls an das Pol. Präsidium zu richten, welche nur auf Erneuerung oder Reparatur ohne irgend eine Veränderung oder Umfangs-Erweiterung schon bestehender Anlagen sich beziehen, zu deren Unterhaltung auch die zeitigen Eigenthümer oder Nutznießer mit besonderen auf ihre Person lautenden Concessionen bereits versehen sind;

b) beim Rentamt Berlin, wenn es auf neue Einrichtung, Unterhaltung und mit Umfangs- oder sonstigen Veränderungen verbundene Erneuerungen und Reparaturen von Balkons und Altanen, welche gegen die Uferlinie über den Wasserspiegel vortreten, von Waschbänken, Badeschiffen, Treppen, Brunnenröhren, Fischkästen, Schutzpfählen oder andern ähnlichen Anlagen ankommt.

3) Durch Privat-Ueberlassung kann eine Anlage 2b nicht ohne Genehmigung übertragen werden.

4) Jede solche Wasseranlage (2b) muß auf einer, von ihrer äußersten, dem Strom zugekehrten Seite zu befestigenden schwarzen Blechtafel mit der vom Rentamt dafür zu bestimmenden Nummer, in weißen Ziffern, deutlich und in die Augen fallend bezeichnet, auch diese Bezeichnung stets lesbar erhalten werden.

5) Bauherrn und Baumeister, welche obigen Vorschriften zuwider handeln, fallen in eine Strafe von 5—10 Thlr. Wer die Anlage 2b ohne persönliche Concession unterhält, erleidet gleiche Strafe. Wer die Anbringung der Nummerbezeichnung (4) ganz unterläßt oder die Erneuerung, wo es nöthig, vernachlässigt, wird mit 2—5 Thlr. Geldstrafe belegt.

V. v. 17. Januar 1834. Amtsbl. S. 56 ff.

Jeder Schiffer, welcher eine Marke zum Nachtschleusen d. h. von Abends 7 bis Morgens 7 Uhr erhalten hat, muß in der folgenden Nacht mit der möglichsten Ruhe die Schleuse passiren, sich auch nur Nachts im Schleusenkanal und am Kupfergraben bewegen, in der Ober- und Unterspree dagegen liegen bleiben, auch seinen Kahn nur bei Tage vorrücken und einrangiren, den Anweisungen der Beamten aber unbedingt Folge leisten, Alles bei Strafe von 5—10 Thlr.

V. v. 5. Nov. 1847. Amtsbl. S. 353.

Kahnführer, welche sich am Stralauerfischzugstage mit der Ueberfahrt von Personen zwischen Stralau und Treptow befassen, ohne durch polizeiliche Karten legitimirt zu sein, verfallen ebenso wie diejenigen, welche den Kahn mit mehr Personen als die Karte gestattet, belasten, in 2 Thlr. Geld- oder verhältnißmäßige Gefängnißstrafe.

V. v. 1. August 1850. Int. Bl. v. 8. Aug.

§. 119. Ueber die Haltung und Benutzung von Fähranstalten ist verordnet:

1. Der Inhaber einer Fährgerechtigkeit hat die Verpflichtung, die Passage an dem bestimmten öffentlichen Uebergangspunkte fortdauernd und zu allen Jahreszeiten mit polizeilich anerkannter Sicherheit zu erhalten. Es bleibt ihm zwar unbenommen, soweit ihn die Natur dabei, z. B. mittelst theilweiser oder gänzlicher Eisbedeckung unterstützt, dies zu benutzen; jedoch ist er verbunden, jederzeit solche Vorrichtungen zu treffen, wie sie den jedesmaligen Umständen und dem Zwecke der Sicherheit angemessen sind.

2. Der unmittelbare Vorsteher einer Fähranstalt, Pächter oder Setzschiffer sowohl, als auch dessen Leute müssen der Stromfahrt kundige Leute sein, und darf niemand dazu angenommen werden, der seine Qualification vorher nicht genügend nachgewiesen hat.

3. Die Belastungsfähigkeit einer jeden öffentlichen Fähre, Prahme oder Uebersatzbootes muß unter Leitung der Kreisbaubedienten, mit Zuziehung eines zuverlässigen Schiffers und der Ortspolizeibehörde, gehörig festgestellt, und zu dem Ende mit einem, mindestens einen Zoll breiten, Leisten um das Gefäß herum bezeichnet werden, welcher mit einer möglichst unauslöschlichen weißen Farbe anzustreichen, die immer zu erneuern ist, so oft sie unkenntlich geworden. Ueber diese Marke hinaus darf das Gefäß unter keinen Umständen, bei schwerer Verantwortlichkeit des Fährinhabers, belastet werden.

Zu einer jeden Fähre oder jeden Prahme gehört noch ein, rücksichtlich seiner Belastungsfähigkeit geprüftes und bezeichnetes Boot von hinlänglicher Größe, welches unter allen Umständen leer mitgenommen werden muß, die Fähre oder Prahme mag bis zur festgesetzten Einsenkung belastet sein oder nicht.

4. Der Uebersatz muß zu jeder Tages- und Nachtzeit, insofern ein mit dem Staate bestehender Contract nicht etwas anderes festsetzt, wie auch sowohl bei gutem als üblem Wetter, ohne Zeitverlust stattfinden.

Erfordern ungewöhnliche Naturereignisse, als hoher Wasserstand, Eisgang, Wind u. s. w. einen ungewöhnlichen Kraft- oder Kostenaufwand, so darf der Fährinhaber zur Vergütung dafür, nach Maaßgabe der Umstände, das Doppelte, Dreifache, selbst das Vierfache des gewöhnlichen Entgelts, aber nicht mehr in Anspruch nehmen.

Bei augenscheinlicher Lebensgefahr unterbleibt natürlich der Uebersatz gänzlich.

5. Einzelne Personen müssen sofort übergesetzt werden, wenn sie so viel entrichten, als das Fahrgeld von einem Fuhrwerke, bei dessen Er-

reichung die Fähranstalt zum alleinigen Uebersatze verpflichtet ist, beträgt. Auch ist der Fährmann verpflichtet, nach beendigtem Uebersatz sofort zu seiner Station zurückzukehren, ohne auf Rückfracht zu warten.

6. Sobald der Uebergangspunkt mit Eis bedeckt ist, und mit Fuhrwerken passirt werden kann, ist der Eigenthümer der Fährgerechtigkeit verpflichtet, für sichere Auf- und Abfahrt durch Bretteranlegen oder Schwimmbrücken, nach Vorschrift der Lokalpolizeibehörde, zu sorgen. Auch ist bei anhaltendem Froste die Eisbahn zu verstärken, und demnächst dergestalt zu bezeichnen, daß sie bei dem Uebergange nicht verfehlt werden kann. Hierfür kann dem Fährinhaber eine besondere von der Regierung festzusetzende Vergütung zugestanden werden.

7. Eben dieselben Grundsätze finden auch Anwendung, wenn der Gebrauch der Fähre, des Prahms oder eines Bootes, selbst zum Uebersatz über nicht zugefrorene Stellen, am Ufer oder in der Mitte des Gewässers nothwendig ist.

8. Sind die vorher gedachten Vorrichtungen nach dem Urtheil der Lokalpolizeibehörden nicht mehr erforderlich, so muß Uebergang und Fahrt ganz unentgeldlich gestattet werden.

9. Wird der Uebergang durch eingetretene Umstände lebensgefährlich, so ist der Fährinhaber gehalten, dies an den betreffenden Stellen durch gewöhnliche, in der Gegend übliche Warnungszeichen, anzuzeigen.

10. Die in den Nummern 4. 6. 7. 8. zur näheren Festsetzung verwiesenen Vergütungssätze und Befreiungen finden in den Fällen keine Anwendung, wo durch bestehende, mit dem Staate geschlossene oder von demselben bestätigte Contrakte, und so lange diese bestehen, andere Tarifsätze ausdrücklich vorgeschrieben sind.

11. Jeder Inhaber einer Fährgerechtigkeit ist verpflichtet, den bestätigten Tarif auf dem Uebersatzgefäße selbst, oder am Ufer an einer schicklichen Stelle auf einer gemalten Tafel zu jedermanns Einsicht aufzustellen, und zwar in der Art, wie es durch die landräthliche Behörde angeordnet wird.

12. In jedem Jahre findet von Amtswegen mindestens zweimal im Anfange des Winters und im Sommer eine Revision jeder Fähranstalt durch den Kreisbaubeamten, unter Zuziehung der Ortspolizeibehörde statt, welcher darauf zu halten hat, daß die vorgefundenen und gerügten Mängel sofort abgestellt werden.

Jedes, durch Zufall oder Benutzung zum Uebersetzen, untauglich gewordene Gefäß, ist so lange außer Gebrauch zu setzen, bis es völlig wieder hergestellt und bei der Revision als tüchtig anerkannt ist. Hat das Gefäß durch die Veränderungen oder Reparaturen auch eine Veränderung der Belastungsfähigkeit erlitten, so bedarf es einer neuen Festsetzung für die Tiefe der Einsenkung nach No. 3.

13. Auf die Nichtbefolgung dieser Vorschriften ist eine Polizeistrafe von 5—20 Thlr. nach den Grundsätzen des A. L. R. Th. II. Tit. 20. §§. 88 u. 89. zu setzen.

Geldstrafen werden von dem unmittelbaren Nutznießer der Fährgerechtigkeit eingezogen, dem es überlassen bleibt, an dem eigentlichen Contravenienten, insofern er es selbst nicht ist, seinen Regreß zu nehmen.

Minist. Resc. v. 28. Aug. 1822 und v. 6. Mai 1827. Ann. Bd. 6. S. 752 und Bd. 11. S. 460.

Für den Reg.-B. Potsdam

sind diese Verordnungen besonders eingeschärft durch die Bekanntmachung vom 14. Sept. 1822 Amtsbl. S. 216, 25. Juli 1827 Amtsbl. S. 138 und 2. Nov. 1844 Amtsbl. S. 307.

§. 120. Bei den Mühlen oder anderen, durch Wehre oder Schleusen veranlaßten Störungen, wo der Wasserstand noch nicht durch einen unter polizeilicher Aufsicht gesetzten Merkpfahl bestimmt ist, muß jeder Besitzer derselben sich die Setzung eines Merkpfahles auf Antrag und Kosten derer, die dabei interessirt sind, gefallen lassen.

§. 1. des Gesetzes v. 15. Nov. 1811. Gesetzs. S. 352.

§. 121. An dem Merkpfahle muß sowohl der im Sommer, als der im Winter zulässige höchste Wasserstand ganz deutlich kennbar bezeichnet, auch die Höhe davon mit dem Fachbaum der Mahl- und Freischleuse, und mit einem nahe gelegenen unverrückbaren Gegenstande durch Nivellement verglichen und zu Protocoll verschrieben werden.

Im umgekehrten Falle, wenn ein Müller die Verpflichtung hat, zur Erhaltung der Schiffbarkeit eines Gewässers, das Oberwasser seiner Mühle auf einer bestimmten Höhe zu erhalten, soll in Absicht der Setzung der Merkpfähle für den niedrigsten zulässigen Wasserstand auf eine ähnliche Weise verfahren werden.

§. 3. a. a. O.

§. 122. Kein Besitzer von Mühlen oder andern Stauungsanlagen darf den Wasserstand über die, durch den Merkpfahl festgesetzte Höhe aufstauen. Sobald das Wasser über diese Höhe wächst, muß er durch Oeffnung der Schleusen, Gerinne und Grundstöcke, Abnehmung der beweglichen Aufsätze auf den Fachbäumen oder Ueberfällen, überhaupt Wegräumung aller bloß zeitlichen Hindernisse, den Abfluß desselben unentgeldlich, sogleich und unausgesetzt so lange befördern, bis das Wasser wieder auf die, durch den Merkpfahl bestimmte Höhe herabgefallen ist.

§. 8. a. a. O.

§. 123. Versäumt er dies, so hat er in jedem Falle außer dem Ersatz alles, durch die widerrechtliche Stauung verursachten Schadens 20 bis 50 Thlr. Polizeistrafe verwirkt.

§. 9. a. a. O.

Kein Besitzer von Schneidemühlen darf Sägespähne oder Borke, und überhaupt Niemand, der eines Flusses sich zu seinem Gewerbe bedient, Abgänge in solchem Maaße in einen schiff- oder floßbaren Fluß oder Kanal werfen, daß derselbe dadurch nach dem Urtheil der Provinzial-Polizeibehörde erheblich verunreinigt werden kann, bei Vermeidung einer Polizeistrafe von 10—50 Thlr. §.

K. O. v. 24. Febr. 1816. Gesetzs. S. 108.

C. Bei Ausübung der Fischerei.

Der Fischfang in öffentlichen Strömen gehört zu den Regalien. §.

§. 73. II. 15. A. L. R.

Jeder Eigenthümer mag auf seinem Grund und Boden, unter Beobachtung der Landespolizeigesetze, Fischteiche anlegen. §.

§. 184. I. 9. A. L. R.

Die Fischerei in Teichen und eingeschlossenen Privatgewässern ist jeder Eigenthümer nach eigenem Gutbefinden auszuüben berechtigt. §.

§. 185. a. a. O.

In öffentlichen aber, so wie in nicht eingeschlossenen Privatgewässern, müssen bei Ausübung derselben die Vorschriften der Polizeigesetze, wegen der Laichzeit, des verbotenen Fischerzeuges, und was sonst darin zur Verhütung des Ruins der Fischerei verordnet ist, genau befolgt werden. §.

§. 186. a. a. O.

Auch in Privatflüssen, worin mehrere die Fischereigerechtigkeit haben, darf Niemand, der nicht ein besonderes Recht dazu erworben hat, durch Versetzung des Flusses ober- oder unterhalb den freien Gang der Fische hindern. §.

§. 187. a. a. O.

Auf öffentlichen Gewässern soll Niemand zum Nachtheil der Fischereiberechtigten Enten halten. §.

§. 188. a. a. O.

Enten, welche die Besitzer der an Privatflüsse und Teiche stoßenden Grundstücke, ohne ausdrückliche Erlaubniß des Fischereiberechtigten halten, ist dieser, wenn sie auf dem Wasser betroffen werden, zu pfänden oder zu tödten wohl befugt. §.

§. 189. a. a. O.

Wer ohne Recht oder Erlaubniß fischt und krebst, verliert außer dem, was er gefangen hat, auch die bei sich habenden Netze und Fischereigeräthe. §.

§. 190. a. a. O.

Für den Reg.-B. Potsdam ist erlassen:

Die erneuerte Fischerordnung vom 3. März 1690 (C. C. M. Th. IV. Abth. 2. Kap. 4. S. 247) für die öffentlichen Gewässer der

Oder, Elbe, Spree, Havel, Wublitz so wie deren Ab- und Zuflüsse. Sie enthält folgende bestimmte Polizeistrafverordnungen:

Abschnitt I.

§. 2. Jeder Fischer und Unterthan ist verpflichtet, auf den Tag Walpurgis, oder nach Ankündigung durch die Wasserherrn auch früher, seine Bruch-Wehren aufzunehmen. Wer dies nicht thut, vielmehr nach der gedachten Zeit die Körbe noch vorgelegt, und also die Graben versperrt hat, dem sollen die Körbe genommen oder zerschlagen, und er selbst, zum ersten Mal mit 4 Thlr., zum andern Mal wieder mit 4 Thlr. und 14tägiger Gefängnißstrafe belegt werden.

§. 3. Auf den Wassern sollen die Flöcke und Garntücher an ihren Maschen so weit sein, daß man 2 Finger bis an die Hand in eine Masche stecken kann, damit der junge Fisch durchlaufen und die erwachsenen darin behalten werden. So aber Jemand mit anderem und größerem Zeuge auf dem Wasser oder sonst betroffen wird*), so soll, neben Verlust des Fischerzeuges, wider denselben, welcher das verbotene Zeug gemacht hat, dem Verbrechen nach mit unausbleiblicher Geldstrafe von 10—20 Thlr., auch nach Befinden Gefängniß, verfahren werden. Wer aber diese oder andere Ungebühr wider die Fischerordnung verschweiget und nicht ansagt, der soll der doppelten Strafe verfallen sein.

§. 4. Ein jeder Fischer ist schuldig, alle seine Fischnetze und Fischerzeuge, namentlich neue Garne, Flöcke oder Körbe vor dem Gebrauch der Ortsobrigkeit vorzuzeigen, damit sie besichtigt werden können, widrigenfalls er in 3 Thlr. Geldstrafe, auch bei dem Gutbefinden des Fischerzeuges, verfällt.

§. 5. Es sollen auch die Leute in den anliegenden Städten oder Dörfern der Wasserströme, die als Fischer von den Herrschaften des Stromes nicht zugelassen, oder sonst zum Fischen nicht berechtigt sind, sich desselben doch aus eigenem Vorsatz zu gebrauchen unterstehen, solchen Fischens und Eindringens mit allerlei Fischerei- oder Reusestellung gänzlich enthalten, und im Betretungsfalle mit willkührlicher Geldstrafe belegt, ihnen auch das Fischerzeug abgenommen werden.

§. 15. Das Strohgarn und die Zuhren sollen gänzlich abgeschafft und bei Verlust derselben, und bei einer Strafe von 20 Thlr. nicht mehr gebraucht werden.

Abschnitt III.

In §. 13. ist willkührliche Strafe für denjenigen festgesetzt, welcher sich untersteht, allerhand Fischerzeug und Flöckerei an einander zu stellen, und damit gleichsam ein Garn von vielen Klaftern in das Wasser zu bringen, und also eine große Menge Fische zu erschlagen.

In §. 14. daselbst ist schwere Geldbuße und, dem Befinden nach, Leib- und Lebensstrafe demjenigen angedroht, welcher aus den Königl. Karpfenteichen Karpfen fängt, oder sonst Ungelegenheit in den Teichen verursacht.

In §. 15. ist derjenige mit 4 Thlr. Strafe belegt, welcher zur Frühlings- oder in der Laichzeit den Hecht, Aland, Döbeln, Rapen u. dgl. mit dem Eisen wegsticht, und insonderheit in den Zuflüssen der Gewässer oder in den Gelagen solches ausübt.

*) Aus diesen Worten ist es zweifelhaft geworden, ob schon der bloße Besitz oder erst der Gebrauch solchen verbotenen Fischerzeuges strafbar ist. Der Ober-Staatsanwalt beim Königl. Kammergericht hat sich in einer Verf. vom 27. April 1850 an den Polizei-Anwalt zu Beeskow für die erstere Alternative ausgesprochen in Sachen wider Schütze.

Nach §. 16. soll derjenige Grob-, Klein- oder Nagelschmidt, welcher solche Eisen verfertigt, zum erstenmal mit 10 Thlr., zum andern Mal mit 20 Thlr. Strafe angesehen werden.

Nach §. 18. verfällt derjenige schwerer Strafe, welcher die zur Königl. Hofküche gewidmeten Hegeseen nicht durchaus verschont.

Nach §. 19. wird ernste Strafe demjenigen angedroht, der sich unterfängt, Gänse-, Enten-, Schwanen- oder andere Eier von Vögeln, welche auf dem Wasser, oder in Brüchen, oder im Rohr zu nisten pflegen, oder aber die bereits ausgeheckten jungen Vögel auszunehmen.

In andern Verordnungen ist bestimmt:

Allen Fischern auf der Ober- und Unter-Spree, Havel und Wublitz, ist bei Verlust der Fischergarne und Kähne befohlen, sich des Nachtfischens zu enthalten.

V. v. 12. Dez. 1668. C. C. M. Th. 4. Abth. 2. Kap. 4. S. 197.

Das unbefugte Fischen mit Hahmen, Wurfnetzen, Wathen und anderem verbotenen Fischerzeug ist verboten. Wer sich damit betreten läßt, dem soll es abgenommen und er überdies mit ernster Strafe angesehen werden.

Edict wider das unbefugte Fischen in der Elbe, Oder, Spree, Havel, Wublitz, Warthe und deren Ausflüssen vom 27. Juni 1670. C. C. M. Th. IV. Abth. II. Cap. IV. S. 198.

Die Fischer sollen nicht das Wasser in den Gräben verzäunen, mit Holz absetzen oder allerhand Fischerzeug und Reusen in selbige legen und dadurch das Wasser in seinem Abfluß aufhalten, widrigenfalls sie im ersten Contraventionsfall mit 5 Thlr., im zweiten mit 10 Thlr. und bei weiterer Contravention mit empfindlicher Leibesstrafe belegt, auch überdies das in den Gräben gefundene Fischerzeug confiscirt werden soll.

§. 16. des Ed. wegen zu verschaffender Vorfluth u. Räumung der Gräben u. Bäche. v. 6. Juli 1773. N. C. C. Tom. V. 2. S. 371.

Auf den in den Königl. Hayden befindlichen Seen, Teichen und Brüchen ist Niemandem ohne Erlaubniß das Fischen bei Confiscation des Fischerzeuges und 10 Thlr. Strafe für jeden Uebertretungsfall gestattet.

§. 1. Tit. XIV. der Holz-, Mast- u. Jagdordnung vom 20. Mai 1720. C. C. M. Th. IV. Abth. I. Cap. II. S. 699.

Durch Verordnung vom 28. Aug. 1811 ist eine Strafe von 2 Thlr. oder verhältnißmäßigem Arrest wider denjenigen wiederholt festgesetzt, welcher sich der verbotenen Hamenfischerei schuldig macht, auch der §. 2. der Fischerordnung von 1690 aufs neue eingeschärft.

Amtsbl. v. 1811 S. 160.

Auf Grund des §. 9. Abschnitt II. der Fischerordnung von 1690 ist verordnet:

daß, wer die kleine Fischbrut, und wo für die größeren Fischgattungen, z. B. Hechte, gewisse Maaße festgesetzt sind, Fische unter diesem Maaße kauft oder verkauft, mit 3 Thlr. Geld- oder verhältnißmäßiger Gefängnißstrafe belegt werde. Dieselbe Strafe trifft auch diejenigen, welche solche Fische nach geschehenem Fange nicht sogleich wieder ins Wasser werfen, sondern auf eine unnütze Art an Thiere verfuttern oder verderben lassen.

V. v. 17. Mai 1812, Amtsbl. S. 200, wiederholt eingeschärft durch V. v. 13. Jan. 1816, Amtsbl. S. 31.

Neue Fischwehre in den öffentlichen Flüssen und Strömen anzulegen, oder die bereits bestehenden zu erweitern, ist ohne Erlaubniß der Königl. Regierung bei 5 Thlr. Geldstrafe verboten.

V. v. 16. April 1825. Amtsbl. S. 89.

In der Spree vom Hangelsberge bis zum Oberbaum bei Berlin darf Niemand ohne ausdrückliche schriftliche Concession der Regierung, bei Vermeidung einer Polizeistrafe von 20 Thlr., ein Fischwehr anlegen, oder die Stelle, in deren rechtmäßigem Besitz er sich befindet, verändern.

V. v. 28. Jan. 1834. Amtsbl. S. 33.

Junge Barse sollen nicht vor dem Anfang ihres zweiten Lebensjahres, oder wenn sie noch nicht 2 Zoll lang sind, verkauft werden.

V. v. 28. Jan. 1826, unter Bezugnahme auf Abschnitt 3., §. 7. der Fischerordnung vom Jahre 1690, und auf die Bekanntmachung vom 17. Mai 1812. Amtsbl. von 1828 S. 39.

Für Berlin:

Das unbefugte Fischen mit Senken und Angeln, auch der Krebsfang auf der Oberspree vom Mühlendamm bis zum Oberbaum und im Spreekanal von der Inselbrücke bis zur Schleuse ist bei Verlust des Fischerzeugs und 2 Thlr. Geld-, auch angemessener Leibesstrafe verboten.

V. v. 12. Mai 1829. Amtsbl. S. 120.

Das Fischen mit Angeln, Hamen und andern Fischerzeugen, auch der Krebsfang ist unbefugten Personen auf den Gewässern der Gemeine zu Stralow und insbesondere auch auf der Oberspree außerhalb der Stadt vom Oberbaum an bei gleicher Strafe untersagt.

Reg. V. v. 20. März 1811, erneut bekannt gemacht durch V. v. 1. April 1825. Samml. S. 121.

Dritter Titel.

Vergehen in Bezug auf die öffentliche Sittlichkeit und Ordnung.

I. Vergehen in Bezug auf die öffentliche Sittlichkeit.

Ohne Vorwissen und Erlaubniß der Polizei muß kein Hurenwirth oder Hurenwirthin bei 50 Thlr. Strafe für jeden Uebertretungsfall eine Weibsperson aufnehmen. §. 1.

§. 1004. II. 20. A. L. R.

Wird eine Weibsperson in einem dergleichen Hause mit einer venerischen Krankheit befallen, so muß es die Wirthin der Polizei sofort anzeigen und nach deren Anordnung für die Kur und Verhütung des weitern Ansteckens sorgen. §. 2.

§. 1013. a. a. O.

Unterläßt sie dieses, so hat sie das erste Mal Gefängnißstrafe auf 3 Monate, im Wiederholungsfall aber 6monatliche Zuchthausstrafe mit Willkommen und Abschied verwirkt. §. 3.

§. 1014. a. a. O.

Haben die Hurenwirthe zur Verhütung von Verbrechen in ihren Häusern nicht alle mögliche Mittel und Sorgfalt angewendet, so sollen sie nach Verhältniß ihrer begangenen Fahrlässigkeit mit Geld- oder Leibesstrafe belegt werden. §. 4.

§. 1019. a. a. O.

Weibspersonen, die von der Hurerei ein Gewerbe machen, ohne sich ausdrücklich unter die besondere Aufsicht der Polizei zu begeben, sollen aufgegriffen und zu 3monatlicher Zuchthausarbeit verurtheilt werden. §. 5.

§. 1023. a. a. O.*)

---

*) Es ist zweifelhaft, ob §. 1023. ein Polizei-Vergehen enthält. Das Kgl. Kammergericht hat dies in vielfachen Entscheidungen angenommen, da die Absicht des §. lediglich die ist, den für das Publikum aus dem unbeaufsichtigten Betriebe der Lohnhurerei entstehenden Gefahren vorzubeugen.

§. 6. Der §. 1023. ist anwendbar auch an denjenigen Orten, wo keine öffentlichen Hurenhäuser gestattet sind.

Rescr. v. 21. Oct. 1817. Generalacten des Justizministerii A. 8380. Rev. Pens. 1. No. 1. Vol. 6. Fol. 53.

§. 7. Daß eine Weibsperson von der Hurerei ein Gewerbe macht, ist dann anzunehmen, wenn sie sich jedem ohne Unterschied zur fleischlichen Vermischung gegen Bezahlung hergiebt.

Rescr. v. 10. Mai 1824. Ann. Bd. 8. S. 881.

§. 8. Nach ausgestandener Strafe sind solche Weibspersonen in Arbeitshäuser abzuliefern und daselbst so lange zu verwahren, bis sie zu einem ehrlichen Unterkommen Lust und Gelegenheit erhalten.

§. 1024. II. 20. A. L. R.

(Hierher gehören auch die Bestimmungen Tit. II. §. 19. [zum Theil] u. §. 45., welche oben zu finden sind.)

II. Vergehen in Bezug auf die öffentliche Ordnung.

1. Hinsichts der Heilighaltung des Sonntags.

§. 9. Die Regierungen sind befugt, die nach den Verhältnissen der einzelnen Orte oder Gegenden ihres Bezirks zur Bewahrung der äußern Heilighaltung der Sonn- und Festtage erforderlichen polizeilichen Bestimmungen zu erlassen, und deren Befolgung durch Strafverbote innerhalb der Grenzen des §. 11. ihrer Dienstinstruktion vom 23. Oct. 1817 zu sichern.

K. O. v. 7. Febr. 1837. Gesetzs. S. 19.

In Folge dessen ist bestimmt

Für den Reg.-B. Potsdam:

durch Reg.-B. v. 26. Mai 1838 (deren Nr. 1 u. 2. Anweisungen an die Behörden enthalten) unter

3) Gutsherrschaften und deren Stellvertreter oder Pächter, Bauunternehmer oder Rechnungsführer müssen die Handwerker und Tagelöhner nicht an Sonn- und Festtagen, sondern am Sonnabend ablohnen.

4) An Sonn- und Festtagen soll Niemand zu Hofediensten, noch weniger zu Treibjagden von den Gutsherrschaften angehalten, und keine Treibjagden mit gemietheten Treibern veranstaltet werden.

Eben so wenig dürfen

5) öffentliche Aufzüge von Gewerken, Schützengilden oder andern Gesellschaften während der Zeit des Gottesdienstes stattfinden.

6) Während des Gottesdienstes, sowohl Vor- als auch Nachmittags, muß aller öffentlicher oder den Gottesdienst störender Gewerbebetrieb ruhen. Daher bleiben während dieser Zeit die Kaufläden der Handelsleute, Bäcker, Schlächter u. s. w., die Gewölbe und Boutiken geschlossen; in den Kaffeehäusern, Wein-, Bier- und Branntweinschenken dürfen keine Getränke gereicht oder Gäste gesetzt, auch keine Spiele gespielt werden.

Das Fahren der Bier- und Mehlwagen auf den Straßen, alle mit Geräusch verbundene oder sonst auffällige Arbeiten in den Werkstätten und vor den Häusern bleiben ausgesetzt; nur allein die Apotheker dürfen während des Gottesdienstes Arzeneien verkaufen.

7) Die Magistrate und Polizeiobrigkeiten jedes Ortes, sowohl in den Städten als auf dem Lande, haben die gewöhnlichen Stunden, an welchen Vor- und Nachmittags die kirchlichen Versammlungen als anfangend und beendigt zu betrachten sind, öffentlich bekannt zu machen, und darauf zu halten, daß während dieser festgesetzten Zeit die vorstehenden Vorschriften befolgt werden.

8) Mit dem letzten Verse des Liedes, welches unmittelbar vor der Predigt gesungen wird, sollen die Thüren der Kirchen von dem Küster geschlossen und nur erst mit dem Anfange des nach der Predigt zu singenden Liedes geöffnet werden. Während der Predigt wird von dem an der einen Kirchthür zu gestellenden Thürhüter der Aus- und Eingang nur in dringenden Fällen gestattet.

9) Alles Umhergehen in der Kirche während der Predigt, so wie überhaupt jede Störung der Andacht wird verboten; es müssen daher auch die kleinen Kinder, welche der kirchlichen Erbauung noch nicht fähig sind, zurückgewiesen werden.

10) Es dürfen ferner an den Sonn- und Festtagen ländliche Gewerbe und Beschäftigungen, sei es auf dem Felde, in den Forsten, in den Gärten oder in Scheunen, oder auf dem Hofe, oder in den Häusern in der Regel nicht, und nur mit Ausnahme dringender Fälle, betrieben werden. Findet ein solcher Fall statt, und soll namentlich bei ungünstiger Erntewitterung ein Kirchtag zur Arbeit benutzt werden, so muß solcher der Obrigkeit zur Ertheilung der Erlaubniß angezeigt, und zugleich der Prediger von der letztern in Kenntniß gesetzt werden; doch darf auch in diesem Falle die ertheilte Erlaubniß sich nur auf die Zeit nach völlig beendigtem Gottesdienste erstrecken.

11) Contraventionen aller Art gegen die Bestimmungen von 3 — 10 dieser Verordnung sollen mit einer Strafe von 1 — 5 Thlr. und bei unvermögenden Personen mit verhältnißmäßiger Gefängnißstrafe belegt werden.

Amtsbl. v. 1838. S. 175.

Bei Anwendung der Nr. 6. obiger Verordnung kommt es darauf an, ob die gewerbliche Arbeit öffentlich betrieben worden, oder nach ihrer Beschaffenheit und Gegend zur Störung des Gottesdienstes hat gereichen können.

Auch die mit besonderen öffentlichen Förmlichkeiten verbundenen Gewerbeverrichtungen, wie z. B. das Richten eines Gebäudes u. dergl., welche mehr oder weniger die Theilnahme des Publikums anregen, sollen an Sonn- und Festtagen unterbleiben, und die Uebertreter nach Nr. 11. der obigen Verordnung bestraft werden.

Reg. V. v. 25. Juni 1840. Amtsbl. S. 211.

Die Bestimmung 4) der Reg. V. vom 26. Mai 1838 hat zu Zweifeln Veranlassung gegeben, zu deren Beseitigung auf Grund des §. 11. des Ges. v 11. März 1850 verordnet ist,

daß Treibjagden überhaupt an Sonn- und Festtagen bei 2 — 10 Thlr. Strafe nicht stattfinden dürfen.

Reg. V. v. 27. Juni 1850. Amtsbl. S. 231.

1) An den Sonn- und Festtagen sind zu jeder Tageszeit vor, während und nach dem Gottesdienste diejenigen Gattungen des Hausirgewerbes verboten, welche als öffentliche Ausstellung, Handel oder Arbeit auf offenen Straßen ausgeübt werden, desgleichen alles mit öffentlichem Ausruf verbundene Feilbieten und das Umhertragen von Waaren zum Verkauf ohne Bestellung; so wie das Ausstehen mit Waaren auf Straßen und Marktplätzen; ferner die öffentlichen Auf- und Umzüge der Kunstreiter, Seiltänzer, Thierführer, Puppenspieler u. s. w.

2) Während des Gottesdienstes ist außerdem der gesammte übrige Hausirbetrieb jeder Art untersagt, da solcher ohne Unterschied zum öffentlichen gewerblichen Verkehr gehört.

3) Außer den Kirchenstunden, also vor und nach dem Gottesdienste, können solche Hausirgeschäfte, welche nicht die Oeffentlichkeit des Betriebs auf Straßen erfordern, ebenso wie der stehende Gewerbsbetrieb der Einwohner des Orts ausgeübt werden; z. B. das Feilbieten und Verkaufen von Waaren in Häusern, Läden und sonst dazu bestimmten Lokalen, das Aufsuchen von Arbeits- und Waarenbestellungen u. s. w.; es findet in dieser Hinsicht kein Vorzug der einheimischen vor den umherziehenden Gewerbetreibenden Statt.

4) Vor dem Gottesdienste in den Morgenstunden soll von dem Verbot des Ausstehens auf Straßen das Feilhalten ohne Ausruf von frischen Lebensmitteln, Produkten des Bodens, Backwaaren und trocknen Victualien an den dazu von der Ortsbehörde bestimmten Plätzen ausgenommen sein.

5) Nach den Stunden des Nachmittags-Gottesdienstes können die Vorstellungen der Kunstreiter, Thierführer u. s. w. in geschlossenen Räumen mit polizeilicher Zustimmung unternommen; auch die Leistungen umherziehender Musiker auf den Straßen und in ungeschlossenen Räumen gestattet werden.

Die Uebertretungen dieser Vorschriften werden nach §. 11. der V. v. 26. Mai 1838 gerügt. (S. oben.)

Reg. V. v. 29. Mai 1845. Amtsbl. S. 184.

Für Berlin:

Der öffentliche Gewerbeverkehr, namentlich das Oeffnen der Verkaufslokalien und das Aufstellen von Waaren an den Ladenthüren und Schaufenstern ist an Sonn- und Festtagen nur bis 9 Uhr Vormittags gestattet; von da ab aber allen Gewerbtreibenden mit alleiniger Ausnahme derer, welche Lebensmittel feil halten, unbedingt verboten. Diesen letzteren ist gestattet, außer den Hauptkirchenstunden von 9—11 Uhr Vormittags und 2—4 Uhr Nachmittags ihre Läden zu öffnen. Die Oeffnung der Apotheken und Stuben der Wundärzte unterliegt keiner Beschränkung.

Ebenso ist der Verkehr auf den des Sonntags in den Frühstunden stattfindenden, und in den Monaten Mai, Juni, Juli und August bis 8 Uhr, in den übrigen Monaten aber bis 8½ Uhr dauernden Morgen-Viktualien-Märkten mit Einschluß des Fleischverkaufs in den Scharren, so wie der Verkauf auf den Jahrmärkten und dem Weihnachtsmarkte außer den vorbezeichneten Stunden des Gottesdienstes auch fernerhin gestattet.

Oeffentliche Arbeiten während des Gottesdienstes bleiben, wie früher, verboten.

Ebenso dürfen an den Vorabenden der drei großen Feste, Weihnachten, Ostern und Pfingsten, des allgemeinen Buß- und Bettages, des dem Andenken der Verstorbenen gewidmeten Tages, so wie an den Abenden dieser letzten beiden Tage und während der Charwoche keine Bälle oder andere öffentliche Lustbarkeiten stattfinden.

Wer hiergegen handelt, verfällt in eine Polizeistrafe bis zu 5 Thlr. oder im Unvermögensfalle in verhältnißmäßige Gefängnißstrafe, die im Wiederholungsfalle erhöht wird.

V. v. 20. Nov. 1844, erneuert unter dem 10. Sept. 1849. Amtsbl. für 1849. S. 314.

2. Unbefugtes Tragen fremder Wappen und Abzeichen.

Der eigenmächtige Gebrauch und die Abbildung des Königlichen Wappens zur Bezeichnung von Waaren auf Aushängeschildern oder Etiquetten wird mit Geldbuße von 5—50 Thlr. oder Gefängnißstrafe von 8 Tagen bis 6 Wochen belegt. §. 10.

K. O. v. 16. Oct. 1831. Gesetzs. S. 247.

Wer auch ohne unerlaubte Absicht eines fremden Familien-Wappens unbefugterweise sich bedient, dem soll dergleichen Anmaßung bei willkührlicher doch nachdrücklicher Geldstrafe untersagt, und diese Strafe im Uebertretungsfalle gegen ihn wirklich verhängt werden. §. 11.

§. 1440 B. II. 20. A. L. R.

Für Berlin

ist der §. 1440. a. a. O. auf diejenigen für anwendbar erklärt, welche an einer Privatlivree Königliche Wappen- oder Adlerknöpfe tragen. Auch ist das Tragen von silbernen Cordons an den Hüten der Privatlivreebedienten nicht erlaubt.

Herrschaften, welche ihrer Dienerschaft das Tragen dieser Abzeichen gestatten, verfallen in eine Geldstrafe von 10 Thlr., die sich im Wiederholungsfalle verdoppelt.

V. v. 1. Dez. 1835. Amtsbl. v. 1838 S. 382.

Für den Reg.-B. Potsdam ist bestimmt:

Jede willkührliche Veränderung der preußischen Nationalkokarde, besonders das Hinzufügen fremder Farben, wird gegen den Verkäufer solcher Kokarden mit 5 Thlr., gegen den Träger derselben mit 2 Thlr. Strafe geahndet.

V. v. 27. Dez. 1813 auf Grund der Minist. Verf. v. 7. dess. M. in Gemäßheit der K. O. v. 22. Febr. 1813, wonach die preußische Kokarde genau bezeichnet worden ist. Amtsbl. v. 1813. S. 577.

Für Berlin:

Preußische Handelsschiffe dürfen auf der Spree keine fremde, sondern nur die preußische Handelsflagge (nach der A. K. O. v. 12. März 1833 in den mittleren weißen Streifen mit dem Preußischen heraldischen Adler versehen und die beiden äußern schwarzen Streifen zusammengenommen von der Größe eines Drittheils der ganzen Flaggenbreite) bei Vermeidung einer Strafe bis zu 5 Thlr. tragen.

V. v. 7. Oct. 1837, erlassen auf Grund der Min. Verf. v. 22. Sept. dess. J. mit Rücksicht auf die Circ. Verf. v. 4. Nov. 1834, wonach die beschriebene Flagge auch von den Flußschiffen geführt werden soll. Amtsbl. 1834 S. 329.

3. Eigenmächtige Bezeichnung von Grundstücken.

Der polizeilichen Ordnung wegen ist es nothwendig, daß: §. 12.

a) bei jeder Trennung und Zerstückelung eines Grundstücks, von welcher Qualität solches auch sei, der Landespolizeibehörde von dem Veräußerer durch die ihm zunächst vorgesetzte Obrigkeit, den Landrath, Anzeige gemacht, und

b) ohne deren ausdrückliche Genehmigung weder einem neuen Etablissement oder Abbau ein besonderer Namen beigelegt, noch der alte Namen bei irgend einem Grundstück verändert werde.

Jeder Eigenthümer oder Inhaber von Grundstücken, welcher dagegen handelt, verfällt in 20 Thlr. Strafe.

Min. V. v. 21. März 1810.

Für den Reg.-B. Potsdam:
bekannt gemacht durch Reg. V. v. 20. Sept. 1817. Amtsbl. S. 345.

4. Vergehen in Bezug auf die allgemeine Landestrauer.

§. 13. Bei dem Ableben des Königs, der Königin und einer verwittweten Königin von Preußen trauern der Hof und die Kollegia 6 Wochen lang; die ersten 3 Wochen der Adel mit Pleureusen, und Personen bürgerlichen Standes ohne dieselben mit tiefer Trauer; die übrigen 3 Wochen mit gewöhnlichen schwarzen Kleidern, silbernen Degen und Schnallen. Die Subalternen der Kollegien trauern bloß mit einem Flor um den Arm.

Die Musik und die Schauspiele werden 8 Tage lang eingestellt.

Alles Drapiren der Wagen und Zimmer, so wie die schwarze Kleidung der Hausoffizianten und Livree, ingleichen das Behängen der Kanzeln und Kirchstühle mit schwarzem Tuche ist gänzlich verboten.

Die Glocken werden bei obgedachten 3 Sterbefällen Mittags von 12 bis 1 Uhr 14 Tage lang geläutet.

In den Kanzleien wird 6 Wochen lang schwarz gesiegelt; dagegen hört der Gebrauch des auf dem Rande und Schnitte schwarz gefärbten Papiers völlig auf. — Die Zeit der Trauer wird vom Sterbetage an gerechnet.

Uebertretungen sind nach Befinden mit 5 — 50 Thlr. Strafe zu ahnden.

Reglem. v. 7. Oct. 1797. N. C. C. Tom. X. S. 1413.

§. 14. Nur die aufgeführten Bestimmungen gelten noch, nicht die Einschränkungen der Familientrauer und die Verordnungen über die Hoftrauer.

A. K. O. v. 28. Nov. 1845. Gesetzs. S. 830.

5. Unbefugte Störung der Ordnung in den Schulen.

Für den Reg.-B. Potsdam:

Niemand darf eigenmächtig ohne ausdrückliche Erlaubniß des Lehrers die Schule oder die Lehrzimmer betreten und den Lehrer wegen Bestrafung oder sonst den Kindern widerfahrener Behandlung hier oder in der Wohnung desselben zur Rede stellen oder gar auf beleidigende

Weise behandeln, überhaupt Etwas vornehmen, was den öffentlichen Schulunterricht oder die dem Lehrer gebührende Schulzucht stört.

Wer diesem Verbot zuwiderhandelt, verfällt in eine polizeiliche Geldstrafe von 20 Sgr. bis zu 5 Thlr. oder im Unvermögensfall in eine verhältnißmäßige Gefängnißstrafe.

Sind mit den Uebertretungen vorstehender Verbote andere Vergehen, als Beleidigungen des Lehrers u. s. w. verbunden, so finden außerdem die deshalb bestehenden Strafgesetze Anwendung.

Reg. V. v. 4. Aug. 1845, erlassen auf Grund der Min. V. v. 16. Juli 1845. Amtsbl. S. 254.

Für Berlin:

Niemand darf ein öffentliches Schullokal zu Berlin, sei es während oder außer der Unterrichtszeit betreten, welcher nicht vermöge seines Amtes oder einer ausdrücklichen Erlaubniß des Lehrers dazu die Befugniß erhalten hat, bei Vermeidung einer Strafe von 1—5 Thlr., oder im Unvermögensfalle verhältnißmäßiger Gefängnißstrafe.

Ebenso wird derjenige bestraft, welcher, ohne das Schullokal selbst zu betreten, auf unbefugte Weise den Schulunterricht, oder die dem Lehrer gebührende Schulzucht absichtlich stört.

V. v. 31. Juli 1845, auf Grund der Min. V. v. 16. dess. M., erneut bekannt gemacht den 25. April 1850. Amtsbl. S. 161.

6. Ordnung in den Gastwirthschaften.

Für den Reg.-B. Potsdam

ist auf Grund Königlicher Genehmigung und des Ministerial-Erlasses v. 24. Dez. 1841 verordnet:

Daß diejenigen Schenkwirthe, welche einem von der Orts-Polizeibehörde ihnen als Trunkenbold bezeichneten Individuum Branntwein zu verabreichen fortfahren, oder demselben auch nur den Aufenthalt in der Gaststube gestatten, in eine Polizeistrafe von 2—5 Thlr. genommen werden sollen.

V. v. 31. Jan. 1842. Amtsbl. S. 34.

Gastwirthe, welche den Postillons, wenn sie ihnen Reisende zubringen, Trinkgelder dafür verabreichen, sollen mit dem fünffachen Betrage des gegebenen Trinkgeldes als Strafe, im Wiederholungsfalle mit noch empfindlicherer Strafe belegt werden.

Reg. V. v. 8. Oct. 1811. Amtsbl. S. 228.

Für Berlin

ist ganz dieselbe Bestimmung im Gefolge früherer Verordnung v. 9. Nov. 1780 in Bezug auf die Gastwirthe und Vermiether von meublirten Stuben erlassen.

V. v. 7. Juli 1828. Samml. S. 160.

7. Einfangen von Nachtigallen.

Für den Reg.-B. Potsdam:

Das bereits unterm 24. Apr. 1798 ergangene Publicandum, wonach Niemand sich unterstehen soll, Nachtigallen im Lande, sei es in Wäldern oder in Gärten, zu fangen und zu verkaufen, oder deren Jungen auszunehmen, bei Vermeidung von 5 Thlr. Geld- oder verhältnißmäßiger Gefängnißstrafe, auch deren Verdoppelung bei wiederholter Uebertretung dieses Verbots, wird hierdurch erneuert und dahin deklarirt, daß das Einbringen der Nachtigallen vom Auslande nur dann zu gestatten, wenn selbige mit einem Atteste des Gutsbesitzers oder Forstbedienten, der sie von seinem Reviere hat wegfangen lassen, begleitet sind; und daß in Ermangelung dieser Legitimation die eingebrachten Nachtigallen confiscirt werden sollen.

V. v. 6. Mai 1811. Amtsbl. S. 31, mehrfach erneuert, namentlich durch die V. v. 14. Juni 1844. Amtsbl. S. 166.

Für Berlin:

Das Zerstören und Ausnehmen der Vogelnester sowohl, als das Tödten und Wegfangen der Vögel in den Königl. Forsten ist durch frühere Verordnungen bei namhafter Geld- oder Leibesstrafe untersagt, das Fangen der Nachtigallen aber allgemein verboten worden. Diese Verordnungen finden auch auf die Gegend um hiesige Residenz, namentlich auf den Thiergarten Anwendung, und werden daher die betreffenden Bekanntmachungen vom 8. Mai 1770, 20. Juni 1797, 24. April 1798 und 29. Dez. 1803 erneuert.

V. v. 25. März 1819. Samml. S. 177.

8. Ordnungsmäßiges Verhalten der Scharfrichter.

Für den Reg.-B. Potsdam:

Sollten etwa mehrere Scharfrichter in der Kurmark es sich wieder beikommen lassen, wie in einzelnen Fällen angezeigt ist, beim Eintritt des Winters auf dem platten Lande Heu und Stroh einzusammeln, so haben sie in einem jeden Uebertretungsfall eine Strafe von 5 Thlr. verwirkt, da dieser zum Nachtheil des Landmanns gereichende Mißbrauch nicht geduldet werden kann.

Reg. V. v. 4. Dez. 1809, erneuert durch V. v. 8. Oct. 1843. Amtsbl. 290.

9. Ordnung auf den Straßen, Chausseen und Eisenbahnen.

§. 15. Die Straßen und öffentlichen Plätze dürfen nicht verengt, verunreinigt oder sonst verunstaltet werden.

§. 78. I. 8. A. L. R.

§. 16. Den sogenannten Bürgersteig kann jeder Hauseigenthümer, soweit er das Straßenpflaster zu unterhalten hat, unter den §. 78. bestimmten Einschränkungen nutzen.

§. 81. a. a. O.

§. 17. Nähere Bestimmung über die §§. 78 u. 81. berührten Gegenstände bleiben den besondern Polizeigesetzen eines jeden Ortes vorbehalten.

§. 82. a. a. O.

§. 18. Die Obrigkeit jedes Ortes muß bei eigener Vertretung darauf sehen, daß die zur Unterhaltung der öffentlichen Reinlichkeit an den Häusern und auf den Straßen gegebenen Polizeiverordnungen, von einem jeden ohne Unterschied des Standes bei willkührlicher Geld- oder Gefängnißstrafe genau befolgt werden.

§. 732. II. 20. A. L. R.

Für den Reg.-B. Potsdam:

Wer durch Anhalten seines Fuhrwerkes, oder auf irgend eine andere Weise Sperrungen und Hemmungen der Fahrstraßen in den Städten veranlaßt, verfällt in eine Polizeistrafe von 1 Thlr. oder verhältnißmäßiger Gefängnißstrafe.

Reg. B. v. 24. Dez. 1829. Amtsbl. v. 1830. S. 4.

Wo durch das nichtfeuergefährliche Tabacksrauchen auf bestimmten Plätzen, Spaziergängen und Straßen, oder für den ganzen Bezirk eines Orts nach dem Ermessen der Ortspolizeibehörde eine Belästigung des Publikums entsteht, kann dieselbe solches in den angegebenen Gränzen bei einer zur Ortsarmenkasse einzuziehenden Strafe von 10 Sgr. bis 1 Thlr. verbieten, welche Verbote jedoch durch besondere in hinreichender Zahl gesetzte Warnungstafeln oder sonst genügend bekannt zu machen sind. §. 19.

A. K. O. v. 9. Dez. 1832. Gesetzs. v. 1833. S. 1.

Zur Aufrechterhaltung der Ordnung auf den Staatschausseen sind folgende Polizeivorschriften als Zusätze zu dem Chausseegeldtarif vom 29. Februar 1840*) erlassen, und zwar unter der Nummer: §. 20.

2) Jeder muß bei den Hebestellen anhalten, auch wenn er nicht verpflichtet ist, Chaussee-Geld zu entrichten. Nur hinsichtlich der Postillone, welche Preußische Postfuhrwerke oder Postpferde führen, findet, wenn sie zuvor in das Horn stoßen, eine Ausnahme statt.

3) Das Chausseegeld ist bei Berührung der Hebestelle für die ganze, ihr zugewiesene Hebestrecke zu erlegen. — Zu der, für den Betrag maaßgebenden Bespannung eines Fuhrwerks werden sowohl die, zur Zeit der Berührung der Hebestelle angespannten, als auch alle diejenigen Thiere gerechnet, welche, ohne augenscheinlich eine andere Bestimmung zu haben, bei dem Fuhrwerke befindlich sind. Ist die Chaussee vor Berührung der Hebestelle mit stärkerer Bespannung befahren, als mit welcher die Hebestelle passirt werden soll, so muß das Chausseegeld für die von dem Führer des Fuhrwerks dem Erheber (Chausseegeldpächter) anzuzeigende Gesammtzahl der gebrauchten Zugthiere gezahlt werden.

4) Jeder hat eine Quittung über das von ihm bezahlte Chausseegeld (Chausseezettel) zu fordern, dieselbe den Zoll-, Steuer-, Polizei- oder Wege-Aufsichts-Beamten auf Verlangen jederzeit vorzuzeigen und bei Vermeidung nochmaliger Zahlung bei der nächsten von ihm

*) Die Untersuchung und Entscheidung der Chaussee-Polizei-Vergehen erfolgt durchweg nach den Vorschriften des Abschn. V. der V. v. 3. Jan. 1849, die der Chausseegeld-Contraventionen bei Provinzial-, Bezirks-, Kreis-, Gemeinde-, Aktien- u. Privat-Chausseen ebenfalls; bei den Staats-Chausseen aber durch die Haupt-Steuer-Aemter. Min. Verf. v. 3. Mai 1850. Just. M. Bl. S. 171.

berührten Chausseegeldstelle abzugeben. Die Fortsetzung der Fahrt bis zur nächsten Hebestelle darf jedoch in keinem Fall und selbst dann nicht gehindert werden, wenn sich eine Contravention (zu 5) ergeben sollte.

5) Wer eine Chausseegeld-Hebestelle umfährt, oder wider die Bestimmung zu 2 bei derselben nicht anhält, oder in dem zu 3 bezeichneten Falle die vor der berührten Hebestelle benutzte stärkere Bespannung nicht anzeigt, oder Thiere, welche zum Angespann eines Fuhrwerks gehören, vor der Hebestelle davon trennt und als unangespannte angiebt, oder überhaupt es unternimmt, sich der Entrichtung des Chausseegeldes auf irgend eine Art ganz oder theilweise zu entziehen, erlegt außer der vorenthaltenen Abgabe deren vierfachen Betrag, mindestens aber einen Thaler als Strafe.

6) Wer eigenmächtig einen Schlagbaum öffnet, zahlt 3 Thlr.; wer den Bestimmungen zu 4 zuwider den Chausseezettel nicht vorzeigt, 10 Sgr. bis 1 Thlr. als Strafe.

7) Jedermann muß den Posten auf den Stoß in das Horn ausweichen bei Vermeidung einer Strafe von 5—50 Thlr.

8) Fuhrwerke, welche sich begegnen, müssen sich nach der rechten Seite hin halb ausweichen. Denjenigen, welche einen Berg oder eine steile Anhöhe herunterfahren, muß jedoch von den Hinauffahrenden ganz ausgewichen werden. Von zwei Fuhrwerken, die sich einholen, muß das vordere nach der linken Seite hin so weit ausbiegen, daß das folgende zur rechten Seite mit halber Spur vorbeifahren kann.

9) Holz darf auf Chausseen nicht geschleppt, Pflüge, Eggen und ähnliche Gegenstände dürfen darauf nur auf Schleifen fortgeschafft werden.

10) Wer um zu hemmen, das Umdrehen der Räder nicht blos in seiner Schnelligkeit vermindern, sondern völlig hindern will, darf sich dazu auf Chausseen nur der Hemmschuhe mit ebener Unterfläche bedienen. Die Anwendung von Klapperstöcken, ingleichen das Anhängen und Schleifen schwerer Gegenstände am Hintertheile des Wagens, ist verboten.

11) Die Fahrbahn darf nicht durch Anhalten oder auf irgend eine andere Weise gesperrt oder verengt werden. Weder auf der Fahrbahn, den Brücken oder den Banquets, noch in den Seitengräben dürfen Gegenstände niedergelegt werden oder liegen bleiben, welche nicht der Chaussee-Verwaltung angehören. Ebenso wenig dürfen Scherben, Kehricht, Unkraut oder anderer Unrath hinauf- oder hineingeworfen werden.

12) Niemand darf auf der Fahrbahn, den Brücken, den Banquets oder in den Seitengräben Vieh füttern oder anbinden, oder dasselbe auf den Banquets, Böschungen oder in den Seitengräben laufen oder weiden lassen, oder treiben. Es ist verboten, auf den Banquets, den

Böschungen, und in den Gräben zu fahren oder zu reiten, oder auf den Böschungen oder in den Gräben zu gehen.

13) Wo durch Warnungstafeln das schnelle Fahren oder Reiten untersagt ist, darf nur im Schritt gefahren oder geritten werden.

14) Der Führer eines Fuhrwerks darf sich von demselben, wenn er anhält, nicht über 5 Schritte entfernen, ohne die Pferde abzusträngen; auch während des Fahrens muß derselbe entweder stets auf dem Fuhrwerke das Leitseil in der Hand, oder auf einem der Zugthiere, oder in ihrer unmittelbaren Nähe bleiben, und das Gespann fortwährend unter Aufsicht halten.

15) Beim Fahren dürfen niemals mehr als zwei Fuhrwerke an einander gebunden sein.

16) Innerhalb 2 Fuß vom Grabenrande darf nicht geackert werden.

17) Wer den Vorschriften unter 8—16 entgegenhandelt, hat außer dem Schadensersatze eine Strafe von 10 Sgr. bis 5 Thlr. verwirkt.

18) Wer die Chaussee, die dazu gehörigen Gebäude, Brückendurchlässe oder sonstige Vorrichtungen, als Meilenzeiger, Wegweiser, Tafeln, Schlagbäume, Prellsteine und Pfähle, ingleichen wer die Pflanzungen oder Materialien beschädigt, oder die letzteren in Unordnung bringt, muß, insofern er nach den allgemeinen Strafgesetzen nicht eine härtere Strafe verwirkt hat, außer dem Schadensersatze eine Strafe von 1—5 Thlr. erlegen.

19) Beschädigungen der Chausseebäume sind, wenn die allgemeinen Gesetze keine härtere Strafe bestimmen, vorbehaltlich des Schadensersatzes mit einer Strafe von 5 Thlr. für jeden durch Verschulden beschädigten Baum zu ahnden.

21) Im Unvermögensfalle tritt verhältnißmäßiges Gefängniß an die Stelle der vorstehend angeordneten Geldstrafen.

Zusätzliche Bestimmungen zu der Allerh. K. O. v. 29. Febr. 1840. Gesetzs. S. 94 ff.

Diese Vorschriften finden auch Anwendung auf alle sonstigen öffentlichen chaussirten Wege. §. 21.

A. K. O. v. 29. Febr. 1840 und 31. Aug. 1832. Gesetzs. S. 214.

Für den Reg.-B. Potsdam

besonders bekannt gemacht durch die Reg. V. v. 11. April 1840. Amtsbl. S. 103.

Beim Befahren aller zusammenhängenden Kunststraßen soll an allem gewerbsmäßig betriebenen Frachtfuhrwerk der Beschlag der Radfelgen, d. h. der auf die Felgen gelegte Metallreifen, eine Breite von mindestens 4 Zoll haben, wenn die Ladung bei vierrädrigem Fuhrwerk mehr als 20 Ctr., bei zweirädrigem mehr als 10 Ctr. beträgt. Auf §. 22.

welche Kunststraßen diese Vorschrift Anwendung findet, wird durch besondere Bekanntmachung des Finanzministers bestimmt werden.

§. 1. der V. v. 17. März 1839. Gesetzs. S. 80, und K. O. v. 12. April 1840. Gesetzs. S. 108.

§. 23. Die Ladung der gewerbsmäßig betriebenen Frachtfuhrwerke darf auf allen Kunststraßen ohne Unterschied bei einer Felgenbreite von weniger als 5 Zoll an Gewicht nicht mehr betragen, als: a) bei vierrädrigem Fuhrwerk in der Zeit vom 15. Nov. bis 15. April 60 Ctr., in der Zeit vom 15. April bis 15. Nov. 80 Ctr.; b) bei zweirädrigem Fuhrwerk nach demselben Zeitmaaß 30 bezüglich 40 Ctr.

§. 2. a. a. O.

§. 24. Bei einer größeren Felgenbreite ist ein stärkeres, als das oben (§. 2.) bestimmte Gewicht der Ladung in soweit erlaubt, daß bei einer Felgenbreite von 5 Zoll und unter 6 Zoll a) bei vierrädrigem Fuhrwerk in der Zeit vom 15. Nov. bis 15. April 80 Ctr., in der Zeit vom 15. April bis 15. Nov. 100 Ctr.; b) bei zweirädrigem Fuhrwerk nach demselben Zeitmaaß 40 Ctr., bezüglich 50 Ctr.;

bei einer Felgenbreite von 6 Zoll:

a) bei vierrädrigem Fuhrwerk nach derselben Jahreseintheilung 100 Ctr., bezüglich 120 Ctr.,

b) bei zweirädrigem Fuhrwerk 50 Ctr., bezüglich 60 Ctr., höchstens geladen werden dürfen.

Eine stärkere Belastung ist auch bei Anwendung noch breiterer Felgen nicht gestattet. Eine Ausnahme hievon tritt jedoch dann ein, wenn die Ladung aus einer untheilbaren Last, z. B. großen Bausteinen von größerem Gewicht besteht, in welchem Falle auch eine größere Felgenbreite als 6 Zoll nicht erforderlich ist.

§. 3. a. a. O.

§. 25. Jeder Führer eines gewerbsmäßig betriebenen Fuhrwerks, welches eine Kunststraße befährt, ist verpflichtet, den mit der Controlle beauftragten Beamten auf Erfordern das Gewicht der Ladung, unter Vorzeigung der Frachtbriefe und sonstigen darüber sprechenden Papiere, anzugeben. Auch muß derselbe, wenn das Fuhrwerk von einem Spediteur oder Schaffner befrachtet worden, mit einem Ladeschein von Seiten des letzteren versehen sein, woraus das Gewicht der Ladung im Ganzen sich ergiebt.

§. 4. a. a. O.

§. 26. Wo geeignete Anstalten vorhanden sind, um das Gesammtgewicht des Wagens und der Ladung zusammen zu ermitteln, muß der Führer einer solchen Ermittelung sich unterwerfen. Es sind dabei auf das Gewicht des Wagens, einschließlich allen Zubehörs, als Leinwand, Stroh, Ketten, Winden u. s. w. a) bei einem vierrädrigen Fuhrwerke bei einer Felgenbreite unter 5 Zoll 40 Ctr., von 5 Zoll, jedoch unter 6 Zoll

45 Ctr., von 6 Zoll und darüber 50 Ctr., b) bei zweirädrigem Fuhrwerke die Häfte dieser Sätze zu rechnen, dergestalt, daß das Gesammtgewicht des Wagens und der Ladung zusammen nicht mehr betragen darf, als sich bei Hinzurechnung der vorbestimmten Sätze zu den oben §§. 2. 3. für die Ladung allein vorgeschriebenen Gewichtssätzen ergiebt.

§. 6. a. a. O.

Beim Verfahren von Stein- oder Braunkohlen und von Getraide soll auch dasjenige Fuhrwerk, welches nicht zu dem gewerbsmäßig betriebenen Frachtfuhrwerk gehört, auf allen Kunststraßen, ohne Unterschied, mit wenigstens 4 Zoll breiten Radfelgen versehen sein, sobald die Ladung a. bei vierrädrigem Fuhrwerk mehr als 50 Ctr., b. bei zweirädrigem mehr als 25 Ctr. beträgt. Es soll aber in dieser Hinsicht eine Getraideladung von 2½ oder 1¼ Wispel niemals höher als zu 50 Ctr. oder 25 Ctr. gerechnet werden. §. 27.

Die obige Bestimmung findet jedoch auf das landwirthschaftliche Fuhrwerk aus benachbarten Staaten, in denen dergleichen Vorschriften nicht bestehen, beim Verkehr innerhalb 3 Meilen von der Grenze nicht Anwendung.

§. 7. a. a. O.

Die Größe der Ladung ist, wenn an dem §. 7. gedachten Fuhrwerke die Radfelgen unter 4 Zoll breit sind, auf Verlangen nach Centnern oder nach Scheffeln, und zwar, falls die Ladung in Kohlen besteht, unter Vorzeigung des Ladescheines, mit welchem der Führer bei der Grube oder Niederlage sich versehen muß, von dem Führer anzugeben. §. 28.

§. 8. a. a. O.

Auf allen Kunststraßen ohne Unterschied darf mit keinem Fuhrwerk gefahren werden, an dessen Radfelgen 1. die Köpfe der Radnägelstifte oder Schrauben nicht eingelassen sind, sondern vorstehen, oder 2. der Beschlag so construirt ist, daß er keine gerade Oberfläche bildet. §. 29.

Das letztere Verbot zu 2. findet jedoch auf solche Radbeschläge nicht Anwendung, welche blos in Folge der Abnutzung eine gewölbte Oberfläche angenommen haben.

§. 9. a. a. O.

Es darf auf keiner Kunststraße mit einer mehr als 9 Fuß breiten Ladung gefahren werden. §. 30.

§. 10. a. a. O.

Die Zugthiere an den, auf den Kunststraßen fahrenden, Fuhrwerken dürfen nicht mit solchen Hufeisen versehen sein, deren Stollen mehr als ⅔ Zoll über die Hufeisenfläche hervorragen; außer in der Zeit vom 1. Nov. bis 1. April, wo eine Höhe von Einem Zoll Statt finden darf. §. 31.

§. 11. a. a. O. u. A. K. O. v. 25. Aug. 1843. Amtsbl. S. 305.

§. 32. Jede Uebertretung der Vorschriften der §§. 1. 2. 3. 6. 7. 9. 10. 11. ist mit einer Strafe von 10 Thlrn. polizeilich zu bestrafen. Falls es sich von Ueberschreitung der in den §§. 2. 3. für die Ladung vorgeschriebenem Gewichtssatze handelt, soll jedoch eine Bestrafung nicht eintreten, wenn der Nachweis geführt wird, daß das Gesammtgewicht des Wagens und der Ladung zusammen nicht größer sei, als nach den Bestimmungen des §. 6. sich als zulässig ergiebt.

§. 15. der V. v. 17. März 1839.

§. 33. Das Spurhalten auf den Kunststraßen ist bei einer Strafe von einem halben Thlr. verboten.

§§. 12. u. 17. a. a. O.

§. 34. Wenn die, in Gemäßheit der §§. 4. u. 8. erforderte Angabe der Größe der Ladung oder die Vorzeigung der darüber sprechenden Papiere verweigert wird, ingleichen, wenn der Führer nicht mit dem daselbst vorgeschriebenen Ladeschein versehen ist, soll eine Ordnungsstrafe von 1 Thlr. eintreten.

§. 16. a. a. O.

§. 35. Die in den §§. 15—17. bestimmten Strafen können sowohl gegen den Führer des Fuhrwerks, als gegen den Eigenthümer desselben, und insbesondere in das Fuhrwerk selbst vollstreckt werden.

§. 18. a. a. O.

§. 36. Die Ausstellung unrichtiger Ladescheine über die Größe der von den Frachtfuhrwerken (§. 4.) oder den Kohlenfuhrwerken (§. 8.) eingenommenen Ladungen ist, sofern damit kein härter zu bestrafendes Vergehen verbunden ist, mit einer Strafe von 1—10 Thlrn. zu ahnden.

§. 19. a. a. O.

Für den Reg.-B. Potsdam

bekannt gemacht durch Reg. V. v. 12. April 1839. Amtsbl. S. 321.

Zum Frachtfuhrwerk im Sinn der V. v. 17. März 1839 sind alle zum Lastfahren dienenden Fuhrwerke zu rechnen. Zum gewerbsmäßig betriebenen Frachtfuhrwerk gehören:

1) alle Lastfuhrwerke der Fuhrleute, deren eigentliches Gewerbe in der Uebernahme von Lohnfuhren besteht;
2) die eigenen Fuhrwerke aller Gewerbtreibenden, welche zu den mit deren Gewerbe in Verbindung stehenden Lastfuhren dienen;
3) die Fuhrwerke der Landwirthe und Ackerbürger, sofern diese neben dem Betriebe der Landwirthschaft fortgesetzt oder zu gewissen Zeiten wiederkehrend das Lastfahren um Lohn betreiben.

Reg. V. v. 27. Febr. 1840 (Amtsbl. S. 62), erlassen auf Grund höherer Bestimmungen.

§. 37. Auf Grund des §. 1. der Verordnung vom 17. März 1839 sind durch Ministerial-Bekanntmachung vom 22. Nov. 1839, 31. März 1842, 31. Juli 1844, 28. Aug. 1845, 19. Mai 1846 und 13. Febr. 1848, diejenigen Kunststraßen bezeichnet, auf welche das Verbot des Gebrauchs von Radfelgen unter 4 Zoll Breite für gewerbsmäßig betriebenes Frachtfuhrwerk für anwendbar erklärt worden ist.

Amtsbl. Beil. zum 49. Stück v. 1839, Jahrgang 1842 S. 212, Beil. zum 38. Stück v. 1844, Beil. zum 39. Stück v. 1845, Beilage vom 25. Stück v. 1846 und Beilage vom 11. Stück v. 1848.

Wer bei Uebertretung einer der in der Verordnung v. 17. März 1839 enthaltenen, so wie der dem Chausseegeldtarif vom 29. Febr. 1840 beigefügten polizeilichen Vorschriften betroffen wird, ist bei Vermeidung einer Geldstrafe von 1—10 Thlr., statt deren im Unvermögensfalle verhältnißmäßiges Gefängniß eintritt, verpflichtet, den Chausseeaufsehern, Chausseewärtern und Gensdarmen, so wie den Chausseegeld-Erhebern und Pächtern, den Polizei-, Forst-, Zoll- und Steuerbeamten, welche über die Befolgung dieser Vorschriften zu wachen haben, bis zur nächsten, in der Richtung der Reise gelegenen, Chausseehebestelle oder Ortsbehörde zu folgen, derselben Auskunft über seinen Namen, Stand und Wohnort zu ertheilen, und seine Erklärung zu Protocoll zu geben, ob er der gesetzlichen Strafe sich unterwerfen, und den ihm bekannt zu machenden Betrag derselben einzahlen wolle. §. 38.

§§. 1. u. 2. des Regulativs v. 7. Juni 1844. Gesetzs. S. 167.

Zum Schutze derjenigen öffentlichen Wege, so wie der dazu gehörigen Anpflanzungen, Vorrichtungen u. s. w., auf welche die zusätzlichen Bestimmungen des Chausseegeldtarifs vom 29. Febr. 1840 nicht Anwendung finden, ist bestimmt: §. 39.

1. Wer einen öffentlichen Weg, die dazu gehörigen Gebäude, Brücken, Durchlässe und sonstige Vorrichtungen, als Meilenzeiger, Wegweiser, Tafeln u. s. w., ingleichen wer die Pflanzungen oder Materialien beschädigt, oder die letzteren in Unordnung bringt, soll, insofern er nach den bestehenden Strafgesetzen nicht eine härtere Strafe verwirkt hat, außer dem Schadenersatze eine Strafe von 1—5 Thlr. erlegen.

2. Fahrlässige Beschädigungen der zu einem öffentlichen Wege gehörigen Bäume sind, wenn die allgemeinen Gesetze keine härtere Strafe bestimmen, vorbehaltlich des Schadenersatzes mit einer Strafe von 1—50 Thlr. zu ahnden.

3. Im Falle des Unvermögens tritt verhältnißmäßiges Gefängniß an die Stelle der vorstehend angeordneten Geldstrafen.

Min. R. v. 8. April 1846. Min. Bl. d. i. V. S. 125.

Für den Reg.-B. Potsdam

bekannt gemacht durch Reg. V. v. 26. April 1846. Amtsbl. S. 150.

Für Berlin

ist diese Verordnung vom 8. April 1846 gleichfalls wörtlich veröffentlicht, und nur noch hinzugefügt, daß das Abladen oder Verlieren von Schutt, Scherben, Mist, Eis, Schnee, Müll oder andern Unreinigkeiten auf öffentlichen Plätzen oder Wegen innerhalb wie außerhalb der Stadtmauern als Beschädigung im Sinn des §. 1. angesehen wird.

Verordn. v. 27. Jan. 1847. Amtsbl. S. 52.

Jede Verunreinigung ungepflasterter Wege im Verwaltungsbezirk des Königl. Pol. Präsidii zu Berlin mit Unrath, Schutt oder Scherben wird mit 2 Thlr. Geld-, oder verhältnißmäßiger Gefängnißstrafe geahndet.

V. v. 23. Mai 1839. Amtsbl. S. 207, erneut bekannt gemacht 31. März 1845. Amtsbl. S. 115.

Für den Reg.-B. Potsdam:

Auf Grund des §. 33. I. 8. A. L. R., wonach der Staat, so weit die Erhaltung einer Sache auf die Erhaltung und Beförderung des Gemeinwohls erheblichen Einfluß hat, deren Zerstörung oder Vernichtung zu untersagen berechtigt ist, ist die Abholzung der an öffentlichen Wegen vorhandenen Alleen, ohne Einholung der landräthlichen Erlaubniß, bei einer Strafe von 1—5 Thlr. verboten.

Reg. V. v. 28. April 1842. Amtsbl. S. 142.

Das Ueberpflügen der öffentlichen Wege, ingleichen das Herumpflügen um die an denselben stehenden Bäume wird auf Grund des §. 211. A. L. R. II. 20. und §. 35. des Landeskulturedikts v. 14. Sept. 1811. Gesetzs. S. 308 bei Strafe von 1—5 Thlr. verboten.

Reg. V. v. 19. Juli 1841. Amtsbl. S. 218.

§. 40. Alle Fuhr- und Landleute, auch andere Reisende, ohne Unterschied des Standes, müssen den ordinairen und Extraposten, wenn diese hinter ihnen kommen, oder ihnen begegnen, aus dem Wege fahren, und sie ohne Schwierigkeit vorbeilassen, sobald der Postillon ins Horn stößt.

§. 26. II. 15. A. L. R.

§. 41. Außer diesen Fällen müssen ledige oder blos mit Personen besetzte Wagen und Kutschen allen mit Sachen und Effekten beladenen Wagen, wohin auch Kutschen, die Koffer oder sonstige Bagage führen, zu rechnen sind, ausweichen.

§. 27. a. a. O.

§. 42. Begegnen sich zwei beladene oder zwei ledige Wagen, so müssen beide auf der rechten Seite zur Hälfte ausweichen.

§. 28. a. a. O.

§. 43. Kann einer rechter Hand nicht ausweichen, so muß dies von dem andern ganz geschehen.

§. 29. a. a. O.

§. 44. Fehlt es auch dazu an Raum, so muß in dem Falle des §. 27. derjenige, welcher zum Ausweichen verbunden ist, so wie im Falle des §. 28. der, welcher den andern zuerst gewahr wird, an einem schicklichen Orte so lange stille halten, bis der andere Wagen vorüber ist.

§. 30. a. a. O.

Kommt ein Wagen von einem Berge oder einer steilen Anhöhe herunter, und ein anderer Wagen fährt hinauf, so ist der letztere jederzeit zum Ausweichen verbunden, er mag schwerer beladen sein oder nicht. §. 45.

§. 31. a. a. O.

Bei hohlen Wegen oder anderen engen Päſſen muß jeder zuvor stille halten, und nach gegebenem deutlichen Zeichen mit dem Horne, mit der Peitsche oder auf andere Art, so lange warten, bis er versichert ist, daß kein andrer Wagen sich schon darin befindet. §. 46.

§. 32. a. a. O.

Ist der hohle Weg oder enge Paß von solcher Länge, daß die gegebenen Zeichen von einem Ende bis zum andern nicht deutlich gehört oder wahrgenommen werden können, so muß an solchen Plätzen, wo Raum zum Ausweichen ist, aufs neue gewartet und das Zeichen wiederholt werden. §. 47.

§. 33. a. a. O.

Außer den Posten muß jeder vorfahrende Wagen dem hintenfolgenden und schneller fahrenden, wenn dieser nicht anders vorbeikommen kann, und der Raum es erlaubt, auf ein gegebenes Zeichen so weit ausweichen, als es nöthig ist, damit letzterer seinen Weg fortsetzen könne. §. 48.

§. 34. a. a. O.

Für den Reg.-B. Potsdam

ist auf die Uebertretung der oben aufgeführten §§. 27—34. II. 15. A. L. R., soweit nicht bei Chausseen die besonderen Vorschriften zur Anwendung kommen, eine Geldbuße von 10 Sgr. bis 5 Thlr. oder bei etwaigem Unvermögen verhältnißmäßige Gefängnißstrafe gesetzt; auch gleichzeitig bestimmt, daß auch bei nicht chaussirten Wegen der Führer eines Fuhrwerks sich von demselben, wenn er anhält, nicht über 5 Schritt entfernen darf, ohne die Pferde abzusträngen, während des Fahrens aber entweder stets auf dem Fuhrwerke das Leitseil in der Hand, oder auf einem der Zugthiere, oder in ihrer unmittelbaren Nähe bleiben, und das Gespann fortwährend unter Aufsicht halten muß, bei Vermeidung einer Strafe von 10 Sgr. bis 5 Thlr.

Reg. V. v. 21. Jan. 1842. Amtsbl. S. 25.

Den Posten und Extraposten muß auf den Ruf des Posthorns bei Strafe von 5—50 Thlr. überall ausgewichen werden. §. 49.

Postordnung v. 26. Nov. 1782. N. C. C. Tom. 4. S. 1726 f.

Für den Reg.-B. Potsdam

besonders bekannt gemacht durch die Verordn. v. 7. Jan. 1827 auf Grund der Ministerial-Verf. v. 24. Dec. 1826. Amtsbl. v. 1827 S. 5. und Verordn. v. 31. Jan. 1842. Amtsbl. S. 25.

Die Eingesessenen jedes Ortes haben die Pflicht, den königlichen Posten, wenn denselben unterweges ein unerwartetes Unglück begegnet, etwa ein Wagen zerbrechen oder ein Pferd krank werden sollte, so wie in anderen nicht vorhergesehenen Fällen, alle erforderliche Hülfe zu leisten. §. 50.

Dahin gehört auch der Fall, wenn die Post bei schlechtem Wege stecken bleiben sollte.

Demjenigen, der diese Pflicht versäumt, wird eine Geldbuße von 1—10 Thlr. und im Unvermögensfalle verhältnißmäßige Gefängnißstrafe angedroht.

Postordnung v. 26. Nov. 1782 und Minist. Resk. v. 24. Dec. 1845. Minist. Bl. d. i. V. v. 1846. S. 24.

Für den Reg.-B. Potsdam

bekannt gemacht durch die Verordn. v. 2. April 1850. Amtsbl. S. 111.

§. 51. Hinsichts der Breite der Wagenspuren gelten für die Mark Brandenburg und das Markgrafthum Niederlausitz folgende Vorschriften:

1. Von der Zeit der Bekanntmachung dieser Verordnung ab, sollen alle Achsen an den neuen Kutschen, Post-, Fracht-, Bauer- und allen andern Arten von Wagen dergestalt angefertigt werden, daß die Breite des Wagengeleises von der Mitte der Felge des einen, bis zur Mitte der Felge des andern Rades 4 Fuß 4 Zoll preußisch beträgt.

2. Den Stell- und Schirrmachern und andern Handwerkern, welche sich mit dieser Fabrication beschäftigen, wird bei 3 Thlr. Strafe untersagt, eine Achse wider die Vorschrift des §. 1. einzurichten, und den Schmieden bei gleicher Strafe, solche mit Beschlag zu versehen. Bei wiederholten Contraventionen wird die Strafe verdoppelt.

3. Nach Ablauf von 6 Jahren, von Bekanntmachung dieser Verordnung an, soll im ganzen Privinzialverbande der Mark Brandenburg und des Markgrafthums Niederlausitz kein Wagen gebraucht werden, welcher nicht die §. 1. bestimmte Eigenschaft hat.

4. Wer sich nach Verlauf dieser Frist eines nicht nach obiger Vorschrift eingerichteten Wagens bedient, soll in eine Geldstrafe von 1—5 Thlr. für den ersten, und von 2—10 Thlr. für die folgenden Contraventionsfälle genommen werden. Diese Strafe trifft den Eigenthümer des Wagens, soll jedoch von dem Reisenden mit Vorbehalt seines Regresses an den Eigenthümer erlegt werden. Für eine und dieselbe Reise bis zum nächsten Bestimmungsorte soll nur einmal Strafe stattfinden.

5. Von diesen Vorschriften sind allein ausgenommen:

a. Sämmtliche Militairfuhrwerke, jedoch nicht dasjenige, was Privateigenthum einzelner Militairs ist.

b. Fremde Reisende, oder Reisende aus solchen Provinzen des preußischen Staates, in welchen keine oder eine andere allgemeine Einrichtung der Wagen vorgeschrieben ist.

K. O. v. 23. Aug. 1829, Gesetzs. S. 103 und Reglem. v. 14. März 1805 bekannt gemacht durch die Reg. V. v. 14. Nov. 1834, welche zugleich in Folge Minist. Resk. v. 29. Sept. dess. J. mit Königl. Genehmigung bemerkt:

daß solche Fuhrwerke, welche ihrer ausschließlichen Bestimmung nach nur im Bereich gepflasterter Straßen gebraucht werden kön-

nen, als Bierwagen, Handwagen, Schleifen, Wasserkufen, Feuerspritzen, Leichenwagen von der gesetzlichen Vorschrift der No. 1. obiger Verordnung ausgenommen werden können.
Amtsbl. v. 1834 S. 324 f.

Für Berlin
ist dieselbe Ausnahme durch Verordn. v. 28. Oct. 1834 gemacht und ebenso auf Grund Allerh. Genehmigung den Droschken der unbeschränkte Gebrauch eines schmalen Geleises gestattet.
V. v. 2. Dec. 1834. Amtsbl. S. 348.

Nach der Verordn. v. 12. Mai 1835, Gesetzs. S. 93, finden die Bestimmungen der Verordn. v. 23. Aug. 1829 auf alle neue Achsen auch an älteren Wagen, soweit sie unter die gedachte Verordnung fallen, Anwendung; jedoch ist nachgelassen, an solchen Wagen die Vorrichtung einer doppelten Spur, um nach Bedürfniß auf ein breites oder auf ein schmales Geleise gestellt zu werden, zu fertigen. Die Strafvorschriften der Verordn. v. 23. Aug. 1829 finden auch auf die Uebertretung der obigen Bestimmung, nach Maaßgabe der älteren Verordnung, Anwendung. §. 52.

Für den Reg.-B. Potsdam:
bekannt gemacht durch Verordn. v. 14. Juni 1835, Amtsbl. S. 179.
Frachtfuhrleute, welche in den unmittelbar neben den Chausseen belegenen Gasthäusern einkehren, dürfen ihre Wagen auf der Chaussee nicht aufstellen, bei Vermeidung einer Strafe von 3 Thlr.
Reg. V. v. 17. Sept. 1823, Amtsbl. S. 250.
Die auf Kosten der Königl. Forstverwaltung neu angelegte Kies-Chaussee am Schwielow-See zwischen Templin und Caput, Zauch-Belzigschen Kreises, darf bei 2 Thlr. Pol. Strafe mit schwerem (Last-) Fuhrwerk nicht befahren werden.
Reg. V. v. 22. August 1850, erl. auf Grund des G. v. 11. März 1850. Amtsbl. S. 300.

Für Berlin
sind für Aufrechthaltung der öffentlichen Ordnung auf den Straßen folgende Straf-Bestimmungen erlassen:

I. Das Droschkenfuhrreglement.

§. 1. Niemand darf das Droschkenfuhrwerk ohne eine auf seine Person lautende Concession betreiben. Der Concessionar muß dabei stets Eigenthümer des ganzen Fuhrwerks sein. Die Ertheilung neuer Concessionen kann versagt werden, sobald nach dem Ermessen des Pol.-Präsidiums durch eine weitere Vermehrung der Droschken-Fuhrwerke der öffentliche Verkehr auf den Straßen in unzulässigerweise beengt werden würde.

§. 2. Das sogenannte Verpachten der Droschken an die Kutscher, wobei diese gegen eine bestimmte Vergütigung Nutzen oder Gefahr des Gewerbebetriebes ganz oder theilweise übernehmen, ist verboten.

§. 3. Es werden immer nur je 5 Droschken zusammen, einspännige oder zweispännige, zugelassen. Die Wagen müssen ganz neu, und Pferde und Wagen immer bei der Wohnung des Besitzers aufgestellt sein. Auf je 5 Droschken kann der Besitzer einen Reserve-Wagen halten und denselben für einen in Reparatur befindlichen Wagen, jedoch nur auf die in §. 18. normirte Zeit, in Fahrt bringen. Diese Reserve-Wagen unterliegen übrigens den gleichen Vorschriften wie die Hauptwagen.

§. 4. Den einmal concessionirten Droschkenbesitzern wird die Einstellung schon gebrauchter, für schlechtere in Fahrt gewesene Wagen, welche sie zurückziehen wollen, gestattet, wenn jene Wagen neu in Stand gesetzt worden und den Anforderungen in §. 6 f. vollkommen entsprechen; auch können ihnen nachträglich auf einzelne Droschken Concessionen ertheilt werden, wenn sie solche auf ganz neue Wagen nachsuchen und außerdem eine gleiche Anzahl neuer Wagen auf die früher erhaltenen Concessionen gegen Zurückziehung der gebrauchten Wagen einstellen.

§. 5. Auch auf die schon in Fahrt gewesenen Droschken können, wenn sie wegen gänzlicher Aufgabe des Geschäfts in andere Hände übergehen, und sofern sie nach §. 6 f. brauchbar befunden werden, neue Concessionen, jedoch nur ausnahmsweise dann ertheilt werden, wenn die Aufgabe des Geschäfts aus Gründen erfolgte, in welchen nach dem Ermessen der Behörde zugleich besondere Billigkeitsrücksichten für eine solche Abweichung zu finden sind.

§. 6. Alle Wagen müssen haltbar, von gefälligem Aeußern und bequem, und stets in guter Beschaffenheit sein. Namentlich müssen sie äußerlich immer in gutem Lackzustande erhalten und inwendig mit reinem, ungeflicktem und nicht zerrissenem Ausschlage bekleidet sein. Sie müssen in Federn hängen, oder auf Druckfedern ruhen und ein Vorderverdeck haben, das mit Vor- und Seitenfenstern versehen ist.

§. 7. Der Wagenkasten muß vom Sitz mindestens 3 Fuß 8 Zoll hoch, inwendig 3 Fuß 2 Zoll im Lichten breit und über den Sitzen 4 Fuß lang sein. Alle Wagen müssen mit Kothflügeln versehen sein, die Tritte dürfen nicht zum Aufschlagen eingerichtet, und müssen zum Ein- und Aussteigen bequem sein. Ausnahmen hiervon müssen ausdrücklich genehmigt sein und sind nur zulässig, wenn durch anderweite Vorrichtungen dem Zweck vollständig entsprochen wird.

§. 8. Kein Wagen darf abwechselnd einspännig und zweispännig gefahren, auch darf kein Wagen zu anderen Fuhren gebraucht werden.

§. 9. Bei Schlittenbahn können anständige Schlitten aufgefahren werden, auf welche dann die nachfolgenden Bestimmungen des Reglements gleichmäßig Anwendung finden.

§. 10. Jeder Wagen oder Schlitten muß mit der ihm zugetheilten Nummer sowohl im Innern an der Wand über dem Rücksitz, als auch nach Außen vorn zu beiden Seiten und hinten auf einer stets sichtbaren Stelle bezeichnet sein. Die Zeichnung geschieht durch einen, von dem Polizeipräsidium bestimmten Maler. Die Einspänner erhalten schwarze Zahlen auf weißem Felde; die Zweispänner weiße Zahlen auf blauem Felde.

Außerdem muß bei den Wagen und den mit einem Verdecke versehenen Schlitten im Innern an der Wand über dem Rücksitz der geltende Tarif angeheftet sein und stets in leserlicher Schrift erhalten werden.

Jede andere als die vorstehend angeordnete Bezeichnung des Wagens muß polizeilich genehmigt sein.

§. 11. Die Pferde müssen kräftig und ohne schädliche Fehler, die Geschirre müssen dauerhaft sein.

§. 12. Alle Fuhrwerke (Wagen u. Schlitten) müssen zuvörderst dem Aufsichtsbeamten vorgestellt, und es muß diesem das Lokal angegeben werden, wo dieselben untergebracht sind. Werden sie vorschriftsmäßig befunden, so wird jeder Wagen, resp. Schlitten, mit einem Stempel gebrannt, demnächst das Aufmalen der Nummer verfügt, und die Concession ausgehändigt. Das eigenmächtige Aufmalen oder Verändern der Nummern ist verboten.

Eine gleiche Vorstellung des neuen, wie des zurückzustellenden Wagens, das Letztere Behufs Vernichtung des eingebrannten Stempels, ist erforderlich, wenn ein Wechsel des Fuhrwerks eintritt; eine Veränderung des Lokals muß schriftlich angezeigt werden.

§. 13. Nach Aushändigung der Concession ist der Fuhrherr bei Verlust derselben verpflichtet, zu dem ihm bezeichneten Tage die angemeldeten Droschken in Fahrt zu setzen und darin zu erhalten.

Werden ihm Droschken als zur fernern Benutzung unbrauchbar zurückgestellt (§. 56.), so ist er verpflichtet, sofern er danach nicht mehr fünf Droschken in Fahrt behält, bis zur Erfüllung dieser Zahl, oder wenn er in Gemäßheit der früher bestandenen Regulative mit einer geringern Anzahl concessionirt war, bis zur Erfüllung dieser Anzahl, innerhalb 8 Wochen die Wagen durch Reparatur wieder in reglementsmäßigen Stand und von Neuem zur Revision (§. 12.) zu bringen oder durch neue Wagen zu ersetzen.

Will der Fuhrherr die volle ursprüngliche Zahl der Wagen wieder in Betrieb setzen, so muß dies innerhalb der achtwöchentlichen Frist geschehen bei Verlust seines Concessionsrechts auf die mehreren Wagen, welche nicht in obiger Zwangszahl begriffen sind.

§. 14. Der Fuhrherr muß ein Register über seine Kutscher halten, das von Jedem Vornamen, Alter, Geburtsort und Wohnung angiebt, und von jeder Wagennummer nachweist, von welchem Kutscher sie an jedem Tage gefahren worden ist.

§. 15. Kein Kutscher darf als Wagenführer zugelassen werden, bevor seine Qualification von dem Aufsichtsbeamten festgestellt, und ihm ein nur für seine Person gültiger Fuhrschein ertheilt worden ist. Unerwachsene, gebrechliche, des Fahrens und der Oertlichkeit unkundige, wegen gemeiner Verbrechen oder grober Polizeivergehen und Defraudationen (§. 64 B. Nr. 4)*) bestrafte, oder einer Betrügerei gegen ihre Dienstherrschaft überführte, desgleichen dem Trunke ergebene Personen, werden als Kutscher weder zugelassen noch geduldet.

§. 16. Die Fuhrherrn sind dafür verantwortlich, daß ihre einspännigen Droschken:

a) in den Monaten vom 1. April bis letzten September bis 7 Uhr Morgens;

b) in den Monaten vom 1. October bis letzten März bis 8 Uhr Morgens ausgefahren werden.

In Behinderungsfällen müssen sie sogleich und spätestens bis zu der im §. 58. gedachten Abfertigungszeit, dem Aufsichtsbeamten davon Anzeige machen, und sich hierüber eine Bescheinigung ausstellen lassen.

§. 17. Hat ein Fuhrherr eine, vor der im §. 16. gedachten Ausfuhrzeit, bei ihm bestellte sogenannte Frühfuhre angenommen, so ist er dieselbe pünktlich auszuführen verpflichtet.

Jeder Fuhrherr muß Vorkehrungen treffen, daß während seiner Abwesenheit in seiner Wohnung Bestellungen auf Frühfuhren angenommen werden können.

---

*) d. h. solche, welche mit dem Fuhrwerk steuerpflichtige Gegenstände selbst einschwärzen oder einzuschwärzen unternehmen oder zur Begehung einer solchen Defraudation hülfreiche Hand leisten.

§. 18. Keine einspännige Droschke darf behufs der Reparatur über 8 Wochen außer Fahrt bleiben. Andernfalls muß ein anderer Wagen für sie eingestellt, der alte Wagen aber ausrangirt werden.

§. 19. Die zweispännigen Droschken können an jedem Tage und zu jeder Tageszeit ausgefahren werden, sie müssen alsdann aber eben so lange wie die einspännigen Droschken, in der Fahrt bleiben (§. 51.).

§. 20. Die Fuhrherren sind dafür verantwortlich, daß alle Fuhrwerke nur wohlgereinigt ausgefahren werden; daß die Kutscher mit der im Fuhrschein vorgezeichneten Livree, so wie mit den im §. 27. genannten Papieren versehen sind und daß Alles ordentlich und reinlich ist. Zu den nothwendigen, von dem Fuhrherrn zu beschaffenden Stücken der Livree, für deren Instandhaltung und stete Benutzung die Fuhrherren verantwortlich sind, gehören: Rock, Hose, Halstuch, Stiefeln, Hut und Mantel. Statt des Hutes kann eine Livree-Mütze getragen werden.

§. 21. Die Kutscher müssen mit gedruckten Marken von steifem Papiere versehen werden, welche den Namen und die Wohnung des Fuhrherrn, die Nummer des Wagens, das Datum des laufenden Tages und den Betrag des Fuhrlohnes nachweisen.

§. 22. Die Droschkeninhaber sind verbunden, am letzten Tage eines jeden Quartals, die Standplatz-Nachweisungen für das folgende Quartal bei dem Aufsichtsbeamten entgegenzunehmen.

§. 23. Wer Droschken neu gestellen oder zurückziehen will, muß solches der Behörde anzeigen, und zwar letzteres 4 Wochen vorher, ehe die Zurückziehung erfolgt; auch die zurückzustellenden Wagen behufs Vernichtung des Brennzeichens dem Aufsichtsbeamten vorführen. Das Zurückziehen einzelner Droschken ist jedoch unstatthaft, wenn der Besitzer alsdann nicht mehr 5 Droschken behalten würde.

§. 24. Für die Winter-Monate vom November bis einschließlich Februar kann das Pol.-Präsidium durch öffentliche Bekanntmachung im Allgemeinen das einstweilige Zurückziehen eines bestimmten Theils sämmtlicher Droschken gestatten und ist dann jeder Fuhrherr befugt, von den überhaupt eingestellten Wagen die verhältnißmäßige Anzahl außer Fahrt zu setzen; er muß indessen unter Angabe der Zeit, auf welche er von der gegebenen Erlaubniß Gebrauch machen will, hiervon dem Aufsichts-Beamten schriftliche Anzeige machen und nach Ablauf der bewilligten Zeit die zurückgestellten Wagen, nachdem sie vollständig renovirt und neu lackirt sind, bei Vermeidung der auf die Nichterfüllung der Concessionsbedingungen gesetzten Folgen wieder in Fahrt bringen.

§. 25. Den Fuhrherren wird noch besonders zur Pflicht gemacht, mit allen ihnen zu Gebote stehenden Mitteln dahin zu wirken, daß ihre Kutscher streng den Vorschriften dieses Reglements nachleben. Kutscher, welche dem Trunke ergeben sind, sich wiederholter Unregelmäßigkeiten schuldig machen oder insbesondere den Verboten in den §§. 35, 37, 47, 51, 54. zuwiderhandeln, sind sie sofort des Dienstes zu entlassen verpflichtet, und darf ein dergestalt entlassener Kutscher von keinem Droschkenfuhrherrn ohne ausdrückliche Zustimmung des Pol.-Präsidiums wieder in Dienst genommen werden. Die Gründe der Dienstentlassung muß der Fuhrherr in dem Dienstbuche pflichtmäßig bemerken.

§. 26. Ohne Zulassung des Aufsichtsbeamten (§. 15.) darf niemand, bei Vermeidung einer Geldstrafe von 5—10 Thlr. oder verhältnißmäßiger Gefängnißstrafe die Führung einer Droschke übernehmen. Auch darf kein Kutscher ohne Genehmigung des Fuhrherrn die Führung der Droschke einem andern Kutscher überlassen. Jede Wohnungsveränderung muß der Kutscher sofort dem Aufsichtsbeamten anzeigen.

§. 27. Jeder Kutscher muß in einer ledernen Tasche seinen Fuhrschein, das Reglement nebst Tarif und die neueste Standplatzliste bei sich führen, auch mit den richtigen Fahrmarken versehen, und mit der im Fuhrschein verzeichneten Livree bekleidet sein. Er selbst muß ordentlich und reinlich sein, und ist dafür verantwortlich, daß der Wagen immer sauber und reinlich ist. Auf Verlangen des Aufsichtsbeamten muß sich jeder Kutscher durch ein auf seine Kosten zu beschaffendes ärztliches Attest über seinen Gesundheitszustand ausweisen.

§. 28. Die vierteljährlich durch den Aufsichtsbeamten auszugebenden Standplatzlisten weisen die genehmigten Standplätze nach und geben in den Seiten-Colonnen die Anzahl der Droschken an, welche auf jedem Standplatz halten müssen, beziehungsweise halten dürfen.

§. 29. Nur auf diesen Standplätzen dürfen Droschken, um Fahrgäste abzuwarten, aufgestellt werden.

§. 30. Der Kutscher muß sich nach der Ausfahrt so wie auch später, wenn die Droschke unbesetzt ist, an dem nächsten Standplatz aufstellen, auf dem sich noch nicht diejenige Zahl von Droschken befindet, welche nach den Standplatzlisten dort halten muß und hier wenigstens eine Viertelstunde Fahrgelegenheit abwarten. Ueber die vorgeschriebene Zwangszahl hinaus und bis zu derjenigen Anzahl von Wagen, welche nach den Standplatzlisten überhaupt auf den einzelnen Standplätzen halten darf, steht das An- und Abfahren im Belieben der Kutscher. Ueber die letztere Anzahl von Wagen hinaus ist den Kutschern das Auffahren unbedingt verboten.

§. 31. Auf den Standplätzen müssen die Wagen in solcher Ordnung aufgefahren werden, daß jeder ohne Hindernisse durch einen andern wieder abfahren kann. Bei der Aufstellung darf die allgemeine Passage nicht gehemmt werden, und die Kutscher müssen deshalb von hinten an die Reihe anfahren. Die Uebergänge, Rinnsteinbrücken und Einfahrten müssen frei bleiben.

§. 32. Sobald ein Wagen fortgefahren ist, so rückt, wenn die übrigen hinter einander stehen, der nächst folgende in den leer werdenden Raum, und die andern folgen in der Reihe nach.

§. 33. Stehen die Wagen neben einander, so müssen sie wenigstens 3 Fuß, dürfen aber nicht 5 Fuß, von einander entfernt bleiben, und es darf in die Stelle eines abfahrenden Wagens nur der nach der Reihenfolge der Auffahrt zunächst stehende einrücken. Im Uebrigen haben die Kutscher die in den Standplatzlisten über das Auffahren gegebenen Bestimmungen streng zu befolgen.

§. 34. Bei unbesetzter Droschke, auch des Abends beim Nachhausefahren, muß der Kutscher stets im Schritt fahren. Bei allen Fahrten mit leerem Wagen hat der Kutscher sich jederzeit rechts am Rinnstein zu halten. Nur außerhalb der Ringmauer dürfen leere Wagen auch im Trabe fahren.

§. 35. Der an erster Stelle haltende Kutscher muß stets auf dem Bock sitzen und zur Abfahrt bereit sein. Auf den Eisenbahnhöfen müssen alle Kutscher, sobald der ankommende Eisenbahnzug signalisirt wird, sich auf den Bock setzen und zur Abfahrt bereit halten. In den Wagen darf sich der Kutscher nicht setzen.

Das Zusammentreten der Kutscher auf den Trottoirs ist verboten, auch darf sich kein Kutscher von seinem Fuhrwerk entfernen oder in Schanklokalen aufhalten.

§. 36. Das Füttern der Pferde ist nur auf den Halteplätzen, und nur aus übergehängten Beuteln oder Gefäßen erlaubt.

§. 37. Sobald sich die Droschke in Fahrt befindet, einerlei ob dieselbe besetzt ist oder nicht, ist den Kutschern das Tabackrauchen unbedingt verboten.

§. 38. Zu bloßen Transportfuhren dürfen die Droschken nicht gebraucht werden; jedoch sind die Kutscher nicht berechtigt, Reisegepäck und andre Gegenstände, die sich ohne Schwierigkeit in der Droschke unterbringen lassen, zurückzuweisen.

§. 39. Das Anreden der Fahrlustigen, um sie zur Wahl eines Wagens zu bewegen, ist verboten, ebenso das Behindern eines Kutschers an der Ausführung einer von ihm verlangten Fahrt, selbst wenn dieselbe überzählig gehalten haben sollte.

§. 40. Fordert ein Fahrgast einen Wagen, ohne einen bestimmten zu bezeichnen, so geht dies den vordersten, oder wenn sie neben einanderstehen, den an, welcher auf dem Flügel steht, von wo die Aufforderung kommt. Im Zweifel geht der rechte Flügel vor.

§. 41. Der Kutscher muß bei Zeit- und Tourfahrten das Fahrgeld für eine einfache Tour von den Fahrgästen sogleich beim Einsteigen, gegen Verabreichung der als Quittung dienenden Fahrmarke, fordern.

§. 42. Sollte die Tour ohne Schuld des Fahrgastes demnächst nicht vollendet werden, so hat der Kutscher das vorausbezahlte Fahrgeld gegen Rückgabe der Marke dem Fahrgast zurückzuerstatten.

§. 43. Bei Beendigung der Fahrt darf nur alsdann noch Fahrgeld gefordert werden, wenn jene eine einfache Tour überstiegen hat.

§. 44. Die fälligen Fahrmarken muß der Kutscher dem Fahrgast unaufgefordert überreichen, und wenn dieser die Annahme verweigert oder die Marken im Wagen zurückläßt, dieselben vernichten.

§. 45. Nach dem Einsteigen des Fahrgastes hat der Kutscher demselben jedesmal die Uhr vorzuzeigen, demnächst aber unverweilt ab und bis zum Bestimmungsorte, auf festem Wege im Trabe, zu fahren. Auf Verlangen des Fahrgastes muß der Kutscher das Verdeck der Droschke jederzeit aufschlagen oder herunterlassen. Die Fahrt muß dann aber als Zeitfahrt bezahlt werden.

§. 46. Die allgemeinen Vorschriften über das Fahren finden auch auf die Droschkenkutscher Anwendung. Das Aufnehmen und Absetzen von Fahrgästen auf den Brücken und in der Mitte des Straßendammes ist nicht gestattet.

§. 47. Kein Kutscher darf ohne Genehmigung der Fahrgäste jemand auf den Bock oder auf den Bediententritt, noch auch in den Wagen selbst nehmen oder auch nur zur Mitfahrt auffordern.

§. 48. Jeder Kutscher muß die tarifmäßige Zahlung fordern und nehmen. Trinkgelder dürfen nicht verlangt werden. Der Kutscher ist verpflichtet, dem Fahrgast das Reglement und den Tarif, so wie beim Aussteigen nach Beendigung einer Zeitfahrt die Uhr auf Verlangen vorzuzeigen.

§. 49. Nach dem Aussteigen der Fahrgäste muß der Kutscher sogleich nachsehen, ob Sachen im Wagen zurückgeblieben sind, und solche den Fahrgästen sogleich übergeben. Ist dies nicht mehr möglich, so muß er die gefundenen Gegenstände, sobald er kann, spätestens aber bis zum nächsten Morgen an den Aufsichtsbeamten abliefern, und dieselben bis dahin sorgfältig verwahren.

§. 50. Der Fuhrschein ist eine persönliche Legitimation des Kutschers, und dieser daher verpflichtet, beim jedesmaligen Austritt aus dem Dienste eines Droschkenbesitzers, denselben innerhalb 24 Stunden dem Aufsichtsbeamten zurückzureichen.

Interimsfahrscheine gelten nur für die Dauer der darauf vermerkten Zeit, und müssen nach Ablauf derselben am nächsten Morgen sofort zurückgegeben werden.

§. 51. Keine Fahrt darf gegen die Bestimmungen des Tarifs oder über die dort gesteckten Gränzen hinaus geleistet werden, noch sonst ein Kutscher mit dem Fuhrwerk diese Gränzen überschreiten.

§. 52. Die Droschken müssen bis 11 Uhr Abends in Fahrt bleiben, und bis zu dieser Zeit auf den Standplätzen anfahren. Nach 11 Uhr können sie außer Fahrt gebracht werden. Findet sich aber nach 11 Uhr Abends noch ein Droschkenfuhrwerk auf der Straße, so muß dasselbe jeden Fahrgast bis 12 Uhr, jedoch nur zu einer gewöhnlichen Tourfahrt aufnehmen. Vor 11 Uhr Abends darf ein Kutscher die Droschke nur dann außer Fahrt bringen und vor 12 Uhr Abends nur dann eine Fahrt verweigern, wenn das Fuhrwerk wesentlich beschädigt ist. Ebenso darf der Kutscher auf einem Standplatz oder Eisenbahnhofe Niemandem die geforderte Fahrt abschlagen, so lange der Wagen nicht schon von Personen oder Effecten eingenommen ist, indem eine andere Art der Bestellung nicht gültig ist. Jede ungerechtfertigte Verweigerung einer Fahrt wird mit 5—10 Thlr. Geld- oder verhältnißmäßiger Gefängnißstrafe geahndet.

Etwaige Bestellungen auf Frühfuhren muß der Kutscher rechtzeitig an seinen Herrn gelangen lassen.

§. 53. Jeder Droschkenkutscher ist als Führer eines concessionirten öffentlichen Fuhrwerks bei Vermeidung einer Geldstrafe von 5—10 Thlr. oder verhältnißmäßigem Gefängniß verpflichtet, sich überall eines anständigen Betragens gegen die Fahrgäste zu befleißigen, und sich aller Handlungen auf öffentlicher Straße zu enthalten, welche wie Schreien, Schimpfen, Schlagen, Mißhandeln der Pferde oder sonst Aufsehen und Anstoß zu erregen geeignet sind. Trunkenheit im Dienst wird mit 5—10 Thlr. Geld- oder verhältnißmäßiger Gefängnißstrafe und nach Umständen mit gänzlichem Ausschluß vom öffentlichen Fuhrwesen geahndet.

§. 54. Die Kutscher haben überall den Anweisungen der Polizeibeamten so wie der mit besonderer Legitimation versehenen Fuhrherrn, welche zur Handhabung der Ordnung beim Fuhrbetriebe, insbesondre auf den Halteplätzen von dem Polizeipräsidium bestätigt sind, unweigerlich Folge zu leisten, und die Letzteren überhaupt als Aufseher zu respektiren. Insbesondre sind die Kutscher verpflichtet, den Polizeibeamten so wie jenen Aufsehern auf Verlangen ihre Legitimationspapiere vorzuzeigen.

§§. 55—60. enthalten Bestimmungen über die Aufsichtsführung; von welchen nur interessirt §. 58.

§. 58. Die Abfertigung in Fuhrangelegenheiten bei dem Aufsichtsbeamten findet täglich bis 10 Uhr, Sonn- und Festtags bis 8 Uhr Morgens statt.

§. 61. Sofern die allgemeinen Gesetze nicht höhere Strafen androhen und die vorstehenden oder nachfolgenden Bestimmungen nicht abweichende Festsetzungen enthalten, verfallen für etwanige Zuwiderhandlungen gegen die Bestimmungen dieses Reglements und des geltenden Tarifs:

a) die Fuhrherren in 1 bis 10 Thlr. } Geld- oder verhältnißmäßige Gefängnißstrafe.
b) die Kutscher in 15 Sgr. bis 10 Thlr. }

Gegen zweimal bereits bestrafte Kutscher ist im Fall einer dritten Contravention, die sie sich gegen die Bestimmungen dieses Reglements im Laufe eines Jahres von der ersten Contravention angerechnet zu Schulden kommen lassen, auf Geldstrafe von mindestens 5 Thlr. oder verhältnißmäßige Gefängnißhaft zu erkennen. Ueberschreitungen der Taxe werden nach §. 186. der Allgemeinen Gewerbe-Ordnung vom 17. Januar 1845 bestraft.

§. 62. Fuhrherrn, welche einen ausgeschlossenen Kutscher beim Fuhrbetriebe behalten so wie diejenigen, welche ohne vorgängige Zulassung (§. 12.) einen Wagen in Fahrt bringen oder einen ausrangirten wieder einstellen, werden mit 5—10 Thlr. Geld- oder verhältnißmäßiger Gefängnißstrafe belegt.

§. 63. Kutscher, welche nach ihrer Ausschließung das Fahren fortsetzen, werden mit 5—10 Thlr. Geld- oder verhältnißmäßiger Gefängnißstrafe belegt.

§. 64. enthält reine administrative Bestimmungen.

§. 65. Der angehängte Tarif gilt in allen seinen Bestimmungen als integrirender Theil dieses Reglements.

§. 66. Abänderungen des Reglements und Tarifs, so wie die Aufstellung der Standplatz-Nachweisungen bleiben der alleinigen Verfügung des Polizei-Präsidiums unterstellt.

§. 67. Vorstehendes Reglement tritt am 1. October 1850 in Kraft.

Tarif für das Droschkenfuhrwerk in Berlin.

A. Gewöhnliche Droschkenfahrten.

I. Der Rayon für die gewöhnlichen Droschkenfahrten reicht:

1. auf dem linken Spreeufer bis zu den entferntesten Läufen des Landwehrkanals und darüber hinaus bis zum Zoologischen Garten, der Grenze zwischen Alt- und Neu-Schöneberg, dem Kreuzberg (Eingang zum Tivoli), dem Stationspfahle auf der Tempelhofer Chaussee, und bis zur Hasenhaide auf der Pionierstraße.

2. auf dem rechten Spreeufer bis zum Chausseehause hinter Moabit; vor dem Oranienburger Thore bis zur Nazareth Kirche auf der Müllerstraße; vor dem Rosenthaler Thore bis zum Gesundbrunnen; vor dem Schönhauser und Prenzlauer Thore bis zu den Chausseehäusern; vor dem neuen Königsthore bis zum Stationspfahle auf der Chaussee; vor dem Frankfurter Thore bis zu dem Gasthofe zum schwarzen Adler und südlich vom Frankfurter Thor bis zur Stadtmauer.

Die Rayonslinie wird hierbei von einem Grenzpunkte zum andern als in gerader Linie laufend gedacht.

II. Die Fahrten werden berechnet

1) als Tourfahrten:

a) innerhalb der Stadtmauer und

b) aus der innern Stadt nach den Eisenbahnhöfen und umgekehrt.

2) als Zeitfahrten

in allen andern Fällen oder wenn der Fahrgast dies in dem Falle ad 1. ausdrücklich verlangt.

III. Fahrpreise.

	Personen		
	1 u. 2	3	4
	Sgr.	Sgr.	Sgr.
1. Tourfahrten	5	7½	10
2. Zeitfahrten			
a) bis 20 Minuten	5	7½	10
b) " 35 "	7½	10	15
c) " 50 "	10	12½	17½
d) " 70 "	15	17½	20
Bei Annahme auf mehrere Stunden für jede folgende 60 Minuten . .	12½	15	17½

Bei den Fahrten von und nach den Eisenbahnhöfen wird für Passagiergepäck noch besonders vergütet:

bei 1 oder 2 Personen 2½ Sgr.
bei 3 " 5 "

Mehr als 3 Personen mit Gepäck dürfen nicht befördert werden.

Als Passagiergepäck ist nur dasjenige zu rechnen, welches der Güterexpedition übergeben wird oder übergeben war. Reisetaschen, Hutschachteln und andere Kleinigkeiten, welche der Passagier in den Eisenbahnwagen im Coupee behält, gehören nicht hierher.

3. Bei Frühfuhren vor der reglementsmäßigen Ausfahrtszeit, deren Annahme von dem Fuhrwerksbesitzer abhängig ist, wird bei vorgängiger Bestellung für jede Tourfahrt entrichtet:

bei 1 bis 2 Personen 10 Sgr.
" 3 " 15 "
" 4 " 20 "

Für Passagiergepäck wird bei derartigen Tourfahrten keine besondere Vergütigung geleistet.

Für Frühfuhren nach der Zeit gilt der gewöhnliche Tarifsatz.

Wird eine Frühfuhre ohne vorgängige Bestellung auf der Straße oder vom Halteplatze vom Kutscher angenommen, so darf er dafür nur den einfachen Tarifsatz erheben.

B. Fahrten über Land.

Ueber den engeren Rayon hinaus dürfen und müssen auf Verlangen sogenannte Fahrten über Land nach den folgenden Bestimmungen, und zu den beigesetzten Preisen, geleistet werden.

I. Von den einspännigen Droschken nur an den Wochentagen, mit Ausschluß der Sonn- und Festtage, soweit nach den nachbenannten Orten und in denselben die Wege gepflastert oder chaussirt sind.

	Personen 1—2 Sgr.	3 Sgr.	4 Sgr.
1. Vom Brandenburger- und Potsdamer-Thore nach Charlottenburg ..... 2. Vom Oranienburger-, Neuen- u. Hamburger-Thore nach Anglers-Ruh . . . 3. Vom Schönhauser-, Prenzlauer u. Rosenthaler-Thore nach Pankow und Niederschönhausen .... 4. Vom Königs-Thor nach Weißensee . . 5. Vom Frankfurter-Thore nach Lichtenberg 6. Vom Schlesischen-Thore nach Treptow 7. Vom Hallischen-Thore nach Tempelhof	10	12½	15
8. Vom Potsdamer- und Brandenburger-Thore nach Altschöneberg . . . . . 9. Vom Stralauer-Thore nach Stralau . 10. Vom Kottbußer-Thore nach dem Rollkruge	5	7½	10

Auf die Rückfahrt zu gleichen Sätzen wird eine halbe Stunde unentgeldlich gewartet; längeres Warten mit 10 Sgr. pro Stunde bezahlt. Die Benutzung der Droschke auf einen halben Tag, wobei der Vormittag von Morgens 7 Uhr bis Mittags 1 Uhr, resp. der Nachmittag von Mittags 1 Uhr bis Abends 11 Uhr zu rechnen ist, wird pro halben Tag mit 2 Thlr. vergütet; wobei bis 4 Personen, jedoch nicht darüber, aufgenommen werden können.

Werden die Fahrten nicht vor dem Thore oder sofern der Halteplatz nicht unmittelbar am Thore liegt, von dem zunächst dem Thore belegenen Halteplatze, sondern von weiter zurückliegenden Punkten aus begonnen, so ist für diese weitere Strecke das Fahrgeld nach dem Tarif sub A. III. besonders zu vergütigen.

II. Von den zweispännigen Droschken ohne Beschränkung an allen Tagen und zwar

1) nach den zu I. von 1 bis 10 genannten Orten zu den gleichen Preisen mit den einspännigen Droschken und nach den gleichen Bestimmungen, nur mit der Maßgabe, daß die Fahrten auch auf ungepflasterten und unchaussirten Wegen geleistet werden müssen;

2) nach den folgenden Orten, wobei das Fahrgeld ohne Rücksicht auf die Personenzahl berechnet wird:

a) nach Rummelsburg, Bockshagen, Rixdorf und Friedrichsfelde $^2/_3$ Thlr.; für Hin- und Rückfahrt bei einem Aufenthalt von einer halben Stunde 1 Thlr.; auf einen halben Tag, also bis 1 Uhr Mittags resp. 11 Uhr Abends 2 Thlr.;

b) nach Steglitz, Wilmersdorf, Reinickendorf, Schönholz, Hohen-Schönhausen, Französisch-Buchholz und Britz nach demselben Maaßstabe 1, $1^1/_3$ resp. 2 Thlr.;

c) nach Grunewald, Pichelsberg, Tegel, Daldorf, Neu-Krug, Wilhelmshof, Eierhäuschen, desgleichen 2, $2^1/_3$ resp. 3 Thlr.

Währt die Hin- und Rückfahrt längere Zeit, so bleibt der Preis der freien Einigung überlassen.

C. Allgemeine Bestimmungen.

1) Wer nach der Tour fahren will, darf das Fuhrwerk weder nach dem Einsteigeplatz holen, noch warten lassen, muß auch dem Kutscher die Wahl des Weges überlassen; darf auch unterwegs nicht stillhalten lassen. Andernfalls tritt der Tarif für Zeitfahrten ein.

2) Von Kindern unter 12 Jahren in Begleitung Erwachsener müssen 2 unentgeldlich mitgenommen werden; 3 Kinder bezahlen für eine Person, 4 und mehr Kinder für zwei Personen.

3) Mehr als 4 erwachsene Personen dürfen nicht in eine Droschke aufgenommen werden.

4) Das für die jedesmalige Fahrt zu entrichtende Chausseegeld trägt der Fahrgast. Dasselbe gilt vom Brückengelde, wenn der Fahrgast ausdrücklich den eingeschlagenen Weg bestimmt hat.

Verord. v. 25. Juni 1850. Amtsbl. v. 1850. Erste Beilage zum 32. Stück und Berichtigung vom 10. Aug. 1850. Amtsbl. Beilage zum 34. Stück.

II. Reglement für das nächtliche Straßen-Fuhrwerk.

§§. 1—5. entsprechen den §§. 6—7. des Droschkenreglements mit folgender Abweichung: Die Länge des Sitzes soll angemessen sein; Kothflügel sind nicht erforderlich; die Tritte können zum Aufschlagen eingerichtet sein, dürfen aber beim Fahren nicht aufgeschlagen werden.

§. 6. Ist der Wagen, der in die Fahrt gebracht wird, nicht ganz neu, so muß er doch durchgängig fest, neu lackirt, auch stets mit gutem, nicht geflicktem Lederzeuge, im Innern mit reinem Ausschlag und guter Polsterung versehen sein.

§. 7. entspricht dem §. 11. des Droschkenreglements.

§. 8. Die Kutscher müssen mit der ihnen vorgeschriebenen Livree versehen sein.

§. 9. Die Wagen müssen mit erleuchteten Laternen versehen sein, und diese, nach specieller Anweisung des Aufsichtsbeamten, besondere, auf die äußere Glasscheibe mit gelber Farbe deutlich aufgemalte und stets leserlich zu erhaltende, Nummern bekommen.

So lange ein Fuhrwerk in der Fahrt ist, müssen beide Laternen gehörig erleuchtet, und darf die Nummer auf diesen nicht verdeckt sein.

Einer besondern Bezeichnung des Wagens bedarf es nicht (Verordn. v. 24. Dec. 1846. Amtsbl. v. 1847 S. 7).

§. 10. durch die eben gedachte Verordnung weggefallen.

§. 11. Bevor das Fuhrwerk aufgefahren wird, muß dasselbe dem Aufsichtsbeamten vorgestellt werden, dessen etwanige Ausstellungen sofort zu erledigen sind.

§. 12. entspricht dem §. 15. des Droschkenreglements.

§. 13. dem §. 14. desselben.

§. 14. dem §. 21. desselben.

§. 15. Von denjenigen Sachen, welche den Fuhrherrn durch ihre Kutscher, als in der Droschke gefunden, abgeliefert werden, sind sie verpflichtet, dem Aufsichtsbeamten binnen 24 Stunden Anzeige zu machen; wenn der Eigenthümer aber innerhalb 14 Tagen nicht ermittelt worden ist, an das Königl. Stadtgericht zu übergeben.

§. 16. entspricht dem §. 27. des Droschkenreglements, nur daß von einer Standplatzliste nicht die Rede ist.

§. 17. Das Fuhrwerk darf bei allen öffentlichen Lokalen nach 11 Uhr Abends aufgestellt werden, in welchen Bälle, Maskeraden und andere öffentliche Lustbarkeiten stattfinden.

§. 18. Die Zahl der aufzustellenden Wagen bestimmt der anwesende Polizeibeamte.

§. 19. entspricht dem §. 31. des Droschkenreglements.

§. 20. dem §. 32. desselben.

§§. 21 u. 22. dem §. 33. desselben.

§. 23. den §§. 35 u. 39. desselben.

§. 24. dem §. 40. desselben.

§. 25. den §§. 41 u. 45. desselben.

§. 26. dem §. 48. desselben.

§. 27. dem §. 47. desselben.

§. 28. dem §. 49. desselben, mit der Abänderung, daß die Ablieferung der nicht untergebrachten Sachen an den Fuhrherrn geschieht.

§. 29. entspricht dem §. 50. des Droschkenreglements.

§. 30. Die Nichtbeachtung vorstehender Vorschriften §§. 1—15. zieht für den Fuhrherrn 1—10 Thlr. Geld- oder verhältnißmäßige Gefängnißstrafe nach sich.

§. 31. spricht von der administrativen Ausschließung vom Betriebe des Fuhrwesens.

§. 32. Uebertretungen der Vorschriften §§. 16—29. werden an den Kutschern mit einer Strafe von 15 Sgr. bis 10 Thlr. oder mit verhältnißmäßiger Gefängnißstrafe geahndet.

§. 33. verweist bei Verletzungen des Anstandes gegen die Fahrgäste und bei verübtem Unfug auf die §§. 182, 183, 1490 II. 20. A. L. R.

§. 34. spricht von dem Ausschluß eines Wagenführers von dem Fuhrwerksbetriebe im administrativen Wege.

§. 35. entspricht den §§. 62. 63. des Droschkenreglements; insoweit die Fuhrherrn einen ausgeschlossenen Kutscher beim Fuhrbetriebe behalten und in Bezug auf die Kutscher.

§. 36. Fuhrherren, welche einen angeschuldigten Kutscher nicht nachweisen können oder wollen, haben die aus der Contravention folgende Strafe zu erleiden.

Tarif.

Für eine Fuhre ohne Unterschied der Personenzahl wird:

a) für die ersten 20 Minuten			15 Sgr.
b) bis einschließlich 35 Minuten . . .			22½ =
c) = = 50 = . . .	1 Thlr.	—	=
d) = = 70 = . . .	1	= 15	=
e) bei Annahme auf mehrere Stunden für eine jede folgende	1	= 15	=

gezahlt.

Zur Entrichtung etwaigen Brückengeldes ist der Fahrgast verpflichtet, wenn er die Fahrt über eine solche Brücke ausdrücklich verlangt hat.

Gegen Entrichtung des obigen Fuhrgeldes sind die nächtlichen Straßenfuhrwerke verpflichtet, innerhalb des einspännigen Droschkenrayons überall hinzufahren. Das Fuhrgeld für eine Fahrt über diese Grenze hinaus bleibt der freien Einigung überlassen.

V. v. 31. Dez. 1840. Amtsbl. von 1841. S. 39 ff.

Wer vor erhaltener polizeilicher Erlaubniß bei den in obiger Verordnung genannten Lokalen unbestelltes Fuhrwerk zur Abholung der Gäste auffährt oder halten läßt, verfällt in eine Geldstrafe von 5 Thlr. oder verhältnißmäßiges Gefängniß.

V. v. 5. Febr. 1841. Amtsbl. S. 42.

III. Reglement für das öffentliche Thorfuhrwerk.

§. 1. Niemand darf ein öffentliches Fuhrwerk zur Beförderung zwischen Berlin und den umliegenden Vergnügungsörtern aufstellen und in Fahrt setzen, bevor ihm nicht eine Concession hierzu ertheilt worden ist.

§§. 2—4. entsprechen den §§. 6—7. des Droschkenreglements; doch ist über die Länge der Sitze des Wagens nichts angegeben, und werden ein- und zweispännige Chaisen mit Vorderdecken, so wie auch auf Druckfedern stehende, sogenannte Kremserwagen mit Sprögelverdecken zugelassen. Sie müssen die in §. 7. des Droschkenreglements angegebene Höhe von den Sitzbänken bis zu den Sprögeln haben.

§. 5. Die sogenannten Sprögelverdecke auf den Kremserwagen müssen entweder von Leder oder von gutem, mit Oelfarbe überstrichenem, leinenem Drillich, und stets wasserdicht sein.

§. 6. Sogenannte Sattelsitze auf den Wagen sind verboten.

§. 7. entspricht dem §. 6. des Reglements für das nächtliche Straßenfuhrwerk.

§. 8. entspricht dem §. 10. des Droschkenreglements, doch ist auf der linken Seite des Wagenkastens die Personenzahl anzubringen, mit welcher der Wagen beladen werden darf.

§. 9. entspricht dem §. 9. des Droschkenreglements.

§. 10. dem §. 11. desselben; die Bespannung muß ihrem Zwecke entsprechen.

§. 11. entspricht dem §. 12. des Droschkenreglements.

§. 12. dem §. 14. desselben.

§. 13. dem §. 15. desselben.

§. 14. Die Fuhrherrn sind dafür verantwortlich, daß die Wagen vollkommen gereinigt, und die Kutscher mit dem §. 17. vorgeschriebenen Anzuge und den §. 18. genannten Papieren versehen sind.

§. 15. Wer ein Thorfuhrwerk eingehen lassen will, muß binnen 4 Wochen davon schriftliche Anzeige machen.

§. 16. entspricht dem §. 15. des Reglements für das nächtliche Straßenfuhrwerk.

§. 17. Die Wagenführer müssen in reinlicher und nicht zerrissener Kleidung, mit Röcken, Hüten und Stiefeln erscheinen.

§. 18. Jeder Kutscher muß den ihn legitimirenden Fuhrschein und das Reglement stets bei sich führen, und auf Erfordern vorzeigen.

§. 19. Nach den Standplätzen müssen die Wagenführer von den Wohnungen der Fuhrherrn ohne Aufenthalt im Trabe hinfahren und sich dort aufstellen, wie §. 31. des Droschkenreglements besagt.

§. 20. entspricht dem §. 32. desselben.

§. 21. entspricht dem §. 33.; doch müssen die Wagen wenigstens 4 Fuß von einander entfernt bleiben.

§. 22. entspricht dem §. 35. des Droschkenreglements. Jeder Kutscher muß beim Wagen bleiben und in der Regel auf dem Bock sitzen.

§. 23. Die Pferde dürfen nur aus übergehangenen Beuteln gefüttert werden. Das Ausspannen derselben auf den Standplätzen ist nicht gestattet. Die beiden vordersten Wagen müssen stets zur Fahrt bereit, und deshalb die Pferde bei ihnen jederzeit aufgezäumt sein.

§. 24. entspricht dem §. 39. des Droschkenreglements.

§. 25. Die Kutscher sind verpflichtet, bei zweispännigen Wagen mit 6 Personen, bei einspännigen mit 4, und zwar an Wochentagen sofort bei der Aufnahme der 6ten, resp. 4ten Person, an Sonn- und Feiertagen nach einem Warten von höchstens 10 Minuten ab- und bis zum Bestimmungsorte ohne Aufenthalt, und zwar auf festem Wege im Trabe zu fahren.

Wollen weniger als 6, resp. 4 Personen unverweilt abfahren, so sind die Kutscher gehalten, gegen Zahlung des taxmäßigen Preises für 6 Personen bei zweispännigem Fuhrwerke, für 4 bei einspännigem jederzeit sofort abzufahren.

§. 26. Die allgemeinen Vorschriften für das Fahren finden auch auf die Thorwagenführer Anwendung, und haben sich dieselben überall den speciellen Anordnungen der Aufsichtsbeamten zu unterwerfen.

§. 27. Bei einem Wagen darf sich weder auf einem Standplatz, noch während der Fahrt, außer dem Führer eine andere Person zur Dienstleistung befinden.

§. 28. entspricht dem §. 48. des Droschkenreglements in seinen ersten beiden Sätzen.

§. 29. Nach dem Aussteigen der Fahrgäste müssen die Kutscher unverweilt und ohne Aufenthalt nach einem Standplatz oder in die Wohnung des Fuhrherrn im Trabe sich begeben. Das Fahren im Schritt ist auf festem Wege überall untersagt.

§. 30. Die Aufstellung von Personenwagen und die Aufnahme von Personen außerhalb der Standplätze ist nur nach vorhergegangener Bestellung gestattet. Als solches gilt nur diejenige Verabredung, bei welcher der ganze Wagen zu einer nach Zeit und Ort bestimmten Fahrt gemiethet worden ist. Daß der Wagenführer zur Annahme von dergleichen Bestellungen auf dem Wege nach dem Standplatz angeredet worden, soll das Stillhalten während der Fahrt nicht entschuldigen.

§. 31. Die Wagen dürfen nur mit der im §. 8. festgestellten Personenzahl beladen werden.

Der Kutscher ist verpflichtet, seinen Platz während der Fahrt auf der Vorderbank zur rechten Hand zu nehmen; derselbe darf auch die Führung der Pferde keinem Dritten übergeben.

§. 32. Das Tabakrauchen ist den Kutschern sowohl auf den Standplätzen, als auch während der Fahrt mit besetztem Wagen verboten.

§. 33. Die Vorschriften der §§. 17, 18, 31, 32. gelten auch bei vorherbestellten Fuhren.

§. 34. entspricht dem §. 46. des Droschkenreglements, mit dem Unterschied, daß die nicht unterzubringenden Sachen an den Fuhrherrn abzugeben sind.

§. 35. entspricht dem §. 50. des Droschkenreglements.

§. 36. Die Personenwagen dürfen in den Monaten:

a) Juni, Juli, August nicht vor 3 Uhr Morgens,
b) Mai, September nicht vor 4 Uhr Morgens,
c) März, April, October nicht vor 5 Uhr Morgens,
d) November, Dezember, Januar, Februar nicht vor 7 Uhr Morgens auf den Standplätzen aufgefahren werden.

Die Standplätze müssen in den Sommermonaten um 12, in den Wintermonaten um 10 Uhr Abends verlassen werden.

§. 37. entspricht dem §. 54. des Droschkenreglements.

§. 38. Die Nichtbeachtung vorstehender Vorschriften §§. 1 — 16. einschließlich zieht für den Fuhrherrn 1 — 10 Thlr. Geld- oder verhältnißmäßige Gefängnißstrafe nach sich.

§. 39. spricht von der Ausschließung des Fuhrherrn vom Fuhrbetriebe.

§. 40. Uebertretungen der Vorschriften §§. 17. bis einschließlich 37. werden an den Kutschern mit 15 Sgr. bis 10 Thlr. Geld- oder verhältnißmäßiger Gefängnißstrafe geahndet.

§. 41. entspricht dem §. 33. des Reglements für das nächtliche Straßenfuhrwerk.

§. 42. bestimmt die Ausschließung eines Wagenführers vom Personenfuhrbetriebe.

§§. 43 u. 44. entsprechen den §§. 62, 63. des Droschkenreglements; in Bezug auf die Fuhrherren und soweit, als sie einen ausgeschlossenen Kutscher beim Betrieb behalten.

Tarif für die Thorfuhrwerke.

Bei den Fahrten nach und von Treptow, Stralau, Pankow, Niederschönhausen, Weißensee, Lichtenberg, Moabit, Tempelhof, Gesundbrunnen, ist der Preis für die Person auf 3 Sgr., bei den Touren von und nach Charlottenburg und Schöneberg auf 2½ Sgr. festgesetzt.

Nach andern Orten von den Standplätzen aus zu fahren, haben die Fuhrleute keine Verpflichtung.

Die Standplätze befinden sich:

1) Für die Fahrten nach Schöneberg am Leipziger Platz, vom 1. Januar bis letzten Juni Seite des Wachtgebäudes, vom 1. Juli bis letzten Dezember Seite des Steuergebäudes, hinter den Einfahrten zu der Communication, Spitze nach dem Thore; in Schöneberg im Wilmersdorfer Wege längs der Mauer des botanischen Gartens, Spitze nach der Chaussee.

2) Nach Treptow in der Köpnickerstraße auf dem Marktplatze, Spitze nach der neuen Jakobsstraße und vor dem Schlesischen

Thore, Seite nach dem Kottbusser Thor; in Treptow auf dem Platz vor dem Magistratsetablissement.

3) Nach Stralau in der Alexanderstraße längs der Schicklerschen Zuckersiederei, Spitze nach der Holzmarktstraße und vor dem Stralauer Thore, Seite nach dem Frankfurter Thor; in Stralau an der unbebauten Seite der Dorfstraße.

4) Nach Pankow, Nieder-Schönhausen, Weißensee und Lichtenberg auf dem Alexanderplatz längs der Alexanderstraße vor den Häusern 68, 69 u. s. w., Spitze vor Nummer 69, und für die ersteren beiden Orte vor dem Schönhauser-Thore Seite nach dem Prenzlauer Thore an der Stadtmauer, nach dem letzten Orte vor dem Frankfurter Thor, Seite nach dem Landsberger Thor; in diesen Orten auf den Dorfplätzen. Von Pankow und Nieder-Schönhausen ist jedoch nur bis an das Schönhauser Thor zu fahren.

5) Nach Charlottenburg bis zum Halteplatz am Berliner Eingang und nach Moabit am Brandenburger Thor auf beiden Seiten des Thores; in Charlottenburg am Berliner Eingang, rechter Hand, Spitze an der Tafel; ferner in der Spreestraße vor den Häusern Nr. 27 u. 28, Spitze nach dem Wilhelms-Platz und am Louisen-Platz an der östlichen Seite desselben, längs der Mauer des von Eckardsteinschen Gartens; in Moabit an der Thurm- und Stromstraßen-Ecke nach der Brückenstraße hinunter.

6) Nach Tempelhof am Hallischen Thore im Mühlenwege; im Ort auf dem Dorfplatz.

7) Nach dem Gesundbrunnen am Rosenthaler Thore, Seite nach dem Schönhauser Thor und dort in der verlängerten Pankstraße, rechts von der Badstraße an der Seite des Grashofschen Grundstücks.

V. v. 31. Juli 1843. Amtsbl. S. 231 ff.

Die Tour von Berlin nach Charlottenburg und umgekehrt ist auf der Moabiter Chaussee gestattet und zwar von den Halteplätzen in Berlin vor dem Oranienburger Thore links und auf dem Platze am neuen Thore rechts nach Moabit bis zur Stromstraße und nach Charlottenburg bis zum Louisenplatze, für den Preis von 2 Sgr. 6 Pf. die Person von Berlin und Charlottenburg nach Moabit, und 4 Sgr. von Berlin nach Charlottenburg und umgekehrt.

V. v. 25. April 1849. Amtsbl. S. 150.

In Folge höherer Bestimmung ist den öffentlichen Thorfuhrwerken und Kremserwagen gestattet, bei ihren Fahrten auf der Charlottenburger Chaussee zwischen dem Brandenburger Thore und den Halteplätzen in Charlottenburg unterwegs Personen, welche die Mitfahrt begehren, gegen das tarifmäßige Fahrgeld aufzunehmen, sofern das Fuhrwerk noch nicht mit der vorgeschriebenen Personenzahl besetzt ist. Das Anrufen und die Aufforderung der Vorübergehenden zur Mitfahrt bleibt nach wie vor verboten; auch darf der Kutscher bei Vermeidung der in dem Reglement vom 31. Juli 1843 festgesetzten Strafen auf dem Wege nirgend länger anhalten, als das Aufsteigen eines Fahrgastes erfordert.

V. v. 31. Juli 1847. Amtsbl. S. 273.

IV. Reglement für den Fuhrbetrieb der Omnibus.

Die hierher gehörenden Strafverordnungen sind folgende:

§. 1. Wer innerhalb der Residenz oder innerhalb des weitern Polizeibezirks derselben ein Omnibusfuhrwerk, sei es für alle oder nur für gewisse Jahreszeiten, und tagtäglich oder nur für gewisse

Tage in der Woche, einrichten will, bedarf hierzu einer auf seine Person lautenden Concession.

§. 5. Von dieser darf kein Anderer Gebrauch machen, wenn nicht die Abtretung von der Behörde genehmigt ist.

§. 15. Jede Veränderung des in der Concession aufgenommenen Fahrplans bedarf besonderer polizeilicher Erlaubniß.

§. 16. Gleiche Erlaubniß ist nöthig, wenn der Unternehmer das Etablissement verändern will, wo sein Fuhrwerk untergebracht ist.

§. 17. Will der Unternehmer eine Linie gänzlich aufgeben, so muß er solches 6 Monate zuvor dem Polizeipräsidio schriftlich anzeigen.

§. 21. Alle Omnibuswagen müssen dauerhaft, bequem und dem Zweck entsprechend eingerichtet sein.

§. 22. Kein Wagen darf in Gebrauch genommen werden, bevor er nicht von dem Aufsichtsbeamten besonders geprüft und der Concession entsprechend befunden, auch zum Beweis hiervon mit einem Brennzeichen versehen worden ist.

§. 23. Jeder Wagen muß mit der ihm zugetheilten Nummer zu beiden Seiten und hinten an einer stets sichtbaren Stelle versehen sein. Diese Nummer muß im Innern in der Mitte der Vorderwand wiederholt sein.

§. 24. Das Aufmalen der Nummern geschieht durch einen vom Polizeipräsidio bestimmten Maler auf weißem Felde mit schwarzen Ziffern. Diese Nummern müssen stets deutlich erhalten und dürfen während der Fahrt nicht verdeckt werden. Noch weniger ist ihre eigenmächtige Veränderung gestattet.

§. 25. An jeder Seite des Wagens muß auf einer Tafel mit stets deutlich erhaltener Schrift die Fahrlinie des Wagens, so wie der Fahrpreis und die Personenzahl verzeichnet sein.

§. 26. Jeder Wagen muß zu beiden Seiten mit einer Laterne versehen sein, die so angebracht ist, daß sie zugleich das Innere des Wagens erleuchtet. Eine dritte Laterne muß bei der Einsteigethür angebracht sein. Bei jeder Laterne muß auf der äußern Scheibe die Wagennummer angemalt sein.

§. 27. Jeder Wagen muß eine Fahne führen, die hinten aufgesteckt wird, sobald er vollständig besetzt ist; außerdem muß eine Vorrichtung angebracht sein, durch welche die Fahrgäste dem Conducteur, und eine zweite, vermittelst welcher dieser dem Kutscher das Zeichen zum Halten geben kann.

§. 28. entspricht dem §. 11. des Droschkenreglements.

§. 29. Die Wagen müssen jedesmal vor der Ausfahrt außen wie im Innern sorgfältig gereinigt sein und stets in gutem Stande erhalten werden.

§. 30. Jeder Wagen muß außer dem Kutscher einen Condukteur erhalten, und beide müssen in Livree von übereinstimmender Farbe gekleidet sein.

§. 31. Es darf kein Kutscher oder Condukteur in Dienst genommen oder darin behalten werden, welcher nicht einen, von dem Aufsichtsbeamten, nach erfolgter Prüfung seiner Qualification, ihm ausgestellten Erlaubnißschein besitzt, worin zugleich sein Nationale und Signalement, nebst der Livree, die er tragen soll, verzeichnet ist.

§. 32. Gebrechliche und schwache Personen, solche, die das 20ste Jahr noch nicht erreicht haben, und Individuen von nicht tadelfreier Führung, werden als Condukteur und Kutscher nicht zugelassen. Außerdem müssen sie der Oertlichkeit, und die Kutscher des Fahrens kundig sein.

§. 33. Jeder Condukteur und Kutscher muß mit einem gedruckten Exemplar des gegenwärtigen Reglements, so wie des Fahrplans, für welchen die Concession ertheilt ist, versehen sein. Außerdem müssen sie, wenn auf der Linie mehrere Wagen in der Fahrt sind, einen Stundenzettel bei sich führen, welcher die jedesmalige Abfahrtszeit des Wagens angiebt.

§. 34. Ueber sämmtliche Wagen, Condukteure und Kutscher müssen genaue Register geführt werden, woraus ersichtlich, welcher Wagen jederzeit in der Fahrt gewesen, und von welchem Condukteur und Kutscher er geführt worden ist. Auch müssen hierin die Vornamen, das Alter, der Geburtsort und die jedesmalige Wohnung eines jeden Condukteurs und Kutschers angegeben sein.

§. 35. Von den in den Wagen zurückgelassenen Sachen muß dem Aufsichtsbeamten binnen 24 Stunden Anzeige gemacht; wenn der Eigenthümer aber innerhalb 14 Tagen nicht ermittelt worden ist, müssen dieselben an das Königl. Stadtgericht abgegeben werden. Außerdem müssen alle solche Sachen in ein besonderes Register unter fortlaufender Nummer und mit Angabe des Tages, wo jedes einzelne Stück gefunden worden, eingetragen werden.

§. 36. Von jedem außerordentlichen Vorfalle, insbesondere, wenn eine Unterbrechung der regelmäßigen Fahrt stattgefunden hat, muß dem Aufsichtsbeamten sofort schriftliche Anzeige gemacht werden.

§. 37. Der Unternehmer muß für die Reinhaltung der Halteplätze auf den Endpunkten der Linie, so wie auf den Mittelstationen sorgen, und dieselben wöchentlich zwei Mal reinigen lassen.

§. 38. Der Unternehmer ist für die Befolgung der vorstehend gegebenen Vorschriften bei einer Strafe von 1 — 100 Thlr. verantwortlich.

§. 39. Condukteure und Kutscher müssen stets ihre Erlaubnißscheine (§. 31.), so wie das Reglement und den Stundenzettel bei sich führen, und diese Papiere, die sie reinlich zu erhalten haben, auf Erfordern sowohl den Fahrgästen, als den Polizeibeamten vorzeigen.

§. 40. Dieselben müssen mit der ihnen zugetheilten Livree bekleidet, und diese muß reinlich und ordentlich erhalten sein.

§. 41. Sie müssen sich stets nüchtern halten, und eines anständigen und bescheidenen Betragens gegen die Fahrgäste befleißigen. Sie dürfen sich niemals von dem Wagen entfernen, auch Niemanden zur Mitfahrt auffordern.

§. 42. Wenn ein Condukteur oder Kutscher aus dem Dienste tritt, so muß er binnen 24 Stunden seinen Erlaubnißschein an den Aufsichtsbeamten zurückreichen, oder demselben die Hinderungsgründe anzeigen.

§. 43. Der Condukteur, welcher während der Fahrt auf der hinten angebrachten Wagentreppe seinen Sitz hat, muß die in dem Fahrplan, resp. Stundenzettel angegebenen Fahrzeiten pünktlich innehalten.

§. 44. Er darf nur die vorgeschriebene Personenzahl in den Wagen aufnehmen. Wenn dieser solchergestalt besetzt ist, muß er die Fahne aufstecken, sobald aber ein Platz leer geworden ist, dieselbe wieder einnehmen.

§. 45. Das tarifmäßige Fahrgeld muß er sogleich beim Einsteigen von jeder Person erheben. Bei getheilten Linien muß er demnächst auf der Mittelstation von den weiter fahrenden Personen das Fahrgeld aufs neue einnehmen.

§. 46. So lange Platz im Wagen ist, muß der Condukteur Jedermann, der die Mitfahrt begehrt, aufnehmen, ausgenommen offenbar Betrunkene und Personen, die durch ihre Kleidung augenscheinlich die Mitfahrenden benachtheiligen oder belästigen würden.

Desgleichen dürfen Hunde nicht mitgenommen werden, so wie im Wagen Gepäck von schmutziger Beschaffenheit, oder das durch seinen Geruch oder Umfang den Fahrgästen lästig werden würde. Schweres und unbequem zu transportirendes Gepäck, namentlich in so fern solches von anderen Personen als Reisenden mitgeführt wird, darf der Condukteur überhaupt nicht aufnehmen.

§. 47. Das Tabackrauchen und laute Singen darf der Condukteur im Wagen nicht gestatten. Ueberhaupt hat derselbe auf Ordnung zu halten, und er ist so befugt als verpflichtet, Fahrgäste, die sich seiner abmahnenden Aufforderung ungeachtet, den Mitfahrenden durch ihr Betragen lästig machen, aus dem Wagen zu entfernen.

§. 48. Um Mißverständnisse zu verhüten, muß der Condukteur jeden Einsteigenden fragen, auf welchem Punkte er abgesetzt zu werden verlangt.

§. 49. Der Condukteur muß den Wagen auf das Zeichen eines Fahrgastes prompt halten lassen. Er darf dem Kutscher das Zeichen zum Weiterfahren nicht früher geben, als bis der Aussteigende die Erde erreicht oder der Einsteigende Platz genommen hat. Er muß den Fahrgästen, namentlich alten Leuten, so wie Frauen und Kindern, beim Ein- und Aussteigen behülflich sein.

§. 50. Er muß bei eintretender Dämmerung die Wagenlaternen anzünden, und für die Reinlichkeit des Wagens während seiner Fahrt sorgen.

§. 51. Außerordentliche Vorfälle, namentlich, wenn die regelmäßige Fahrt unterbrochen worden ist, muß der Condukteur bei seiner nächsten Rückkehr dem Unternehmer anzeigen.

§. 52. Er muß jedesmal nach beendigter Tour sogleich im Wagen nachsehen, ob die Fahrgäste Sachen zurückgelassen haben, und dieselben ihnen entweder zustellen, oder, wenn der Besitzer sich bereits entfernt hat, sie bei seiner nächsten Rückkehr nach Hause abliefern.

§. 53. Der Kutscher, der dem Condukteur untergeben ist, muß dessen Zeichen, zu fahren oder zu halten genau beachten.

§. 54. entspricht dem §. 46. des Droschkenreglements.

§. 55. Der Kutscher muß, so lange der Wagen noch nicht vollständig besetzt ist, auf den Anruf Fahrlustiger anhalten.

§. 56. Er muß die vorgeschriebene Tour genau inne halten.

§. 57. Bei freier Passage und ausgenommen über Brücken und bei Kirchen während des Gottesdienstes, so wie beim Umbiegen um die Straßenecken, muß er stets im Trabe fahren. Galopp zu fahren ist überall verboten.

§. 58. Das Futtern der Pferde auf der Straße darf nur aus übergehängten Beuteln geschehen.

§. 59. Zuwiderhandeln gegen die Bestimmungen von §. 39 bis 58. hat gegen den Condukteur und Kutscher eine Geldbuße von 1—10 Thlr. oder verhältnißmäßiger Gefängnißstrafe zur Folge.

§. 61. Ein ausgeschlossener Condukteur oder Kutscher darf die Führung eines Omnibuswagens bei 8—14tägiger Gefängnißstrafe nicht wieder übernehmen.

V. v. 1. Juni 1844. Amtsbl. S. 183 ff.

Um die Wiedererlangung aller in den Droschken, Nachtdroschken und öffentlichen Thorwagen von den Fahrgästen zurückgelassenen Gegenstände für die Verlierer zu erleichtern, sollen sämmtliche Kutscher dieser Fuhrwerke alle, von den Fahrgästen in ihrem Fuhrwerke zurückgelassenen Gegenstände nicht mehr an die Fuhrherrn, sondern an den Aufsichtsbeamten, sobald sie dies können, spätestens aber bis zum Morgen des nächsten Tages, abliefern und dieselben bis dahin sorgfältig verwahren.

B. v. 1. Febr. 1846. Amtsbl. S. 61, welche hiernach die betreffenden Bestimmungen der Fuhrreglements abändert.

V. Im Allgemeinen ist in Bezug auf das Fahren und Reiten bestimmt:

§. 1. Bei der Ausfahrt aus den Häusern, beim Passiren der Brüken, Stadtthore und engen Straßen, beim Einbiegen in andere Straßen, und überhaupt, wo die Passage durch Menschen oder sonst beengt ist, darf nur im Schritt gefahren oder geritten werden.

Dasselbe gilt beim Passiren der Kirchen zur Zeit des Gottesdienstes, in so fern dieselben nicht gänzlich abgesperrt sind.

§. 2. Mit hoch und breit beladenen Lastfuhrwerken, so wie mit solchen Fuhrwerken, die starkes Geräusch verursachen, darf überall nur im Schritt gefahren werden, desgleichen auch, wenn zwei Wagen an einander gehängt sind.

§. 3. Marschirenden Militairabtheilungen müssen Fuhrwerke und Reiter ausweichen, und wenn zum Vorbeipassiren kein Raum ist, so müssen sie so lange halten, bis erstere vorüber sind.

§. 4. Reiter und Wagenführer müssen die ihnen in den Weg kommenden Fußgänger durch lauten Zuruf warnen.

§. 5. Ledige Pferde müssen stets geführt und kurz am Zügel gehalten werden. Vor bösartigen Pferden sind die Vorübergehenden laut zu warnen.

§. 6. Kein bespanntes Fuhrwerk darf ohne Aufsicht und sorgfältige Befestigung auf den Straßen sich selbst überlassen bleiben. Kann der Inhaber keinen zuverlässigen Aufseher zurücklassen, so darf er sich nur entfernen, nachdem die Pferde fest angebunden und abgesträngt worden sind.

§. 7. Solche Pferde, von denen bekannt ist, daß sie zum Durchgehen geneigt sind, dürfen unter keinen Umständen sich selbst überlassen bleiben.

§. 8. Bürgersteige und sonstige Fußwege dürfen zum Fahren, Reiten, Pferdehalten, Karrenschieben, Ziehen von Handwagen, so wie überhaupt zur Fortbringung von Lasten nicht benutzt werden.

§. 9. Auf ungepflasterten oder nur mit Kies beschütteten öffentlichen Plätzen in der Stadt darf weder gefahren noch geritten werden.

§. 10. Keinerlei bespanntes wie auch Handfuhrwerk darf so auffahren oder halten, daß dadurch die öffentliche Passage gehemmt wird.

§. 11. Unbespannte Fuhrwerke dürfen überhaupt nicht auf der Straße stehen bleiben.

§. 12. Alle Fuhrwerke sind schuldig, sich beim Begegnen rechts vorbeizufahren. Unbeladene Wagen müssen den beladenen, Personenwagen den Lastwagen ausweichen. Bei enger Passage muß der unbeladene Wagen in schicklicher Entfernung so lange halten, bis der beladene vorüber ist. Trifft dieser Fall zwei leere oder zwei beladene Wagen, so muß derjenige, welcher den andern zuerst gewahr wird, stillehalten.

Vor engen Passagen muß jedes Fuhrwerk so large halten, bis der Führer sich überzeugt hat, daß der Weg frei sei.

§. 13. Jedes langsamer fahrende Fuhrwerk muß das nachkommende schnellere, wenn dieses nicht anders vorbeikommen kann, auf ein gegebenes Zeichen links vorüber lassen. Niemand aber darf das Vorbeifahren eines ihm nachfolgenden Wagens durch Einlenken in dessen Fahrbahn verhindern.

§. 14. Zum Transport von Dünger, Schutt u. dergl. müssen die Fuhrwerke so eingerichtet sein, daß nicht durch Verstreuen oder Lecken die Straßen verunreinigt werden.

§. 15. Fuhrwerke, die Dünger oder andere übelriechende Substanzen geladen haben, dürfen innerhalb der Stadt auf öffentlichen Straßen und Plätzen nirgend anhalten, müssen vielmehr ihren Weg ohne Unterbrechung fortsetzen.

§. 16. Ebenso dürfen beladene Frachtwagen, bei freier Passage in den Straßen, nirgend anhalten, sondern müssen unausgesetzt in der Fahrt bleiben.

§. 17. Kein Fuhrwerk darf überladen sein, so daß das Gespann zur ordentlichen Fortschaffung unvermögend wird; außerdem darf keine Ladung breiter als 10 Fuß sein.

§. 18. Langholz darf nicht geschleppt werden, sondern muß auch hinten auf Rädern ruhen. Schlittenfuhrwerke müssen stets mit Deichseln und Schellen versehen sein.

§. 19. Das unnöthige und anhaltende Knallen mit der Peitsche, das heimliche Aufhocken auf fahrende Wagen oder Schlitten, und das Anhängen kleiner Fuhrwerke an diese ist verboten.

§. 20. Diese Vorschriften gelten für die Stadt mit Einschluß des engeren Polizeibezirks; auf öffentlichen Chausseen jedoch kommen die Zusatzbestimmungen zu dem Chausseegeldtarif vom 29. Febr. 1840 zur Anwendung.

§. 21. Die zur Erhaltung der Ordnung und sonst wegen des Fahrens und Reitens für einzelne festliche oder andere öffentliche Gelegenheiten, so wie für gewisse Orte und Gegenden, z. B. für die Schauspielhäuser, für den Belle-Alliance-Platz, den Lustgarten u. s. w., gegebenen besonderen polizeilichen Vorschriften, sind bei Vermeidung der durch gegenwärtige Verordnung festgesetzten Strafen, zu befolgen.

§. 22. Zuwiderhandlungen werden mit einer Geldbuße bis zu 10 Thlr. oder verhältnißmäßigem Gefängniß bestraft.

V. v. 24. Febr. 1847. Amtsbl. S. 81 ff.

Die besonderen, in §. 21. der eben aufgeführten Verordnung in Bezug genommenen polizeilichen Vorschriften sind folgende (deren frühere Strafbestimmungen als durch §. 21. aufgehoben nicht mit aufgeführt sind):

1) Betreffend die äußere Ordnung bei Vorstellungen im Königl. Schauspielhause:

Alle nach diesem Hause bestimmten Wagen, mit Ausnahme der Equipagen des Königlichen Hofes, fahren von der Seite der Jägerstraße in der bedeckten Durchfahrt unter der großen breiten Treppe vor, und demnächst durch die von Pfählen bezeichnete Bahn in schräger Richtung auf der Seite der Taubenstraße ab. Zum Wiederabholen der Herrschaften stellen sie sich auf dem Gensdarmenmarkte mit der Front nach der Jägerstraße und hart an letzterer auf, und fahren, wenn sie gerufen werden, in der eben beschriebenen Art vor und ab.

V. v. 13. Febr. 1836. Amtsbl. S. 63.

2) Betreffend die äußere Ordnung bei den Vorstellungen im Königl. Opernhause.

Die Anfahrt der Wagen ist bei der Thür Nr. 1. dieses Hauses von den Linden her, und sobald die Queue aufgehoben, bei der Thür Nr. 3. von der Vorderseite her, die Abfahrt bei Nr. 1. in umgekehrter Richtung vom Zeughause her nach den Linden, ferner bei den Thüren Nr. 3 u. 4. von der Behrenstraße her nach den Linden. Die zum Abholen bestimmten Wagen stellen sich entweder vor der Universität oder auf dem gepflasterten Theile des Opernplatzes an der Behrenstraße auf. Die Droschken stellen sich auf der innern Seite des neu angelegten Fahrdammes am Opernhause in der Art auf, daß die erste Droschke dem Portale Nr. 3. gegenüber zu stehen kommt, und die übrigen Droschken sich der ersten in einer Reihe bis zu dem gepflasterten Theile des Opernplatzes an der Behrenstraße anschließen. Von da ab, auf dem eben genannten Theile, zur Seite von den Anlagen, dürfen sich die Droschken zu zwei Reihen neben einander bis zu der Königl. Bibliothek dergestalt aufstellen, daß zwischen den herrschaftlichen Wagen und den Droschken ein leerer Raum verbleibt. So wie vorne Droschken abfahren, rücken die anderen nach. An der Wasserseite darf nicht vorgefahren werden.

V. v. 17. Dez. 1845. Int. Bl. Nr. 306.

3) Betreffend die Ordnung bei den Vorstellungen im Königstädtischen Theater:

Die Anfahrt erfolgt hier durchgängig in der Richtung von der Königsbrücke her bei dem Haupteingang, Alexanderstraße Nr. 2. Die hier leer gewordenen Wagen haben diesen Weg zu verfolgen, und dürfen, falls sie über die Königsbrücke zurückfahren wollen, erst dann umwenden, wenn sie etwa 100 Schritte von diesem Eingange entfernt sind; das Einbiegen nach dem längs der Seite des Schauspielhauses am Alexanderplatz neu hergestellten Fahrdamme ist nicht zulässig.

Die zum Abholen der Herrschaften für den Eingang Alexanderstraße Nr. 2. bestimmten Wagen stellen sich mit der Front nach dem Schauspielhause zunächst des Hauses zum Kaiser Alexander, Alexanderstraße Nr. 70., reihenweise auf; fahren, wenn sie gerufen werden, in der Richtung nach der Königsbrücke hin, vor, und nach Einnehmung der Herrschaften, ohne zur Stelle umwenden zu dürfen, über die genannte Brücke, oder aber durch die Straße am Königsgraben ab. Zum Abholen der Herrschaften, welche nach Beendigung des Schauspiels das Haus durch die Thür an der Seite des Alexanderplatzes verlassen wollen, stellen sich die Wagen auf dem ungepflastert bleibenden Theile des Alexanderplatzes auf. Sie gelangen dahin durch die Alexanderstraße von der Ecke des Arbeitshauses ab über den neuen Fahrdamm. Die Aufstellung geschieht auch hier reihenweise, die Köpfe der Pferde nach dem Schauspielhause gerichtet. Sie fahren, wenn sie gerufen werden, in der Art vor, daß sie den Rückweg auf dem neuen Fahrdamm nach dem Winkel des Arbeitshauses und längs desselben bis zur Alexanderstraße nehmen.

V. v. 21. Febr. 1835. Amtsbl. S. 57.

4) Bei der Lebhaftigkeit der Passage zwischen der Schleusenbrücke und den Werderschen Mühlen bis zur Ecke der Stechbahn, dürfen vor den dortigen Läden und Thüren weder herrschaftliche noch Miethswagen länger, als zum Ein- oder Aussteigen erforder-

lich ist, halten, müssen vielmehr auf dem Schloßplatz auffahren und warten.

V. v. 15. Febr. 1839. Amtsbl. S. 85.

5) Für die Dauer des Weihnachtsmarktes dürfen Fuhrwerke aller Art nicht anders, als in der Richtung vom Schloßplatze nach der Kölnischen Wache hin, ohne umzuwenden, die breite Straße passiren. An den, in diese Marktzeit fallenden Sonn- und Festtagen, am Weihnachts heiligen Abend, so wie bei sonstigem ungewöhnlich zahlreichen Andrange von Fußgängern, können von 4 Uhr Nachmittags ab bis nach erfolgter Schließung der Buden gar keine Wagen zugelassen werden.

V. v. 5. Dez. 1846. Amtsbl. S. 396.

6) Durch die nur zur Fußpassage bestimmten Durchgänge, namentlich durch den zwischen der Alten Jakobs- zur Neuen Grün-Straße belegenen, darf Niemand reiten, fahren oder Karren schieben oder dort Pferde halten.

V. v. 6. Aug. 1829 in Erneuerung der V. v. 13. Apr. 1809. Int. Bl. Nr. 202.

7) Das Befahren des chaussirten Weges im Lustgarten zwischen der Schloß- und eisernen Brücke ist nur solchen Fuhrwerken gestattet, welche Personen in das Königl. Museum bringen, oder aus demselben abholen. Wer sonst diesen Weg mit Fuhrwerk benutzt, verfällt in Strafe.

V. v. 6. April 1835. Amtsbl. v. 1845. S. 216.

8) Die beiden äußersten Portale in dem Verbindungsgebäude zwischen dem alten und neuen Museum sind nur für die Fußpassage bestimmt. Dagegen dürfen die beiden mittleren Portale von Wagen und Reitern dergestalt benutzt werden, daß jedesmal der zur rechten Hand belegene Bogen passirt werden muß.

V. v. 29. Juli 1846. Amtsbl. S. 252.

9) Das Fahren und Reiten im Thiergarten auf anderen, als den ausdrücklich dazu bestimmten Wegen; das Treiben von Viehheerden jeder Art durch die Alleen und Promenaden, das Verunreinigen der Promenaden durch Kehricht u. dergl., das Gehen außer den Wegen, jede Beschädigung der Anpflanzungen, Besamungen und Gehege ist verboten. Hunde müssen an der Leine geführt werden.

V. v. 14. Oct. 1834. Samml. S. 177.

10) Der Exercierplatz vor dem Brandenburger Thore darf nicht befahren, auch Vieh über denselben nicht getrieben werden; so wie überhaupt die Bestimmungen der Verordn. v. 14. Oct. 1834 auf ihn durchgängig Anwendung finden.

V. v. 6. Juni u. 26. Aug. 1846. Amtsbl. S. 193 u. 276.

11) Allen beladenen wie unbeladenen Last- und Frachtfuhrwerken ist das Befahren der gepflasterten Hauptstraße zwischen dem Brandenburger Thore und der Schulgarten- resp. Lenné-Straße untersagt. Dergleichen Fuhrwerke müssen sich auf der ebenfalls gepflasterten Communication an der Stadtmauer halten. Die Uebertretung wird mit Geldstrafe bis zu 5 Thlr., eventualiter mit verhältnißmäßiger Gefängnißstrafe belegt.

V. v. 25. März 1848. Amtsbl. S. 184.

12) Das Reiten, Fahren und Karren auf den für Fußgänger bestimmten Wegen neben dem Straßendamm der Chaussee-Straße ist untersagt.

V. v. 13. Jan. 1843. Amtsbl. S. 24.

13) Es ist verboten, auf den Wegen vor dem Hallischen Thore und bei dem dort belegenen Erziehungshause für verwahrlosete Kinder Schutt abzuladen.

V. v. 16. Nov. 1827, erneuert den 21. März 1835. Amtsbl. S. 82.

14) Die beiden äußersten Portale des Brandenburger Thores dürfen weder von Wagen noch Reitern passirt werden. Das Mittelportal ist nur von den Königlichen und Prinzlichen Equipagen zu passiren.

V. v. 28. Juni 1846. Int. Bl. Nr. 171.

15) Der rings um den Wilhelmsplatz führende Reitweg darf zwar zum Reiten, nicht aber zum Führen von Handpferden benutzt werden.

V. v. 21. Mai 1845. Amtsbl. S. 173.

16) Das Reiten und Fahren auf dem von der Friedrichsstraße nach dem Hallischen Thore über die Mitte des Belle-Alliance-Platzes führenden Wege ist verboten.

V. v. 24. Oct. 1843. Amtsbl. S. 307.

17) Die bei dem Bahnhof der Niederschlesisch-Märkischen Eisenbahn befindliche Pferdebahn darf von Straßenfuhrwerk bei einer Strafe bis zu 5 Thlr. nur mit der Geschwindigkeit des Pferdes im Schritt überschritten werden. Dieselbe Geschwindigkeit müssen Eisenbahnwagen auf der Pferdebahn einhalten bei Vermeidung der gleichen Strafe gegen die Uebertreter. Während eines solchen Eisenbahnwagen-Transportes müssen sämmtliche Straßenübergänge von Wärtern besetzt sein. Den Anordnungen dieser Wärter, soweit sich dieselben auf die Freihaltung der Passage auf der Pferdebahn, oder auf Verhütung des Zusammentreffens von Straßenfuhrwerken mit Eisenbahnwagen beziehen, haben die Wagenführer bei gleicher Strafe nachzukommen.

V. v. 27. Oct. 1847. Amtsbl. S. 353.

VI. Ueber die Straßenreinlichkeit ist bestimmt:

§. 1. Jeder Eigenthümer oder Verwalter eines öffentlichen oder Privatgrundstücks in Berlin ist verpflichtet, in der ganzen Frontlänge seines Grundstücks den Bürgersteig, den Rinnstein und den Straßendamm, letzteren bis zur Mitte, in so fern ein anderes Grundstück gegenüber gelegen ist, rein zu halten.

§. 2. Zu dem Ende muß der Bürgersteig in seiner ganzen Breite täglich von dem darauf vorfindlichen Schmutz, Schnee oder Eis gereinigt, bei Winterglätte aber, zur Sicherung der Passage, mit Sand, Asche oder einem andern dienlichen Material, so oft, als es nothwendig ist, bestreut werden.

§. 3. Desgleichen ist der Rinnstein bei offenem Wetter täglich bis auf die Sohle von allem Schmutz zu reinigen.

§. 4. Vom Straßendamm muß mindestens alle Mittwoch und Sonnabend der nasse so wie der trockene Schmutz gehörig abgekehrt werden.

§. 5. Bei trockener Witterung muß zur Verhütung des Staubes vor der Reinigung (§. 2—4.) gehörig gesprengt, auch in den Rinnstein vor jedem Grundstücke, wo öffentliche Straßenbrunnen liegen, nach der Reinigung hinreichend Wasser zum Nachspülen eingelassen werden.

§. 6. Bei der Reinigung muß der Schmutz u. s. w. zunächst auf dem Damm, dicht am Rinnstein, zusammengebracht, und demnächst ohne Verzug gänzlich von der Straße fortgeschafft werden.

§. 7. Das Reinigungsgeschäft muß überhaupt in den 6 Wintermonaten bis um 9 Uhr, in den 6 Sommermonaten bis um 8 Uhr

Morgens völlig beendigt sein. Bis zu derselben Zeit ist auch das Bestreuen des Bürgersteiges bei Winterglätte auszuführen.

§. 8. Das Auswerfen von Schnee, Eis, Schutt Müll, Scherben, Küchenabgängen und jederlei anderem Unrath auf die Straße oder in den Rinnstein ist, wie überhaupt jede Art der Straßenverunreinigung, verboten.

§. 9. Reines und unreines Wasser, gleich wie andere Flüssigkeiten, darf Niemand auf die Straße oder den Bürgersteig, sondern immer nur in den Rinnstein ausgießen.

§. 10. Jeder Eigenthümer oder Verwalter hat daher auch während des Frostes den Rinnstein dergestalt offen zu halten, daß die darin ausgegossenen Flüssigkeiten niemals auf die Straße oder den Bürgersteig übertreten.

§. 11. Gewerbtreibende, welche in ihrem Geschäft viel Wasser gebrauchen, dürfen solches während des Frostes nur alsdann in den Straßenrinnstein ablaufen lassen, wenn dasselbe den Ort seines Abflusses in die Spree, die Gräben oder die Kanäle, ohne zu gefrieren, erreicht.

§. 12. Sobald nach längerem Froste vollständiges Thauwetter eintritt, müssen überall und ohne Verzug die Straßenrinnsteine gänzlich aufgeeist, und die Rinnsteinbrücken geöffnet, desgleichen die Straßen von allem Schnee und Eis vollständig gereinigt, der Abraum aber auf den Damm, dicht an den Rinnstein, gebracht, und demnächst nach den, von dem Polizeipräsidium alljährlich hiezu angewiesenen öffentlichen Abladestellen fortgeschafft werden.

§. 13. Sämmtlichen vorstehend gedachten Verpflichtungen müssen die Hauseigenthümer und Verwalter rechtzeitig unaufgefordert nachkommen, und sie werden hierbei durch etwanige Privatabkommen mit dritten Personen nicht außer Verantwortung gesetzt.

§. 14. Säumige Leistung jeder Art zieht, außer der executiven Ausführung auf Kosten des Säumigen, eine Geldbuße bis zu 5 Thlr. oder verhältnißmäßiges Gefängniß nach sich; ebenso jede Nichtbefolgung der Verordnung.

V. v. 15. Febr. 1847. Amtsbl. S. 69.*)

Das Abschlagen des aus der Stadt zu schaffenden Schnees und Eises ist nur an den nachbenannten Plätzen zulässig:

1) vor dem Prenzlauer Thore, jenseits des Hohlweges auf dem rechts belegenen Acker;

2) vor dem Königsthore, auf dem Acker, welcher links von der Chaussee vor dem Goldhammerschen Grundstücke belegen ist;

3) daselbst von der Chaussee ab links auf dem Acker, welcher dem vorgedachten Grundstücke gegenüber liegt;

4) vor dem Landsberger Thore rechts, hinter dem Fuhrmannschen Grundstücke;

5) vor dem Schönhauser Thore, von der Chaussee ab rechts auf dem Windmühlenberge;

6) vor dem Königsthore am Communikationswege rechts und links;

7) vor dem Hallischen Thore im sogenannten Upstall hinter dem Blutegelteich, von der Tempelhofer Chaussee rechtsab belegen.

---

*) Versuchsweise haben die Städtischen Behörden die Ausführung der Straßenreinigung seit 1848 übernommen. Die vorstehende Verordnung hat aber ihre Kraft durch besondre Aufhebung nicht und namentlich in irgend einer andern Beziehung, wie insbesondre auch in Bezug auf das Bestreuen des Bürgersteiges bei Winterglätte nicht verloren.

Wer an anderen, als den benannten Orten, ohne Zustimmung des Eigenthümers, Eis und Schnee abschlägt, oder in den Spreestrom, den Schleusenkanal, den Landwehrgraben oder in die sonstigen Wasserläufe in und bei der Stadt, wirft, oder mit dem Eis und Schnee, Müll, Schutt und andere Unreinigkeiten nach den vorbezeichneten Abschlageplätzen schafft oder dort abladet, verfällt in eine Strafe von 5 Thlr.

V. v. 23. Dec. 1848. Amtsbl. v. 1849 S. 7.

VII. Das Ausräumen der Abtritte, so wie die Abfahrt und die Austragung beweglicher Latrinen und Nachteimer, darf bei Tage gar nicht geschehen, des Abends nicht vor 11 Uhr anfangen, und muß in der Zeit vom 1. April bis 1. October um 6, und vom 1. October bis 1. April um 8 Uhr Morgens beendet und die Straße vollständig gereinigt sein. Der Eigenthümer, Administrator oder Vicewirth, so wie jeder Miether, der hiergegen handelt, oder durch Andere handeln läßt, verfällt in eine Strafe von 2 Thlr.; die mit dem Ausräumen der Gruben und der Abfahrt oder Austragung beschäftigten Arbeiter, haben 48stündige Gefängnißstrafe zu gewärtigen. Die Herren der, mit dem in Rede stehenden Geschäfte beauftragten Knechte, sind nach Befinden der Umstände für die Handlungen der letzteren verantwortlich, und haben im Uebertretungsfalle eine Strafe von 2 Thlr. zu gewärtigen.

Das Ausschütten der Nachteimer und andern Unraths in die Spree und die, die Stadt durchfließenden Kanäle wird gegen die Herrschaft, die solches veranlaßt, mit 5 Thlr. Strafe, gegen die Dienstboten und Arbeiter, welche es besorgen, mit 4tägigem Gefängniß gerügt.

Wer geleerte Nachteimer an den Straßenbrunnen reinigt, hat 4 Tage, wer Nachteimer auf die Straße oder in den Straßenrinnstein ausschüttet, 8 Tage Gefängniß zu erwarten.

V. v. 27. Nov. 1846. Amtsbl. S. 385.

VIII. Die Anlage neuer Werkstätten zu dem Gewerbe der Loh- und Weißgerber, Korduanmacher, Leimkocher, Darmsaitenmacher und überhaupt aller Professionisten, bei denen die Ausübung des Gewerbes mit bösartigen Ausdünstungen thierischer Materialien verbunden ist, wird nur am fließenden Wasser und nach Genehmigung des Polizeipräsidenten gestattet.

Bei den schon bestehenden Anlagen, welche die erwähnten Erfordernisse nicht besitzen, dürfen die zu verarbeitenden Materialien, so lange sie noch einen faulen Geruch verbreiten, nicht von den Waschbänken und Höfen auf freie Straßen und Plätze gebracht, und daselbst ausgehängt werden, bei Strafe von 5 Thlr. im ersten, von 10 Thlr. im zweiten Contraventionsfalle.

Diejenigen Professionisten, deren Werkstätten nicht am fließenden Wasser belegen sind, müssen auf ihren Hofstellen tiefe Senkgruben zur Aufnahme der Unreinigkeiten einrichten, und dürfen bei 20 Thlr. Strafe weder die Abgänge, noch die Jauche nach der Straße abführen.

Rescr. v. 5. April 1796 an das Pol.-Direkt. v. Berlin (N. C. C. Tom. X. S. 153).

IX. Die auf öffentlichen Plätzen und Straßen aufgestellten Fischbehälter dürfen nicht durch Umstürzen von dem Wasser entleert, sondern müssen im Boden mit einem Zapfloch versehen werden, durch welches das Wasser vermittelst untergelegter, bis an den Rinnstein reichender Rinnen abzulassen ist. Dies muß auch dann geschehen, wenn das Wasser im Behälter während der Marktzeit gewechselt werden soll. Die Uebertretung wird mit einer Geldstrafe bis zu 5 Thlr. oder verhältnißmäßigem Gefängniß geahndet.

V. v. 11. Febr. 1848. Amtsbl. S. 49.

X. Die öffentlichen Plätze und Straßen, besonders aber die Bürgersteige vor den Häusern, dürfen bei Vermeidung einer Geldbuße bis zu 10 Thlr. oder verhältnißmäßigem Gefängniß, nicht durch Aufstellung oder Niederlegung von Verkaufs- und andern Gegenständen, so wie auch durch Ueberlegen von Schrootleitern über den Fußweg beim Auf- und Abladen von Waaren, verengt oder verunziert werden.

V. v. 6. Jan. 1848. Amtsbl. S. 8.

XI. Wo irgend genügender Hofraum vorhanden, muß durchgängig auf diesem das Kleinmachen des Holzes erfolgen, und jede Nutzung der Straße dazu unterbleiben. Wo das nicht der Fall ist, muß das Holz beim Abladen von dem Wagen sogleich in Haufen, von der Tiefe der Klobenlänge, fest und nicht höher, als solches mit vollständiger Sicherung gegen den Wiedereinsturz einzelner Lagen vereinbar bleibt, auf der Seite des Straßendammes, hart am Rinnstein, zusammengeschichtet werden, und es darf dabei so wenig als bei dem Zersägen und Spalten des Holzes selbst, der Bürgersteig, dessen Bewerfung mit klein gehauenem Holze ebenfalls verboten bleibt, benutzt werden, sobald der Damm nicht allzu schmal ist. Das Einschlagen von Pflöcken oder Pfählen in das Steinpflaster, zur Befestigung der Hauklötze, ist untersagt.

Zum Kleinmachen des Holzes, welches nicht zum eigenen Gebrauch bestimmt ist, darf die Straße unter keinen Umständen benutzt werden.

Jede Uebertretung dieser Vorschrift zieht 3 Thlr. Geld- oder verhältnißmäßige Gefängnißstrafe nach sich.

V. v. 22. Sept. 1838; wiederholt bekannt gemacht den 1. Oct. 1846. Amtsbl. S. 325.

XII. Das Spülen der Wäsche an den öffentlichen Straßenbrunnen ist bei 15 Sgr. Strafe für jeden Fall verboten.

V. v. 2. Dec. 1837, wiederholt bekannt gemacht den 16. Dec. 1842. Amtsbl. v. 1843 S. 2.

XIII. Die Benutzung der Straßen und öffentlichen Plätze zum Sonnen und Ausklopfen der Betten und Fußdecken, so wie zum Trocknen der Wäsche mit Einschluß des Aufhängens der letzteren vor den in der Vorderfront der Häuser befindlichen Fenstern, ist bei 2 Thlr. Geld- oder verhältnißmäßiger Gefängnißstrafe untersagt; ebenso der Gebrauch der Alleen und Plätze des Thiergartens, so wie aller Land- und frequenten Communicationsstraßen außerhalb der Thore, nebst deren offenen unmittelbaren Umgebungen, zu irgend einem der angegebenen Zwecke.

V. v. 1. Mai 1835, wiederholt bekannt gemacht den 6. Mai 1844. Amtsbl. S. 139.

XIV. Den Schlächtermeistern, welche Fleisch im Hause verkaufen, ist bei 2 Thlr. Strafe verboten, an den öffentlichen Straßen Fleisch aufzuhängen, oder vor ihren Verkaufsstellen und Wohnungen Tische mit Waaren auszustellen.

V. v. 3. Jan. 1806, wiederholt bekannt gemacht den 12. Febr. 1836. Amtsbl. S. 55.

XV. Die Besitzer von Feder- und anderm, zur Mastung bestimmten Vieh dürfen solches, bei Vermeidung einer Strafe von 2 Thlr. oder verhältnißmäßigem Gefängniß, nicht auf den Straßen umherlaufen lassen.

V. v. 19. Aug. 1814. Int. Bl. Nr. 201.

XVI. Das Steigenlassen und Ziehen sogenannter Drachen in den Straßen und an allen andern, zur öffentlichen Passage bestimmten Orten, ist bei 2 Thlr. Geld- oder verhältnißmäßiger Gefängnißstrafe verboten. Für desfalsige Uebertretungen durch Kinder bleiben diejenigen, welche über sie die Aufsicht zu führen haben, persönlich verantwortlich.

V. v. 5. Sept. 1849. Amtsbl. S. 309.

XVII. Kein Hauseigenthümer darf irgend wie Aenderungen an den, zur öffentlichen Straßenerleuchtung gehörenden Laternen, den Brennern und den Laternenstützen, willkührlich und eigenmächtig vornehmen. Wo Aenderungen der angegebenen Art nothwendig sind, muß eine Anzeige davon an die Städtische Erleuchtungs-deputation erfolgen. Laternenständer dürfen durch keinerlei Vorrichtungen, insonderheit nicht durch Bauzäune, eingeschlossen, noch der Zugang zu denselben erschwert oder versperrt werden.

Uebertretungen dieser Bestimmungen werden mit 5 Thlr. Geldbuße, im Unvermögensfalle mit verhältnißmäßiger Gefängnißstrafe geahndet.

V. v. 14. Jan. 1847. Amtsbl. S. 40.

XVIII. Niemand darf die, an den Häusern bei den Laternen befindlichen Hausnummern und die Straßenbenennungsbleche durch Anbringung von Schildern, Marquisen, Ladenthüren, Ankleben von Zetteln oder auf irgend eine andere Weise, bei Strafe von 5 Thlr., verdecken.

V. v. 9. April 1844. Amtsbl. S. 175.

XIX. In Bezug auf den neuen Mühlenweg zwischen der Post- und Breiten-Straße ist auf Grund des §. 11. des G. v. 11. März 1850 verordnet:

1) die Mehl- und Getreidewagen dürfen nur von der Breiten-Straße ein- und nach der Post-Straße ausfahren;
2) Fußgängern dagegen ist die Passage, so lange der Mühlenweg geöffnet ist, während der sechs Sommermonate von 6 Uhr Morgens bis 7 Uhr Abends und in den sechs Wintermonaten von 7 Uhr Morgens bis 7 Uhr Abends von jeder Seite her und nach jeder Seite hin gestattet;
3) den Reitern, Wagen- und Karrenführern, Lastträgern, Viehtreibern 2c. und überhaupt allen denjenigen, welchen die Passage auf den Bürgersteigen nach der V. v. 24. Febr. 1847 nicht erlaubt ist, wird die Benutzung des neuen Mühlenweges untersagt.

Die Uebertretung der Vorschriften 1—3 wird mit Geldbuße von 2—10 Thlr. oder verhältnißmäßigem Gefängniß geahndet.

V. v. 12. August 1850. Amtsbl. S. 297.

XX. Für den Tag des Stralauer Fischzuges, den 24. August, gelten folgende Straf-Bestimmungen:

1) Alles Schießen ohne Unterschied, ob von Schiffen, Kähnen oder auf dem Lande ist bei 50 Thlr. Geld- oder verhältnißmäßiger Gefängnißstrafe verboten.
2) Alles öffentliche Baden in der Umgegend von Stralau und Treptow ist auch an den sonst erlaubten Stellen in der Spree und im Rummelsburger See bei 2—10 Thlr. Geld- oder verhältnißmäßiger Gefängnißstrafe untersagt.

V. v. 18. August 1850. Int.-Bl. v. 23. Aug.

XXI. Die zum Schlachten bestimmten Kälber dürfen auf Karren und Wagen bei Vermeidung einer Strafe von 2 Thlr. nicht so transportirt werden, daß die Köpfe überhängen oder gar anschleifen oder daß mehr als eine Schicht von Kälbern unmittelbar über einander liegt.

V. v. 20. August 1846. Amtsbl. S. 273.

§. 53. Die Handhabung der Polizei auf den Eisenbahnen wird nach einem darüber von dem Handelsministerium zu erlassenden Reglement der Gesellschaft übertragen. Das Reglement wird zugleich das Verhältniß der mit diesem Geschäft beauftragten Beamten der Gesellschaft näher festsetzen.

§. 23. des Gesetzes über die Eisenbahn-Unternehmungen v. 3. Nov. 1838. Gesetzs. S. 509.

§. 54. Die Bahnpolizeireglements enthalten zur Aufrechterhaltung der Ordnung auf den Bahnen folgende Strafvorschriften:

1) Das der Niederschlesisch-Märkischen Eisenbahn.

§. 9. Das Planum der Bahn, die dazu gehörigen Böschungen, Dämme, Gräben, Brücken u. s. w. dürfen von dem Publicum nicht beschädigt, und außer den Stellen, die zu Ueberfahrten und zu Uebergängen bestimmt sind, nicht betreten werden.

§. 10. Mit Ausnahme der Chefs der Militair- und Polizeibehörden, die am Orte des Bahnhofes ihren Sitz haben, der executiven Polizeibeamten und der, in Ausübung ihres Dienstes befindlichen Steuerbeamten, darf Niemand ohne Erlaubnißkarte die Bahnhöfe und die dazu gehörigen Gebäude außerhalb derjenigen Räume betreten, welche ihrer Bestimmung nach dem Publicum geöffnet sind.

Die Wagen, welche Reisende zur Bahn bringen oder von daher abholen, müssen auf den Vorplätzen der Bahnhöfe an den dazu bestimmten Stellen auffahren.

§. 11. Das eigenmächtige Eröffnen oder Uebersteigen der Barrieren und sonstigen Einfriedigungen, desgleichen das Durchschlüpfen unter jenen Absperrungen, ist untersagt.

§. 12. Die Bahn darf nur an den Stellen, die zu Ueberfahrten und Uebergängen für das Publicum bestimmt sind, überschritten werden, und zwar nur dann, wenn die Barrieren geöffnet sind. Das Ueberschreiten der Bahn muß ohne allen unnöthigen Verzug geschehen.

§. 13. Das Hinüberschaffen von Pflügen, Eggen und anderen Geräthen, so wie von Baumstämmen und schweren Gegenständen darf, sofern solche nicht getragen werden, nur auf Wagen oder untergelegten Schleifen erfolgen.

Wer die ihm obliegende Aufsicht auf Vieh dergestalt vernachlässigt, daß dasselbe das Planum der Bahn betritt, wird bestraft.

§. 14. Die bloß zum Privatgebrauch bestimmten Uebergänge für die Eigenthümer der von der Bahn durchschnittenen Grundstücke, dürfen nur von den Berechtigten unter den besonders bestimmten Bedingungen benutzt werden. Anderen ist deren Benutzung untersagt.

§. 15. Sind die Ueberfahrten geschlossen, so müssen Fuhrwerke, Reiter, Pferdetreiber und Viehheerden auf den, die Bahn kreuzenden Wegen, in der durch Markpfähle zu bezeichnenden Entfernung von den Verschluß-Barrieren das Wiederöffnen derselben abwarten.

§. 16. Vorsätzliche und fahrlässige Beschädigungen der Bahn und der dazu gehörigen Anlagen und Betriebsmittel nebst Zubehör, ingleichen das Hinauflegen von Steinen oder sonstigen hindernden Gegenständen auf das Planum der Bahn, sind, sofern nicht nach den allgemeinen strafrechtlichen Bestimmungen, namentlich nach der Verordnung wegen der Bestrafung der Beschädiger der Eisenbahn-Anlagen vom 30. Nov. 1840, eine härtere Strafe stattfindet, nach Maaßgabe des §. 25 a. zu ahnden.

§. 17. In gleicher Weise wird bestraft: wer falschen Allarm macht, Signale nachahmt, Ausweichevorrichtungen verstellt, oder solche Handlungen begeht, durch welche eine Störung des Betriebes veranlaßt werden kann.

§. 18. Es ist verboten, feuergefährliche und solche Gegenstände, wodurch andere Transportgegenstände oder die Transportmittel selbst beschädigt werden könnten, in den Personen- oder Gepäckwagen mitzuführen, oder in den Güterwagen ohne Anzeige zu versenden.

§. 19. Geladene Gewehre dürfen unter keinerlei Umständen mitgenommen werden. Die Schaffner sind befugt, vor dem Einsteigen die von den Reisenden geführten Schießgewehre zu untersuchen.

§. 20. Das Tabakrauchen in andern Wagenklassen oder Coupees, als denjenigen, in welchen dasselbe nach den von der Direktion getroffenen Anordnungen gestattet wird, ist verboten.

§. 25 a. Wer den in den §§. 9—20. enthaltenen Verboten zuwider handelt, verfällt in eine polizeiliche Strafe bis zu 50 Thlr. Geld resp. 6 Wochen Gefängniß.

Minist.-V. v. 28. März 1848, bekannt gemacht durch Oberpräsidial-Erlaß v. 11. April dess. J. Amtsbl. S. 135.

2) Das der Berlin-Stettin-Stargardter Eisenbahn stimmt vollständig überein mit dem der Niederschlesisch-Märkischen Eisenbahn in denselben §§. 9—20 und 25 a.

Minist.-Reſk. v. 12. Mai 1849; bekannt gemacht durch Oberpräsidial-Erlaß v. 21. Mai dess. J. Amtsbl. S. 174.

3) Das der Magdeburg-Wittenberger Eisenbahn enthält in denselben §§. 9—20 und 25 a. dieselben Bestimmungen, wie ad 1. mit folgenden Ausnahmen; es lautet:

§. 9. Das Planum der Bahn, die dazu gehörigen Böschungen, Dämme, Gräben, Brücken u. s. w. dürfen von dem Publicum nicht betreten werden, außer den Stellen, die zu Ueberfahrten und Uebergängen bestimmt sind.

§. 10. Mit Ausnahme derjenigen Königl. Beamten, welche Dienstgeschäfte dahin rufen, darf Niemand ohne Erlaubnißkarte die Bahnhöfe und die dazu gehörigen Gebäude außerhalb derjenigen Räume betreten, welche ihrer Bestimmung nach dem Publicum geöffnet sind.

Die Wagen, welche Reisende zur Bahn bringen oder von daher abholen, müssen auf den Vorplätzen der Bahnhöfe an den dazu bestimmten Stellen auffahren.

Auch die Ueberwachung der Ordnung auf diesen Vorplätzen steht, soweit dies den Verkehr mit Reisenden oder deren Gepäck betrifft, den Bahnpolizeibeamten zu.

§. 13. Das Hinüberschaffen von Pflügen, Eggen und anderen Geräthen, so wie von Baumstämmen u. dergl. ohne untergelegte Schleifen, ist verboten.

Wer die ihm obliegende Aufsicht auf Vieh also vernachlässigt, daß dasselbe das Planum der Bahn betritt, wird bestraft.

§. 19. ist in zwei Theile getheilt:

§. 19 a. enthält die oben unter §. 19. aufgeführte Bestimmung; dagegen lautet

§. 19 b. Das Nachlaufen hinter einen in Gang gesetzten Zug, so wie das Einspringen in einen solchen Zug, oder der Versuch dazu, ist verboten.

Minister.-V. v. 30. Juni 1849; bekannt gemacht durch Oberpräsidial-Erlaß v. 6. Juli deff. J. Amtsbl. S. 231.

4) Das der Magdeburg-Köthener, Berlin-Anhalter, Jüterbogk-Röderauer und Berlin-Potsdam-Magdeburger Eisenbahn lautet in seinen §§. 9—20 u. 25 a. ganz gleich mit dem der Magdeburg-Wittenberger Bahn.

Minist.-V. v. 2. Febr. 1848; bekannt gemacht durch Oberpräsidial-Erlaß v. 7. März deff. J. Amtsbl. S. 77. Min.-V. v. 13. April u. Ob.-Präs.-Erl. v. 19. April 1848 (M. Bl. d. i. V. S. 140).

5) Für die Berlin-Hamburger Eisenbahn bestehen bis jetzt nur provisorische Vorschriften, welche in ihren §§. 2—13 u. 19. dem Reglement der Magdeburg-Wittenberger Eisenbahn gleich sind; außerdem ist der Strafbestimmung des §. 19. noch unterworfen:

§. 14. Alle Passagier-Effecten, mit alleiniger Ausnahme derjenigen, welche die Reisenden in der Hand oder an sich tragen, sind in die Gepäckwagen abzuliefern, sofern die betreffenden Passagiere auf der Bahn über die Grenze desjenigen Staates passiren, innerhalb dessen sie zur Bahn gelangt sind.

Oberpräsid.-Erlaß v. 18. Oct. 1846. Amtsbl. S. 327 nebst Beil.

10. Vergehen in Bezug auf die häusliche Ordnung (Gesinde).

Das Verhältniß zwischen den Herrschaften und dem Gesinde gründet sich auf einen Vertrag, wodurch der eine Theil zur Leistung gewisser häuslicher oder wirthschaftlicher Dienste auf eine bestimmte Zeit, so wie der andere zu einer dafür zu gebenden bestimmten Belohnung sich verpflichtet. §. 55.

§. 1. der Gesindeordnung v. 8. Nov. 1810. Gesetzs. S. 102 ff.

Dienstboten, welche schon vermiethet gewesen, müssen bei Antritt eines neuen Dienstes die rechtmäßige Verlassung der vorigen Herrschaft nachweisen. §. 56.

§. 9. a. a. O.

Leute, die bisher noch nicht gedient zu haben angeben, müssen durch ein Zeugniß ihrer Obrigkeit darthun, daß bei ihrer Annehmung als Gesinde kein Bedenken obwalte. §. 57.

§. 10. a. a. O.

Hat Jemand mit Verabsäumung der Vorschriften §§. 9. 10. ein Gesinde angenommen, so muß, wenn ein Andrer, dem ein Recht über die Person oder auf die Dienste des Angenommenen zusteht, sich meldet, der Miethscontrakt als ungültig sofort wieder aufgehoben werden. §. 58.

§. 11. a. a. O.

Außerdem hat der Annehmende durch Uebertretung dieser Vorschriften eine Geldbuße von 1—10 Thlr. in die Armenkasse des Ortes verwirkt. §. 59.

§. 12. a. a. O.

Niemand darf mit Gesinde-Mäkeln sich abgeben, wer nicht dazu von der Obrigkeit des Ortes bestellt und verpflichtet worden ist. §. 60.

§. 13. a. a. O.

Dergleichen Gesinde-Mäkler müssen sich nach den Personen, die durch ihre Vermittelung in Dienste kommen wollen, sorgfältig erkundigen. §. 61.

§. 14. a. a. O.

Insonderheit müssen sie nachforschen, ob dieselben nach den gesetzlichen Vorschriften sich zu vermiethen berechtigt sind. §. 62.

§. 15. a. a. O.

Gesinde, welches schon in Diensten steht, müssen sie unter keinerlei Vorwande, zu dessen Verlassung und Annehmung anderer Dienste anreizen. §. 63.

§. 16. a. a. O.

Thun sie dieses, so müssen sie dafür das erste Mal mit 5—10 Thlr. Geld- oder verhältnißmäßiger Gefängnißstrafe angesehen, im Wiederholungsfalle aber noch außerdem von fernerer Treibung des Mäklergewerbes ausgeschlossen werden. §. 64.

§. 17. a. a. O.

§. 65. Sie müssen den Herrschaften, die durch ihre Vermittlung Gesinde annehmen wollen, die Eigenschaften der vorgeschlagenen Person getreulich und nach ihrem besten Wissen anzeigen.

§. 18. a. a. O.

§. 66. Wenn sie untaugliches und untreues Gesinde wider besseres Wissen als brauchbar oder zuverlässig empfehlen, so müssen sie für den durch dergleichen Gesinde verursachten Schaden selbst haften.

§. 19. a. a. O.

§. 67. Außerdem verwirken sie dadurch, es mag Schaden geschehen sein oder nicht, für das erste Mal 5—10 Thlr. Geld- oder verhältnißmäßige Gefängnißstrafe, und werden im Wiederholungsfalle vom ferneren Betriebe des Mäklergewerbes ausgeschlossen. Diese Ausschließung findet selbst bei dem ersten Male statt, wenn sie den Schaden zu ersetzen unvermögend sind.

§. 20. a. a. O.

§. 68. Hat sich ein Dienstbote bei mehreren Herrschaften zugleich vermiethet, so gebührt derjenigen, von welcher er das Miethsgeld zuerst genommen hat, der Vorzug.

§. 27. a. a. O.

§. 69. Der Dienstbote muß in einem solchen Falle den einfachen Betrag des von der zweiten und folgenden erhaltenen Miethsgeldes als Strafe zur Armenkasse des Ortes entrichten.

§. 31. a. a. O.

§. 70. Die Antrittszeit ist in Ansehung des städtischen Gesindes der 2. Januar, April, Juli, October jeden Jahres; insofern nicht ein anderes bei der Vermiethung ausdrücklich ausbedungen worden ist. Fällt jedoch die Antrittszeit hiernach auf einen Sonn- oder Festtag, so zieht das Gesinde den nächsten Werkeltag vorher an.

§. 42. a. a. O.

§. 71. Bei dem Landgesinde beruht die Antrittszeit desselben zunächst auf ausdrücklicher Uebereinkunft bei der Vermiethung; wo diese nicht stattfindet, vorläufig auf der, in der Gegend üblichen, Gewohnheit.

§. 43. a. a. O.

§. 72. Für das Landgesinde in den zum ständischen Verbande der Marken Brandenburg und Niederlausitz gehörenden Landestheilen ist die gesetzliche Anziehzeit auf den 2. Januar bestimmt.

K. O. v. 28. Juli 1842. Gesetzs. S. 247.

§. 73. Weigert sich das vermiethete Gesinde den Dienst anzutreten, so muß es dazu von der Obrigkeit durch Zwangsmittel angehalten werden. Bleiben diese fruchtlos, und ist die Herrschaft deshalb genöthigt, einen andern Dienstboten zu miethen, so muß das Gesinde nicht allein den Schaden, welcher der Herrschaft hierdurch erwächst, ersetzen und das Miethsgeld zurückgeben, sondern es verfällt noch überdies in eine Strafe, die nach Maaßgabe der Verschuldung auf 2—10 Thlr. oder bei Unvermögenden auf verhältnißmäßiges Gefängniß festzusetzen ist.

§. 51. der Gef.-Ordn. v. 8. Nov. 1810.

Kann jedoch das Gesinde nachweisen, daß die Herrschaft im letzt verflossenen Dienstjahre sich solche Handlungen habe zu Schulden kommen lassen, wodurch es nach §. 136—140. zur Verlassung des Dienstes ohne Aufkündigung berechtigt werden würde, so kann dasselbe zum Antritt des Dienstes nicht gezwungen werden, sondern ist nur gehalten, das Miethsgeld zurückzuzahlen. §. 74.

§. 52. a. a. O.

Wird das Gesinde durch Zufall, ohne seine Schuld, den Dienst anzutreten verhindert, so muß die Herrschaft mit Zurückgabe des Miethsgeldes sich begnügen. §. 75.

§. 53. a. a. O.

Erhält weibliches Gesinde vor dem Antritt der Dienstzeit Gelegenheit, zu heirathen, so steht demselben frei, eine andere taugliche Person zur Versehung des Dienstes an seiner Statt zu stellen. §. 76.

§. 54. a. a. O.

Ist es dazu nicht im Stande, so muß auch dergleichen Gesinde den Dienst in Städten auf ein Viertel-, und bei Landwirthschaften auf ein halbes Jahr antreten. §. 77.

§. 55. a. a. O.

Das Gesinde kann den Dienst ohne vorhergehende Aufkündigung verlassen: §. 78.

1. Wenn es durch Mißhandlungen von der Herrschaft in Gefahr des Lebens oder der Gesundheit versetzt worden.
2. Wenn die Herrschaft dasselbe auch ohne solche Gefahr, jedoch mit ausschweifender und ungewöhnlicher Härte behandelt hat.
3. Wenn die Herrschaft dasselbe zu Handlungen, welche wider die Gesetze oder wider die guten Sitten laufen, hat verleiten wollen.
4. Wenn dieselbe das Gesinde vor dergleichen unerlaubten Zumuthungen gegen Personen, die zur Familie gehören, oder sonst im Hause aus- und eingehen, nicht hat schützen wollen.
5. Wenn die Herrschaft dem Gesinde das Kostgeld gänzlich vorenthält, oder ihm selbst die nothdürftige Kost verweigert.

§§. 136—140. a. a. O.

Dienstboten können vor Ablauf der Dienstzeit, jedoch nach vorhergegangener Aufkündigung, den Dienst verlassen: §. 79.

1. Wenn die Herrschaft den bedungenen Lohn in den festgesetzten Terminen nicht richtig bezahlt.
2. Wenn die Herrschaft das Gesinde einer öffentlichen Beschimpfung eigenmächtig aussetzt.

3. Wenn der Dienstbote durch Heirath oder auf andere Art zur Anstellung einer eigenen Wirthschaft vortheilhafte Gelegenheit erhält, die er durch Ausdauerung der Miethszeit versäumen müßte.

§§. 145—147. a. a. O.

§. 80. In allen Fällen, wo der Miethsvertrag innerhalb der Dienstzeit, jedoch nur nach vorhergegangener Aufkündigung aufgehoben werden kann, muß dennoch das laufende Vierteljahr, und bei monatweise gemiethetem Gesinde der laufende Monat ausgehalten werden.

§. 148. a. a. O.

§. 81. Gesinde, welches vor Ablauf der Dienstzeit ohne gesetzmäßige Ursache den Dienst verläßt, muß durch Zwangsmittel zu dessen Fortsetzung angehalten werden.

§. 167. a. a. O.

§. 82. Will aber die Herrschaft ein solches Gesinde nicht wieder annehmen, so ist sie berechtigt, ein anderes an seine Stelle zu miethen, und der ausgetretene Dienstbote ist nicht allein schuldig, die dadurch verursachten mehren Kosten zu erstatten, sondern verfällt überdies in eine Strafe, die nach Maaßgabe des Grades der Verschuldung auf 2 bis 10 Thlr., oder bei Unvermögen auf verhältnißmäßiges Gefängniß festzusetzen ist.

§. 168. a. a. O.

§. 83. Bei dem Abzug ist die Herrschaft dem Gesinde einen schriftlichen Abschied und ein, der Wahrheit gemäßes, Zeugniß über seine geleisteten Dienste zu ertheilen schuldig.

§. 171. a. a. O.

§. 84. Werden dem Gesinde in diesem Abschiede Beschuldigungen zur Last gelegt, die sein weiteres Fortkommen hindern würden, so kann es auf polizeiliche Untersuchung antragen.

§. 172. a. a. O.

§. 85. Wird dabei die Beschuldigung unbegründet gefunden, so muß die Obrigkeit dem Gesinde den Abschied auf Kosten der Herrschaft ausfertigen lassen, und letzterer fernere üble Nachrede bei nahmhafter Geldstrafe untersagen.

§. 173. a. a. O.

§. 86. Hat hingegen die Herrschaft einem Gesinde, welches sich grober Laster und Veruntreuungen schuldig gemacht hat, das Gegentheil wider besseres Wissen bezeugt, so muß sie für allen, einem Dritten daraus entstehenden Schaden haften.

§. 174. a. a. O.

§. 87. Die folgende Herrschaft kann sich also an sie, wegen des derselben durch solche Laster oder Veruntreuungen des Dienstboten verursachten Nachtheils, halten.

§. 175. a. a. O.

Auch soll eine solche Herrschaft mit einer Geldstrafe von 1 — 5 Thlr. zum Besten der Armenkasse des Ortes belegt werden. §. 88.

§. 176. a. a. O.

Da das Schiffsvolk gegen den Schiffer in eben dem Verhältnisse steht, wie das Gesinde gegen die Dienstherrschaft, so sollen die Vorschriften über Annahme und Verabschiedung des Gesindes in den §§. 9—12. und 171—176. der Gesindeordnung vom 8. Nov. 1810 auch für die Schiffer und das Schiffsvolk aller, in den preußischen Ostseehäfen ausgerüsteten Seeschiffe zur Anwendung kommen, mit der Maaßgabe, daß Schiffer, welche Schiffsleute ohne Losschein heuern, oder unwahre Losscheine ausstellen, jederzeit mit dem höchsten Satze der in §. 12. und 176. angedrohten Geldbußen zu bestrafen sind. §. 89.

K. O. v. 23. Nov. 1831. Gesetzs. S. 255.

Ebenso sollen die Vorschriften der Gesindeordnung vom 8. Nov. 1810 auch auf das Verhältniß zwischen den Stromschiffern und den Schiffsknechten angewendet werden. §. 90.

V. v. 23. Sept. 1835. Gesetzs. S. 222.

Jeder Dienstbote, welcher nach Publication dieser Verordnung in Gesindedienst tritt, oder die Dienstherrschaft wechselt, ist verpflichtet, sich mit einem Gesindebuche zu versehen. §. 91.

§. 1. der V. v. 29. Sept. 1846. Gesetzs. S. 467.

Beim Dienstantritt ist das Gesindebuch der Dienstherrschaft zur Einsicht vorzulegen. Sollte das Gesinde die Vorlegung des Gesindebuches verweigern, so steht es bei der Dienstherrschaft, entweder dasselbe seines Dienstes zu entlassen, oder die Weigerung der Polizeibehörde anzuzeigen, welche alsdann gegen das Gesinde eine Ordnungsstrafe bis zu 2 Thlr. oder verhältnißmäßige Gefängnißstrafe festzusetzen hat. §. 92.

§. 4. a. a. O.

Bei Entlassung des Gesindes ist von der Dienstherrschaft ein vollständiges Zeugniß über die Führung und das Benehmen desselben in das Gesindebuch einzutragen. §. 93.

Des Schreibens Unkundige haben mit dieser Eintragung eine glaubhafte Person zu beauftragen, welche diesen Auftrag mit ihrer Namensunterschrift bescheinigen muß.

Weigert sich eine Dienstherrschaft, dieser Verpflichtung zu genügen, so ist sie dazu von der Polizeibehörde durch eine, ihr vorher anzudrohende, Geldstrafe von 1 — 5 Thlr. anzuhalten.

§. 5. a. a. O.

Dienstboten, die bereits vermiethet gewesen sind, müssen nicht blos beim Antritt ihres anderweitigen Dienstes, sondern schon bei der neuen Vermiethung, derjenigen Herrschaft, bei welcher sie sich von neuem vermiethen, nachweisen, daß die Verhältnisse zu der bisherigen Dienst- §. 94.

herrschaft jener anderweitigen Vermiethung nicht entgegenstehen, und darf Niemand, ohne jenen Nachweis, Gesinde miethen.

Minist. Resc. v. 12. Aug. 1816, bekannt gemacht durch Reg. V. v. 21. dess. M. Amtsbl. v. 1816. S. 288.

§. 95. Da §. 186. Tit. 5. Th. II. A. L. R. die Rechte der Hausofficianten denen des gemeinen Gesindes, mit Ausnahme der auch jetzt noch gültigen, in den §§. 177—185. aufgestellten Modificationen gleich stellt, die Gesindeordnung vom 8. Nov. 1810 aber die landrechtlichen Vorschriften über die Rechte des gemeinen Gesindes modificirt, so findet die Gesindeordnung auch auf die Hausofficianten Anwendung, d. h. nach §. 177. II. 5. das. auf diejenigen Personen, denen nur ein gewisses, bestimmtes Geschäft in der Haushaltung oder Wirthschaft, oder die Aufsicht über einen gewissen Theil derselben, aufgetragen wird. Nach §. 187. das. gehören aber Personen beiderlei Geschlechts, welche zur Erziehung der Kinder angenommen werden, ingleichen Privatsekretaire, Kapläne und Andere, die mit erlernten Wissenschaften und schönen Künsten im Hause Dienste leisten, nicht zu den Hausofficianten.

Minist. Resc. v. 10. Aug. 1839. Amtsbl. S. 290.

Hausofficianten, und somit Oekonomie-Inspektoren und Wirthschafterinnen, haben keine Verpflichtung zur Anschaffung von Gesindedienstbüchern.

Minist. Resc. v. 5. Juni 1847. M. B. d. i. V. S. 165.

Vierter Titel.

Vergehen in Bezug auf die persönliche Sicherheit.

1. Allgemeine Grundsätze.

Ein Jeder ist schuldig, sein Betragen so einzurichten, daß er weder durch Handlungen noch Unterlassungen Andrer Leben oder Gesundheit in Gefahr setze. §. 1.

§. 691. II. 20. A. L. R.

Alles dasjenige, woraus dergleichen erhebliche Gefahr entstehen kann, soll durch ernstliche Polizei-Verbote und verhältnißmäßige Strafen möglichst verhütet werden. §. 2.

§. 692. a. a. O.

2. Gefahren durch schädliche Nahrungsmittel oder Getränke.

Niemand soll Nahrungsmittel oder Getränke, die nach ihrer Beschaffenheit der Gesundheit nachtheilig sind, bei Vermeidung nachdrücklicher Geld- oder Leibesstrafe, wissentlich verkaufen oder Andern zu ihrem Gebrauche mittheilen. §. 3.

§. 722. II. 20. A. L. R.

Für den Reg.-B. Potsdam:

Da im Allgemeinen anzunehmen ist, daß das Einbringen ungesunden Fleisches zum Verkaufe weniger aus Unkenntniß, als aus betrügerischer Absicht geschieht, so soll einem Jeden, der unreines und der Gesundheit nachtheiliges Vieh geschlachtet und davon verkauft hat, nicht allein der Gewerbeschein abgenommen, sondern er soll noch außerdem mit Gefängniß- oder Geldstrafe nach Bewandniß der Umstände belegt werden.

V. v. 7. Sept. 1811. Amtsbl. S. 178.

Da die Erfahrung gezeigt hat, daß das Aufblasen des Fleisches, welches sich die Schlächter erlauben, um dem zum öffentlichen Verkauf gestellten Fleische ein besonderes Ansehen zu geben, für die Gesundheit von nachtheiligen Folgen sein kann, so wird dasselbe bei 1 Thlr. Strafe untersagt.

V. v. 26. Mai 1818. Amtsbl. S. 448.

Die Strafe des §. 722. II. 20. A. L. R. soll auch auf alle diejenigen Anwendung finden, welche in Gährung übergegangene weiche Käsemassen, namentlich Schmier- und Spitz-Käse, welche nicht den erforderlichen Grad der Austrocknung besitzen, und nicht wenigstens 3 Wochen alt sind, oder noch einen vorstechend sauren Geruch haben, öffentlich verkaufen.

V. v. 12. Juni 1839. Amtsbl. S. 219.

Bäcker und Branntweinbrenner, Korn- und Mehlhändler, und alle diejenigen, welche verdorbenes, mit schädlichen Zusätzen verunreinigtes Getreide und Mehl zu verkaufen und zu verbacken sich beikommen lassen, haben die strengste gesetzliche Strafe zu gewärtigen.

V. v. 27. Dec. 1816. Amtsbl. v. 1817 S. 16.

Kein mit Mutterkorn verunreinigtes Getreide darf zum Verkauf ausgestellt und verbacken werden.

V. v. 2. Sept. 1815. Amtsbl. S. 275.

3. Gefahren durch schädliche Stoffe im Allgemeinen.

§. 4. Niemand soll Schießpulver, Gifte, Arzeneien und andere Materialien, deren Bearbeitung, Aufbewahrung und rechter Gebrauch besondere Kenntnisse voraussetzt, ohne ausdrückliche Erlaubniß des Staats zubereiten, verkaufen oder sonst an Andere überlassen.

§. 693. II. 20. A. L. R.

§. 5. Wer dieses dennoch thut, dem soll, wenn auch kein Schaden dadurch veranlaßt worden, sein Vorrath confiscirt, und er nach Verhältniß der entstandenen Gefahr und des gesuchten oder wirklich gezogenen Gewinnes, in eine Geldstrafe von 20—100 Thlr. verurtheilt werden.

§. 694. a. a. O.

§. 6. Apotheker und alle diejenigen, denen die Zubereitung und der Verkauf der Gifte oder Arzeneien erlaubt ist, sollen dabei mit Vorsicht und Sorgfalt zu Werke gehen, damit durch einen unrechten oder unmäßigen Gebrauch Niemand an seinem Leben oder seiner Gesundheit beschädigt werde.

§. 695. a. a. O.

§. 7. Sie sollen keine Arzeneimittel (die in der Medicinal-Ordnung genannten Arten allein ausgenommen) ohne die Vorschrift eines vom Staate genehmigten Arztes zubereiten oder verabfolgen.

§. 696. a. a. O.

§. 8. Insonderheit sollen sie gefährliche Arzeneimittel und Gifte nur denjenigen Personen aushändigen, welche zu deren Empfang durch den Schein eines solchen Arztes (§. 696.) die Befugniß erhalten haben.

§. 697. a. a. O.

§. 9. An hinlänglich bekannte und unverdächtige Personen kann zwar zu einem, von ihnen angezeigten, rechtmäßigen Gebrauch Gift auch ohne solchen Schein verabfolgt werden.

§. 698. a. a. O.

Es müssen aber dergleichen Personen das Gift entweder selbst abholen, oder der Apotheker muß ihnen dasselbe durch seine Leute, wohl verschlossen und verwahrt, in ihre Hände überliefern. §. 10.

§. 699. a. a. O.

Wer nicht am Orte gegenwärtig ist, muß bei eigener Verantwortung sichere Personen zur Abholung solcher gefährlichen Sachen wählen, und schriftlich dazu bevollmächtigen. Diese aber müssen von dem Apotheker wegen deren unschädlichen Fortbringung die nöthige Anweisung erhalten. §. 11.

§. 700 a. a. a. O.

Schießpulver muß ebenfalls nur an unverdächtige Personen, denen man es zutrauen kann, daß sie damit umzugehen wissen, überlassen, und es muß dabei von denjenigen, welche damit handeln, die Vorschrift §§. 699. und 700 a. ebenfalls beobachtet werden. §. 12.

§. 700 b. a. a. O.

Wer den obstehenden Vorschriften §. 695. u. f. zuwider handelt, soll nach Maaßgabe des Grades seiner Fahrlässigkeit und der daraus entstandenen Gefahr mit Geldstrafe von 10—50 Thlr. belegt werden. §. 13.

§. 701. a. a. O.

4. Gefahren durch homöopatische, selbstdispensirte Arzneimittel.

Einer jeden Medicinalperson soll, soweit sie nach Inhalt ihrer Approbation zur Civilpraxis berechtigt ist, künftig nach Maaßgabe der nachfolgenden näheren Bestimmungen gestattet sein, nach homöopathischen Grundsätzen bereitete Arzneimittel selbst zu dispensiren. §. 14.

§. 1. des Reglements v. 20. Juni 1843 genehmigt durch Allerh. K. O. v. 11. Juli deff. J. Gesetzs. S. 305.

Wer von dieser Befugniß (§. 1.) Gebrauch machen will, muß hierzu die Erlaubniß des Ministers der Medicinal-Angelegenheiten einholen. §. 15.

§. 2. a. a. O.

Die Einrichtungen, welche zur Bereitung und Dispensation der Arzneien von den dazu für befugt erklärten Medicinalpersonen getroffen worden sind, unterliegen in gleicher Art, wie dies bei den Hausapotheken stattfindet, welche ausnahmsweise einzelnen Aerzten gestattet sind, zeitweisen Visitationen durch die Medicinal-Polizeibehörde. Bei diesen Visitationen müssen die betreffenden Medicinalpersonen sich darüber ausweisen: §. 16.

a. daß sie zur Bereitung und Dispensation der Arzneien ein, nach den Grundsätzen des homöopathischen Heilverfahrens zweckmäßig eingerichtetes besonderes Lokal besitzen;

b. daß die vorhandenen Arzneistoffe und Droguen von untadelhafter Beschaffenheit sind;

c. daß die wichtigsten Arzneistoffe, deren namentliche Bezeichnung erfolgen wird*), in der ersten Verdünnung angetroffen werden, damit die erforderliche chemische Prüfung derselben, in Bezug auf ihre Reinheit, angestellt werden könne; und

d. daß ein Tagebuch geführt wird, in welches die ausgegebenen Arzeneien nach ihrer Beschaffenheit und Dosis, unter genauer Bezeichnung des betreffenden Patienten und des Datums der Verabreichung, eingetragen werden.

§. 4. a. a. O.

§. 17. Es ist allen Medicinalpersonen untersagt, zubereitete homöopathische Arzneien zum Behuf des Selbstdispensirens, sei es in größeren oder geringeren Quantitäten, direkt oder indirekt aus ausländischen Apotheken oder Fabriken zu entnehmen.

§. 5. a. a. O.

§. 18. Wer homöopathische Arzneien selbst dispensirt, ist nur befugt, dieselben an diejenigen Kranken zu verabreichen, welche er selbst behandelt.

§. 6. a. a. O.

§. 19. Den Medicinalpersonen, welche die Genehmigung zum Selbstdispensiren homöopathischer Arzneimittel erhalten haben, bleibt es untersagt, unter dem Vorwande homöopathischer Behandlung nach den Grundsätzen der sogenannten allopathischen Methode bereitete Arzneimittel selbst zu dispensiren.

§. 7. a. a. O.

§. 20. Wer ohne die in §. 2. vorgeschriebene Genehmigung sogenannte homöopathische Arzneimittel selbst dispensirt, soll von der Befugniß hiezu für immer ausgeschlossen bleiben, und außerdem nach den allge-

---

*) Ist geschehen mittelst Min. Rescr. v. 28. Febr. 1846 (Min. Bl. d. i. Verw. S. 38). Die Stoffe sind: Aconitum Napellus — Alumina — Antimonium crudum — Antimonium tartaricum — Arnica montana — Arsenicum album — Aurum foliatum — Belladonna (Atropa) — Bryonia alba — Calcarea carbonica — Cantharides — Carbo vegetabilis — Chamomilla (Matricaria) — China (regia et fusca) — Cina (Cinae semen) — Cocculus — Coffea arabica — Crocus sativus — Cuprum (metallicum) — Digitalis purpurea — Drosera rotundifolia — Dulcamara (Solanum) — Euphrasia officinalis — Graphites — Hepar sulphuris calcareum — Hyoscyamus niger — Ignatia amara — Ipecacuanha (Cephaelis) — Kali carbonicum — Lycopodium clavatum — Magnesia carbonica — Mercurius solubilis — Natrum muriaticum — Nitri acidum — Nux vomica (Strychnos) — Opium — Petroleum — Phosphorus — Pulsatilla pratensis — Rhus toxicodendron — Sabina (Iuniperus) — Secale cornutum — Sepiae succus — Silicea — Spigelia anthelmia — Spongia marina tosta — Stannum metallicum — Staphys agria (Delphinium) — Stramonium (Datura) — Sulphur — Thuya occidentalis — Veratrum album.

meinen Vorschriften über den unbefugten Verkauf von Arzneien bestraft werden.

§. 8. a. a. O.

Eben diese Strafe (§. 8.) und zugleich der Verlust der Befugniß zum Selbstdispensiren soll denjenigen treffen, welcher sich einer Ueberschreitung der Vorschriften der §§. 6. und 7. schuldig macht. §. 21.

§. 9. a. a. O.

Uebertretungen der §§. 4. und 5. sind mit einer Geldbuße bis zu 50 Thlr. zu ahnden, und können bei Wiederholung des Vergehens, nach vorangegangener zweimaliger Bestrafung, mit der Entziehung der Befugniß zum Selbstdispensiren bestraft werden. §. 22.

§. 10. a. a. O.

5. Gefahren durch Arzneistoffe überhaupt.

Der Verkauf und Handelsverkehr mit folgenden Präparaten ist ausschließlich den privilegirten und concessionirten Apothekern gestattet, und allen übrigen Gewerbtreibenden untersagt: §. 23.

Acetum aromaticum Gewürzessig.
— Colchici Zeitlosenessig.
— plumbicum Bleiessig.
— Rutae Rautenessig.
— scilliticum Meerzwiebelessig.
— Acidum aceticum aromatico-camphorat. gewürzhafte kampherhaltige Essigsäure.
Aether phosphoratus phosphorhaltiger Aether.
Aqua amygdalarum amararum Bitter-Mandel-Wasser.
— aromatica Gewürzwasser.
— Asae foetidae Stink-Asand-Wasser.
— — — comp. zusammengesetztes Stink-Asand-Wasser.
— Calcariae Kalkwasser.
— Chamomillae Kamillenwasser.
— Cinnamomi vinosa weiniges Zimmtwasser.
— coerulea blaues Wasser.
— Foeniculi Fenchelwasser.
— foetida antihysterica antihysterisches stinkendes Wasser.
Aqua hydrosulphurata Schwefelwasserstoffwasser.
— — acidula säuerliches Schwefelwasserstoffwasser.
— Lauro-Cerasi Kirschlorbeerwas.
— Melissae Melissenwasser.
— Menthae piperitae Pfeffermünzwasser.
— — — vinosa weiniges Pfeffermünzwasser.
— Opii Opiumwasser.
— Petroselini Petersilienwasser.
— phagedaenica Phagedänisches Wasser.
— plumbica Bleiwasser.
— Rubi Idaei Himbeerwasser.
— Rutae Rautenwasser.
— Salviae Salbeywasser.
— Sambuci Fliederwasser.
— sulphurato - stibiata schwefelhaltiges Spießglanzwasser.
— vegeto - mineralis Goulardi Goulardswasser.
— vulneraria vinosa weiniges Wundwasser.

Balsamum nucistae Muskatbalsam.
Carbo Spongiae Schwammkohle.
Cerata Cerate, Wachssalben.
Cereoli Bougies.
Colocynthis praeparata präparirte Koloquinte.
Conserva rosarum Rosenconserve.
Cuprum aluminatum Kupfer-Alaun.
Decoctum Zittmanni Zittmannsches Dekokt.
Elaeosacchara Oelzucker.
Electuaria Latwergen.
Elixiria Elixire.
Emplastra Pflaster.
Extracta Extrakte.
Fel Tauri inspissatum eingedickte Ochsengalle.
Fumigationes Räucherungen.
Gasa Gasarten.
Gelatina Salep Salep-Gallerte.
Graphites depuratus gereinigtes Graphit.
Infusum Sennae compositum zusammengesetzter Senna-Aufguß (Wiener-Trank).
Linimenta Linimente.
Liquor Ammonii anisatus anishaltige Ammoniak-Lösung.
— — carbonici kohlensaure Ammoniak-Lösung.
— — — pyro oleosi brenzlichölhaltige kohlensaure Ammoniak-Lös. (Rektificirter Hirschhornspiritus).
— — oxalici kleesaure Ammoniak-Lösung.
— — succinici bernsteinsaure Ammoniak-Lösung (bernsteinsaurer Hirschhornspiritus).
— — sulphurati geschwefelte Ammoniak-Lösung.
— — vinosus weinige Ammon.-L.
Liquor Argenti nitrici salpetersaure Silber-Lösung.
— — sulphurici schwefelsaure Silber-Lösung.
— Barytae muriaticae salzsaure Baryt-Lösung.
— — nitricae salpetersaure Baryt-Lösung.
— Cupri sulphurici schwefelsaure Kupfer-Lösung.
— — sulphurico-ammoniati schwefelsaure Kupfer-Ammoniak-Lös.
— Ferri muriatici oxydati salzsaure oxydirte Eisen-Lösung.
— — — oxydulati salzsaure oxydulirte Eisen-Lösung.
— — sulphurici schwefelsaure Eisen-Lösung.
— Hydrargyri muriatici corrosivi ätzende salzsaure Quecksilber-Lösung (Sublimat-Lösung).
— — nitrici oxydati salpetersaure oxydirte Quecksilber-Lösung.
— — — oxydulati salpetersaure oxydulirte Quecksilber-Lösung.
— Kali acetici essigsaure Kali-Lösung.
— — carbonici e Tartaro kohlensaure Kali-Lösung.
— — caustici ätzende Kali-Lösung.
— — ferruginoso - hydrocyanici blausaure Eisen-Kali-Lösung.
— — oxalici oxalsaure Kali-Lösung.
— Magnesiae sulphuricae schwefelsaure Magnesia-Lösung.
— Myrrhae Myrrhen-Lösung.
— Natri carbonici kohlensaure Natron-Lösung.
— — caustici ätzende Natron-Lös.
— — muriatici salzsaure Natr.-L.
— Plumbi acetici essigsaure Blei-Lösung.

Liquor pyro-tartaricus brenzliche weinsteinsaure Flüssigkeit.
— Saponis stibiati Spießglanz-Seife-Lösung.
— Tartari stibiati Spießglanz-Weinstein-Lösung (Brechweinstein-Lösung).
Massa Pilularum e Cynoglosso Pillenmasse aus Hundszungenwurzel.
Mel depuratum abgeschäumter Honig.
— rosatum Rosenhonig.
Mixturae Mixturen.
Morsuli antimoniales Kunkelii Kunkels Spießglanz Morsellen.
Mucilagines Schleime.
Oleum Absinthii coctum gekochtes Wermuthöl.
— camphoratum kampherhaltiges Oel.
— Chamomillae citratum citronenölhaltiges Kamillenöl.
— — coctum gekochtes Kamillenöl.
— — terebinthinatum terpenthinölhaltiges Kamillenöl.
— Hyosciami coctum gekochtes Bilsenkrautöl.
— Hyperici coctum gekochtes Johanniskrautöl.
— Lini sulphuratum schwefelhaltiges Leinöl.
— Menthae crispae terebinthinat. terpenthinölhalt. Krausemünzöl.
— Ovorum Eieröl.
— phosphoratum phosphorhaltiges Oel.
— contra Taeniam Chaberti Chaberts Oel gegen den Bandwurm.
— Terebinthinae sulfuratum schwefelhaltiges Terpenthinöl.
Opodeldoc Opodeldoc.
Oxymella Sauerhonige.
Pilulae Jalapae Jalapen-Pillen.
Pulpa Cassiae Kassia-Mus.
— Tamarindorum Tamarinden-Mus.
Pulvis aërophorus Brausepulver.
— antiepilepticus Pulver gegen die Epilepsie.
— aromaticus Gewürzpulver.
— dentifricius Zahnpulver.
— Glycyrrhizae compositus zusammengesetztes Süßholzpulver (Brustpulver).
— gummosus gummiges Pulver.
— Ipecacuanhae opiatus opiumhaltiges Brechwurzelpulver.
— Magnesiae cum Rheo Magnesiapulver mit Rhabarber.
— sternutatorius Niesepulver.
— temperans niederschlagendes Pulver.
Resina Jalapae praeparata zubereitetes Jalapenharz.
Saccharum aluminatum Alaunzucker.
Sapo guajacinus Guajakseife.
— jalapinus Jalapenseife.
— stibiatus Spießglanzseife.
— terebinthinatus terpenthinhaltige Seife.
Serum lactis acidum saure Molken.
— — aluminatum Alaun-Molken.
— — dulcificatum versüßte Molk.
— — tamarindinatum Tamarinden-Molken.
Sinapismus Senfteig.
Solutio arsenicalis Arsenik-Lösung.
Species Species (Mengung zerkleinerter Vegetabilien).
Spiritus Angelicae compositus zusammengesetzter Angelik-Spiritus.
— camphorato-crocatus safranhaltiger Kampher-Spiritus.

Spiritus camphoratus Kampher-Spiritus.
— Cochleariae Löffelkraut-Spirit.
— Formicarum Ameisen-Spiritus.
— Juniperi Wachholder-Spiritus.
— Masticheѕ compositus zusammengesetzter Mastix-Spiritus.
— Mindereri Minderers Geist.
— Rorismarini Rosmarin-Spiritus.
— saponatus Seifen-Spiritus.
— serpylli Feldkümmel-Spiritus.
Spongiae ceratae Wachs-Schwämme.
— compressae Preß-Schwämme.
Syrupus Althaeae Eibisch-Syrup.
— Amygdalarum Mandel-Syrup.
— Balsami Peruviani Syrup aus peruvianischem Balsam.
— Capitum Papaveri Mohnköpfe-Syrup.
— Chamomillae Kamillen-Syrup.
— Cinnamomi Zimmt-Syrup.
— Corticum Aurantiorum Pomeranzenschaalen-Syrup.
— Croci Safran-Syrup.
Syrupus Florum Aurantii Pomeranzenblüthen-Syrup.
— Glycyrrhizae Süßholz-Syrup.
— Ipecacuanhae Brechwurzel-Syrup.
— Mannae Manna-Syrup.
— Menthae Krausemünzen-Syrup.
— Rhei Rhabarber-Syrup.
— Rhoeados Klatschrosen-Syrup.
— Senegae Senega-Syrup.
— Sennae Sennes-Syrup.
— Spinae cervinae Kreuzdorn-Syrup.
— Succi Citri Zitronensaft-Syrup.
— Violarum Veilchen-Syrup.
— Zingiberis Ingber-Syrup.
Tartarus depuratus gereinigter Weinstein.
Tincturae Tinkturen.
Trochisci bechici Brustkuchen.
— Ipecacuanhae Brechwurzelkuchen.
Unguenta Salben.
Vinum Colchici Zeitlosen-Wein.
— ferruginosum Eisenwein.
— stibiatum Spießglanzwein.

Die nachfolgenden Zusammensetzungen und einfachen Stoffe dürfen zwar außer von den Apothekern auch von andern Gewerbtreibenden, namentlich von den Inhabern chemischer Fabriken, von Laboranten, Kaufleuten und Krämern verkauft werden, jedoch nicht im pulverisirten Zustande; auch die ad 1. aufgeführten nur in Quantitäten von mindestens 1 Pfund., die ad 2. benannten Gegenstände nur in Quantitäten von mindestens 2 Loth. Der Detailhandel bis zu diesem Gewicht bleibt dem Apotheker ausschließlich vorbehalten.

1) Acidum phosphoricum purum reine Phosphorsäure.
Agaricus muscarius Fliegenschwamm.
Aloë Aloe.
Alumen ustum gebrannter Alaun.
Ammoniacum Ammoniakharz.
— depuratum gereinigtes Ammoniakharz.
Ammonium carbonicum pyro-oleosum Hirschhornsalz.
— muriaticum depuratum gereinigter Salmiak.
— — martiatum eisenhaltiger Salmiak.
Aqua Kreosoti Kreosot-Wasser.
Arsenicum album weißer Arsenik.
Asa foetida stinkender Asand.

Asa foetida depurata gereinigter stinkender Asand.
Auripigmentum Operment.
Baccae Lauri Lorbeeren.
Balsamum Copaivae Copaiva-Balsam.
Baryta muriatica salzsaurer Baryt.
Bdellium Bdelliumharz.
Boletus cervinus Hirschbrunst.
— Laricis Lerchenschwamm.
Bovista Bovist.
Calcaria sulphurata Kalkschwefelleber.
Camphora Kampfer.
Cantharides spanische Fliegen.
Castoreum canadense kanadisches Bibergeil.
Catechu japanische Erde.
Cobaltum Kobalt.
Colocynthis Koloquinten.
Conchae praeparatae präparirte Austerschaalen.
Cortex adstringens brasiliensis brasilianische Rinde.
— Alcornocco Alkornocko-Rinde.
— Alyxiae Alyxie-Rinde.
— Angusturae Angustura-Rinde.
— Cascarillae Kaskarill-Rinde.
— Chinae fuscus braune China-Rinde.
— — regius Königs-China-Rinde.
— — ruber rothe China-Rinde.
— Geoffraeae surinamensis surinamsche Wurm-Rinde.
— Guajaci Franzosenholz-Rinde.
— Hippocastani Roßkastanien-Rinde.
— Mezerei Seidelbast-Rinde.
— Pruni Padi Traubenkirschen-Rinde.
— Quassiae Quassien-Rinde.
— Radicis Granatorum Granatwurzel-Rinde.
Cortex Salicis Weiden-Rinde.
— Sassafras Sassafras-Rinde.
— Simarubae Ruhr-Rinde.
— Ulmi internus Rüster-Rinde.
Cubebae Cubeben.
Euphorbium Euphorbium.
Fabae Pichurim majores große Pichurimbohnen.
— — minores kleine Pichurimbohnen.
Ferrum muriaticum oxydulatum salzsaures Eisenoxydul.
— oxydatum fuscum braunes Eisenoxyd.
— — rubrum rothes Eisenoxyd.
— oxydulatum nigrum schwarzes Eisenoxydul.
— pulveratum gestoßenes Eisen.
— sulphuratum Schwefeleisen.
Flores Acaciae Schlehenblüthen.
— Arnicae Wohlverleihblumen.
— Aurantii sicc. trockene Orangenblüthen.
— Chamomill. rom. römische Kamillen.
— — vulgaris Kamillen.
— Convallariae majalis Maiblumen.
— Granati Granatblumen.
— Lavandulae Lavendelblumen.
— Malvae arboreae Stockrosen.
— — vulgaris Malvenblumen.
— Millefolii Schaafgarbenblumen.
— Rhoeados Klatschrosen.
— Sambuci Fliederblumen (Hollunderblumen.)
— Stoechados Winterblumen.
— Tanaceti Rainfarrnblumen.
— Verbasci Wollkrautblumen.
Folia Aurantiorum siccat. trockene Pomeranzenblätter.
— Buccae Buckoblätter.
— Farfarae Huflattig.

Folia Hyoscyami Bilsenkraut.
— Lauro-Cerasi Kirschlorbeerblätter.
— Malvae Pappelkraut.
— Plantaginis Wegerichblätter.
— Rhododendri sibirische Schneerosenblätter.
— Sennae Sennesblätter.
— Toxicodendri Gift-Sumachblätter.
— Uvae Ursi Bärentraubenblätter.
Galbanum Mutterharz.
— depuratum gereinigtes Mutterharz.
Globuli Tartari ferruginosi Stahlkugeln.
Grana Tiglii Purgierkörner.
Helmintochortos Wurmmoos.
Hepar Antimonii Spießglanzleber.
Herba Abrotani Eberraute.
— Absinthii Wermuth.
— Aconiti Eisenhütlein.
— Althaeae Eibischkraut.
— Arnicae Wohlverleihkraut.
— Basilici Basilicumkraut.
— Belladonnae Tollkirschenblätter.
— Calendulae Ringelblumenkraut.
— Cardui benedicti Kardobenedictenkraut.
— Centaurii minoris Tausendgüldenkraut.
— Chaerophylli Kälberkopfkraut.
— Chelidonii Schöllkraut.
— Chenopod. ambrosiaci Mexikanisches Traubenkraut.
— Cicutae viros. Wasserschierling.
— Clematid. erect. Brennkraut.
— Cochleariae Löffelkraut.
— Conii Erdschierling.
— Digitalis Fingerhutkraut.
— Eupatorii perfoliat. durchwachsener Wasserhanf.
— Fumariae Erdrauchkraut.
Herba Galeopsis Hanfnesselkraut.
— Hederae terrestr. Gundermann.
— Hepaticae Leberkraut.
— Hyperici Johanniskraut.
— Hyssopi Ysopkraut.
— Gratiolae Gottesgnadenkraut.
— Lactucae virosae Giftlattigkraut.
— Ledi palustris wilder Rosmarin (Porsch).
— Linariae Leinkraut.
— Lycopodii Bärlappkraut.
— Mari veri Katzenkraut.
— Marrubii weißer Andorn.
— Matricariae Mutterkraut.
— Meliloti Steinklee (Melilotenkraut).
— Melissae Melisse.
— Menthae crispae Krausemünze.
— — piperitae Pfeffermünze.
— Millefolii Schaafgarbe.
— Origani vulgaris gemeiner Dost.
— Polygalae amarae bitteres Kreuzblumenkraut.
— Pulsatillae schwarze Küchenschelle.
— Rorismarini Rosmarin.
— Rutae Raute.
— Sabinae Sadebaum.
— Salviae Salvei.
— Scordii Lerchenknoblauchkraut.
— Serpylli Feldkümmel (Quendel).
— Spilanthi oleraceae c. flor. Kohlfleckblumenkraut.
— Stramonii Stechapfelkraut.
— Tanaceti Rainfarrenkraut.
— Taraxaci Löwenzahnkraut.
— Trifolii Dreiblattkraut.
— Verbasci Wollkraut.
— Violae tricoloris Stiefmütterchenkraut.
— Veronicae Ehrenpreiskraut.

Hydrargyrum ammoniato - muriaticum salzsaures Ammoniak-Quecksilber (weißer Quecksilberpräcipitat).
— muriaticum corrosivum ätzendes salzsaures Quecksilber (ätzender Quecksilbersublimat).
— — mite mildes salzsaures Quecksilber (versüßtes Quecksilber, Calomel).
— oxydatum rubrum praep. präparirtes rothes Quecksilberoxyd (präparirter rother Quecksilberpräcipitat).
— stibiato sulphuratum geschwefeltes Spießglanz-Quecksilber (Spießglanz-Mohr).
— sulphuratum nigrum schwarzes Schwefelquecksilber (mineralischer Mohr).
Kali aceticum essigsaures Kali.
— carbonicum acidulum säuerliches kohlensaures Kali.
— sulphuratum geschwefeltes Kali (Schwefelleber).
— — pro balneo geschwefeltes Kali zum Bade (Schwefelleber zum Bade).
— sulphuricum acidum saures schwefelsaures Kali.
— — crudum rohes schwefelsaures Kali.
— — depuratum gereinigtes schwefelsaures Kali.
— tartaricum weinsteinsaures Kali.
Kino Kino.
Lapides Cancrorum Krebssteine.
Lichen Islandicus isländisches Moos.
Lignum Guajaci Guajakholz (Franzosenholz).
— Juniperi Wachholderholz.
— Quassiae Quassiaholz.
Lignum Sassafras Sassafrasholz (Fenchelholz).
Liquor Ammonii acetici essigsaure Ammoniak-Flüssigkeit.
— Stibii muriatici salzsaure Spießglanz-Auflösung (Spießglanzbutter).
Lycopodium Bärlapp - Saamen (Streupulver).
Magnesia carbonica kohlensaure Magnesia (kohlens. Talkerde).
— — venalis käufliche kohlensaure Magnesia.
— sulphurica cruda rohe schwefelsaure Magnesia (rohes Bittersalz, Seidlitzer-, Saidschützer-, Epsom-Salz).
— — depurata gereinigte schwefelsaure Magnesia (gereinigtes Bittersalz).
— usta gebrannte Magnesia.
Manna Manna.
Myrrha Myrrhe.
Natrum carbonicum acidulum säuerliches kohlensaures Natron.
— — siccum trockenes desgl.
— phosphoricum phosphorsaures Natron.
— sulphuricum crudum rohes schwefelsaures Natron (rohes Glaubersalz).
— — depurat. crystallis. krystallisirtes gereinigtes schwefelsaures Natron (gereinigtes Glaubersalz).
— — depurat. siccum trockenes gereinigtes schwefelsaures Natron (trockenes Glaubersalz).
Nuces vomicae Krähenaugen.
Oleum animale foetidum stinkendes thierisches Oel (Hirschhornöl).
— laurinum Lorbeeröl.

Oleum Nucistae Muskatöl, Muskatbalsam.
— Philosophorum Ziegelöl.
— Ricini Ricinusöl.
— Rusci Daggert.
— Succini crudum rohes Bernstein-Oel.
Petroleum Stein-Oel, Berg-Oel.
— rectificatum rektificirtes Stein-Oel, rektificirtes Berg-Oel.
Plumbum acetic. crud. rohes essigsaures Blei, roher Bleizucker.
— — depurat. gereinigtes essigsaures Blei, gereinigter Bleizucker.
Radix Althaeae Altheewurzel (Eibischwurzel).
— Angelicae Angelikawurzel.
— Arnicae Wohlverleihwurzel.
— Aronis Aronswurzel.
— Artemisiae Beifußwurzel.
— Ari Haselwurzel.
— Bardanae Klettenwurzel.
— Belladonnae Belladonnenw.
— Bistortae Natterwurzel.
— Bryoniae Gichtrübe, Zaunrübe.
— Caincae Caincawurzel.
— Calami Kalmuswurzel.
— Caricis arenariae Sandseggewurzel.
— Caryophyllatae Nelkenwurzel.
— Colchici Zeitlosenwurzel.
— Colombo Colombowurzel.
— Contrajervae Giftwurzel.
— Cynoglossi Hundszungenw.
— Enulae Alandswurzel.
— Filicis Farrenkrautwurzel.
— Foeniculi Fenchelwurzel.
— Galangae Galgantwurzel.
— Gentianae rubrae rothe Enzianwurzel.
— Glycyrrhizae glabrae et echinatae Süßholzwurzel.
Radix Graminis Queckenwurzeln, Peden.
— Hellebori albi weiße Niesw.
— — nigri schwarze Nieswurzel.
— Jalapae Jalapenwurzel.
— Imperatoriae Meisterwurzel.
— Ipecacuanhae Ipecacuanhawurzel (Brechwurzel).
— Lapathi acuti Grindwurzel.
— Levistici Liebstöckelwurzel.
— Ononidis Hauhechelwurzel.
— Paeoniae Päonienwurzel.
— Pimpinellae Pimpinellenwurzel.
— Pyrethri Bertramwurzel.
— Ratanhae Ratanhawurzel.
— Rhei Rhabarberwurzel.
— Saponariae Seifenkrautwurzel.
— Sarsaparillae Sarsaparillw.
— Scillae Meerzwiebel.
— Senegae Senegawurzel.
— Serpentariae virginische Schlangenwurzel.
— Taraxaci Löwenzahnwurzel.
— Tormentillae Tormentillwurzel.
— Valerianae Baldrianwurzel.
— Vincetoxici Schwalbenwurzel.
— Zedoariae Zittwerwurzel.
Resina Guajaci Guajakharz.
— Jalapae Jalapenharz.
— ligni Guajaci Franzosenholzharz.
Saccharum lactis Milchzucker.
Sagapenum Sagapen.
— depuratum gereinigt. Sagapen.
Sapo medicatus medizinische Seife.
Scammonium Scammonium.
Secale cornutum Mutterkorn.
Semen Anisi stellati Sternanis.
— Cinae Zittwersaamen.
— Cocculi Kockelsbeeren.
— Colchici Zeitlosensaamen.
— Cydoniorum Quittenkörner.
— Hyoscyami Bilsenkrautsaamen.
— Nigellae schwarzer Kümmel.

Semen Paeoniae Päonienkörner.
— Petroselini Petersiliensaamen.
— Phellandrii Wasserfenchel.
— Sabadillae Sabadillsaamen.
— Stramonii Stechapfelsaamen.
— Tanaceti Rainfarrensaamen.
Spritus acetico-aethereus Essigätherweingeist.
— muriatico-aethereus Salzätherweingeist.
— nitrico-aethereus Salpeterätherweingeist (versüßte Salpetersäure).
— sulphurico-aethereus Schwefelätherweingeist (Hoffmannstropfen).
— — — martiatus eisenhaltiger Schwefelätherweingeist.
Stibium oxydatum album weißes Spießglanzoxyd.
— — griseum gr. Spießglanzoxyd.
— oxydulatum fuscum braunes Spießglanzoxydul.
— sulphuratum nigrum Schwefelspießglanz (Antimon).
— — laevigatum geschlemmtes Schwefelspießglanz.
Stipites Dulcamarae Bittersüßstengel.
Succus Glycyrrhizae crudus roher Lakritzensaft.
— — depurat. gereinigter Lakritzensaft.
Sulphur griseum grauer Schwefel.
— praecipitatum gefällter Schwefel (Schwefelmilch).
— stibiatum aurantiacum pomeranzenfarbig. Spießglanzschwefel (Goldschwefel).
— — rubeum rother Spießglanzschwefel (mineralischer Spießglanzschwefel).
Tacamahaca Takamahak.
Tartarus ammoniatus Ammoniakweinstein.
— boraxatus Boraxweinstein.
— ferruginosus eisenhaltig. Weinstein.
— natronatus Natronweinstein.
— stibiatus Spießglanzweinstein (Brechweinstein).
Turiones Pini Fichtensprossen.
Viscum album Mistel.
Zincum oxydatum album Zinkblumen.
— — — via humida par. weißes Zinkoxyd.

(Semen Cumini Mutter- oder römischer Kümmel und Semen foenum Graecum Bockhornsaamen, welche früher auch hierher gehörten, sind durch Min. Rescr. vom 10. Oct. 1842 (Amtsbl. S. 305.) u. Rescr. v. 31. Juli 1844 (Amtsbl. S. 234.) ganz dem Privatdebit überlassen.)

2) Acidum benzoicum Benzoesäure.
— hydrocyanicum Blausäure.
— phosphoricum depurat. gereinigte Phosphorsäure.
— succinicum crudum rohe Bernsteinsäure (Bernsteinsalz).
— — depuratum gereinigte Bernsteinsäure.
Aether aceticus Essigäther.
— sulphuricus venalis Schwefeläther.
Alcohol sulphuris Schwefelalkohol.
Argentum nitricum crystallisatum krystallisirtes salpetersaures Silber.
— — fusum geschmolzenes salpe-

tersaures Silber (Höllenstein).

Aurum muriaticum salzsaures Gold.

Balsamum de Mecca Mekka-Balsam.

Bismuthum nitricum praecipitatum niedergeschlagenes salpetersaures Wismuthoxyd (Wismuth-Magisterium).

Castoreum sibiricum sibirisches Bibergeil.

Calcaria stibiato-sulphurata spießglanzhaltige geschwefelte Kalkerde.

Chinoidin Chinoidin.

Chinium u. dessen Präparate, Chinin u. dessen Präparate.

Cinchonium desgl. Cinchonin desgl.

Cuprum ammoniato-muriaticum salzsaures Ammoniak-Kupfer.

— sulphurico-ammoniatum schwefelsaures Ammoniak-Kupfer.

Emetin Emetin.

Fabae St. Ignatii Ignatius-Bohnen.

Fucus Carrageen Carrageen-Moos.

Hydrargyrum aceticum essigsaures Quecksilber.

— hydrocyanicum blausaures Quecksilber.

— oxydatum rubrum rothes Quecksilberoxyd (rother Präcipitat).

— oxydulatum nigrum schwarzes Quecksilberoxydul.

— — purum reines schwarzes Quecksilberoxydul.

Jodum Jod.

Kali causticum fusum geschmolzenes ätzendes Kali.

— — siccum trockenes desgl.

— hydroiodicum jodwasserstoffsaures Kali.

Kreosotum Kreosot.

Lactucarium anglicum englisches Lactucarium.

— gallicum Französ. Lactucarium.

Liquor ammonii caustici ätzende Ammoniak-Lösung (Salmiakspiritus).

Morphium Morphium und dessen Präparate.

Moschus Moschus.

Oleum Absinthii aethereum ätherisches (destillirtes) Wermuthöl.

— Amygdalarum aethereum ätherisches Mandel-Oel.

— Anethi Dill-Oel.

— animale aethereum ätherisches thierisches Oel (Dippelsches Oel).

— Arnicae Wohlverleih-Oel.

— Cacao Kakaoöl (Kakaobutter).

— Cerae Wachs-Oel.

— Cajeputi Cajeput-Oel.

— — rectificatum rectificirtes Cajeput-Oel.

— Calami Kalmus-Oel.

— Chamomillae aethereum ätherisches Kamillen-Oel.

— Crotonis Croton-Oel.

— Cumini Mutterkümmel-Oel.

— Galbani Mutterharz-Oel.

— Juniperi baccarum Wachholderbeeren-Oel.

— Macidis Muskatenblüth-Oel.

— Majoranae Majoran-Oel.

— Menthae crispae Krausemünz-Oel.

— Myrrhae Myrrhen-Oel.

— Origani cretici Spanisch-Hopfen-Oel.

— Petroselini Petersilien-Oel.

— Rutae Rauten-Oel.

— Sabinae Sadebaum-Oel.

— Succini rectificatum rektificirtes Bernstein-Oel.

Oleum Tanaceti Rainfarren-Oel.
— Thymi Thymian-Oel.
— Valerianae Baldrian-Oel.
Opium Opium.
Piperin Pipern.
Phosphorus Phosphor.
Sal Thermarum Carolinarum Carlsbader Salz.
Salicin Sallicin.
Spiritus Nitri fumans rauchende Salpetersäure.
Strychnin Strychnin und dessen Präparate.
Veratrin Veratrin und dessen Präparate.
Zincum hydrocyanicum blausaures Zink.
— sulphuricum schwefelsaur. Zink.

Alle in den obigen Verzeichnissen nicht erwähnte Gegenstände sind im Gewerbe- und Handelsverkehr keiner Beschränkung unterworfen, wenn sie auch in der Pharmacopoe als Arzneistoffe erwähnt sind.

Die obigen Verzeichnisse sollen von Zeit zu Zeit einer Revision unterworfen, und nach Maßgabe der weiteren Fortschritte der Wissenschaft und der Bedürfnisse der Gewerbe von den Ministerien ergänzt und abgeändert werden. Die Ministerien sind auch ermächtigt, in geeigneten Fällen Nichtapotheker durch besondere Concessionen von den oben vorgeschriebenen Beschränkungen, hinsichtlich einzelner oder mehrerer Gegenstände, in gemeinschaftlicher Verfügung zu dispensiren.

In solchen Concessionen, welche jedoch nur widerruflich ertheilt werden dürfen, muß jederzeit der Umfang der dem Inhaber ertheilten Befugnisse genau ausgedrückt sein.

Hinsichtlich der Giftwaaren, deren Transport, Aufbewahrung und Verabfolgung, bewendet es bei den dieserhalb bestehenden auch auf Nichtapotheker anzuwendenden Vorschriften.

Jede Uebertretung der vorstehenden Bestimmungen wird, insofern sie nicht schon nach andern gesetzlichen Vorschriften eine härtere Strafe nach sich zieht, mit einer Geldbuße von 5 — 20 Thlr. geahndet. Im Unvermögensfalle tritt an die Stelle der Geldbuße verhältnißmäßige, nach den Vorschriften des allgemeinen Strafrechts zu bestimmende Gefängnißstrafe. Bei Wiederholungen, nach vorgängiger rechtskräftiger Verurtheilung sind diese Strafen zu schärfen, dürfen jedoch 50 Thlr. Geld oder 6wöchentliche Gefängnißstrafe nicht übersteigen.

Allerh. K. O. v. 17. Oct. 1836 u. Reglement v. 16. Sept. deff. J. Gesetzs. v. 1837. S. 41 ff.

Für den Reg.-B. Potsdam und die Stadt Berlin
in Folge Min.-Rescr. v. 9. Juni 1845 wiederholt in Erinnerung gebracht durch Verordn. v. 6. u. 16. Juli 1845. Amtsbl. S. 234.

Materialisten, welche mit Arzneiwaaren handeln, sind den deshalb erlassenen Polizei-Strafgesetzen unterworfen.

Min. Rescr. v. 30. Nov. 1841. Min. Bl. d. inn. V. 1841. S. 339 ff.

Jeder Apotheker und Droguist, unter dessen Vorrath sich falsche Angustura-Rinde findet, wird in eine Geldstrafe von 10 Thlr. genommen.

Min. Rescr. v. 21. Oct. 1815. Amtsbl. S. 314.

6. Gefahren durch pflichtwidrige Handlungen der Apotheker.

a) Bei Anfertigung der Arzneimittel nach Recepten.

§. 24. Sobald ein Recept zur Bereitung in die Apotheke gebracht wird, auf welches der Arzt das Datum, die Jahreszahl, den Namen des Patienten, und wenn dem Apotheker dessen Hand nicht bekannt ist, auch seinen eigenen Namen geschrieben haben muß, so ist der Apotheker verpflichtet, es entweder selbst zu verfertigen, oder einem tüchtigen Gehülfen, allenfalls auch einem Lehrlinge, welcher aber wenigstens drei Jahre in der Lehre gestanden und sich wohl applicirt haben muß, zur Bereitung zuzustellen.

Sowohl die Apotheker als deren Gehülfen und Lehrlinge sind verbunden, die Arzneimittel auf einem mit Gittern umgebenen Receptirtisch, nach Vorschrift der Recepte, ohne Aufschub vorsichtig und pünktlich zu bereiten, die angefertigten Medicamente daselbst bis zur Abholung zu verwahren, und solche nebst dem Recepte so wenig während der Anfertigung als nachher Jemand vorzuzeigen, noch weniger Abschriften davon zu geben oder nehmen zu lassen. Damit auch derjenige, welcher am Receptirtisch die Medicamente zusammenmischt, nicht gestört werde, so soll außer den in die Officin gehörigen Personen Niemand zu solchem zugelassen werden.

§. 2 a. Tit. 3. der Apotheker-Ordnung v. 11. Octbr. 1801. N. C. C. Tom. XI. S. 355.

§. 25. Bei der Receptur muß die strengste Genauigkeit, Ordnung und Reinlichkeit herrschen.

Sämmtliche Gefäße und Instrumente müssen stets rein und sauber, auch Waagen und Gewichte in accuratem Zustande erhalten werden. Auch das Reinhalten der Seihetücher zu Dekokten und Infusionen ist nicht zu vernachlässigen.

Mixturen, Pulver, Pillenmassen u. s. w., zu denen salinische und metallische Präparate kommen, dürfen in keinen metallischen, sondern sollen in steinernen, gläsernen oder porzellanenen Mörsern bereitet werden.

Zu scharfen, heftig wirkenden Mitteln, als Quecksilbersublimat, ingleichen zu stark riechenden, als Moschus und Asa foetida sollen besondere Mörser und Waageschalen gehalten werden.

Pulver- und Pillenschachteln dürfen nicht mit Goldpapier ausgefüttert sein.

§. 2b. a. a. O.

Bei Dispensirung der Arzneimittel soll Nichts gemessen, viel weniger nach dem bloßen Augenmaaß genommen, sondern Alles ordentlich und genau abgewogen werden. Bei den Wassern kann jedoch das Abmessen wohl statthaben, nur müssen die eigends dazu bestimmten Mensuren nach dem absoluten Gewicht des Wassers richtig abgetheilt sein. §. 26.

Sollten auch noch Aerzte in Gebrauch haben, Vegetabilien manipulweise zu verschreiben, so sollen diese dennoch gewogen und statt eines Manipuls bei Kräutern eine halbe Unze und bei Blumen drei Drachmen nach Gewicht genommen werden.

§. 2c. a. a. O.

Zu mehrerer Verhütung, daß keine Verwechselung der Medicamente sich zutragen möge, soll in der Apotheke jedesmal der Name des Patienten, welcher auf dem Recepte steht, ingleichen der Name des Apothekers, bei welchem das Recept verfertigt worden, nebst dem Dato auf der Signatur bemerkt werden. Auch soll auf der Signatur die auf dem Recept bestimmte Gabe und Zeit des Einnehmens nicht mit Ziffern bezeichnet, sondern jedesmal mit Buchstaben deutlich und leserlich geschrieben werden. §. 27.

Eben so muß die Taxe der Medicamente auf dem Recepte, wenn sie bei erfolgender Bezahlung zurückgegeben werden, mit deutlichen Ziffern bemerkt sein.

§. 2d. a. a. O.

Da auch die Erfahrung gelehrt hat, daß öfters diejenigen Arzeneien, welche die Patienten auf Verordnung ihres Arztes zum zweiten oder öftern Male machen lassen, nicht vollkommen gleich, sondern in Farbe, Quantität, Geschmack und Geruch verschieden sind, und hierdurch dem Patienten verdächtig werden, so soll derjenige Apotheker, in dessen Officin dergleichen Nachlässigkeit erweislich gemacht worden, in 5 Thlr. Strafe verfallen. Damit man aber wisse, wer den Fehler bei der Reiteratur begangen, so soll derjenige, der solche verfertigt, jedesmal seinen Namen auf die Signatur schreiben. §. 28.

§. 2e. a. a. O.

In gleiche Strafe soll derjenige Apotheker genommen werden, welcher die ihm zugeschickten Recepte, es sei bei Tage oder bei Nacht, nicht sogleich, ohne Aufenthalt, verfertigt, den Handkauf vorzieht und die Patienten ohne Noth auf die Medicin warten läßt. Besonders sollen diejenigen Recepte, die mit „cito“ bezeichnet worden, sogleich bereitet und die Arznei den Boten, welche die Recepte einhändigen, mit gegeben werden. §. 29.

§. 2f. a. a. O.

Uebrigens sollen solche von approbirten Aerzten und Wundärzten einmal verschriebene und verfertigte Recepte, welche Drastica, Vomi- §. 30.

toria, Menses et Urinam moventia, Opiata und andere dergleichen stark wirkende Medicamente enthalten, ohne Vorwissen und Bewilligung des Arztes zum andern Male nicht wieder gemacht werden, weil dergleichen Mittel, die, zur rechten Zeit verordnet, von guter Wirkung gewesen, dem Kranken, wenn er solche zur Unzeit nimmt, den Tod zu Wege bringen können.

§. 2 g. a. a. O.

§. 31. Wenn dem Apotheker in dem verschriebenen Recepte ein Irrthum oder Verstoß von der Art, daß davon ein Nachtheil für den Patienten zu besorgen sei, bemerklich werden sollte, so hat er sogleich dem Arzte, welcher das Recept verschrieben, seine Bedenklichkeit und seinen Zweifel bescheiden zu eröffnen. Wenn der Arzt den Verstoß nicht anerkennt, und auf die Anfertigung des Receptes nach seiner Vorschrift besteht, so kann es der Apotheker zwar auf dessen Verantwortung verfertigen, doch hat er zu seiner eigenen Rechtfertigung den Fall sogleich dem Physikus, oder wenn dieser das verdächtige Recept verschrieben hätte, dem competenten Collegio-medico anzuzeigen.

§. 2 h. a. a. O.

§. 32. Sollte es sich zutragen, daß ein verschriebenes Ingredienz nicht vorräthig oder sogleich nicht anzuschaffen sei, so darf der Apotheker nicht willkührlich ein anderes dafür substituiren, oder etwas hinweglassen, sondern er hat solches sofort dem Arzte anzuzeigen, und es diesem zu überlassen, an dessen Statt ein anderes Mittel von gleicher Eigenschaft zu verordnen.

§. 2 i. a. a. O.

§. 33. Da auch verlauten will, daß noch hier und da unbefugte Personen sich mit innerlichen und äußerlichen Kuren befassen, so wird den Apothekern hiermit anbefohlen, sich der Verfertigung solcher Recepte, die von dazu nicht qualificirten Personen verschrieben worden, zu enthalten, und sich hierunter lediglich nach dem §. 5. Pag. 28 des Königl. Medicinal-Edikts vom Jahre 1725 zu achten, am wenigsten aber Medicamente von heftiger und bedenklicher Wirkung, als Drastica, Vomitoria, Mercurialia, Narcotica, Emmenagoga, namentlich auch Resina und Tinctura Jalappae von der Hand, ohne ein von einem approbirten Arzte verschriebenes Recept verabfolgen zu lassen.

§. 2 k. a. a. O.

§. 34. Der hier allegirte §. 5. lautet:

Es sollen die Apotheker keine innerliche Medicamente, so nicht von approbirten Medicis verschrieben worden, verfertigen und verabfolgen lassen, worunter aber nicht zu verstehen sind die Recepte, so auch von auswärtigen erfahrenen Medicis verordnet, und in welchen nichts Bedenkliches und Verdächtiges enthalten ist, in welchem Falle ein jeder Apotheker, welchem ein verdächtiges und etwa unrichtiges Recept, worüber er sich des Verfertigens halber zu bedenken Ursache hätte, vorkommt, solches dem nächstwohnenden approbirten Medico zuschicken, und dessen Censur darüber erwarten kann. Dahingegen die legitimirten Recepte, welche absonderlich mit statim, cito, citissime bezeichnet sind, vor allen andern schleunigst, es sei bei Tag oder Nacht, sowohl für Reiche als Arme förderlichst bereitet und abgefertigt werden müssen.

Es haben demnach alle und jede Apotheker in den Königl. Landen bei Vermeidung von 5—20 Thlr. Strafe auf jeden Contraventionsfall und bei wiederholter Contravention bei noch höherer Geldstrafe, sich nach diesen Verordnungen zu achten; auch bei Vermeidung gleicher Strafe dafür zu sorgen, daß von ihren Gehülfen und Lehrlingen dieselben auf das genaueste befolgt werden, gleich wie sie für das, was ihre Gehülfen oder andere, zu ihrem Hause gehörige Personen hierin zuwiderhandeln, schlechterdings einstehen müssen; obschon ihnen das Recht vorbehalten bleibt, ihren Regreß an gedachte Personen zu nehmen. §. 34.

§. 21. der Apotheker-Ordnung v. 11. Oct. 1801.

Diese Strafe trifft auch diejenigen, welche sich nicht nach der neuen Arznei-Taxe richten. §. 35.

Min. Vrf. v. 1. März 1847. Min. Bl. d. i. V. S. 132.

b. Im Verhältniß zu den Aerzten.

Auch soll sich kein einziger Apotheker unterstehen, denen Einwohnern und Patienten einen Medicum vor dem andern zu recommandiren, wie ihnen zugleich untersagt wird, von denen ungewissenhaften und eigennützigen Medicis ausgedachte Medicamenta, Composita und sogenannte Arcana, so nicht von dem Königl. Collegio medico approbirt worden, anzunehmen, auch zu dispensiren, und zwar bei 100 Thlr. unausbleiblicher fiskalischer Bestrafung; bei der zweiten Betreffung aber bei Verlust ihres Privilegii. §. 36.

§. 6. des Titels von den Apothekern in dem Medicinal-Edikt v. 27. Sept. 1725 C. C. M. Thl. 5. Abth. 4. Kap. 1. S. 219.

Ein jeder Apotheker und jeder ausübende Arzt des Orts, welcher überwiesen werden kann, daß er Geschenke von dem andern entweder angeboten oder angenommen habe, verfällt für jeden Fall in 20 Thlr. fiscalische Strafe. §. 37.

§. 1. der V. v. 17. Nov. 1798. N. C. C. T. X. S. 1789.

c. Bei Beobachtung der Pharmakopöe.

Die in dem Verlage des Geheimen Ober-Hof-Buchdruckers Decker in Berlin unter dem Titel: „Pharmacopoea Borussica, Editio sexta“ erschienene Ausgabe der Landespharmacopoe soll vom 1. April 1847 an, den Aerzten, Wundärzten und Apothekern, so wie den Me- §. 38.

dicinal-Behörden zur Richtschnur dienen, und ist über deren Anwendung für den ganzen Umfang der Monarchie unter Aufhebung aller entgegenstehenden Vorschriften, Folgendes festgesetzt:

1) Nach Maaßgabe der vom Ministerium der Medicinal-Angelegenheiten aufzustellenden Series medicaminum sind die Arzneimittel in den Apotheken großer und beziehungsweise kleiner Städte jederzeit vorräthig zu halten.

2) Diejenigen chemischen Präparate, für welche in der Landespharmakopöe keine Bereitungsweise vorgeschrieben ist, so wie folgende:

Acidum sulphuricum rectificatum — Aether — Aqua Magnesiae carbonicae — Ferrum pulveratum — Hydrargyrum depuratum — Hydrarg. bichloratum corrosivum — Hydrarg. oxydatum rubrum — Kali hydricum fusum — Kali hydricum siccum — Morphium — Natrum aceticum — Spiritus Vini rectificatissimus — Strychnium nitricum — Veratrium

können aus chemischen Fabriken und Droguen-Handlungen entnommen werden. Der Apotheker ist jedoch für deren Güte und Reinheit verantwortlich.

3) Alle übrige chemische und pharmaceutische Präparate sind nach den in der Landespharmakopöe enthaltenen Vorschriften von den Apothekern selbst zu bereiten, und ist den Letzteren nicht gestattet, dieselben, nach einer andern Methode bereitet, zum pharmaceutischen Gebrauch zu dispensiren. Sollten jedoch Apotheker an der eigenen Bereitung gehindert sein, oder ist die Menge, deren sie bedürfen, zu einer eigenen Anfertigung des Präparats zu gering, so steht ihnen frei, die Präparate aus einer andern inländischen Apotheke zu entnehmen.

4) Folgende Arzneimittel:

Acidum hydrocyanatum — Arsenicum album — Hydrargyrum amidato-bichloratum — Hydrarg. bichloratum corrosivum — Hydrarg. bijodatum rubrum — Hydrarg. jodatum flavum — Hydrarg. oxydatum rubrum — Liquor Hydrarg. bichlorati corrosivi — Liq. Hydrarg. nitrici — Oleum Amygdalarum aethereum — Solutio arsenicalis — Strychnium nitricum — Veratrium —

sind in verschlossenen Räumen nach den für die Aufbewahrung der Gifte bestehenden Medicinal-polizeilichen Bestimmungen, zu verwahren.

5) Folgende Arzneimittel:

Acetum Digitalis — Acidum nitricum fumans — Acid. sulphuricum crudum — Acid. sulphur. rectificatum — Aerugo — Ammoniacum cuprico-sulphuricum — Aqua Amygdalarum amararum — Aq. Goulardi — Aq. Opii — Aq. phagedaenica — Aq. Plumbi —

Argentum nitricum fusum — Auro-Natrium chloratum — Cantharides — Cerussa — Colocynthis — Colocynthis praeparata — Cuprum aceticum — Cupr. aluminatum — Cupr. sulphuricum purum — Cupr. sulphur. venale — Euphorbium — Extractum Aconiti — Extr. Belladonnae — Extr. Colocynthidis — Extr. Conii maculati — Extr. Digitalis — Extr. Gratiolae — Extr. Hyoscyami — Extr. Ipecacuanhae — Extr. Lactucae virosae — Extr. Nucum vomicarum aquosum — Extr. Nuc. vomicar. spirituosum — Extr. Opii — Ferrum jodatum saccharatum — Folia Belladonnae — Fol. Digitalis — Fol. Hyoscyami — Fol. Stramonii — Fol. Toxicodendri — Gutti — Herba Aconiti — Herba Conii maculati — Herba Gratiolae — Herba Sabinae — Hydrargyrum chloratum mite — Hydrarg. oxydulatum nigrum — Jodum — Kalium jodatum — Kreosotum — Liquor Plumbi hydrico-acetici — Liq. Stibii chlorati — Lithargyrum — Morphium — Morph. aceticum — Minium — Nuces vomicae — Oleum Crotonis — Ol. Sabinae — Ol. Sinapis — Opium — Phosphorus — Pilulae odontalgicae — Plumbum aceticum crudum — Plumb. acetic. depuratum — Pulvis Ipecacuanhae opiatus — Radix Belladonnae — Rad. Hellebori albi — Resina Jalapae — Scammonium Halepense — Semen Sabadillae — Sem. Stramonii — Stibio-Kali tartaricum — Tinctura Aconiti — Tinct. Cantharidum — Tinct. Colocynthidis — Tinct. Conii. — Tinct. Digitalis — Tinct. Jodi — Tinct. Opii benzoica — Tinct. Opii crocata — Tinct. Opii simplex — Tinct. Stramonii — Zincum chloratum — Zincum sulphuricum —
sind zwar nicht im Giftschrank, aber doch in abgeschlossenen Räumen und getrennt von den übrigen Arzneimitteln aufzustellen.

6) Wenn ein Arzt oder Wundarzt von den in der unten folgenden Tabelle aufgeführten Arzneimitteln zum innerlichen Gebrauch eine größere Dosis verordnet, als daselbst angegeben ist, so hat derselbe einer solchen Dosis das Zeichen ! beizufügen. Hat er dies unterlassen, so ist der Apotheker verpflichtet, das Recept dem Arzt oder Wundarzt zurückzuschicken, worauf derselbe entweder eine geringere Dosis zu verordnen, oder das Zeichen ! beizufügen hat.

7) Zuwiderhandlungen gegen vorstehende Bestimmungen sind auch, wenn dadurch kein Schaden entstanden ist, mit einer polizeilichen Geldstrafe von 5—50 Thlr., welche im Wiederholungsfalle bis zu dem doppelten Betrage erhöht werden kann, zu ahnden.

Acetum Digitalis	Guttae triginta.
Acidum hydrocyanatum	Gutta una.
Ammoniacum cuprico-sulphuricum . . .	Grana duo.
Aqua Amygdalarum amararum	Guttae sexaginta.
Argentum nitricum fusum	Granum dimidium.

Auro-Natrium chloratum	Granum unum.
Cantharides pulveratae	- -
Colocynthis praeparata	Grana duo.
- pulverata	- -
Cuprum sulphuricum purum	- -
Extractum Aconiti	- tria.
- Belladonnae	- duo.
- Colocynthidis	Granum unum.
- Conii maculati	Grana tria.
- Digitalis	- -
- Hellebori nigri	- decem.
- Hyoscyami	- tria.
- Lactucae virosae	- decem.
- Nicotianae	- duo.
- Nucum vomicarum aquosum .	- quatuor.
- - - spirituosum	- duo.
- Opii	- -
- Stramonii	Granum unum.
Ferrum jodatum saccharatum	Grana quatuor.
Folia Belladonnae pulverata	- -
- Digitalis pulverata	- quinque.
- Hyoscyami pulverata	- -
- Nicotianae pulverata	- duo.
- Stramonii pulverata	- quatuor.
- Toxicodendri pulverata	- sex.
Gutti	- quatuor.
Herba Aconiti pulverata	- quinque.
- Conii maculati pulverata	- -
- Pulsatillae pulverata	- decem.
Hydrargyrum bichloratum corrosivum . .	Granum dimidium.
- bijodatum rubrum	Grani quadrans.
- jodatum flavum	Grana duo.
- oxydatum rubrum	Granum dimidium.
Kreosotum	Gutta una.
Liquor Hydrargyri nitrici	Guttae tres.
Morphium aceticum	Granum dimidium.
Nuces vomicae pulveratae	Grana duo.
Oleum Amygdalarum aethereum	Gutta una.
- Crotonis	- -
- phosphoratum	Grana triginta.
- Sinapis	Guttae quadrans.
Opium	Grana duo.
Plumbum aceticum depuratum	Granum unum.

Radix Belladonnae pulverata	Grana tria.
- Hellebori albi pulverata	- quinque.
- - nigri pulverata	Scrupulum unum.
- Scillae pulverata	Grana quatuor.
Semen Stramonii pulveratum	- -
Solutio arsenicalis	Guttae decem.
Stibio-Kali tartaricum	Grana sex.
Strychnium nitricum	Grani quadrans.
Tinctura Cantharidum	Guttae quindecim.
- Colocynthides	- viginti.
- Conii	- -
- Digitalis	- triginta.
- Jodi	- decem.
- Lobeliae	- triginta.
- Nicotianae	- -
- Opii crocata	- -
- - simplex	- -
- Stramonii	- quindecim.
Veratrium	Grani quadrans.
Zincum chloratum	- -

K. O. v. 5. Oct. 1846. Gesetzs. S. 509 ff.

d. Bei Behandlung der Gifte.

Die in dem allgemeinen Medicinal-Edikt vom Jahre 1725 S. 27 §. 4., ingleichen die in der Verordnung an sämmtliche Apotheker vom Jahre 1758 enthaltenen Gesetze und Vorschriften, insbesondere von denjenigen Giftwaaren, welche im Nachstehenden mit dem Namen „direkte Gifte" bezeichnet sind, sind in folgender Gestalt bestimmt und erweitert: §. 39.

Unter der Rubrik „direkte Gifte" sind folgende namentlich begriffen:

Alle Arsenicalia, als weißer Arsenik, Operment, Rauschgelb, Fliegenstein oder der eigentlich sogenannte Kobalt, ferner Mercurius sublimatus corrosivus, Mercurius praecipitatus ruber, ingleichen Euphorbium und weiße Nieswurz.

Anleitung u. §. 1. der Anweisung v. 10. Dez. 1800. N. C. C. Tom. X. S. 3245.

Zu diesen direkten Giften sind besondere von den übrigen Waaren §. 40. und Medicinalien entfernte Behältnisse und Verschläge zu bestimmen. Besonders darf auch die hier und da angetroffene Unordnung, Arsenicalia und Mercurialia unter und neben einander zu stellen, hinfüro nicht weiter stattfinden; sondern es müssen beide, nebst ihren besonders dazu zu bestimmenden und stets reinlich zu haltenden Geräthschaften, als

Wageschalen, Mörser, hölzerne Löffel u. s. w., in abgesonderten verschlossenen Räumen verwahrt werden. Die Schlüssel zu diesen Behältnissen nimmt der Apotheker selbst oder in dessen Abwesenheit der älteste Gehülfe in Verwahrung.

§. 2. a. a. O.

§. 41. Außer den Fällen, daß einer oder der andere dieser Artikel nach Recepten, wenn solche von approbirten Aerzten und Wundärzten verschrieben worden, zu dispensiren sind, darf der Apotheker solche im Handverkauf nur allein zur Anwendung als Vieharzneimittel, zum technischen Gebrauch für Maler, Färber und andere Künstler und Handwerker, die deren zu ihren Arbeiten bedürfen, ingleichen zur Tilgung schädlicher Thiere, verabfolgen. Diese Verabfolgung darf aber nur gegen gültige Scheine, und bloß an sichere, unverdächtige und gesetzmäßig dazu qualificirte Personen geschehen. Hierunter sind zu verstehen: Personen aus der Klasse der Honoratioren, Königl. Bediente vom Civil- und Militairstande, Gutsbesitzer, Prediger, ansäßige Bürger und Eigenthümer, auch Landwirthe, wenn sie von dem Apotheker gekannt sind. In den Scheinen ist ausdrücklich anzugeben, zu welchem Gebrauch das Gift bestimmt ist. Die Scheine selbst müssen von denjenigen Personen, welche die Giftwaaren verlangen, eigenhändig geschrieben, und mit ihren Pettschaften gesiegelt sein, auch nicht etwa von verdächtigen Personen, von Kindern oder unsicheren Dienstboten überbracht werden.

Landwirthe und andere zum Empfang benöthigter Giftwaaren qualificirte, den Apothekern aber nicht persönlich bekannte Personen, haben sich durch ein von der Obrigkeit oder dem Prediger des Ortes beizubringendes Attest zu legitimiren.

§. 3. a. a. O.

§. 42. Die Giftscheine sind in den Apotheken zu numeriren und sorgfältig aufzubewahren. Auch ist zu deren Controllirung ein besonderes Giftbuch zu führen. Dieses Buch enthält in 6 Colonnen:

a) die Nummer des Giftzettels;
b) das Datum desselben;
c) den Namen des Empfängers;
d) ob dieser es in Person empfangen oder durch wen;
e) die Art des Giftes.
f) das Quantum desselben.

§. 4. a. a. O.

§. 43. Da auch die Erfahrung gelehrt hat, wie es nöthig sei, daß das verabfolgte Gift für Jedermann als solches bezeichnet und kenntlich gemacht werde, so sollen:

a) diese Giftwaaren nicht in bloßen Papierhüllen, sondern in Behältnissen von dichtem Holz oder von Steingut verabreicht;

b) solche Behältnisse sorgfältig und fest verbunden, versiegelt oder sonst wohl verwahrt werden;
c) auch ist die Art des darin enthaltenen Giftes, und überdem noch das Wort „Gift" besonders deutlich auf die Signatur zu schreiben. Nicht minder sind
d) zu noch mehrerer Bezeichnung, auch für die Personen, die des Lesens ganz unerfahren sind, diese Behältnisse mit dreien in die Augen fallenden schwarzen Kreuzen von der, zur Bezeichnung der Grabmäler gebräuchlichen Gestalt, festhaltend zu bezeichnen.

§. 5. a. a. O.

Außer dieser strengern Verfügung über die Aufbewahrung und Verabfolgung der vorgenannten direkten Gifte wird den Apothekern, in Ansehung sämmtlicher übrigen heftig wirkenden Mittel die Beobachtung der größten Vorsicht hiermit wiederholentlich anbefohlen. Des Endes sollen Aqua Lauro-Cerasi, Opium und dessen Präparate, Aconitum, Belladonna, Cicuta virosa, Conium maculatum und andere Mittel dieser Art ebenfalls in eigenen abgesonderten und verschlossenen Behältnissen aufbewahrt werden. §. 44.

Da auch Mittel dieser Art nur allein nach gesetzlich autorisirten Recepten zu dispensiren sind, und gar nicht zu den technischen und ökonomischen Bedürfnissen des Publikums gehören, so wird deren Debit im Handkauf, sei es mit oder ohne Schein, hiermit gänzlich verboten.

§. 6. a. a. O.

Auch die Materialisten, welche Giftwaaren verkaufen, sollen alle vorstehenden, den Apothekern bei der Aufbewahrung und Debitirung der Gifte gegebenen Anweisungen gleichmäßig befolgen, und wird vorbehalten, die Grenzlinie des Debits der Gifte zwischen den Apothekern und Materialisten näher zu bestimmen, auch diese, so wie jene, der Visitation und Controllirung der Medicinal-Behörde zu unterwerfen. §. 45.

§. 7. a. a. O.

Sämmtliche Apotheker und Materialisten in den Königlichen Landen haben sich nun mit dem Inhalt dieser erweiterten Verordnung bekannt zu machen und aufs genaueste darauf zu achten, mit der Verwarnung, daß diejenigen unter ihnen, welche solcher nicht in allen Stücken nachleben, unfehlbare nachdrückliche fiscalische Geld- oder Gefängnißstrafe zu erwarten haben, welche Strafen nach Befinden verstärkt werden sollen, wenn sie bei etwa sich ereignenden Unglücksfällen durch Mißbrauch der Giftwaaren überführt werden, durch Nachlässigkeit und Unvorsichtigkeit in Aufbewahrung und Verabfolgung derselben dazu beigetragen zu haben. §. 46.

§. 8. a. a. O.

Phosphor und Phosphorkleister sollen gleichfalls gegen Giftscheine verabfolgt, und soll bei ihrer Aufbewahrung und Verabreichung die §. 47.

Anweisung vom 10. Dec. 1800 wegen sorgfältiger Aufbewahrung und vorsichtiger Verabfolgung der direkten Gifte beobachtet werden.

Min. Verf. v. 21. März 1845. Min. Bl. d. i. Verw. S. 78.

Für Berlin:

Es bedarf zwar für Materialisten und Alle die, welche mit Gift handeln, keiner besondern Concession dazu; sie haben jedoch bei 2 Thlr. Strafe Anzeige hiervon zu machen.

V. v. 23. Nov. 1838. Amtsbl. S. 414; in Folge Min. Rscr. v. 27. Oct. 1837. Amtsbl. S. 418.

§. 48. In Rücksicht der Aufbewahrung und Verabreichung der Blausäure sollen dieselben strengen Vorschriften eintreten, welche bei der Aufbewahrung und Verabreichung der Gifte und namentlich des Arseniks verordnet sind.

Minist. Resc. v. 21. Oct. 1824, bekannt gemacht

für den Reg.-B. Potsdam

durch Verordn. v. 5. Sept. 1825. Amtsbl. S. 209.

7. Gefahren beim Betriebe des Kammerjäger-Gewerbes.

§. 49. Die Kammerjäger haben beim Betriebe ihres Gewerbes folgende Vorschriften zu beachten:

1. Die anzuwendenden Giftstoffe dürfen nur aus concessionirten Apotheken und, soweit sie in Arsenik bestehen, nur in präparirtem Zustande mit Kienruß und Saftgrün gemischt, entnommen werden.
2. Giftstoffe müssen in verschlossenen Räumen und unter Beobachtung der, den Apothekern für diesen Zweck gegebenen Vorschriften, aufbewahrt werden, und die Büchsen, deren die Kammerjäger sich zum Aufbewahren und zum Transport der Gifte bedienen, von fester, nicht leicht zerbrechlicher Masse, wohl verschlossen und mit der Aufschrift „Gift", so wie mit drei Kreuzen (†††) bezeichnet sein.
3. Alle Giftstoffe dürfen nur in augenfällig als ungenießbar sich darstellenden Mischungen und Formen, welche keine Verwechselung mit Nahrungsmitteln für Menschen und Hausthiere zulassen, geführt und angewandt werden. Sie müssen vielmehr ein vom Genusse abschreckendes Ansehen, Geruch und Geschmack haben. Andere Mischungen, als das zu 1. erwähnte Arsenik-Präparat dürfen nur mit Genehmigung der Kreismedicinalbehörde angewendet werden.
4. Beim Auslegen des Giftes zur Vertilgung des Ungeziefers muß stets mit der gehörigen Vorsicht verfahren werden, damit Menschen oder Hausthiere keinen Schaden nehmen können.
5. Die Kammerjäger dürfen das Gift nur selbst auslegen, und unter keiner Bedingung dem Käufer zum Selbstgebrauch überlassen.

6. Die Nichtbeachtung der vorstehenden Vorschriften zu 1—5. hat den Verlust der ertheilten Erlaubniß zum Gewerbebetriebe zur Folge.

Diese Vorschriften finden auch auf den Betrieb des Kammerjägergewerbes im Umherziehen Anwendung.

Min. Resc. v. 11. Juli 1848. Min. Bl. d. i. V. S. 232.

Für den Reg.-B. Potsdam
bekannt gemacht durch Verordn. v. 5. Oct. 1848. Amtsbl. S. 336.

8. Gefahren beim Verkauf und bei der Behandlung von schädlichen Farben und chemischen Substanzen.

Wenn Papier-Fabrikanten giftige Farbensubstanzen verwenden, verfallen sie in eine Strafe von 10—50 Thlr. §. 50.

Min. Rscr. v. 18. Juni 1838.

Für den Reg.-B. Potsdam
bekannt gemacht durch Reg. V. v. 29. dess. Mon. Amtsbl. S. 217.

Für Berlin
durch V. v. 25. Juli 1838. Amtsbl. S. 257.

Für den Reg.-B. Potsdam

Um zu verhüten, daß das Spielzeug von Kindern und die Eßwaaren der Zucker- und Kuchenbäcker mit Farben, deren Genuß der Gesundheit nachtheilig ist, bemalt und angestrichen werden, sind die schädlichen Farben zur öffentlichen Kenntniß gebracht. Diese sind

1. Zur Verfertigung von Spielzeug: Weiß: Bleiweiß, Kremserweiß, Schieferweiß. — Gelb: Operment, Rauschgelb, Königsgelb, Kasseler-Gelb, Neapelgelb, Bleigelb, Gummi guttae. — Grün: Grünspan, Braunschweiger Grün, Berggrün, Bremer-Grün, Schwedisch oder Scheelsches Grün. — Blau: Bergblau und alles Blau, das sich die Maler aus Kupfer und Kupfervitriol mit Salmiak und Kalk bereiten. — Roth: Maler-Zinnober und Mennige.
2. Für die Conditoren und Kuchenbäcker: Roth: Maler-Zinnober und Mennige. — Gelb: Gummi guttae, Aurum pigmentum. — Blau: blaue Stärke oder Schmalte, Bergblau, auch Berliner Blau, weil dieses öfters kupferhaltig ist. — Grün: Grünspan und Grünspanblumen. — Gold- oder silberfarbig: unächtes oder Schaumgold, unächtes oder Schaumsilber.

Die Spielzeugverfertiger und Händler, Conditoren u. s. w. haben sich der Anwendung solcher, mit giftigen Farben gefärbten Papiere sorgfältig zu enthalten, weil sie sich wegen der dadurch herbeigeführten Unglücksfälle verantwortlich machen können, und jedenfalls polizeiliche Confiscation und Vernichtung der Waaren, welche in solchen Papiersorten vorgefunden werden, zu gewärtigen haben.

Ebenso soll nach der Bestimmung der Königl. Ministerien der Medicinal-Angelegenheiten und des Innern v. 17. März 1842. Minist. Bl. f. i. V. S. 75, Spielzeug aller Art, gleichviel, ob im Inlande oder Auslande verfertigt, der polizeilichen Wegnahme und Vernichtung verfallen, wenn solches mit schädlichen Farben bemalt und nicht etwa durch gehörig haftenden Firniß vollständig unschädlich gemacht, im Handel vorgefunden wird; wie denn auch die mit schädlichen Stoffen verfertigten Conditorei- und sonstigen Eßwaaren polizeilich zu confisciren und zu vernichten sind.

V. v. 3. Nov. 1842. Amtsbl. S. 307.

Für Berlin

gilt dieselbe Verordnung, doch sind als schädliche Farben unter gleicher Verwarnung noch verboten: Weiß: Schwerspath und Zinkweiß (Zinkoxyd). — Roth: Granschang, Kupferroth, Chromroth, Englisch-Schönroth, Mineralroth und rother Streuglanz. — Gelb: englisch Gelb, Mineralgelb, Chromgelb oder chromsaures Blei, Neugelb, gelbe Bronze und Pariser Gelb, Orange, Gemisch aus den aufgeführten rothen und gelben Farben. — Blau: Mineralbergblau, Bremerblau, Königsblau, blauer Erzglanz, blauer Streuglanz, Eschel, Ultramarinblau, Silberblau, Louisen-Blau, Wiener-Blau und Leuthner-Blau. — Violet: Gemisch aus den aufgeführten rothen und blauen Farben. — Grün: Wiener-Grün, Schweinfurther-Grün, Kirchberger-Grün, Pariser-Grün, Berliner-Grün, Neugrün, Oelgrün, grüne Bronze, Kaisergrün, Mitis-Grün, Englisch-Grün, Kasseler-Grün, Moosgrün, Papageien-Grün, Chromgrün, Kobaltgrün, grüner Zinnober, Kaiserdeckgrün, Maigrün, Mineralgrün, Neapelgrün, Neuwiedergrün, Zinkblende und jedes, aus einer Mischung von schädlichem Gelb und Blau noch sonst zu bildende Grün. — Braun: Terra Sienna und Gemische aus einer der aufgeführten rothen Farben und schwarz. (Zur Darstellung des Schwarz selbst haben schädliche Stoffe bisher noch keine Anwendung gefunden.) — Metallfarben: Metallgold, Metallsilber, Goldbronze, Silberbronze, Kupferbronze und rothes Spießglanz (Antimonium crudum).

V. v. 10. Nov. 1845, erneut 1. Nov. 1849. Int. Bl. Nr. 281.

§. 51. Die Erfahrung hat gelehrt, daß der beim trockenen Abreiben der Wände entstehende Staub derjenigen Farbe, welche aus einer Mischung von Kupferoxyd und Arsenik besteht, und mit dem Namen „Neugrün" belegt wird, der menschlichen Gesundheit höchst nachtheilig ist. Es wird daher hierdurch anbefohlen, diejenigen Wände, welche mit dieser Farbe bemalt sind, künftig nicht mehr trocken, sondern bloß naß abzureiben. Wer aber die trockene Abreibung dennoch wissentlich vornimmt, oder durch Arbeitsleute, die mit dieser Farbe und der Gefahr der Arbeit unbekannt sind, vornehmen läßt, soll, wenn auch kein Nachtheil entstanden ist, mit 5 Thlr. oder verhältnißmäßigem Gefängniß bestraft werden.

Minist. Rscr. v. 12. Jan. 1815. Amtsbl. S. 21.

Für Berlin

bekannt gemacht durch Verordnung v. 12. Aug. 1826, worin bemerkt ist, daß auch das Anstreichen der Wände mit dem gedachten Neu- oder Scherbschen-Grün, so wie mit andern arsenikhaltigen Farben, namentlich Operment und rothem Arsenik, insofern diese Farben mit Leimwasser und nicht etwa mit Oel-Firniß aufgetragen werden, für die Gesundheit der Bewohner solcher Zimmer gefährlich ist.

Int. Bl. v. 1826. Nr. 200.

Für den Reg.-B. Potsdam:

Die Anwendung der mittelst Arsenik dargestellten grünen Kupferfarben zum Färben oder Bedrucken von Papier, namentlich zum Anstreichen von Tapeten und Zimmern, so wie der Handel mit den mittelst solcher Farben gefärbten Gegenständen ist bei einer Strafe bis zu 50 Thlr. untersagt.

V. v. 29. Febr. 1848, Amtsbl. S. 87, erlassen in Folge Minist. Verf. v. 3. Jan. dess. J. Min. Bl. d. i. V. S. 45.

Für Berlin

ist ein gleiches Verbot, namentlich auch die Anwendung der in der Verordn. v. 29. Febr. 1848 genannten Farben zum Bedrucken von Fensterrouleaur, Gardinen und Fenstervorsetzern, als unzulässig ausgesprochen, bei Vermeidung einer Strafe von 5—10 Thlr.

V. v. 15. Mai 1850, Amtsbl. S. 188, erlassen auf Grund der Min. Verf. v. 8. Mai dess. J. Min. Bl. d. i. V. S. 128.

Für den Reg.-B. Potsdam:

Der Verkauf, die Führung und der Debit des sogenannten Fliegenpapiers, so wie der Kobalts- oder Fliegensteinauflösung als eines Fliegenvertilgungsmittels, ingleichen des damit getränkten Papiers, ist bei Strafe von 2—5 Thlr. verboten.

V. v. 27. Jan. und 7. April 1838. Amtsbl. S. 54 u. 238.

Für Berlin

ist dasselbe Verbot bei Strafe von 2 Thlr. ergangen.

V. v. 14. März 1838. Amtsbl. S. 136.

Um den Gefahren vorzubeugen, welche durch die Versendung §. 52.
chemischer Präparate auf den Eisenbahnen herbeigeführt werden können, wird hierüber Folgendes angeordnet:

§. 1. Die zur Versendung chemischer Präparate auf Eisenbahnen dienenden Wagen müssen stets die letzten im Zuge sein, und dürfen nur mit den Güter- oder combinirten Zügen befördert werden.

§. 2. Mineralsäuren dürfen nur getrennt von andern Chemicalien verladen werden.

§. 3. Gänzlich verboten ist der Eisenbahntransport folgender Präparate, als: Knallquecksilber, Knallsilber, Phosphor und solche Gegenstände, welche Phosphor in Substanz enthalten, als Streichzünder (Hölzer, Schwämmchen, Lichtchen), so wie Schießpulver und Feuerwerkskörper.

§. 4. Folgende Gegenstände als: a. concentrirte Mineralsäure, b. chlorsaures Kali, c. Naphta oder Aether, dürfen nur unter folgenden Bedingungen auf Eisenbahnen versendet werden:

ad a. Die Ballons, in denen concentrirte Mineralsäuren (Schwefelsäure, Salzsäure, Salpetersäure u. s. w.) verschickt werden, müssen wohl verpackt in einem besonderen Gefäße (wozu auch geflochtene Körbe dienen können) eingeschlossen sein.

ad b. Das chlorsaure Kali muß sorgfältig in Papier verpackt sein, und es müssen die Pakete in hölzerne Fässer oder Kisten eingeschlossen werden.

ad c. Naphta oder Aether darf nur in doppelten Verschlüssen und zwar dergestalt zur Versendung kommen, daß die gläsernen Flaschen, in denen sich diese Stoffe befinden, in Blechbüchsen mit Kleie oder Sägemehl eingefüttert werden.

§. 6. Wer solche Präparate, deren Versendung auf Eisenbahnen nach §. 3. verboten ist, dennoch zur Beförderung auf Letztere unter falscher Deklaration des Inhalts der betreffenden Kollis aufgiebt, verfällt, sofern nicht nach den Criminalgesetzen eine härtere Strafe eintritt, in eine polizeiliche Strafe von 5—50 Thlr.

§. 7. Diejenigen Eisenbahnbeamten, welche die §. 3. bezeichneten Gegenstände wissentlich zur Versendung annehmen, verfallen, ohne Unterschied, ob die Versendung demnächst wirklich erfolgt oder nicht, in eine Polizeistrafe von 5—50 Thlr. Eben diese Strafe tritt ein, wenn sie den §§. 1. 2. und 4. enthaltenen Bestimmungen zuwiderhandeln.

Minist.-Regul. v. 27. Sept. 1846. Min. Bl. d. i. V. S. 188.

§. 53. Hinsichts der Streichzünder (Hölzer, Schwämmchen, Lichtchen rc.) ist §. 3. des Regul. v. 27. Sept. 1846 dahin abgeändert, daß solche fortan mindestens einmal wöchentlich an gewissen von den Verwaltungen festzusetzenden und bekannt zu machenden Tagen auf Eisenbahnen zu transportiren sind. Werden diese Gegenstände in ganzen Wagenladungen zur Versendung aufgegeben, so muß die Beförderung in der für andere Güter festgesetzten Beförderungszeit erfolgen.

Die Streichzünder müssen jedoch in Behältnissen von starkem Eisenblech oder mindestens in sehr festen, mit Papier verklebten hölzernen Kisten von nicht über 2 Fuß in Kubusgröße sorgfältig und fest dergestalt verpackt sein, daß der Raum der Kisten völlig ausgefüllt ist. Die Kisten sind äußerlich deutlich, als „Streichzünder enthaltend" zu bezeichnen.

Die Beförderung der Streichzünder erfolgt nur mit Güterzügen und nur in bedeckten Wagen, welche stets die letzten im Zuge sein müssen.

Unrichtige oder unterlassene Deklaration aller chemischen Präparate, deren Versendung nach dem Regul. v. 27. Sept. 1846 oder der gegenwärtigen Bestimmung nur unter besonderen Vorsichtsmaaßregeln gestattet ist, Seitens der Aufgeber, so wie die wissentliche Annahme und Beförderung solcher unrichtig oder gar nicht deklarirten Gegenstände Seitens der Eisenbahnbeamten, wird gleich der Versendung gänzlich verbotener Präparate nach §. 6. und 7. des Regul. v. 27. Sept. 1846 bestraft.

Minist.-Verf. v. 29. März 1848. Minist.-Bl. d. i. V. S. 134.

§. 54. Kupferzündhütchen können auf Eisenbahnen ohne alle weitere Beschränkung transportirt werden, wenn

a. die Verpackung sorgfältig in festen Kisten oder Fässern bewirkt ist, und

b. die Verladung nicht auf Wagen erfolgt, auf welchen Mineralsäuren sich befinden.
Minist.-Verf. v. 29. Sept. 1848. Minist.-Bl. d. i. V. S. 325.

9. Gefahren bei schädlichen Kupfer-Gefäßen.

Niemand soll sich kupferner, nicht überzinnter Gefäße zur Bereitung der Speisen bedienen. §. 55.

§. 728. II. 20. A. L. R.

Kupferschmiede und alle andere, welche dergleichen nicht tüchtig überzinntes Geschirr verkaufen, sollen mit Confiscation ihres Vorraths und einer Geldbuße von 10—20 Thlr. bestraft, im Wiederholungsfalle aber ihres Meisterrechtes für verlustig erklärt werden. §. 56.

§. 729. a. a. O.

Gleiche Strafe trifft diejenigen Professionisten, welche zum Ueberzinnen kupferner Küchengeschirre einen Zusatz von Blei gebrauchen. §. 57.

§. 730. a. a. O.

10. Gefahren bei ansteckenden Krankheiten.

Mittelst Allerh. K. O. v. 8. Aug. 1835 ist ein Regulativ über die Sanitäts-polizeilichen Vorschriften bei den am häufigsten vorkommenden ansteckenden Krankheiten bestätigt worden. Dies Regulativ enthält in seinen §§. 1—23. zunächst allgemeine Vorschriften, deren Uebertretung indeß mit einer bestimmten Strafe nicht belegt worden ist, indem nur den Polizeibehörden in §. 23. überlassen worden, die Bestimmungen unter angemessener Ordnungsstrafe einzuschärfen. Dagegen enthalten die speciellen Sanitäts-polizeilichen Vorschriften des Regulativs folgende Strafverordnungen: §. 58.

1. Cholera:

§. 25. Jeder Cholera-Erkrankungsfall ist nach §. 9. der Polizeibehörde anzuzeigen,

§. 9. aber lautet:

Alle Familienhäupter, Haus- oder Gastwirthe und Medicinalpersonen sind schuldig, von den in ihrer Familie, ihrem Hause und ihrer Praxis vorkommenden Fällen wichtiger und dem Gemeinwesen Gefahr drohender ansteckender Krankheiten, so wie von plötzlich eingetretenen verdächtigen Erkrankungs- oder Todesfällen der Polizeibehörde ungesäumt schriftlich oder mündlich Anzeige zu machen. Bei verdächtigen Todesfällen darf die Beerdigung jedenfalls nur nach erhaltener Erlaubniß der Polizeibehörde stattfinden. Dieselben Verpflichtungen zur Anzeige u. s. w. liegen auch den Geistlichen ob, sobald sie von dergleichen Fällen Kenntniß erlangen.

§. 25. fährt sodann fort:

Die Unterlassung dieser Anzeige soll mit einer Geldstrafe von 2–5 Thlr. polizeilich geahndet werden, wenn der dazu Verpflichtete von dem Vorhandensein der Krankheit unterrichtet war.

Mittelst Allerh. K. O. v. 13. Dec. 1847 ist nachgelassen, daß diese Anzeige nur Seitens der Aerzte zu erfolgen braucht, denen, so weit es zu ihrer Erleichterung erforderlich ist, gedruckte Formulare zuzustellen sind; bekannt gemacht durch

Reg. V. v. 30. Juli 1848. Amtsbl. S. 269.

§. 26. Bleibt der Kranke in seiner Wohnung, so findet entweder die Isolirung desselben, oder die Bezeichnung der Wohnung mittelst einer Tafel statt. Nach der allegirten K. O. v. 13. Dec. 1847 ist aber von der Aufstellung solcher warnenden Tafeln Abstand zu nehmen, sofern dieselbe mit Rücksicht auf die mildere Form, in welcher die Krankheit auftritt, nach dem Ermessen des Arztes nicht nothwendig erscheint. Wer die hiernach getroffenen Anordnungen verletzt, hat eine Geldstrafe von 2—10 Thlr. oder 3—14tägige Gefängnißstrafe verwirkt.

§. 27. Die Desinfection der Genesenen, so wie der für den Kranken besonders angenommenen Wärter, der benutzten Effecten und der Wohnungen geschieht bei gleicher Strafe im Vernachlässigungsfalle nach den, in der Desinfectionsinstruction für die Cholera gegebenen Vorschriften.

§. 28. Schiffer, welche auf denjenigen Wasserstraßen fahren, in deren Gegend die Cholera epidemisch verbreitet ist, müssen sich durch die Polizeibehörde des Abgangsortes mit einem Scheine versehen, in welchem die auf dem Schiffe befindliche Mannschaft verzeichnet, und deren Gesundheitszustand angegeben ist, und welcher an jedem Revisionsort visirt werden muß.

Der Schiffer, welcher sich ohne solchen Schein auf die Fahrt begiebt oder Jemanden von dem Schiffe ohne polizeiliche Erlaubniß entläßt, verfällt in eine Geldstrafe von 5–10 Thlr. oder in 8–14tägige Gefängnißstrafe.

§. 31. Die von Orten, wo die Cholera herrscht, über See eingehenden Schiffe werden einer 4tägigen Beobachtungs-Quarantaine unterworfen. Nur in denjenigen Häfen, welche selbst von der Cholera ergriffen sind, ist es den Behörden gestattet, diese Observations-Quarantaine zu erlassen.

Flußfahrzeuge, welche aus Gegenden des Auslandes kommen, wo die Cholera herrscht, werden an dem Eingangspunkte auf der Grenze 5 Tage hindurch unter Observation gestellt. Wer diese Quarantaine verletzt, hat eine Geldstrafe von 10—50 Thlr. oder Gefängniß von 14 Tagen bis 6 Wochen verwirkt.

2. Typhus.

§. 36. Jeder vorkommende Erkrankungsfall ist der Polizeibehörde nach §. 9. anzuzeigen. Die Unterlassung dieser Anzeige soll mit einer Geldstrafe von 2—5 Thlr. polizeilich geahndet werden, wenn der dazu Verpflichtete von dem Vorhandensein der Krankheit unterrichtet war.

§. 38. Der Erkrankte ist von den Gesunden entweder durch Isolirung oder durch Bezeichnung der Wohnung mit einer Tafel möglichst zu trennen. Diese Maaßregel darf keinenfalls vor erfolgter völliger Genesung der Kranken aufgehoben werden, da die Verbreitung des Typhus auch besonders durch Reconvalescenten befördert wird. Eine Vernachlässigung dieser Vorschrift wird nach §. 26. geahndet.

§. 39. Eine Vernachlässigung der vorschriftsmäßig vorzunehmenden Desinfection der Genesenden, so wie der Wärter, der benutzten Effecten und Wohnungen wird nach §. 27. bestraft.

3. Ruhr.

§. 41. Der Arzt, der die Anzeige eines bösartigen Ruhrfalles unterläßt, fällt in eine Geldstrafe von 5 Thlr. Eine allgemeine Verpflichtung zur Anzeige muß von der Polizeibehörde des Kreises besonders bekannt gemacht werden, erst dann tritt die Strafe des §. 25. gegen den Säumigen ein.

§. 42. Im Uebrigen gelten für die bösartig-ansteckende Ruhr dieselben Bestimmungen, welche hinsichtlich des Typhus gegeben worden sind.

4. Pocken.

§. 44. Jeder Fall von Erkrankung an den Pocken ist bei Vermeidung einer Geldstrafe von 2 — 5 Thlr. oder 3 — 8tägigem Gefängniß der Polizeibehörde nach §. 9. anzuzeigen.

§. 45. verordnet dieselbe Isolirung oder Bezeichnung der Wohnung mittelst einer Tafel, wie §. 26., bei gleicher Strafe.

§. 47. Die Strafe des §. 27. tritt ein, sobald die Desinfection der Genesenen nach vorschriftsmäßiger Weise vernachlässigt wird, oder die Leichname nicht sofort nach der ärztlichen Anerkennung in besondere möglichst isolirte Räume gebracht und desinficirt, auch nach Vorschrift in gehörig verpichten Särgen mindestens 6 Fuß unter der Erde begraben werden.

§. 54. Sind Kinder bis zum Ablauf ihres ersten Lebensjahres ohne erweislichen Grund ungeimpft geblieben, und demnächst von den natürlichen Blattern befallen, so sind deren Aeltern und resp. Vormünder wegen der versäumten Impfung, in Hinsicht der dadurch hervorgebrachten Gefahr der Ansteckung, in eine polizeiliche Strafe zu nehmen.

§. 58. Das Einimpfen der Menschenpocken ist bei dreimonatlicher Freiheitsstrafe verboten.

5. Masern, Scharlach und Rötheln.

§. 59. Hierbei sind die Aerzte bei der §. 41. bestimmten Geldstrafe zur Anzeige alsdann verpflichtet, wenn besonders bösartige oder besonders zahlreiche Fälle ihnen vorkommen.

§. 60. Die Bezeichnung der Krankenwohnung durch eine Tafel oder die Isolirung des Kranken ist ebenfalls nur in Fällen besonderer Bösartigkeit erforderlich, und sind alsdann die von der Behörde getroffenen Anordnungen bei Vermeidung der §. 26. bestimmten Strafe genau zu befolgen.

§. 61. Die Vernachlässigung der vorschriftsmäßigen Desinfection zieht die §. 27. angedrohte Strafe nach sich.

6. Contagiöse Augenentzündung.

§. 64. Die von den Kranken benutzten Effecten und Wohnungen müssen auch hier vorschriftsmäßig bei Strafe des §. 27. desinficirt werden.

7. Syphilis.

§. 65. Die Anzeige an die Ortspolizeibehörde (§. 9.) ist nur dann erforderlich, wenn nach Ermessen des Arztes von der Verschweigung der Krankheit nachtheilige Folgen für den Kranken selbst oder für das Gemeinwesen zu befürchten sind. In diesen Fällen ist der betreffende Arzt dazu verpflichtet, und eine Vernachlässigung mit einer, im Wiederholungsfalle zu verdoppelnden Geldstrafe von 5 Thlr. zu ahnden.

§. 68. Die Reinigung der von der Syphilis Genesenen, so wie der von ihnen gebrauchten Wäsche, Kleidungsstücke und sonstigen Gegenstände geschieht nach näherer Anordnung der Behörde und unter Androhung der §. 27. bestimmten Strafe.

8. Krätze.

§. 74. Hinsichtlich der Meldung gelten auch hier die Vorschriften des §. 65.

Wird eine in einem Bordell befindliche Frauensperson von der Krätze befallen, so liegt dem Wirthe oder der Wirthin die Verpflichtung ob, der Polizeibehörde ungesäumt Anzeige davon zu machen, bei Vermeidung einer Polizeistrafe von 5 Thlr. oder 8tägigem Gefängniß.

§. 77. Nach erfolgter Heilung sind die Genesenen, so wie deren Kleidungsstücke und sonstige Effecten, insofern sie mit ihnen während der Krankheit in Berührung gewesen sind, desgleichen die Wohnungen nach Vorschrift der Anweisung zum Desinfectionsverfahren gründlich zu reinigen. Vernachlässigungen dieser Verordnung werden mit einer Geldstrafe von 2—5 Thlr. oder mit 3—8tägigem Gefängniß geahndet.

§. 78. Dienstboten haben es ihren Herrschaften, Gesellen und Lehrlinge ihren Meistern anzuzeigen, wenn sie glauben von der Krätze angesteckt zu sein.

Herrschaften und Meister sind verpflichtet, in dieser Hinsicht auf ihre Dienstboten, Gesellen und Lehrlinge aufmerksam zu sein, und verbunden, die zur Heilung der Erkrankten und zur Verhütung einer weitern Verbreitung der Krankheit erforderlichen Maaßregeln zu treffen. Unterlassungen und Versäumnisse hierin sollen nach Befinden der Umstände mit einer Geldstrafe von 2—5 Thlr. oder 3—8tägigem Gefängniß geahndet werden.

Für den Reg.-B. Potsdam

ist zur Verhütung der Krätze eine nähere Instruktion vom 13. März 1841 (Amtsbl. S. 87) erlassen, welche besondere Strafvorschriften jedoch nicht enthält.

9. Weichselzopf.

§. 84. Jeder am Weichselzopf leidende Kranke ist, bei Vermeidung der im §. 25. bestimmten Strafe, der Ortspolizeibehörde anzuzeigen.

§. 86. Die von einem Weichselzopfkranken benutzten Betten, Bett- und Leibwäsche, Kopfbedeckungen und sonstige Gegenstände, dürfen nach beendigter Krankheit nicht eher wieder in Gebrauch genommen werden, als bis sie nach näherer Bestimmung der Polizeibehörde und nach Anweisung der Desinfectionsinstruktion gereinigt worden sind. Die Vernachlässigung zieht die §. 27. bestimmte Strafe nach sich.

10. Bösartiger Kopfgrind, Krebs, Schwindsucht und Gicht.

Für den bösartigen Kopfgrind, Krebs, Schwindsucht und Gicht enthält das Regulativ keine Strafvorschriften.

11. Tollkrankheit (Hundswuth).

§. 93. Ist bei einem Hunde die Wuth auch nur im geringsten Grade eingetreten, so muß derselbe, wenn er auch keinen Menschen gebissen hat, sogleich ohne weiteres getödtet werden. Ins Besondere liegt diese Verpflichtung dem Eigenthümer oder demjenigen ob, der ihn unter Aufsicht hat, bei Vermeidung der durch das Edikt wegen Tollwerdens der Hunde vom 20. Febr. 1797 §. 2. u. f. festgesetzten bedeutenden Geld- und Gefängnißstrafe. [20 Thlr. Geld oder im Unvermögensfalle 4wöchentliche Zuchthaus- oder Festungsstrafe. Vor dieser Strafe schützt keine Entschuldigung, auch nicht, daß der Hund eingesperrt oder an die Kette gelegt sei, oder daß er habe kurirt werden sollen, oder daß ihm der sogenannte Tollwurm genommen worden. Dieselbe Strafe tritt ein, wenn Jemand weiß, daß sein Hund von einem tollen Hunde gebissen worden, und er denselben sogleich zu tödten unterläßt. Ueberläßt er aber einen solchen Hund einem andern, so wird die Strafe dreifach erhöht. Bei gleicher Strafe ist das Kuriren der tollen Hunde verboten, es sei denn daß ein Arzt solches zur Erweiterung seiner Kenntnisse unternimmt. Dieser muß aber den Hund in einen eisernen festen Käfig sperren.

§. 2. u. f. des Edikts v. 20. Febr. 1797 eingeschärft durch Reg. V. v. 25. März 1814. Amtsbl. S. 147 f.]

§. 94. Zugleich muß der Polizeibehörde bei Vermeidung einer Geldstrafe von 5 Thlr. oder 8tägiger Freiheitsstrafe ungesäumt von dem stattgefundenen Ausbruche der Wuth und dem, was hinsichtlich des Hundes geschehen ist, Anzeige gemacht werden.

§. 95. Hat aber ein toller oder auch nur verdächtig scheinender Hund bereits Menschen gebissen, so hat der nächste Angehörige oder Bekannte, oder wer zunächst davon unterrichtet ist, bei Vermeidung einer Geldstrafe von 10 Thlr. oder 14tägiger Freiheitsstrafe den nächsten Arzt oder Chirurg davon sofort in Kenntniß zu setzen.

§. 97. Sobald ein toller Hund getödtet worden oder von selbst crepirt ist, muß das Cadaver unter Vermeidung aller Berührung mit bloßen Händen, mit Haut und Haaren an einem abgelegenen Orte in eine wenigstens 6 Fuß tiefe Grube geworfen, eine Hand hoch mit Kalk überschüttet und sodann mit Erde und Steinen bedeckt werden.

§. 98. Die Werkzeuge, mit denen man das Cadaver berührt hat, so wie alles Andere, was mit dem tollen Hunde in Berührung gekommen, oder mit Geifer, Blut u. s. w. von demselben besudelt worden ist, wie z. B. seine Lagerstätte, Freß- und Saufnapf, Ketten, Stricke, Holz, an dem er genagt hat, die Instrumente, mit denen er getödtet worden ist, müssen nach Vorschrift der Desinfectionsinstruction behandelt werden. Dasselbe muß geschehen mit dem Stalle, in welchem sich der Hund befunden hat, und darf in den vorschriftsmäßig gereinigten Stall vor Ablauf von 12 Wochen kein anderer Hund gebracht werden.

Wer gegen diese Vorschriften, §§. 97. 98., handelt, oder deren Befolgung unterläßt, hat eine Geldstrafe von 5—10 Thlr. oder 8—14tägige Gefängnißstrafe verwirkt. Sollte dadurch ein Schaden für Menschen entstanden sein, so kommen die allgemeinen gesetzlichen Strafbestimmungen §. 777 ff. A. L. R. II. 20. in Anwendung.

§. 99. Hunde, von denen man weiß, oder bei denen man auch nur die gegründete Besorgniß hat, daß sie von einem tollen Hunde gebissen sind, müssen sofort getödtet und mit der nöthigen Vorsicht verscharrt werden.

Eigenthümer von Hunden, welche hiergegen handeln, oder einen solchen Hund, von dem sie wissen, daß er von einem tollen Hunde gebissen ist, einem Andern überlassen, verfallen in die §. 93. gedachte Strafe.

§. 100. Bei Vermeidung derselben Strafe ist das Kuriren, sowohl der tollen, als auch der von tollen Hunden gebissenen Hunde jedem Nichtarzte strenge untersagt.

§. 101. Wenn an einer Katze, an einem Fuchse oder einem Wolfe Spuren der Wuthkrankheit wahrzunehmen sind, so ist nicht nur ein solches Thier auf die für Menschen gefahrloseste Weise sogleich zu tödten, sondern es müssen auch die von ihm gebissenen Hunde ohne Verzug getödtet werden.

Hatte jedoch eine der Wuth verdächtige Katze einen Menschen bereits gebissen, und ist sie nun in einem sicher verwahrten Behältniß eingesperrt, so kann zur genaueren Beobachtung der Krankheit das Tödten des Thieres einstweilen unterbleiben, wenn die Polizeibehörde nach gewonnener Ueberzeugung von der Sicherheit des Lokals solches verstattet.

Hinsichtlich der Strafen wird auf §. 98. verwiesen.

Bei dem Vergraben solcher der Wuth verdächtigen oder wirklich mit ihr behaftet gewesenen Thiere, und bei dem Reinigen der Gegenstände, die mit denselben in Berührung gekommen sind, müssen die §§. 97. und 98. gegebenen Vorschriften genau befolgt werden.

§. 102. Sind Pferde, Rindvieh, Schaafe, Ziegen oder Schweine von einem tollen Hunde oder einem andern wuthkranken Thiere gebissen worden, so muß, um das Entstehen der Wuth zu verhuten, bei Vermeidung einer Geldstrafe von 5 Thlr. oder 8tägiger Freiheitsstrafe, eine thierärztliche Behandlung sobald als möglich nachgesucht, und dieselbe unter genauer Beobachtung der erforderlichen Vorsichtsmaaßregeln und namentlich in einem abgesonderten Raum eingeleitet werden.

§. 103. Dergleichen gebissenes Rindvieh darf während 4 Monate, und das andere Schlachtvieh während einer Zeit von 3 Monaten nach dem Bisse, weder verkauft, noch geschlachtet, auch die Milch während dieser Zeit weder fur Menschen noch Thiere benutzt werden.

Eine Uebertretung dieser Vorschrift soll mit einer Geldstrafe von 10—20 Thlr. oder einer Freiheitsstrafe von 8—14 Tagen geahndet werden.

§. 104. Ist die Wuthkrankheit bei einem Pferde, Rinde, Schaafe, bei einer Ziege oder bei einem Schwein wirklich ausgebrochen, so muß das kranke Thier, bei Vermeidung der gesetzlichen Strafe, sogleich getödtet, der Polizeibehörde davon Anzeige gemacht (§. 94.) und das Cadaver vergraben werden.

§. 107. Kommt bei einem, von einem wuthkranken Thiere gebissenen Menschen, die Wasserscheu zum Ausbruch, so ist davon durch den Arzt, bei Vermeidung einer Geldstrafe von 5 Thlr. ungesäumt der Polizeibehörde Anzeige zu machen.

12. Milzbrand.

§. 109. Wird ein Thier vom Milzbrande befallen, so ist bei Vermeidung einer Geldstrafe von 5 Thlr. oder 8tägiger Gefängnißstrafe der Polizeibehörde sogleich Anzeige davon zu machen.

§. 111. Allen Personen, die nicht approbirte Thierärzte sind, ist das Kuriren milzbrandkranker Thiere und besonders das sogenannte Brechen oder Herausziehen des Rückenblutes bei einer Geldstrafe von 10—20 Thlr. oder 14tägiger bis 4wöchentlicher Gefängnißstrafe verboten.

§. 112. Die Thierärzte haben bei Vermeidung einer gleichen Strafe danach zu sehen, daß das Aderlaßblut von milzbrandkranken Thieren, die bei denselben gebrauchten Haarseile, die Leder aus den Fontanellen, und ähnliche zur weitern Verbreitung der Krankheit geeignete Gegenstände hinlänglich tief vergraben oder sonst vernichtet werden.

§. 113. Das Schlachten milzbrandkranker Thiere, sowie der Verkauf und der Verbrauch des Fleisches und der Milch von ihnen, ist bei 10—20 Thlr. Geld- oder 8—14tägiger Gefängnißstrafe verboten.

§. 117. Erkrankt ein Mensch durch Ansteckung von milzbrandkranken Thieren, an der schwarzen Blatter oder auf andere Weise, so muß davon sogleich der Polizeibehörde Anzeige gemacht werden. (§. 107.) Bleibt derselbe in seiner Wohnung, so findet, bei Vermeidung der in §. 26. erwähnten Strafe, eine Bezeichnung derselben mittelst einer Tafel oder eine genaue Isolirung des Kranken statt.

§. 118. Alles, was zum Reinigen und Verbinden des Kranken gebraucht worden ist, muß ohne Verzug vernichtet werden. Nach Beendigung der Krankheit sind die Wohnung des Kranken, so wie sämmtliche mit demselben in Berührung gekommenen Gegenstände vorschriftsmäßig und bei Vermeidung der §. 27. angedrohten Strafe zu reinigen oder zu vernichten.

13. Rotz und Wurm.

§. 119. Hinsichtlich der Verhütung der Verbreitung der Rotz- und Wurmkrankheit unter den Pferden wird auf die bestehenden polizeilichen Vorschriften verwiesen, und nur namentlich bemerkt, daß des Rotzes oder Wurmes verdächtige oder daran leidende Pferde bei Vermeidung einer Geldstrafe von 5 Thlr. oder 8tägigem Gefängniß der Polizeibehörde anzuzeigen, erstere abzusondern, wirklich rotz- und wurmkranke Pferde aber sogleich zu tödten, und die mit ihnen in Gemeinschaft gewesenen Pferde von den andern abzusondern und unter Observation zu stellen sind.

§. 122. Ist die Ansteckung eines Menschen durch Rotz- oder

Wurm-Krankheit erfolgt, so gelten die §. 117. u. 118. gegebenen Vorschriften.

Bekannt gemacht durch Staats-Ministerial-Erklärung v. 28. Oct. 1835. Gesetzs. S. 239—268.

Betten, Kleider und andere Sachen, welche Personen, die an pestartigen Krankheiten gestorben sind, an ihrem Leibe oder sonst zu ihrem gewöhnlichen Gebrauche gehabt haben, müssen bei willkührlicher Leibes- oder Geldstrafe sofort verbrannt werden. §. 59.

§. 726. II. 20. A. L. R.

Ist der Kranke an einer andern ansteckenden Krankheit gestorben, so ist der Verkauf oder Gebrauch solcher Kleider und Sachen nur alsdann erlaubt, wenn ein approbirter Arzt auf seine Pflicht bezeugt, daß denselben durch Anwendung der erforderlichen Mittel die Gefahr der Ansteckung benommen worden. §. 60.

§. 727 a. a. O.

Für den Reg.-B. Potsdam

ist hierauf ausdrücklich Bezug genommen, und zugleich auch allen andern Personen Strafe angedroht, welche wissentlich dazu beitragen, daß Sachen von andern gebraucht werden, ohne auf vorschriftsmäßige Art zuvor gereinigt worden zu sein.

Reg. V. v. 10. Juni 1812. Amtsbl. S. 325.

Die in §. 54. des Regulativs v. 28. Oct. 1835 bestimmte polizeiliche Strafe gegen Aeltern und Vormünder, welche es versäumen, die ihrer Obhut anvertrauten Kinder bis zum Ablauf ihres ersten Lebensjahres ohne erweislichen Grund, impfen zu lassen, ist auf Grund des §. 11. der Reg. Instruction vom 23. Oct. 1817 auf das Maaß von 1—3 Thlr. festgesetzt, wenn die Kinder demnächst von den natürlichen Blattern befallen werden.

Reg. V. v. 30. Juli 1844. Amtsbl. S. 224.

Für Berlin:

Da zum Transport der Pockenkranken nicht selten öffentliche Fuhrwerke benutzt worden sind und dadurch Anlaß zur weitern Verbreitung dieser Krankheit gegeben werden kann, so sieht sich das Polizei-Präsidium veranlaßt, den Transport Pockenkranker in öffentlichen Fuhrwerken auf Grund des §. 11. des Gesetzes über die Polizei-Verwaltung vom 11. März 1850 bei einer Strafe von 5—10 Thlr. zu untersagen.

V. v. 3. October 1850. Int. Bl. v. 12. Oct.

Kranke Hunde, besonders solche, welche der Wuth verdächtig sind, dürfen nicht ungefesselt durch die Stadt nach der Königlichen Thierarzneischule gebracht werden, bei Vermeidung einer Strafe von 1 Thlr., welche der Eigenthümer des Hundes auch dann zu entrichten hat, wenn kein Unglück damit geschehen ist.

V. v. 10. Mai 1826. Amtsbl. S. 146.

Für den Reg.-B. Potsdam:

Durch Bekanntmachung der vormaligen Kurmärkischen Krieges- und Domainen-Kammer vom 21. Dec. 1801 ist in Folge eines Direktorial-Reskripts desselben Jahres (Neue Edikten-Sammlung de 1801. XI. S. 603) das öffentliche Ausstellen aller und jeder Leichen, so wie überhaupt die Oeffnung der Särge bei den Begräbniß-Ceremonien, als ein der Gesundheit höchst nachtheiliger Gebrauch allgemein verboten.

Jede Uebertretung dieser Verordnung soll nach dem Direktorial-Reskript v. 10. Jan. 1803 mit einer Geldbuße von 5 Thlr. oder 8tägiger Gefängnißstrafe gebüßt werden.

Reg. V. v. 1. März 1831. Amtsbl. S. 42.

§. 61. Viehtreiber, Viehhändler und andere Käufer verfallen in 1—6monatliche Zuchthausstrafe, wenn sie Krankheiten und Sterbefälle, die beim Treiben des Rindviehs im Lande sich zutragen, der Obrigkeit und den Gemeindevorstehern des Bezirks, in welchem sich die Fälle ereignet, anzuzeigen unterlassen.

§. 158. des Patents wegen Abwendung der Viehseuchen v. 2. April 1803 N. C. C. Tom. XI. S. 1591.

§. 62. Gastwirthe und Krüger, wenn sie unter dem Treibevieh, welches bei ihnen gestanden hat, Krankheiten wahrnehmen, und solche der Obrigkeit und den Gemeindevorstehern anzuzeigen verabsäumen, verfallen in Festungsstrafe; und eben diese Strafe verwirken Schlächter, Hirten, und alle diejenigen Personen, denen die Besichtigung des Schlachtviehes, so wie des ermatteten Treibe- und des angekauften Viehs, obliegt, wenn sie bei demselben Merkmale von Seuche oder andern ansteckenden Krankheiten wahrnehmen, solche aber den Obrigkeiten und Gemeindevorstehern anzuzeigen unterlassen.

§. 160. a. a. O.

§. 63. Wenn in einem Orte im Lande eine Krankheit unter dem Rindvieh von den zur Ausmittelung derselben gesetzten Behörden für eine Seuche anerkannt worden ist, so verfallen in der Regel in Festungsstrafe:

1. Viehbesitzer und Hirten, so wie alle Personen aus dem inficirten Orte, welche bei der Wartung des Rindviehes Geschäfte oder auch die Aufsicht über einen Viehstand haben, wenn sie Krankheiten oder Sterbefälle, die sich unter demselben ereignen, verheimlichen, das gefallene Rindvieh heimlich vergraben oder die angeordnete Absonderung des Kranken unterlassen.

Für eine Verheimlichung aber wird angesehen, wenn die Anzeige der Krankheit nicht bei dem bestellten Aufseher des Ortes, und so lange dieser Aufseher noch nicht angestellt ist, bei dem Gemeindevorsteher, von denjenigen Personen unverzüglich geschieht, welchen solche obliegt, und zwar sobald als ihnen die Krankheit bekannt geworden. Anzeigen, die von andern Personen geschehen sind, können dieses Vergehen nicht entschuldigen.

2. Gemeindevorsteher, welche die Sperrung verabsäumen.

3. Diejenigen, welche in dem inficirten Orte bei dem Rindvieh Geschäfte haben, und sich nach andern Oertern oder Feldmarken begeben.

4. Alle diejenigen, welche Rindvieh und Schafvieh oder giftfangende Sachen aus dem inficirten Orte nach andern Oertern oder Feldmarken bringen.

5. Diejenigen, welche aus gesunden Oertern Rindvieh, Schafvieh oder giftfangende Sachen durch den inficirten Ort, über dessen Feldmark, oder über die für diesen Ort abgesonderten Hütungen, Holzungen und Beackerungsgränzen bringen.

6. Alle diejenigen, welche aus dem inficirten Orte mit Rindvieh und giftfangenden Sachen die abgesonderten Hütungs-, Holzungs- und Ackerungsgränzen, ferner den zu den Quarantaineställen und zu dem Vergrabungsflecken abgesonderten Bezirk, überschreiten; so wie auch diejenigen, welche Mühlenfuhren mit Ochsen verrichten.

7. Diejenigen, welche aus dem inficirten Orte Rindvieh oder giftfangende Sachen veräußern.

8. Diejenigen, welche bei Sperrung eines Gehöftes im Orte, oder bei der Sperrung eines Ortes selbst, oder bei der Sperrung einer Feldmark mit Rindvieh oder giftfangenden Sachen den Sperrungsbezirk überschreiten.

9. Diejenigen, welche ohne Erlaubniß des Landraths in dem inficirten Orte Oeffnungen der gestorbenen Stücke vornehmen.

10. Diejenigen, besonders auch die Abdeckerknechte, welche Rindvieh, das an der Seuchenkrankheit gefallen ist, abledern, aus diesen Talg herausnehmen, Luder und andere Theile abschneiden.

11. Diejenigen, welche, auch nachdem die Seuche aufgehört hat, vor dem bestimmten Termine Rindvieh und giftfangende Sachen veräußern oder herausbringen.

12. Diejenigen, welche nach beendigter Seuchenkrankheit Rauchfutter verkaufen oder nach andern Orten bringen, welches über Ställen gelegen hat, worin Rindvieh erkrankt ist.

13. Obrigkeiten in gewissen Fällen (welche indeß nicht hierher gehören, da Maaßregeln gegen die betreffenden Beamten nur im Disciplinarwege werden getroffen werden können).

14. Diejenigen Einwohner des inficirten Ortes, welche Menschen oder Vieh aus andern Orten aufnehmen, insofern die Aufnahme nicht ausdrücklich nachgelassen ist.

15. Spricht von thätlichen Widersetzlichkeiten und Beleidigungen gegen die Beamten.

§. 161. a. a. O.

Bei andern Krankheiten unter dem Rindvieh, welche nach den Bestimmungen des Viehsterbe-Patents als ansteckend oder zweifelhaft ausgemittelt sind, verwirken Festungs- oder nach vorstehenden §§. Gefängniß- und Geldstrafe: §. 64.

1. Abdeckerknechte, welche von dem gefallenen Rindvieh Talg herausnehmen, Luder und andere Theile abschneiden.

2. Abdeckerknechte, welche den, beim Transport der erkrankten oder gefallenen Stücke, gebrauchten Karren oder Schleife ohne Er-

laubniß des Landraths wieder zurücknehmen oder gar in andern gesunden Orten zur Fortbringung des Viehes gebrauchen.

§. 162. a. a. O.

§. 65. In drei- bis vierwöchentliche Gefängnißstrafe verfallen:

1. Viehbesitzer, Hirten und alle diejenigen, welche bei der Wartung des Rindviehes Geschäfte haben, auch die Aufseher eines Viehstandes, wenn sie zu einer Zeit, da zwar nicht im Orte, aber in einem Bezirke von 3 Meilen eine anerkannte Seuche ausgebrochen, Krankheiten oder Sterbefälle, die sich unter demselben ereignen, verheimlichen.

Die Fälle der Verheimlichung sollen nach den Bestimmungen des §. 161. beurtheilt werden.

2. Alle diejenigen Einwohner des von der Seuche angesteckten Ortes, welche, wenn sie gleich bei dem Rindvieh keine Geschäfte haben, doch ohne Pässe des Aufsehers nach andern Orten und Feldmarken sich begeben. Es kann hier nach Lage der Umstände die Strafe bis auf 8 Tage gemildert, oder eine Geldstrafe von 5—20 Thlr. verfügt werden.

3. Diejenigen, welche für ihre Person oder mit andern als giftfangenden Gegenständen und andern, als den in §. 161. benannten Gattungen von Vieh aus dem inficirten Orte selbst oder aus andern Oertern bei der Sperrung eines Gehöftes, eines Ortes oder einer Feldmark die gesperrten Bezirke überschreiten.

4. Diejenigen, welche in den Fällen, da bloß die Passage aufgehoben, für ihre Person mit den vorher bemerkten Gegenständen oder Viehgattungen sich nach dem inficirten Orte oder durch denselben, oder über dessen Feldmark, auch abgesonderte Hütungs- und Holzungs-Districte begeben.

5. Viehtreiber und Viehhändler, welche von den Rindviehheerden Stücke, die beim Treiben des Viehes im Lande ermattet sind, zurücklassen, ohne solches der Obrigkeit und dem Gemeindevorsteher des Bezirks anzuzeigen; eben diese Personen, wenn sie sich ohne die geordneten Revisionsatteste ins Land und in die Provinzen einschleichen.

6. Diejenigen, welche in dem Orte, wo Seuchen oder andere ansteckende Krankheiten herrschen, ohne Erlaubniß des Aufsehers, und wenn dieser nicht bestellt ist, ohne die des Gemeindevorstehers Rindvieh oder giftfangende Sachen an andere Einwohner des Ortes veräußern; ferner diejenigen, welche, wenn der Viehhandel wegen einer Seuchenkrankheit in dem Bezirke von 3 Meilen verboten, dennoch innerhalb dieses Bezirkes Rindvieh ohne Erlaubniß ihrer Obrigkeit zu ihrem Bedarf ankaufen.

7. Alle Personen, welche, wenn sie mit der Wartung desjenigen Viehes, unter dem die Seuche herrscht, zu thun haben, doch bei

Rindvieh in andern Ställen oder auf andern Gehöften, so lange diese von der Krankheit verschont geblieben, Geschäfte übernehmen; so wie auch diejenigen, welche sie ihnen übertragen.

8. Diejenigen, welchen die Verbindlichkeit obliegt, bei der Ausführung der geordneten Anstalten, Leistungen und Fuhren zu verrichten, oder Geldbeiträge aufzubringen, wenn sie sich in Erfüllung dieser Verbindlichkeiten auf die Anweisung ihrer Vorgesetzten, oder der bei den Anstalten angesetzten Personen ungehorsam oder widerspenstig bezeigen.

9. Das Gesinde, welches bei dem kranken Vieh Geschäfte gehabt, und die angeordnete Reinigung der Kleidungsstücke, nämlich deren Wäsche, Durchräucherung und Auslüftung während 14 Tagen unterläßt.

10. Alle diejenigen, welche bei den im Patent bestimmten ansteckenden Krankheiten (Lungenkrankheit, Milzbrand, Tollkrankheit und in zweifelhaften Fällen), Oeffnungen der gefallenen Stücke ohne Erlaubniß des Landraths vornehmen.

11. Alle Viehbesitzer und Hirten, in dem Orte, wo die Krankheit sich geäußert, so wie alle Personen, welche die Aufsicht über einen Viehstand oder bei der Wartung des Viehes Geschäfte haben, wenn sie Krankheiten oder Sterbefälle unter denselben verheimlichen, Rindvieh heimlich vergraben, oder auch die Absonderung des Erkrankten unterlassen, oder endlich, wenn sie genesene Stücke ohne Erlaubniß der zur Aufsicht bestellten Behörde unter das gesunde Vieh bringen. Welche Handlungen aber für Verheimlichungen angesehen werden sollen, ist in §. 161. Nr. 1. bestimmt.

12. Spricht von den Gemeindevorstehern.

13. Diejenigen, welche aus dem inficirten Orte Rindvieh, Rauchfutter oder Dünger nach andern Orten verkaufen, oder nach andern Orten über die abgesonderten Hütungs-, Holzungs- und Beackerungsgränzen bringen, so wie diejenigen, welche mit Ochsen Mühlenfuhren verrichten.

14. Alle diejenigen, die aus andern gesunden Oertern durch den inficirten Ort oder über dessen Feldmark und abgesonderte Hütungen Rindvieh bringen.

15. Diejenigen, welche, wenn die Krankheit aufgehört hat, vor Ablauf des bestimmten Termins Rindvieh oder Rauchfutter, was über den Krankenställen gelegen hat, nach andern Orten verkaufen und bringen.

§. 163. a. a. O.

Außer diesen Festungs- und Gefängnißstrafen werden folgende außerordentliche Geldstrafen festgesetzt: §. 66.

1. In gewissen Fällen gegen obrigkeitliche Personen.

2. Gegen Abdeckerknechte, welche beim Transport des Rindviehes keine Hunde mitbringen sollen, wenn sie gegen dieses Verbot handeln

oder auch bei ihrer Rückkehr sich nicht von den Rindviehheerden entfernt halten, eine Strafe von 25 Thlr.

3. Gegen diejenigen Scharfrichter und Abdecker, welche ihre Knechte nicht so zeitig abschicken, daß das gefallene Rindvieh 24 Stunden nach der Ansage fortgeschafft werden kann, eine Strafe von 5 Thlr.

Geschieht dies zu einer Zeit, wo an dem Orte selbst Krankheiten, die als ansteckend oder zweifelhaft bestimmt sind, herrschen, so verwirken selbige eine Geldstrafe von 20 Thlr., und geschieht dies in den Fällen, da in dem Bezirk von 3 Meilen Seuchen herrschen, so verfallen sie in eine Geldstrafe von 25 Thlr.

Die Scharfrichter und Abdecker werden ferner mit einer Strafe von 5—10 Thlr. belegt, wenn sie oder ihre Knechte sich nicht zu der von dem Landrath bestimmten Zeit einfinden, oder dessen Ankunft nicht abwarten; und ebenso in allen Fällen, da sie gegen die Anweisungen der Polizeibehörde handeln.

4. Alle Einwohner, welche ihre Hunde nicht fest anlegen, verfallen, wenn dies in Orten, wo die Krankheit herrscht, geschieht, in eine Geldstrafe von 2 Thlr., und wenn es außer demselben in einem Bezirk von 3 Meilen von diesem Orte geschieht, in eine Geldstrafe von 1 Thlr. auf jeden Uebertretungsfall.

Hirten, deren Hunde sich nicht von der Heerde entfernt haben, machen hierbei eine Ausnahme.

§. 164. a. a. O.

§. 67. Bei allen andern Handlungen, mit welchen die Vorschriften dieses Gesetzes oder auch die auf Grund desselben von dem Landrath bestehenden Vorschriften übertreten werden, finden die kleineren Polizeistrafen von 8—14tägigem Gefängniß bei den niederen Klassen und bei bemittelten Personen die Geldstrafe von 5—10 Thlr. statt.

§. 165. a. a. O.

§. 68. Hiernach erscheint dieser Strafe verfallen:

1. Jeder Viehbesitzer, welcher die Behandlung und Wartung seines Viehes so gröblich vernachlässigt, daß dadurch Krankheiten entwickelt werden (§. 1. a. a. O.).

2. Wer die Tränken des Viehes nicht zweimal im Jahre, nemlich im Herbste und Frühjahre reinigt (§. 2. a. a. O.).

3. Wer die Erkrankung eines Stückes Rindvieh, die von einem Zufall und von keiner äußerlichen Handlung entstanden ist, oder dessen plötzlichen Tod nicht dem Gemeindevorsteher meldet, und das erkrankte Stück nicht sogleich vom übrigen Vieh absondert; ebenso jeder Scharfrichter und Abdecker, welcher für den Fall, daß bei einem Viehstande im Orte über 50 Stück 2, und bei einem größeren 3 oder mehrere Stück binnen 14 Tagen sterben, nicht dem Landrathe und der Gutsobrigkeit Anzeige macht; ferner jeder Vieharzt, Schäfer

oder Hirte, welcher bei einer innern Viehkrankheit zu Hülfe gerufen wird, oder davon etwas erfährt und es nicht der Ortsobrigkeit meldet (§. 3. a. a. O.).

4. Wer die Grabstellen für gefallenes Rindvieh nicht soviel als möglich von dem Orte, von den Hütungen und Triften des Rindviehes entfernt anlegt, oder dasselbe nicht 4 Fuß tief vergräbt (§. 5. a. a. O.).

5. Wer die Flecke, worauf krepirtes Rindvieh außer den Ställen gelegen hat, nicht umgräbt; oder solche, wenn es Hütungsflecke sind, nicht 4 Tage hindurch mit Behütungen und mit den Triften des Rindviehes vermeidet (§. 6. a. a. O.).

6. Wer aus einem andern Orte Rindvieh einbringt, ohne daß er darüber ein zuverlässiges Gesundheitsattest vorzeigen kann (§. 9. a. a. O.).

7. Wer ohne solches Attest Rindvieh auf dem Markte kauft (§. 10. a. a. O.).

8. Jeder Viehhändler, welcher beim inländischen Einkaufe sich nicht gleiche Atteste ausstellen läßt und solche nicht demjenigen einhändigt, dem er ein Vieh wieder verkauft, oder solche nicht den Polizeibehörden der Oerter, durch welche er treibt, auf Erfordern vorzeigt (§. 12. a. a. O.).

9. Wer die Ställe, worin das kranke Vieh gestanden hat, ehe es nach dem Kranken- und Quarantainestall gebracht ward, nicht gehörig reinigt (§. 124. a. a. O.).

Obrigkeiten, Dienstherrschaften, Viehhändler und Käufer, welche nach Verschiedenheit der eintretenden Fälle ihren Unterthanen, Dienstleuten und Viehtreibern zur Uebertretung der Vorschriften dieses Patentes Anleitungen oder Befehle geben, verwirken die auf den Uebertretungsfall bestimmten Strafen. §. 69.

§. 166. a. a. O.

Alle zur Ausführung der verordneten Anstalten angestellten Personen, so wie die bestellten Wachen, wenn sie an den Uebertretungen des Patents, entweder wissentlich oder durch grobe Vernachlässigung, Antheil genommen haben, verfallen in eben die Strafen, welche auf die Uebertretungsfälle selbst angeordnet sind. §. 70.

Haben sie die Verpflichtungen, zu welchen sie angestellt sind, aus grober Nachlässigkeit unterlassen, so verfallen sie in 3—4wöchentliche Gefängnißstrafe. Bei andern Nachlässigkeiten sind sie den geringeren Polizeistrafen von 8—14tägigem Gefängniß unterworfen.

§. 167. a. a. O.

Der richterlichen Entscheidung bleibt es überlassen, nach Verschiedenheit der eintretenden Umstände die Dauer der Festungs- und Gefängnißstrafen festzusetzen, so wie auch in den Erkenntnissen zu bestimmen, §. 71.

ob und in wie fern solche in bloßen Arrest- und in Arbeitsstrafen bestehen sollen, auch die Gefängnißstrafen in Geldbußen zu verwandeln; jedoch soll die Gefängnißstrafe in der Regel nur bei den niedern Klassen, Geldstrafe aber bei andern Klassen und bemittelten Personen stattfinden.

§. 169. a. a. O.

§. 72. In die östlichen Provinzen des Staates darf Rindvieh der Steppenrace (podolisches Vieh) zu keiner Zeit auf andern Punkten, als durch bestimmte mit Quarantaineanstalten versehene Einlaßorte über die Landesgränze gebracht, und dasselbe nur nach 21tägiger Quarantaine und wenn es während derselben gesund geblieben, weiter eingeführt werden. Bei der Entlassung aus der Quarantaine muß das Vieh mit dem Quarantainezeichen versehen, und nur das mit solchem Zeichen versehene Vieh jener Art darf ohne weiteres im Innern des Landes zugelassen werden.

§. 1. der V. v. 27. März 1836. Gesetzs. S. 173.

§. 73. Wer wider die in §. 1. ertheilten Vorschriften, Steppenvieh, oder nach erlassenem Verbote der Behörden andere verbotene Gegenstände heimlich oder durch Anwendung von Gewalt oder Bestechung, über die Landesgränze einbringt, oder selbst wider die erlassenen Verbote über die Landesgränze heimlich, gewaltthätig oder mittelst Anwendung der Bestechung eindringt, oder bei diesem Einbringen oder Eintreten das Aufsichtspersonal durch falsche Vorspiegelungen täuscht, den trifft, wenn kein Schaden geschehen ist, eine willkührliche Geld- oder Gefängnißstrafe in den Grenzen des §. 35. II. 20. A. L. R., welche im Falle angewendeter Gewalt verschärft wird.

Dieselbe Strafe hat derjenige in solchem Falle verwirkt, der wissentlich dergleichen unerlaubte Ueberschreitungen der Landesgränze oder unerlaubte Importation begünstigt, oder wissentlich die eingedrungenen Personen oder eingeschwärzten Gegenstände weiter befördert.

§. 8. a. a. O.

§. 74. Nach Vorschrift der Edicte vom 18. Mai 1667, 23. Mai 1682, 22. April 1689, 11. Februar 1704, 12. Nov. 1707 und 30. Juni 1721 ist Jedermann schuldig, das außer der Viehseuche abgestandene, auch bei dem Schlachten unrein befundene Vieh (Schaafe ausgenommen) dem Scharfrichter oder Abdecker des Distrikts sofort gegen Erlegung des festgesetzten Trinkgeldes, für die Meile à 2 Grosch. an den Boten, anzusagen, wie denn auch erweislich rotzige und ganz inkurable Pferde nicht verkauft, vertauscht oder verschenkt, ingleichen die zur fernern Arbeit gänzlich untüchtig gewordenen Pferde nicht an fremde Scharfrichter oder Abdecker verhandelt, sondern an den Scharfrichter oder Abdecker des Distrikts abgeliefert werden müssen, welche aber dagegen sich nicht entziehen können, den Unterthanen für dergleichen abzuliefernde, zur Arbeit untüchtige Pferde eine billig mäßige Vergütung zu thun, und allenfalls so viel zu geben, als ein fremder Scharfrichter erweislich geben wollen.

§. 1. des Publ. v. 29. April 1772 N. C. C. de 1772 Nr. 30. S. 117.

Für den Reg.-B. Potsdam:

Unter abgestandenem Vieh ist alles zum ferneren Gebrauch der Menschen untüchtig gewordene Vieh zu verstehen, so daß wenngleich dergleichen Vieh getödtet worden, solches dann ebenso, als das von selbst verreckte Vieh dem Scharfrichter oder Abdecker des Distrikts von dem Eigenthümer sofort angesagt werden muß.

Verf. der Churmärkischen Kriegs- u. Domainen-Kammer v. 11. Mai 1789 und Direktorial-Resk. v. 25. Febr. dess. J.; erneut bekannt gemacht durch Reg. V. v. 24. Mai 1821. Amtsbl. S. 114.

Das auf den Höfen, wie auch in und vor den Dörfern umgefallene Vieh muß von dem Eigenthümer desselben sofort dem Scharfrichter oder Abdecker des Distrikts angesagt und von ersterem 24 Stunden lang von Zeit der geschehenen Ansagung vor dem Anfressen der Hunde, Katzen und andern Ungeziefers verwahrt, nicht minder binnen eben diesen 24 Stunden von den Scharfrichterknechten bei 5 Thlr. fiskalischer, auch dem Befinden nach harter Leibesstrafe, welche erstere der Scharfrichter oder Abdecker selbst zu erlegen hat, abgeholt werden. §. 75.

Dagegen ist, wenn das Vieh in entlegenen Hütungen und Brüchen liegen bleibt, der Eigenthümer von dessen Bewahrung befreit, jedoch, sobald er den Vorfall erfährt, denselben dem Scharfrichter oder Abdecker ansagen zu lassen, schuldig.

§. 2. des Publ. v. 29. April 1772.

Wann ein gemeiner Landmann oder bäuerlicher Unterthan, denen auch in Ansehung der Bestrafung geringe Bürger in den kleinen Land- und Ackerstädten gleich geachtet werden sollen, gegen Vorstehendes handeln sollte, so soll derselbe schuldig sein, dem Scharfrichter oder Abdecker zur Schadloshaltung wegen der Haut, Talg und Pferdehaare für ein Füllen, Rind oder Starke 1 Thlr. und an fiskalischer Strafe 12 Groschen; für ein Pferd oder Haupt-Rindvieh aber ersterem 1 Thlr. 12 Gr., auch 1 Thlr. an fiskalischer Strafe zu entrichten. Dagegen andere Verbrecher anstatt des früher verordneten 1 Wspl. Hafer Strafe in jedem Uebertretungsfall 8 Thlr. fiskalischer Strafe, ingleichen dem Scharfrichter für die entzogene Haut, Talg und Pferdehaare für 1 Pferd und ausgewachsenes Stück Rindvieh 2 Thlr. Strafe, für 1 Füllen, Rind oder Starke aber 1 Thlr. 12 Gr. entrichten müssen, welche Strafen jedoch bei wiederholten Verbrechen geschärft und dem Befinden nach, verdoppelt werden sollen und insgesammt zur Sportelkasse des nächsten Justizamts fallen. §. 76.

§. 3. a. a. O.

Das crepirte und unrein befundene Vieh müssen die Abdecker- §. 77.

knechte, für welche die Brodherren haften, bei 5 Thlr. fiskalischer Strafe nach den angewiesenen Luderstellen fahren.

§. 5. a. a. O.

§. 78. Die dort zu fertigenden Kuten haben die Abdeckerknechte bei gleicher Strafe nach der Vergrabung des Viehes zwei Fuß unter der Erde wieder zuzuschütten.

§. 6. a. a. O.

Für den Reg.-B. Potsdam:
wiederholt bekannt gemacht durch Reg. V. v. 28. Mai 1823. Amtsbl. S. 156.

§. 79. Das Abledern des an der Tollkrankheit gefallenen Viehes aller Art ist unter Aufhebung des entgegenstehenden §. 135. des Edikts v. 2. April 1803 gänzlich verboten.

V. v. 6. Nov. 1804. N. C. C. Tom. XI. S. 2757.

§. 80. Ebenso ist das Abledern des am Milzbrande gefallenen Viehes ausdrücklich verboten, und für den Uebertretungsfall die §. 161. des Edikts v. 2. April 1803 angedrohte Geld- oder Gefängnißstrafe verordnet.

Allerh. K. O. v. 28. Juni 1825. Gesetzs. S. 172.*)

§. 81. Die polizeilichen Vorschriften, die beim gefallenen Vieh in Rücksicht auf Vorbeugung der Seuchen und in Rücksicht der öffentlichen Reinlichkeit angeordnet und den Abdeckern vorgeschrieben sind, müssen in der Regel auch von den Einwohnern befolgt werden, die gefallenes Vieh nicht von Abdeckern abledern lassen.

Minist. Resk. v. 26. Febr. 1817.

Für den Reg.-B. Potsdam:
bekannt gemacht durch Reg. V. v. 26. Juni 1817. Amtsbl. S. 231.

Auf Grund der Verordnung v. 29. April 1772 und des Viehseuche-Patents v. 2. April 1803 ist bestimmt:

1. Das Betreten und Umwühlen von Ackergrundstücken, um thierische Knochen zu suchen und auszugraben, ist ohne specielle Erlaubniß des Besitzers des Grundstücks nicht erlaubt.

2. Die nach Vorschrift des Patents v. 2. April 1803 für das bei ansteckenden Viehkrankheiten gestorbene Vieh eingerichteten Grabstellen, welche mit einem Grabzaun umgeben und mit einem Steinpflaster belegt werden sollen, dürfen niemals durch Ausgraben der Knochen beschadigt werden. Ebenso wenig darf das Ausgraben an Stellen stattfinden, wo früher Menschen begraben worden. Wer hiergegen handelt, ist dem Gericht zur Criminaluntersuchung anzuzeigen.

3. Die Knochen des an andern Stellen verscharrten Viehes dürfen nur ausgegraben werden, wenn in dem Ortsbezirk während der letzten 10 Jahre keine seuchenartige Viehkrankheit, wohin auch der Milzbrand gehört, vorgekommen ist, und wenn die fleischigen und sehnigen Theile des Cadavers an demselben bereits gänzlich verwest sind.

---

*) Diese Strafvorschrift ist nicht für aufgehoben zu achten durch §. 114. des Regul. v. 8. August 1835 (Gesetzs. S. 240), welcher ähnlichen Inhalts ist, aber keine Strafbestimmung enthält.

Min. R. v. 28. Jan. 1847 (Min. Bl. d. i. V. S. 1848 S. 12).

4. Es muß deshalb ein Jeder, der mit Erlaubniß des Eigenthümers, oder als solcher selbst, das Ausgraben von Thierknochen beabsichtigt, sich vorher bei der Ortspolizeibehörde melden, welche nach vorstehenden Maaßgaben das Ausgraben zu verbieten oder zu gestatten, und letztenfalls genau zu beaufsichtigen hat, damit nur reine, trockene Knochen, von denen kein übler Geruch zu befürchten ist, ausgegraben werden.

Uebertretungen dieser polizeilichen Verbote oder Anordnungen sind, wenn der Contravenient nicht etwa zur Criminaluntersuchung zu ziehen ist, außer der Kostentragung mit Polizeistrafe von 1—10 Thlr. zu belegen.

Reg. V. v. 30. Mai 1837. Amtsbl. S. 175 erlassen mit Min. Genehmigung.

Ein Pferd, welches an der Beschälkrankheit leidet, derselben verdächtig ist, oder innerhalb der letzten 3 Jahre daran gelitten hat, darf nicht zum Begattungsakt zugelassen werden. §. 82.

§. 1. der K. O. v. 22. Sept. 1840; bekannt gemacht durch Minist. Resk. v. 12. Oct. (M. Bl. d. i. V. S. 476) und Reg. V. v. 24. Oct. dess. J. Amtsbl. S. 321.

Jedes von der Beschälkrankheit befallene oder derselben verdächtige Pferd ist sofort nach der Entdeckung des Uebels, jedes von derselben geheilte Pferd aber, wenn seit der Genesung noch nicht drei Jahre verflossen sind, sogleich nach der Publication dieser Ordre, von seinem Besitzer der Ortspolizeibehörde und von dieser dem Landrath anzuzeigen, welcher dafür zu sorgen hat, daß ein jedes an der Beschälkrankheit wirklich leidende oder innerhalb der letzten drei Jahre daran krank gewesene Pferd an einer Seite des Halses, welche der Besitzer zu bestimmen hat, mit einem Brandzeichen versehen werde, welches durch die Buchstaben: B. K. die Krankheit und durch die beiden letzten Ziffern der Jahreszahl die Zeit bezeichnet, in welcher das Pferd an der Krankheit gelitten hat. §. 83.

§. 2. a. a. O.

An der Beschälkrankheit leidende oder derselben verdächtige Pferde dürfen gar nicht, von derselben geheilte Pferde aber, mit Ausnahme solcher Hengste, welche nach ihrer Heilung kastrirt sind, während der drei ersten Jahre nach der Heilung nicht über die Gränzen des landräthlichen Kreises hinaus weggeführt werden, in welchem sie erkrankt sind. Innerhalb des Kreises ist der Wechsel in den Aufenthaltsorten erkrankt gewesener Pferde auch während der ersten Jahre nach der Heilung zulässig, muß aber von dem bisherigen Besitzer jedesmal der Ortspolizeibehörde des bisherigen Aufenthaltsorts und durch diese dem Kreis-Landrathe angezeigt werden. §. 84.

§. 3. a. a. O.

Sobald ein landräthlicher Kreis von der Regierung als inficirt oder als bedroht von der Beschälkrankheit betrachtet wird, ist dies durch das Amtsblatt bekannt zu machen. Von dem Tage an, wo diese Bekanntmachung erscheint, dürfen in einem solchen Kreise auch anscheinend §. 85.

gesunde Pferde zum Begattungsakte nicht zugelassen werden, wenn die Besitzer nicht bei Hengsten ein nicht über 14 Tage, und bei Stuten ein nicht über 4 Tage altes Gesundheitsattest eines approbirten Thierarztes aufzuweisen haben.

§. 4. a. a. O.

§. 86. Jede Uebertretung der zu 2, 3 und 4 den Pferdebesitzern ertheilten Vorschriften wird mit einer Polizeistrafe von 1—10 Thlr. und im Unvermögensfalle mit verhältnißmäßiger Gefängnißstrafe, jede Uebertretung der Vorschriften zu 1 dagegen mit einer Polizeistrafe geahndet, welche dem 4fachen Betrag des etwa erhaltenen Sprunggeldes gleich kommt, aber niemals weniger als 10 Thlr., und niemals mehr als 100 Thlr. betragen darf.

§. 5. a. a. O.

Für den Reg.-B. Potsdam:

Die Besitzer räudiger Pferde müssen jede Gelegenheit zur Ansteckung anderer Pferde sorgfältig verhüten, und dürfen sich insonderheit nicht über die Feldmark ihres Wohnortes mit solchen begeben, noch weniger sie in fremde Ställe ziehen.

Wer diese Vorschrift vernachlässigt, verfällt in eine Geldstrafe von 5 Thlr. oder in verhältnißmäßige Gefängnißstrafe, sobald dadurch eine Verbreitung der Räude nicht wirklich veranlaßt worden ist.

§. 2. des Publ., die in der Kurmark sich verbreitende Räude der Pferde betreffend v. 15. Mai 1810; erneut bekannt gemacht durch Reg. B. v. 31. Aug. 1812. Amtsbl. S. 391.

Zur Verhütung aller Gemeinschaft zwischen räudigen und gesunden Pferden sollen erstere in eigenen Krankenställen und auf ganz abgesonderten Weideplätzen, welche nie von gesundem Vieh berührt werden, gehalten, auch nicht mit gesunden Pferden gemeinschaftlich ausgetrieben oder zur Arbeit gebracht werden; wie denn auch nie gemeinschaftliches Geschirr und Stallutensilien, als Decken, Lederzeug, Putzzeug, Eimer und dergleichen stattfinden dürfen. Die Uebertreter verfallen auch hier der Strafe des §. 2.

§. 3. a. a. O.

Da die Krankheit am häufigsten durch inficirte Stallungen in den Wirthshäusern und Krügen verbreitet wird, so sollen Gastwirthe, Krüger und Ausspänner keine der Räude verdächtige Pferde aufnehmen, auch wöchentlich die Krippen, Raufen, Thüren und Wassereimer in ihren Ställen mit scharfer Lauge auswaschen lassen, bei Strafe von 5 Thlr.

§. 4. a. a. O.

Da der Erfahrung zufolge jedes räudige Pferd durch sorgfältige Anwendung der Mittel in einigen Wochen wieder hergestellt sein kann, so muß jeder Besitzer solcher Pferde sofort für die Heilung derselben Sorge tragen, und deshalb entweder selbst die vorschriftsmäßigen Mittel anhaltend und aufmerksam anwenden, oder die Kur durch einen Sachverständigen vollbringen lassen. Wer dieses unterläßt, verfällt in eine Geldstrafe von 5 Thlr. oder verhältnißmäßige Leibesstrafe.

§. 5. a. a. O.

Ein jeder Pferdebesitzer, sobald er nur irgend die Räude an seinem Pferde bemerkt, muß davon sofort, auf dem Lande dem Schulzen, in den Städten dem Magistrat bei Vermeidung einer willkührlichen Strafe, Anzeige thun.

§. 11. a. a. O.

Zur Verhütung der Rotzkrankheit ist das wöchentliche Auswaschen der Krippen, Raufen, Thüren und Wassereimer in den Pferdeställen mit scharfer Lauge bei Strafe von 5 Thlr. für jeden Unterlassungsfall von neuem anbefohlen.

Reg. V. v. 22. Oct. 1814. §. 9.

Im Uebrigen enthält diese Verordnung keine Strafbestimmungen. Amtsbl. v. 1814. S. 446.

Die Besitzer der von den Pocken befallenen Schaafheerden und die Schäfer müssen den Ausbruch der Krankheit, sie möge durch Einimpfung oder natürliche Ansteckung entstanden sein, sogleich dem Landrath des Kreises und den Gränznachbarn anzeigen, bei Vermeidung einer Strafe, welche außer dem Schadensersatz, den jeder Interessent zu fordern befugt ist, für den Schäferknecht auf 5 Thlr., den Schäfer auf 10 Thlr. und den Eigenthümer der Schäferei auf 20 Thlr. festgesetzt wird, und der in Hinsicht der ersteren Personen im Falle des Unvermögens eine verhältnißmäßige Leibesstrafe substituirt werden kann. §. 87.

§. II. der V. v. 27. Aug. 1806. N. C. C. Tom. XII. S. 735, gültig für die Provinzen Kur-, Neumark und Pommern.

Sobald die Pocken in einer Schaafheerde ausgebrochen sind, muß aller Verkauf oder Tausch aus derselben so lange unterbleiben, bis die Krankheit völlig aufgehört hat; und selbst der Verkauf der anscheinend gesunden Häupter kann in dieser Zeit nicht stattfinden, bei Strafe von 5 Thlr. für jedes verkaufte Stück. §. 88.

§. VI. a. a. O.

Für den Reg.-B. Potsdam
bekannt gemacht durch Reg. V. v. 23. Sept. 1816. Amtsbl. S. 322.

Die oben unter §. VI. der Verordn. v. 27. Aug. 1806 mitgetheilte Strafe ist später dahin abgeändert, daß überhaupt nach Verhältniß der verkauften Stückzahl nur eine Strafe von 5—50 Thlr. Geldbuße oder im Unvermögensfalle verhältnißmäßige Gefängnißstrafe eintreten soll. §. 89.

A. K. O. v. 11. Oct. 1844; bekannt gemacht durch Reg. V. v. 6. Febr. 1845 auf Grund Minist. Rescr. v. 14. Jan. deff. J. Amtsbl. S. 107. Min. Bl. d. inn. Verw. S. 44.

Gleichlautend mit den §§. II. und VI. der Verordn. v. 27. Aug. 1806 sind die §§. 2 und 6. des Minist. Rescr. v. 16. Apr. 1825 für die Klauenseuche der Schaafe. Amtsbl. S. 163. §. 90.

Der letztgedachte §. 6. des Rescr. v. 16. Apr. 1825 ist ebenfalls dahin modificirt, daß nur eine Strafe von 5—50 Thlr. oder verhältnißmäßiges Gefängniß im Falle des Unvermögens auch für die Veräußerung eines oder mehrerer Schaafe aus einer Heerde, in welcher die Klauenseuche ausgebrochen ist, eintreten soll. §. 91.

Reg. V. v. 18. Apr. 1845. Amtsbl. S. 126; erlassen auf Grund des Minist. Rescr. v. 31. März 1845. Min. Bl. d. i. V. S. 79.

11. Gefahren durch unerlaubte Kuren.

§. 92. Niemand soll ohne vorher erhaltene Erlaubniß des Staates aus der Kur der Wunden oder innerlichen Krankheiten, bei willkührlicher Geld- oder Gefängnißstrafe, ein Gewerbe machen.

§. 702. II. 20. A. L. R.

§. 93. Bei gleicher Strafe sollen Apotheker und Wundärzte sich aller inneren Kuren enthalten, in so fern ihnen selbige nicht ausdrücklich verstattet worden.

§. 703. a. a. O.

§. 94. Der Ausdruck „Gewerbe" in §. 702. a. a. O. ist nur dahin zu verstehen, daß der Contravenient, unabhängig davon, ob es des Gewinnes wegen oder aus andern Gründen geschieht, den unerlaubten Medicinalpfuschereien seine Thätigkeit ganz oder theilweise widmet, wozu der Beweis genügen wird, daß er die, die Contravention motivirende Leistung einem jeden Dritten auf Erfordern zu Theil werden zu lassen bereit gewesen ist.

Minist. Rescr. v. 31. März 1840. Minist. Bl. d. i. V. v. 1841. S. 175.

§. 95. Das Aderlassen und Blutegelsetzen gehört zu den, den Pfuschern verbotenen chirurgischen Operationen.

Rescr. v. 30. Nov. 1829. Justiz-Min.-Acten M. 17 Vol. 3. Fol. 76.

§. 96. Augen- und Zahnärzte, Stein- und Bruchschneider sollen sich nicht unterfangen, ihr Gewerbe zu treiben, ehe sie die Erlaubniß der Behörde dazu nach vorhergegangener Prüfung ihrer Geschicklichkeit und ihres Verfahrens erhalten haben.

§. 704. II. 20. A. L. R.

§. 97. Geschieht es dennoch, so haben sie bloß dadurch 5—10 Thlr. Geld oder 8—14tägige Gefängnißstrafe verwirkt.

§. 705. a. a. O.

§. 98. Zahn- und Augenärzte, Bruch- und Steinschneider, Quacksalber, Wurzel- und Olitäten-Krämer, Hebeammen, Hirten, Schäfer, Scharfrichter und alle andere, die aus inneren oder äußeren Kuren ohne Erlaubniß der Obrigkeit oder ohne Zuziehung und Genehmigung eines approbirten Arztes ein Gewerbe machen, sollen nach Bewandniß der Umstände und nach der mehreren oder minderen Gefährlichkeit der gebrauchten Mittel mit Gefängniß auf 14 Tage bis 6 Wochen bestraft werden.

§. 706. a. a. O.

§. 99. Gegen Inländer ist im Wiederholungsfalle die Strafe zu verdoppeln, und sie sind sodann nach Bewandniß der Umstände aus dem Orte oder der Provinz, wo sie ihr verbotenes Handwerk ausgeübt haben, zu verweisen.

§. 709. a. a. O.

Niemand soll ohne vorhergegangene Prüfung und Genehmigung des Staates die Geburtshülfe als ein Gewerbe zu treiben sich unterfangen. §. 100.

§. 710. a. a. O.

Die es thun, sollen mit 8tägigem bis 4wöchentlichem Gefängniß belegt und wenn sie sich dadurch nicht warnen lassen, aus ihrem bisherigen Aufenthaltsorte verwiesen werden. §. 101.

§. 711. a. a. O.

Wenn bei einer Geburt schwere oder ungewöhnliche Umstände sich ereignen, so ist die Hebeamme schuldig, einen approbirten Arzt, in so fern ein solcher erlangt werden kann, herbeirufen zu lassen. §. 102.

§. 712. a. a. O.

Ein gleiches muß geschehen, wenn in der Geburt die Mutter oder das Kind das Leben einbüßen. §. 103.

§. 713. a. a. O.

In solchen Fällen müssen die Prediger und Küster, wenn sie von dem sträflichen Betragen der Hebeamme Nachricht erhalten, der Obrigkeit davon Anzeige machen. §. 104.

§. 714. a. a. O.

Die bloße Unterlassung der Anzeigen in vorstehenden Fällen §. 712—714 soll mit willkührlicher Geld- oder Gefängnißstrafe geahndet werden. §. 105.

§. 715. a. a. O.

Eine Hebeamme, die ohne dringende Abhaltung Jemandem ihre Hülfe versagt, soll, auch wenn kein Schade erfolgt ist, willkührliche Geld- oder Gefängnißstrafe leiden. §. 106.

§. 720. a. a. O.

Hat sie sich dergleichen Undienstfertigkeiten zur Gewohnheit gemacht, so soll ihr die Treibung ihres Gewerbes gänzlich untersagt und eine Andere an ihrer Statt bestellt werden. §. 107.

§. 721. a. a. O.

Niemand soll ohne Vorwissen des Staats Privatgefängnisse, Zucht- oder Irrenhäuser anlegen. §. 108.

§. 1079. a. a. O.

Wer sich dessen unterfängt, hat bloß dadurch 100—300 Thlr. Geld- oder verhältnißmäßige Gefängnißstrafe verwirkt. §. 109.

§. 1080. a. a. O.

Die Errichtung und Verwaltung von Wasserheil-Anstalten soll auch solchen Personen, welche keine ärztliche Qualification besitzen, ge- §. 110.

stattet sein. Die Anlegung einer solchen Anstalt darf nur mit Erlaubniß der Regierung erfolgen.

§. 1. des Reglem. vom 15. Juni 1842; genehmigt durch A. K. O. v. 21. Juli 1842. Gesetzs. S. 243.

§. 111. Ein jeder Kranke, welcher in eine Wasserheil-Anstalt eintritt, ist mit seinem Namen und Stand in eine von dem Inhaber der Anstalt zu führende Liste einzutragen, unter gleichzeitiger Angabe der Krankheit, an welcher er leidet. Die Beschaffenheit der Krankheit muß durch das Attest einer approbirten Medicinalperson bescheinigt sein, und vor Beibringung dieses Attestes darf kein Kranker zum Gebrauch der Anstalt zugelassen werden.

§. 3. a. a. O.

§. 112. Die Inhaber der Wasserheil-Anstalten haben den Austritt eines jeden Patienten in der genannten Liste genau anzugeben, und dabei das Resultat der Kur genau zu bemerken.

§. 4. a. a. O.

§. 113. Wer ohne die in §. 1. vorgeschriebene Erlaubniß eine Wasserheilanstalt errichtet, hat außer der Schließung derselben eine Geldbuße bis zu 50 Thlr. verwirkt.

§. 6. a. a. O.

§. 114. Die Nichtbefolgung der in §. 3 u. 4. ertheilten Vorschriften zieht eine Geldbuße bis zu 50 Thlr. nach sich, und kann bei Wiederholung des Vergehens nach vorgängiger zweimaliger Bestrafung mit der Entziehung der Befugniß zum ferneren Betriebe der Anstalt geahndet werden.

§. 7. a. a. O.

12. Maßregeln zur Rettung aus Lebensgefahr und zur Verhütung derselben.

§. 115. Wer ohne eigene erhebliche Gefahr einen Menschen aus der Hand der Räuber oder Mörder, aus Wasser- und Feuersnoth, oder aus einer andern drohenden Lebensgefahr retten könnte, und es unterläßt, soll, wenn der Andere wirklich das Leben einbüßt, 14tägige Gefängnißstrafe leiden.

§. 782. II. 20. A. L. R.

§. 116. Außerdem soll seine Lieblosigkeit und deren erfolgte Bestrafung zu seiner Beschämung und andern zur Warnung öffentlich bekannt gemacht werden.

§. 783. a. a. O.

§. 117. Wer einen Scheintodten antrifft, muß, bei Vermeidung der §. 782. angedrohten Strafe, ihm schleunige Hülfe leisten.

§. 785. a. a. O.

§. 118. Ertrunkene müssen sogleich aus dem Wasser gezogen, an schädlichen Dämpfen Erstickte an die freie Luft gebracht, Gehängte abgelöst, auch dergleichen Scheintodte in jeglichem Falle von pressenden Kleidungsstücken befreit werden.

§. 788. a. a. O.

Die zuletzt gedachte Vorsicht muß auch bei denen, welche in schädlichen Dämpfen erstickt sind, beobachtet, und diese müssen sogleich in die frische Luft gebracht werden. §. 119.

§. 789. a. a. O.

Es muß sobald als möglich ein Arzt oder Wundarzt herbeigeholt, der nächsten Obrigkeit Nachricht gegeben und übrigens mit den Scheintodten nach näheren Vorschriften der Polizeigesetze verfahren werden. §. 120.

§. 790. a. a. O.

Ein Jeder, der es unterläßt, Scheintodte auf irgend ihm mögliche Weise durch Hülfsleistung ins Leben zurückzubringen, oder sich darin säumig zeigt, also namentlich einen Erhängten nicht sofort losschneidet, auch das Band oder den Strick vom Halse ablöst, einen im Wasser Ertrunkenen nicht sogleich herauszieht, einen auf öffentlichen Landstraßen, an den Wegen oder in den Waldungen angetroffenen Erfrorenen nicht unverweilt aufhebt und in den nächsten Ort oder das nächste Haus schafft, auch in allen Fällen nicht demnächst sofort den Vorfall der Obrigkeit anzeigt, soll mit nachdrücklicher, den Umständen nach mit Leibesstrafe belegt werden, dieselbe auch gegen jeden Hauswirth oder Einwohner angeordnet werden, welcher die Pflichten der Menschlichkeit dergestalt vernachlässigt, daß er in dergleichen Unglücksfällen den Hülfeleistenden in Ansehung der Aufnahme der Verunglückten Schwierigkeiten macht, oder wohl gar die vorräthigen Hülfsmittel, Leinenzeug, Feuerung und Lagerstätte versagt. §. 121.

Edikt v. 15. Nov. 1775. N. C. C. Tom. V. e. S. 249. vergl. §. 151. Cr. Ordn.

Genauere und speziellere Vorschriften, ohne daß diese indeß die Strafe anderweit feststellten, oder auf diese von Einfluß wären, ertheilt das §. 122.

Publ. v. 13. Jan. 1788. N. C. C. Tom. XI. S. 1987.

Für Berlin:

Um Gefahren für die Badenden selbst, so wie Verletzungen des öffentlichen Anstandes vorzubeugen, ist es unbedingt verboten, innerhalb der Stadt, mit alleiniger Ausnahme der Benutzung des Unterrichts bei der Schwimmanstalt am Schlesischen Thore, frei zu baden. Eben so wenig darf auch außerhalb der Stadt, in deren näheren Umgebungen sowohl des engeren, als des weiteren Berliner Polizeibezirks, und insbesondere in dem neuen Landwehrgraben (neuen Schifffahrtskanal), und in der Panke zwischen der Chaussee und dem Invalidenhause, sowie zwischen dem Gesundbrunnen und Pankow (mit Ausnahme der Privatbadeanstalt in der Panke auf dem Gesundbrunnen) gebadet werden. Ueberhaupt ist das Baden außer den Privatschwimmunterrichts-Anstalten vor dem

Ober- und Unterbaum nur an denjenigen einzelnen Stellen der verschiedenen Wasserläufe erlaubt, welche durch eigene am Ufer errichtete, und mit der Aufschrift „Badestelle" versehene Tafeln besonders bezeichnet sind.

Von den erlaubten Badestellen findet sich eine in der Spree unfern Stralau am Kreuzbogen, eine im Rummelsburger See, eine am rechten Ufer des neuen Schifffahrtskanals vor dem Schlesischen Thore in der Nähe der dort befindlichen Lohmühle. (Die im Plötzensee früher bestandene ist aufgehoben laut V. v. 11. Juni 1849. Amtsbl. S. 208). Wer sie besucht, darf übrigens, wie sich von selbst versteht, dort keine Unsittlichkeiten begehen, namentlich nicht entkleidet am Ufer umherlaufen und bleibt zugleich für jeden an den benachbarten Grundstücken und deren Früchten von ihm angerichteten Schaden verhaftet.

Jede Uebertretung dieser Vorschriften wird nachdrücklich, und namentlich das Baden an Orten, wo selbiges nicht gestattet ist, mit einer Geldstrafe von 10 Thlr., eventualiter verhältnißmäßiger Gefängnißstrafe geahndet.

Eltern, Vormünder, Erzieher und Lehrherrn sind verpflichtet, mit Achtsamkeit darauf zu halten, daß ihre Kinder, Pflegebefohlenen und Lehrlinge sich dergleichen nicht zu Schulden kommen lassen, und machen sich durch wissentliche Verstattung dazu oder Vernachlässigung der erforderlichen Warnungen selbst straffällig. Zugleich wird ein jeder gewarnt, bei Benutzung der Badestellen in der Spree, im Rummelsburger See deren durch eingesetzte Pfähle bezeichnete Gränzen im Wasser zu überschreiten, indem sich jeder, der dagegen handelt, nicht nur der Gefahr des Ertrinkens, sondern auch unangenehmen Maßregeln, namentlich eventueller Verhaftung aussetzt.

V. v. 3. Juni 1849. Amtsbl. S. 190.

Um Unglücksfällen vorzubeugen, kann das Schlittschuhlaufen nicht anders, als auf denjenigen Stellen gestattet werden, wo sich besondere Aufseher befinden. Eltern und Erzieher werden daher dringend aufgefordert, ihre Untergebenen hiernach anzuweisen, und sind die sämmtlichen Polizeiofficianten beauftragt, Jedermann von den Orten wegzuweisen, wo das Eis nicht völlig sicher ist, diejenigen, welche diesem keine Folge leisten, aber zur polizeilichen Bestrafung anzuzeigen.*)

V. v. 17. Dez. 1846. Amtsbl. S. 402.

Holzhändler, Zimmerleute und andere Einwohner, welche Holzlager auf den Wasserläufen im Verwaltungs-Bezirk des Königl. Polizei-Präsidii zu Berlin halten, müssen bei 5 Thlr. Strafe das Holz, ehe solches zum Gebrauch ausgeschwemmt und über die Straße gebracht wird, von dem auf selbigem wachsenden Wasserschierling reinigen und letzteren dergestalt fortschaffen, daß er Niemandem in die Hände gerathen kann.

V. v. 24. März 1806; erneut bekannt gemacht durch V. v. 9. Mai 1836. Amtsbl. S. 145 und v. 3. Mai 1850. Int. Bl. Nr. 115.

§. 123. Der unvorsichtige Gebrauch der Kohlen in verschlossenen Gemächern, wo der Dampf den darin befindlichen Personen gefährlich wer-

*) Eine besondere Strafe ist nicht verordnet.

den könnte, ist, wenn auch noch kein Schade geschehen wäre, mit 3 bis 10 Thlr. Geld- oder willkührlicher Gefängnißstrafe zu ahnden.

§. 731. II. 20. A. L. R.

Niemand soll, ohne wahrscheinliche Gefahr eines nächtlichen Ueberfalls, geladenes Gewehr in seinem Hause verwahren, noch weniger selbiges am Orte hinstellen oder aufhängen, wo Kinder und andere unerfahrene Leute dazu kommen können. §. 124.

§. 740. a. a. O.

Auch Reisende oder Jäger, welche geladenes Gewehr bei sich führen, müssen, wenn sie in ein Haus treten, oder irgend wo unter Leuten sich aufhalten, dasselbe beständig in ihrer unmittelbaren Obsicht haben oder es des Schusses entladen. §. 125.

§. 741. a. a. O.

Gastwirthe, bei welchen dergleichen Personen einkehren, müssen darauf sehen, daß entweder eins oder das andere geschehe, oder sie müssen das Gewehr dergestalt in eigene sichere Verwahrung nehmen, daß dadurch kein Schade entstehen kann. §. 126.

§. 742. a. a. O.

Wer diesen Vorschriften §. 740—742. zuwider handelt, soll allemal mit Arrest auf 8—14 Tage oder mit 5 — 10 Thlr. Geldstrafe belegt werden. §. 127.

§. 743. a. a. O.

Wer in bewohnten oder gewöhnlich von Menschen besuchten Orten sich des Schießgewehrs, der Windbüchsen oder der Armbrüste bedient, oder Feuerwerke ohne besondere Erlaubniß der Obrigkeit abbrennt, soll, wenn auch kein Schade geschehen ist, in eine Strafe von 5 bis 50 Thlr. genommen werden. §. 128.

§. 745. a. a. O.

Für Berlin

eingeschärft durch V. v. 16. Juli 1839. Amtsbl. S. 250.

Schiffer dürfen auf den Schiffen und Kähnen Schießgewehre bei Vermeidung der Confiscation und 4wöchentlicher Gefängnißstrafe bei Wasser und Brod nicht bei sich führen. §. 129.

V. v. 30. Sept. 1766. N. C. C. Tom. IV. S. 563.

Für den Reg.-B. Potsdam

erneut bekannt gemacht durch Reg. V. v. 21. Juni 1814. Amtsbl. S. 262.

Die Königl. Revier-Forstbedienten, Hegemeister, Unterförster, Forstaufseher, Revier- und Pirschjäger, so wie auch Lehrburschen sind eben so, wie jeder Jagdpächter dafür verantwortlich, daß nie ein Schießgewehr ohne daran befestigtes Steinfutter gefunden wird bei Vermeidung einer Strafe von 16 Gr. für jeden Fall.

V. v. 28. Jan. 1806, wiederholt den 19. Juni 1812. Amtsbl. S. 262.

Der Handel mit Knallsilber, Knallquecksilber, und den daraus verfertigten Knallerbsen, Knallfidibus u. s. w. ist bei Vermeidung der Confiscation und sonstiger polizeilicher Ahndung verboten.

Reg. V. v. 5. März 1815. Amtsbl. S. 59.

1) Schießpulver muß zur Verhütung des Streuens in dichten, mit hölzernen Nägeln wohl verzwickten Fässern versendet werden, gleichviel, ob die Versendung zu Wasser oder zu Lande geschieht.

2) Ein Jeder, der Schießpulver in größerer Menge als 10 Pfd. versendet, ist verpflichtet, darüber einen Frachtbrief auszustellen, welchen der Führer des Schiffsgefäßes oder des Fuhrwerks der Polizeibehörde des Absendungsortes zur Visirung und eventuell zur Kenntnißnahme von der verordnungsmäßigen Verpackung, und demnächst der Polizeibehörde jedes Ortes, welchen er auf der Fahrt berührt, bevor er in denselben einfährt, vorzulegen hat.

3) Beim Auf- und Abladen und beim Verpacken des Schießpulvers ist die größte Vorsicht zu beobachten, und besonders die Reibung oder das Hinabgleiten der Fässer zu vermeiden.

Deshalb müssen diese stets gehoben und nicht geschoben, auch nicht gerollt, sondern jederzeit getragen werden; desgleichen dürfen sie nicht auf die bloße Erde, sondern müssen auf Decken gelegt werden.

4) Kein Schiffer oder Fuhrmann, welcher Schießpulver geladen hat, darf Taback rauchen, und dies ebenso wenig seinen Knechten oder andern auf seinem Gefäße oder Fuhrwerke befindlichen Personen, für welche er verantwortlich bleibt, gestatten. Jeder einzelne Fall wird mit 5 Thlr. an Gelde oder 8tägigem Gefängniß bestraft.

Noch weniger darf auf einem Schiffe, welches Pulver geladen hat, Feuer oder Licht angemacht werden. Der Schiffsführer, welcher dies zuläßt, soll für jeden einzelnen Fall mit 10 Thlr. an Geld oder 14tägigem Gefängniß bestraft werden.

5) Zur Zeit eines Gewitters dürfen die Fuhrleute, welche Pulver geladen haben, weder in Städte noch in Dörfer einfahren, sondern müssen im freien Felde, und wenigstens einige Tausend Schritte von Wohnörtern und andern Gebäuden entfernt bleiben.

Die mit Pulver beladenen Schiffe aber müssen gleich an dem Ufer, da wo keine Häuser in der Nähe sind, anlegen und so lange verweilen, bis das Gewitter vorüber ist.

6) Der eine Pulverladung führende Fuhrmann muß einen Jeden, der ihm Taback rauchend begegnet, anständig erinnern, die Pfeife oder Cigarre wegzustecken, und deshalb dem Wagen selbst vorausgehen, oder einen Knecht vorausgehen lassen.

Ebenso hat sich ein Jeder, der einem solchen Wagen begegnet, in der Nähe desselben des Tabackrauchens und Feuerschlagens zu enthalten.

7) Es darf kein Schießpulver durch eine Stadt verfahren, sondern muß um die Stadt, oder, sofern dies nicht möglich ist, auf dem kürzesten und gefahrlosesten Wege durch die Stadt, ohne anzuhalten nach Anweisung der Polizeibehörde transportirt werden. Im Falle das Pulver zum weitern Transport in der Stadt verbleibt, muß dasselbe in das dazu vorhandene Magazin, oder in dessen Ermangelung an einen andern sichern Ort außerhalb der Stadt und entfernt von Gebäuden gebracht werden, auch unter Aufsicht eines Wächters bleiben.

8) Geschieht die Versendung zu Wasser, so darf das Pulver nicht auf der gewöhnlichen Schiffsanlande verladen, sondern es muß in der zu §. 7. angegebenen Art, so daß die Stadt so wenig als möglich berührt wird, zu Schiffe gebracht werden.

9) Hat dasselbe Schiffsgefäß noch andere Güter geladen, so muß das Schießpulver oben aufgepackt, zur Verhütung des Reibens Faß für

Faß mit Stroh umwickelt, von den übrigen Waaren durch ein hölzernes Verdeck abgesondert und mit einem dichten Plane verdeckt werden.

10) Kein ganz oder zum Theil mit Pulver beladenes Schiff darf in der Nähe von Gebäuden anlegen. Der Führer eines solchen Schiffes soll außer der gewöhnlichen, noch eine schwarze Flagge ausstecken; so oft er sich einer Schiffsanlege-Stelle nähert, die daselbst vor Anker liegenden Schiffe von dem Inhalt seiner Ladung voraus benachrichtigen und sie auffordern lassen, ihre Feuer auszulöschen. Auch hat er bei der Ankunft an seinem Bestimmungsorte eine gleiche Meldung vorauszuschicken, und das Pulver sofort und zwar außerhalb der Stadt auszuschiffen, und zur vorschriftsmäßigen Aufbewahrung zu bringen.

11) Damit auch ein Wagen, welcher Pulver geladen hat, sogleich von jedem anderen Frachtwagen unterschieden werden kann, muß er auf beiden Seiten des über denselben gespannten Planes mit einem in die Augen fallenden P. bezeichnet und gleichzeitig mit einer kleinen schwarzen Flagge versehen werden.

12) Die mit Pulver beladenen Wagen dürfen während des Transportes nicht vor den Gasthäusern oder Schenken aufgefahren werden, sondern müssen beim Anhalten und Futtern der Pferde 300 Schritte von Gebäuden entfernt halten, und zur Nachtzeit außerhalb der Städte und Dörfer auf 300 Schritte Entfernung unter der Aufsicht eines Wächters bleiben.

13) Ehe die mit Pulver beladenen Wagen in einen Ort fahren, müssen die Fuhrherrn einen ihrer Leute vorausschicken und zusehen lassen, ob etwa ein freistehender Backofen, eine Schmiede oder dergleichen im Gange sei, in welchem Falle der Wagen nicht eher einfahren darf, als bis das Feuer ausgelöscht ist.

14) Ganz unzulässig ist das geschwinde Fahren auf gepflasterten oder sonst steinigen Wegen.

15) Uebertretungen der obigen Vorschriften werden, soweit nicht schon bestimmte Strafen angedroht sind, nach Bewandniß der Umstände mit einer Geldbuße von 5—50 Thlr. oder mit Gefängniß von 8 Tagen bis 6 Wochen bestraft.

Reg. V. v. 15. Sept. 1845; erlassen mit Minist.-Genehmigung. Amtsbl. S. 290.

Für Berlin

ist dieselbe Verordnung mit folgenden Modificationen erlassen:

§. 1. entspricht dem §. 1. der V. v. 15. Sept. 1845.

§. 2. dem §. 3. derselben.

§. 3. dem §. 4. mit dem Unterschiede, daß die Uebertretung der Vorschrift wegen des Tabackrauchens mit einer Geldbuße von 5—10 Thlr. oder verhältnißmäßigem Gefängniß bedroht ist.

§. 4. entspricht dem §. 5.

§. 5. dem §. 6.	der V. v. 15. Sept. 1845.
§. 6. dem §. 11.	
§. 7. in seinem ersten Absatz dem §. 12., in seinem zweiten dem §. 10.	
§. 8. dem §. 13.	
§. 9. dem §. 14.	
§. 10. dem §. 9.	

§. 11. Ein Jeder, welcher Schießpulver in größerer Menge als 10 Pfd. versendet, ist verpflichtet, darüber einen Frachtbrief auszustellen und diesen dem Fuhrmann oder Schiffer auszuhändigen. Diesen Frachtbrief hat der Fuhrmann oder Schiffer, welcher Pulver nach oder über Berlin führt, wenigstens 24 Stunden vor seiner Ankunft an der Gränze des weitern Polizei-Bezirks von

Berlin entweder durch einen Boten oder durch den Empfänger oder Spediteur bei dem Polizei-Präsidium einzureichen und dabei zu bemerken, zu welcher Stunde er an die Gränze des weitern Polizei-Bezirks von Berlin anzukommen gedenkt.

§. 12. In Berlin und Charlottenburg darf nicht mehr als ⅛ Ctr. Pulver auf einmal eingeführt werden.

§. 13. Die Ausfuhr von Pulver aus Berlin geschieht zu Lande von den außerhalb der Stadt befindlichen Magazinen, zu Wasser von derjenigen Anlagestelle aus, welche auf die vorgängige Anmeldung der Ausfuhr angewiesen werden wird. Die Ausfuhr muß ebenfalls 24 Stunden vor dem Verladen dem Polizei-Präsidium angezeigt werden, damit von der ordnungsmäßigen Verpackung Kenntniß genommen werden kann, der Frachtbrief muß zur Visirung eingereicht werden.

§. 14. Uebertretungen der obigen Vorschriften werden mit 5 bis 10 Thlr. Geld- oder verhältnißmäßiger Gefängnißstrafe belegt. Schiffer, Fuhrleute und Kaufleute, welche Pulvertransporte verheimlichen, haben schon dadurch eine Geldbuße von 10 Thlr. oder verhältnißmäßiger Gefängnißstrafe verwirkt.

V. v. 23. Sept. 1850. Amtsbl. S. 344; gültig für die Transporte des für Rechnung von Privatpersonen versendeten Schießpulvers; erlassen auf Grund des §. 11. des G. v. 11. März 1850.

§. 130. Begegnen einem Militair-Pulvertransporte andere Kähne, oder muß derselbe bei dergleichen am Ufer angelegten vorbei, so sind die Führer derselben auf erfolgte Anzeige oder beim Anblick des schwarzen Wimpels verpflichtet, alles Feuer, welches sich auf den Kähnen oder in ihrer Nähe am Ufer befindet, sogleich auszulöschen.

§. 41. des Minist.-Erlasses vom 23. Dez. 1833.

Für den Reg.-B. Potsdam

bekannt gemacht durch Reg. V. v. 14. Juni 1834.

Die Uebertretung dieses §. 41. wird mit 5—20 Thlr. Geld- oder verhältnißmäßiger Gefängnißstrafe geahndet.

Reg. V. v. 11. Juni 1845; erlassen in Folge Minist. Rescr. v. 5. Mai deff. J. Amtsbl. S. 201.

§. 131. Alle Hinsichts der Fabrikation, Aufbewahrung, Versendung und des Verkaufs des Schießpulvers zur Verhütung von Gefahren gegenwärtig bestehenden gesetzliche und polizeiliche Vorschriften und Strafbestimmungen finden auch in Betreff der aus einer Behandlung der Baumwolle und ähnlicher Stoffe mit Säuren hervorgehenden, explodirenden, einstweilen mit dem Namen Schießbaumwolle oder Schießwolle belegten Fabrikate volle Anwendung.

A. K. O. v. 6. Nov. 1846. Gesetzs. S. 471.

Für Berlin:

Die Erfahrung hat gelehrt, daß die sogenannten Sellier'schen, zur Abfeuerung der Perkussionsgewehre bestimmten Kupferhütchen in den Händen von unerfahrnen und unvorsichtigen Personen, namentlich aber als Spielwerk von Kindern, gefährlich geworden sind, und bei ihrem Zerspringen Menschen sehr bedeutend verletzt haben. Jeder, der die gedachten Kupferhütchen zum Verkauf führt, soll diese deshalb nur an unverdächtige Personen, denen man die Kenntniß, damit umzugehen, zutrauen kann, nicht aber Kindern und Unbekannten verabfolgen, bei Vermeidung einer polizeilichen Geld- oder verhältnißmäßigen Leibesstrafe.

V. v. 11. Aug. 1837. Amtsbl. S. 267.

13. Gefahren durch wilde und schädliche Thiere.

Ohne besondere Erlaubniß der Obrigkeit darf Niemand wilde oder andere von Natur schädliche Thiere halten. §. 132.

§. 749. II. 20. A. L. R.

Die Obrigkeit muß die Erlaubniß bei eigener Vertretung nicht ertheilen, wenn sie sich nicht zuvor überzeugt hat, daß hinlänglich sichere Maßregeln zur Verhütung alles besorglichen Schadens genommen worden. §. 133.

§. 750. a. a. O.

Wer ohne Erlaubniß der Obrigkeit schädliche Thiere hält, muß selbige sofort wegschaffen, und außerdem 20—25 Thlr. Geldstrafe entrichten. §. 134.

§. 751. a. a. O.

Eine gleiche Strafe trifft denjenigen, welcher die obrigkeitliche Erlaubniß zwar erhalten, nachher aber die gehörigen Maßregeln zur Verhütung alles Schadens vernachlässigt hat. §. 135.

§. 752. a. a. O.

Ebenso wird der Eigenthümer eines sonst zahmen Thieres bestraft, wenn dasselbe besondere schädliche Eigenschaften hat, und er, sobald dieses zu seiner Kenntniß gelangt, zur Verhütung des zu besorgenden Schadens nicht hinlängliche Maßregeln trifft. §. 136.

§. 753. a. a. O.

Auch die, wegen Vorbeugung der Tollheit bei den Hunden vorgeschriebene Polizeigesetze ist ein Jeder bei Vermeidung der darin bestimmten Geld- oder Leibesstrafe genau zu beobachten verpflichtet (s. oben unter Abschn. 10). §. 137.

§. 754. a. a. O.

Das Aufhetzen der Hunde gegen Menschen soll, wenn auch kein Schade daraus entstanden, mit willkührlicher Geld- oder Leibesstrafe belegt werden. §. 138.

§. 755. a. a. O.

Für den Reg.-B. Potsdam:

Kein Hund, ohne Unterschied, darf auf öffentlichen Straßen oder auf dem Felde und in den Forsten frei umherlaufen, sondern muß in den Städten zu Hause und auf den Dörfern auf dem Gehöfte gehalten werden. Nur unter der Aufsicht und in der Begleitung seines Eigenthümers oder einer andern erwachsenen Person, und falls die Lokalbehörde nicht bei besonderer Gefahr den Eigenthümern die Anlegung der Hunde an Ketten zur Pflicht gemacht hat, darf ein Hund außerhalb des Wohnungsbezirks seines Herrn erscheinen, sich aber alsdann nicht von dem Führer entfernen, bei Vermeidung einer Strafe von 1 Thlr. gegen den Eigenthümer.

Bei Vermeidung gleicher Strafe müssen alle Hunde, welche aufs Feld oder ins Holz mitgenommen werden, mit Ausschluß der Jagd- und der Hirtenhunde, wenn solche auf Jagden oder bei den Heerden gebraucht werden, mit einem Knüttel versehen sein.

Fleischer, Fuhrleute und andere Reisende müssen ihre Hunde entweder an Stricken führen oder an ihren Wagen mit Ketten befestigen, oder doch selbige dergestalt unter Aufsicht halten, daß sie sich nicht aus ihrer Nähe, noch weniger von der Landstraße, dem Wege u. s. w. entfernen und Niemand belästigen, widrigenfalls auch gegen die Reisenden die oben gedachte Strafbestimmung zur Anwendung kommt.

Reg. V. v. 18. Febr. 1833; erlassen mit Minist. Genehmigung v. 25. Jan. deff. J. Amtsbl. S. 55.

In denjenigen Städten des Regierungs-Bezirks, welche die Hundesteuer eingeführt haben, oder einführen werden, können solche Hunde, welche ein mit dem Namen des Eigenthümers versehenes Halsband tragen, ohne Begleiter auf den Straßen sich sehen lassen, und sollen von dem Verbote des aufsichtslosen Umherlaufens ausgenommen sein.

Reg. V. v. 23. Mai 1847; auf Grund Minist. Erlasses v. 30. Apr. deff. J. Amtsbl. S. 204.

Für Berlin:

Die unter dem Namen **Bulldoggs** bekannten Hunde müssen, wenn sie nicht an der Kette gehalten werden, mit einem das Beißen verhindernden Maulkorbe, bei Strafe von 20—50 Thlr., versehen sein.

In Betreff der zum Ziehen gebrauchten Hunde vor Milchkarren, Handwagen u. s. w. hat es bei der Bekanntmachung v. 13. Mai 1835, wonach dergleichen Hunde bei 2 Thlr. Geld- oder verhältnißmäßiger Gefängnißstrafe mit Maulkörben versehen und fest angebunden sein müssen, sein Bewenden.

V. v. 3. Aug. 1842. Amtsbl. S. 227.

Das **Ausschließen der Hunde** aus den Häusern zur Nachtzeit ist bei einer Geldbuße von 2 Thlr., welche im Wiederholungsfalle auf 5 Thlr. erhöht und bei Unvermögen in verhältnißmäßige Gefängnißstrafe verwandelt wird, untersagt.

V. v. 9. Mai 1842. Amtsbl. S. 108.

Wenn **Rindvieh** einzeln oder zu 2 und 3 Stücken über die Straße geführt wird, muß es an Horn und Vorderfuß gebunden; wenn es aber heerdenweise durch die Stadt getrieben wird, zuverlässigen Leuten anvertraut sein, welche dafür zu sorgen haben, daß das Vieh auf dem Straßendamm bleibt und nicht auf den Bürgersteig übertritt. Die Königsstraße, der Mühlendamm, die Straße an den Werderschen Mühlen und die Plätze zwischen der Schloßbrücke und der Promenade unter den Linden müssen bei jedem Transport von Vieh, die Schillingsgasse beim heerdenweisen Treiben desselben vermieden werden. Das unnütze und anhaltende Knallen mit den Peitschen in der Stadt ist verboten. Jede Uebertretung dieser Vorschriften wird nicht nur an den Treibern, sondern auch an den Eigenthümern des Viehes mit einer Geldstrafe bis zu 5 Thlr. oder verhältnißmäßigem Gefängniß geahndet.

V. v. 28. Oct. 1846. Amtsbl. S. 355.

Auch durch die Hirschel- und Schulgartenstraße darf bei gleicher Strafe Rindvieh nur zu einer Anzahl von 3 Stücken, an Horn und Vorderfuß gefesselt, geführt werden.

V. v. 5. Febr. 1848. Amtsbl. S. 48.

14. Gefahren durch schnelles Reiten und beim Fahren.

Auf Straßen, Brücken und öffentlichen Plätzen, so wie in allen bewohnten, von Menschen zahlreich besuchten Gegenden, muß ein Jeder des schnellen Reitens und Fahrens sich enthalten. §. 139.

§. 756. II. 20. A. L. R.

Die Uebertretung dessen soll mit 5—10 Thlr. Geldbuße oder mit verhältnißmäßiger Gefängnißstrafe geahndet werden. §. 140.

§. 757. a. a. O.

Sind Fehler des Pferdes an der Uebertretung Schuld, so bleibt der Reiter oder Fahrende von der Strafe nur alsdann frei, wenn er den Fehler vorher nicht gewußt hat. §. 141.

§. 758. a. a. O.

Dagegen trifft die Strafe den Eigenthümer des Pferdes, welcher den andern wegen des Fehlers nicht in Zeiten gewarnt hat. §. 142.

§. 759. a. a. O.

Die §. 757. verordnete Strafe hat auch derjenige verwirkt, welcher Pferde ohne die gehörige Aufsicht auf öffentlichen Plätzen, Straßen oder sonst im Freien, wo sie durch ihr Ausreißen, Beißen, Stoßen oder Schlagen Schaden anrichten können, stehen läßt. §. 143.

§. 760. a. a. O.

Bei gleicher Strafe soll sich Niemand unterfangen, innerhalb der Stadt Pferde einzufahren, oder sich zu Nachtzeit der Schlitten ohne Schellengeläute zu bedienen. §. 144.

§. 761. a. a. O.

Für den Reg.-B. Potsdam

eingeschärft durch V. v. 26. Sept. 1816. Amtsbl. S. 324 u. 26. März 1825. Amtsbl. S. 76; in welcher letzteren Verordnung bei Strafe von 5 Thlr. das Fahren über Brücken anders, als im Schritt, verboten wird.

Wer sich von seinen, auf öffentlichen Plätzen, Straßen oder sonst im Freien angespannt und angeschirrt stehenden Pferden unumgänglich entfernen muß, hat währenddeß die Aufsicht einem Stellvertreter anzuvertrauen, widrigenfalls er der in §. 760. II. 20. A. L. R. bestimmten polizeilichen Strafe verfällt, es sei denn, daß er die Vorsicht angewendet hat, außer dem Anbinden der Leinen an die Arme der Deichsel, die Zugpferde inwendig abzusträngen, und wo es sich thun läßt, eines der Vorderräder des Wagens an die Rinnsteinbrücke oder einen andern, das schnelle Anziehen der Pferde verhindernden Gegenstand zu fahren, auch wenn 4 Pferde vor einem Wagen lang gespannt sind außer der inwendigen Absträngung der Hinterpferde, das Achterholz der Vorderpferde abzuhängen, und außerdem während seiner Entfernung durch seine Pferde kein Schaden entstanden ist.

Reg. V. v. 25. Juni 1845. Amtsbl. S. 215.

Für Berlin:

Da die Erfahrung gelehrt hat, daß durch das Tragen unbedeckter Spiegel die Pferde scheu gemacht werden, so ist bei 1 Thlr.

Geld- oder verhältnißmäßiger Leibesstrafe untersagt, unverdeckte Spiegel über die Straße zu tragen.

V. v. 24. März 1811. Int. Bl. Nr. 74.

Für den Reg.-B. Potsdam:

Der Gebrauch eines vor den Sitzbänken der Personenfuhrwerke angebrachten niedrigen Sitzbocks oder Fußbrettes für den Wagenführer ist nur mit besonderer Erlaubniß der dem Unternehmer des Personenfuhrwerks nächst vorgesetzten Ortspolizeibehörde gestattet. Ohne eine derartige Erlaubniß hat der Wagenführer seinen Platz auf der vordersten Sitzbank in dem Wagen selbst zu nehmen. Jede Uebertretung dieser Verordnung zieht eine Polizeistrafe von 2 Thlr. nach sich.

Reg. V. v. 17. Mai 1836. Amtsbl. S. 139.

Für Berlin:

Die Vorschriften der Verordnung vom 4. April 1796, nach welcher bei 5 Thlr. Strafe für jeden Uebertretungsfall beim Verfahren des Brennholzes innerhalb der Stadt kein Wagen mit mehr als höchstens ¼ Haufen oder 1½ Klafter dieses Materials beladen werden darf, wird in Erinnerung gebracht, und erleidet nur in sofern eine Ausnahme, als nach der Minist. Verfügung v. 13. Jan. 1823 jedem, welcher Räder von 3½ Zoll Breite an seinen Holzwagen hat, nachgelassen ist, einen Haufen Holz auf zwei solche Wagen zu laden.

V. v. 4. Sept. 1830. Int. Bl. Nr. 216.

Für den Reg.-B. Potsdam:

Bei 24stündiger Gefängnißstrafe ist verboten, ohne Vorwissen und Genehmigung der Führer auf Wagen während des Fahrens aufzusteigen oder sich an dieselben anzuhängen.

Reg. V. v. 28. Oct. 1837. Amtsbl. S. 342.

Landleute sollen nicht mit Schlitten ohne Geläute oder ohne Deichsel zur Stadt fahren, bei Vermeidung einer Strafe von 1 Thlr. für jeden Uebertretungsfall.

V. v. 26. Oct. 1812. Amtsbl. S. 456, wiederholt bekannt gemacht Amtsbl. f. 1813 S. 18, f. 1819 S. 321, f. 1820 S. 258, f. 1822 S. 301.

(Im Uebrigen vergleiche die im dritten Titel enthaltenen Verordnungen über das Reiten und Fahren, welche zum Theil auch Bestimmungen für die persönliche Sicherheit enthalten, nicht füglich aber aus einander gerissen werden konnten.)

15. Gefahren durch Tragen von Waffen.

§. 145. Niemand soll Stilets und dreikantige oder sogenannte Schilfklingen führen.

§. 746. II. 20. A. L. R.

§. 146. Gemeinen Leuten ist in Stöcken oder auf andere Art verborgenes Gewehr zu führen nicht erlaubt.

§. 747. a. a. O.

§. 147. Unter „gemeinen Leuten" sind diejenigen zu verstehen, welche zum eigentlichen Bauernstande gehören, oder in den Städten weder durch den Besitz bürgerlicher Grundstücke, noch durch das Eintreten in eine Zunft oder Innung das Bürgerrecht gewonnen haben.

Schreiben d. Groß-Kanzlers v. 13. Juni 1795. Rabe Bd. 3. S. 109.

Die bloße Führung solcher verbotenen Waffen soll mit Confiscation derselben und 5—20 Thlr. Geldstrafe geahndet werden. §. 148.

§. 748. II. 20. A. L. R.

16. Gefahren durch ungebührliches Betragen gegen Schwangere.

Niemand soll gegen eine Person, deren Schwangerschaft sichtbar oder ihm bekannt ist, oder auch wissentlich in deren Gegenwart Handlungen vornehmen, wodurch heftige Gemüthsbewegungen erregt zu werden pflegen. §. 149.

§. 733. a. a. O.

Ist dergleichen Handlung an sich schon strafbar, so findet in einem solchen Falle Schärfung der Strafe statt. §. 150.

§. 734. a. a. O.

Ist auf die Handlung an sich keine Strafe verordnet, so soll, je nachdem sie aus Vorsatz, Muthwillen oder grober Unvorsichtigkeit begangen worden, willkührliche Geld- oder Gefängnißstrafe verhängt werden. §. 151.

§. 735. a. a. O.

Auch diejenigen, denen sonst das Recht der mäßigen Züchtigung zukommt, dürfen sich dessen gegen dergleichen schwangere Personen bei willkührlicher Gefängniß- oder Geldstrafe, so lange die Schwangerschaft dauert, nicht bedienen. §. 152.

§. 736. a. a. O.

17. Gefahren für junge Kinder.

Mütter und Ammen sollen Kinder unter zwei Jahren bei Nachtzeit nicht in ihre Betten nehmen und bei sich oder Anderen schlafen lassen. §. 153.

§. 738. a. a. O.

Die solches thun, haben nach Bewandniß der Umstände und der dabei obwaltenden Gefahr Gefängnißstrafe verwirkt. §. 154.

§. 739. a. a. O.

18. Gefahren durch ungebührliches Aufhängen oder Herabwerfen von Gegenständen.

Niemand soll in Gegenden, die zum Ab- und Zugange des Publicums bestimmt sind, vor seinen Fenstern oder an seinem Hause etwas ohne gehörige Befestigung aufstellen oder aufhängen, durch dessen Herabsturz Jemand beschädigt werden könnte. §. 155.

§. 762. a. a. O.

Der Uebertreter muß das Aufgestellte oder Aufgehängte sofort wegzuschaffen angehalten, und außerdem um 5 Thlr. bestraft werden. §. 156.

§. 763. a. a. O.

§. 157. Die §§. 74 und 75. I. 8. A. L. R. enthalten dieselben Bestimmungen, wie die aufgeführten §§. 762 und 763., mit der Abänderung, daß dort in dem ersten §. die Worte: „ohne gehörige Befestigung" fehlen, und die Polizeistrafe nur auf 2—5 Thlr. festgesetzt ist.

Für Berlin:

Das Aussetzen der Blumentöpfe auf der bloßen Mauer vor den Fenstern der Häuser nach den Straßen hin, ohne daß solche durch sogenannte Blumenbretter mit Geländer oder auf eine andere Art befestigt und hierdurch vor dem Herunterfallen gesichert werden, ist bei 2 Thlr. Geld- oder verhältnißmäßiger Arreststrafe für jeden Uebertretungsfall verboten.

V. v. 16. Aug. 1791; eingeschärft durch V. v. 16. Juni 1819; erneut den 28. Juni 1837. Amtsbl. S. 206.

§. 158. 5 Thlr. Strafe hat derjenige verwirkt, welcher Sachen, die den Vorübergehenden schädlich werden könnten, aus dem Hause oder aus den Fenstern wirft.

§. 764. II. 20. A. L. R.

Für den Reg.-B. Potsdam:

Dieselbe Strafe trifft denjenigen, der beim Richten eines Gebäudes oder Vollendung einer Bauarbeit, von einem hohen Standpunkt aus, Gläser oder Flaschen herabwirft.

Reg. V. v. 27. März 1837; erlassen auf Grund Minist. Verf. v. 7. Febr. deff. J. Amtsbl. S. 87.

Für Berlin:

ebenso bekannt gemacht durch Verord. v. 2. März deff. J. Amtsbl. S. 69, welche jedoch noch die Zimmermeister oder Polirer, die den betreffenden Bau beaufsichtigen, wegen der etwa vorfallenden Uebertretungen für verantwortlich erklärt.

19. Polizei-Vergehen in Bezug auf Beschädigungen von Eisenbahnen.

§. 159. Die Vorsteher der Eisenbahn- oder Transportunternehmungen, welche die Entfernung eines wegen Beschädigung von Eisenbahnanlagen auf Grund der Verord. v. 30. Nov. 1840 verurtheilten Officianten nach der Mittheilung des Erkenntnisses nicht gleich bewirken, haben eine Geldbuße von 10—100 Thlr. verwirkt. Gleiche Strafe trifft den für unfähig erklärten Officianten, wenn er sich nachher bei einer Eisenbahn oder dem Transportbetriebe auf derselben wieder anstellen läßt, so wie diejenigen, welche ihn wieder angestellt haben, obwohl denselben seine Unfähigkeit bekannt war.

§. 7. der V. v. 30. Nov. 1840. Gesetzs. für 1841 S. 9.

20. Vergehen in Bezug auf die Bau-Polizei.

§. 160. In der Regel ist jeder Eigenthümer seinen Grund und Boden mit Gebäuden zu besetzen oder seine Gebäude zu verändern, wohl befugt.

§. 65. I. 8. A. L. R.

Doch soll zum Schaden oder zur Unsicherheit des gemeinen Wesens oder zur Verunstaltung der Städte und öffentlichen Plätze kein Bau, auch keine Veränderung vorgenommen werden. §. 161.

§. 66. a. a. O.

Wer also einen neuen Bau in Städten anlegen will, muß davon zuvor der Obrigkeit zur Beurtheilung Anzeige machen. §. 162.

§. 67. a. a. O.

Bei der anzustellenden Prüfung muß die Obrigkeit zugleich dahin sehen, daß durch eine richtige und vollständige Beschreibung des abzutragenden Gebäudes nach seiner Lage, Grenzen und übrigen Beschaffenheit, künftigen Streitigkeiten bei dem Wiederaufbaue in Ansehung des Winkelrechts und sonst möglichst vorgebeugt werde. §. 163.

§. 68. a. a. O.

Vorzüglich ist eine besondere obrigkeitliche Erlaubniß nothwendig, wenn, es sei in Städten oder auf dem Lande, eine neue Feuerstelle errichtet, oder eine alte an einen andern Ort verlegt werden soll. §. 164.

§. 69. a. a. O.

Bauherrn und Baumeister, welche dieser Vorschrift §. 69. zuwider handeln, haben jeder eine Polizeistrafe von 5—10 Thlr. verwirkt, selbst wenn der Bau an sich untadelhaft befunden werden sollte. §. 165.

§. 70. a. a. O.

Diese Strafe findet auch dann Anwendung, wenn der Bau abweichend von der ertheilten Bau-Erlaubniß ausgeführt worden ist. §. 166.

Min. Rscr. v. 6. Juni 1834 (Ann. Bd. 18. S. 550). Min. Rscr. v. 13. Juli 1835 (Ann. Bd. 19. S. 842).

In allen Fällen, wo sich findet, daß ein, ohne vorhergegangene Anzeige unternommener Bau schädlich oder gefährlich für das Publicum sei oder zur groben Verunstaltung einer Straße oder eines Platzes gereiche, muß derselbe nach der Anweisung der Obrigkeit geändert werden. §. 167.

§. 71. I. 8. A. L. R.

Findet die Aenderung nicht statt, so muß das Gebäude wieder abgetragen und alles auf Kosten des Bauenden in den vorigen Stand gesetzt werden. §. 168.

§. 72. a. a. O.

Bauanlagen auf Straßen, wodurch Gehende, Reitende oder Fahrende Beschädigungen ausgesetzt werden, soll die Obrigkeit nicht dulden. §. 169.

§. 73. a. a. O.

Ohne Erlaubniß der Obrigkeit dürfen Baustellen, die bisher besondere Nummern hatten, nicht in Eins gezogen werden. §. 170.

§. 76. a. a. O.

Auch die Zugestehung einer solchen Erlaubniß kann in Ansehung der nach den Nummern vertheilten oder noch zu vertheilenden Lasten §. 171.

und Abgaben, weder dem gemeinen Wesen noch andern Privatpersonen zum Nachtheil gereichen.

§. 77. a. a. O.

§. 172. Besonders darf Niemand, ohne ausdrückliche Bewilligung der Obrigkeit einen Kellerhals oder andere dergleichen Nebengebäude auf die Straße zu anlegen.

§. 79. a. a. O.

§. 173. Auch die Einrichtung von Keller- und Ladenthüren, welche auf die Straße gehen, die Anlegung neuer oder Wiederherstellung eingegangener Erker, Löben und auf die Straße hinausgießender Dachrinnen; die Aufsetzung von Wetterdächern, und in die Straße hinein sich erstreckenden Schildern, so wie die Einrichtung von Blitzableitern, darf nur unter Erlaubniß der Polizeiobrigkeit und nach den, von dieser zu ertheilenden, Anweisungen vorgenommen werden.

§. 80. a. a. O.

§. 174. Nähere Bestimmungen über die in den §§. 79. 80. berührten Gegenstände, bleiben den besondern Polizeigesetzen eines jedes Ortes vorbehalten.

§. 82. a. a. O.

§. 175. Jeder Eigenthümer ist schuldig, seine Gebäude dergestalt in baulichem Stande zu unterhalten, daß durch deren Einsturz oder Abfall den Einwohnern oder Vorübergehenden kein Schade widerfahre.

§. 765. II. 20. A. L. R.

§. 176. Wer dies unterläßt, den soll die Obrigkeit durch Zwangsmittel dazu anhalten, und seine Nachlässigkeit mit 10 bis 30 Thlr. Geld- oder verhältnißmäßiger Leibesstrafe ahnden.

§. 766. a. a. O.

§. 177. Wenn jemand die ihm obliegende Unterhaltung öffentlicher Gebäude, Wege, Brücken u. s. w. vernachlässigt, und die an ihn ergangene Aufforderung fruchtlos gewesen ist, so soll die Obrigkeit die nöthigen Reparaturen von Amts wegen veranstalten, die Kosten aber von ihm durch Execution beitreiben lassen.

§. 771. a. a. O.

§. 178. Außerdem hat derselbe eine Geldbuße von 5—30 Thlr. oder verhältnißmäßige Leibesstrafe verwirkt.

§. 772. a. a. O.

§. 179. Bei allen Bauen und Reparaturen müssen die unmittelbaren Aufseher die erforderlichen Vorkehrungen treffen, damit nicht durch das Herabfallen der Materialien, den Einsturz der Gerüste, oder auf andere Art Jemand beschädigt werde.

§. 773. a. a. O.

§. 180. Dergleichen Bauplätze sind mit Stangen dergestalt einzufassen, daß besonders Kinder und Thiere von Betretung solcher gefährlichen Stellen zurückgehalten werden.

§. 774. a. a. O.

Die Unterlassung dieser Vorschrift ist an den nachlässigen Aufsehern mit nachdrücklicher Gefängniß- oder Geldstrafe zu ahnden. §. 181.

§. 775. a. a. O.

Die Uebertretungen der Polizeigesetze ziehen die dabei verordneten Strafen auch alsdann nach sich, wenn dadurch noch kein wirklicher Schade entstanden ist. §. 182.

§. 776. a. a. O.

Für den Reg.-B. Potsdam:

I. Bekanntmachung der in den, zu einer Feuersocietät verbundenen Städten der Kur- und Neumark, des Markgrafthums Niederlausitz, der Aemter Senftenberg und Finsterwalde, so wie des Distrikts von Jüterbogk und Belzig zu befolgenden baupolizeilichen Vorschriften:

§. 1. Wer in den Städten einen Neubau oder eine Hauptreparatur vorzunehmen beabsichtigt, muß davon zuvor dem Magistrat oder der sonstigen Ortspolizeibehörde unter Beifügung des Anschlages oder Bauplanes, oder einer Zeichnung, Anzeige machen.

Unter Hauptreparaturen sind solche Reparaturen zu verstehen, bei welchen ganze Theile eines Gebäudes entweder in ihrer Bauart oder hinsichtlich des Materials eine Veränderung erleiden, welche auf die Festigkeit oder Feuersicherheit wesentlichen Einfluß hat, und wodurch der wesentliche Zweck des Gebäudes verändert werden soll. Es gehören dahin namentlich:

1. Die Erneuerung sämmtlicher Fundamente unter den Umfassungswänden der Gebäude von Fachwerk oder Holz, das Unterfahren massiver Wände, wenn solches auf die Hälfte (oder darüber) einer Front oder Giebelmauer ausgedehnt werden soll; ingleichen die Unterschwellung eines ganzen Gebäudes.
2. Die Anlegung eines Kellers in einem schon vorhandenen Gebäude.
3. Die Abbrechung eines oder mehrerer Stockwerke eines Gebäudes.
4. Die Aufführung eines oder mehrerer Stockwerke auf einem Gebäude.
5. Die Aenderung der innern Einrichtung eines Gebäudes zu andern Zwecken, wenn damit eine Wegnahme oder Veränderung von Verbindungswänden im Innern, von Pfeilern, Unterzügen und Trägern verbunden ist.
6. Die Vergrößerung vorhandener Gebäude durch deren Verlängerung oder Verbreitung (Anbau).
7. Die Einziehung neuer Balken und Unterzüge.
8. Die Anbringung eines neuen Dachstuhls oder auch nur neuer Sparren, wenn solche sich über ein Drittheil der ganzen Anzahl erstreckt.
9. Die Anlegung neuer Feuerungen oder die Umänderung einer schon bestehenden Feuerung, oder deren Verlegung an einen andern Ort, so wie die Aufführung neuer Schornsteine.

§. 2. Findet sich nach vorgenommener Prüfung und Lokalbesichtigung gegen den Plan des Bauenden nichts zu erinnern, so ist die Ausführung desselben schriftlich zu genehmigen. Finden sich dabei Bedenklichkeiten, denen nach dem Urtheil der Sachverständigen bei der Ausführung abgeholfen werden kann, so ist in dem Erlaubnißschein ausdrücklich zur Bedingung zu machen, daß und wie dies geschehen müsse.

§. 3. Nach beträchtlichen Bränden, insbesondere auch bei Scheunen, muß die Ortspolizeibehörde den Retablissementsplan der vorgesetzten Königl. Regierung zur Bestätigung überreichen.

Zusatz: Auch bei den Retablissementsbauten nach kleineren Bränden, wo es der Einreichung des Retablissementsplanes an die Königl. Regierung nicht bedarf, haben die Ortspolizei-Behörden stets sorgfältig zu prüfen, ob die baupolizeilichen Vorschriften, wenn ein Neubau auf einem bisher unbebauten Platze vorläge, nicht Grund zur Versagung des Bauconsenses darbieten würden, und nach Befinden demnächst den Wiederaufbau zu untersagen, resp. auf Grund des §. 82. des Feuer-Societäts-Reglements v. 23. Juli 1844 (Gesetzs. S. 354) die etwa erforderliche Approbation der Königl. Regierung zu diesem Verbote einzuholen.

§. 4. Alle Gebäude, welche sich auf städtischem Grund und Boden befinden, müssen ohne Unterschied ihrer Bestimmung, und ohne Unterschied, ob sie innerhalb der Ringmauern der Städte, oder in den Vorstädten, oder auf den städtischen Feldmarken belegen sind, beim Neubau, oder falls eine Umdeckung von dem Eigenthümer beabsichtigt, oder von der Polizeibehörde nach technischen Grundsätzen für nothwendig erachtet wird, jederzeit mit einem Ziegel-, Schiefer-, Metall-, einem Dornschen- oder Asphalt-Dache versehen sein.

Zusatz: Der Ziegel-, Schiefer-, Metall- oder Asphalt-Bedachung ist eine jede Bedachung, deren Masse von der Landes-Polizeibehörde ausdrücklich als feuersicher anerkannt ist, gleich zu achten.

§. 5. Davon kann nur in solchen Fällen eine Ausnahme gemacht werden, wo das Urtheil der Sachverständigen ergiebt, daß ein umzudeckendes, bisher mit einem Rohr-, Stroh-, Bretter- oder Schindel-Dach versehenes Gebäude ein Ziegeldach nicht zu tragen vermag; doch ist dann immer die ausdrückliche Zustimmung der Königl. Regierung erforderlich.

§. 6. Wo der Raum es gestattet, ist möglichst dahin zu wirken, daß innerhalb der Städte und Vorstädte Ställe, Schuppen u. s. w. so weit als thunlich von Wohnhäusern entfernt und nicht zu sehr in einander gebaut werden.

§. 7. Die Erbauung neuer Scheunen ist in den Städten und Vorstädten gänzlich untersagt, und außerhalb derselben nur an geeigneten Stellen dergestalt zulässig, daß sie von den Ringmauern oder sonstigen Umgrenzungslinien, oder von der Grenze des letzt bebauten Grundstücks der Stadt oder Vorstadt mindestens über 100 Fuß, und von den außerhalb etwa schon vorhandenen Gebäuden mit Feuerung ebensoweit, von anderen aber wo möglich 60 oder mindestens 30 Fuß entfernt bleiben, auch im Falle eines Brandes von allen Seiten die Annäherung der Löschgeräthschaften gestatten. Nach Maaßgabe ihrer Größe dürfen niemals mehr als 3—6 in unmittelbarem Zusammenhange gebaut werden.

Die Zwischenräume zwischen solchen Abtheilungen, und die Gassen zwischen den verschiedenen Reihen müssen wo möglich 60, mindestens aber 30 Fuß betragen. Wo auch dies nach der Lokalität schlechterdings nicht ausführbar ist, bleibt es der Königl. Regierung überlassen, noch massive Brandgiebel zur Bedingung zu machen.

§. 8. Gebäude, welche auf den städtischen Feldmarken erbaut werden, müssen, wenn sie mit Feuerung versehen werden sollen, von den vorgedachten Scheunenreihen mindestens 100 Fuß, von einzelnen, zu ihnen oder zu andern Gehöften gehörigen Scheunen mindestens 60 Fuß, und von Ställen und ähnlichen Gebäuden mindestens 30 Fuß entfernt bleiben.

Daß Ställe und Scheunen mit solchen auf städtischen Feldmarken belegenen Wohngebäuden unter einem Dache erbaut werden, ist in der Regel unzulässig, und kann nur in besonderen Fällen mit specieller Genehmigung der Königl. Regierung geschehen, die dabei die vollständige Absonderung durch einen feuerfesten Giebel zur Bedingung zu machen hat.

§. 9. Die transportablen, von Brettern und anderm Holzwerk errichteten Ställe der Miethsleute sind ferner nicht zu dulden.

Alle an den Gebäuden in den Städten befindlichen Bretterwände und Bekleidungen sollen nach und nach eingehen, und bei eintretender

Reparatur in Fachwerke, oder in massive, oder in mit einem halben Stein bekleidete Fachwerkswände verwandelt werden.

§. 10. Statt eines abgebrannten massiven Gebäudes muß allemal wieder ein massives erbaut werden.

§. 11. Schmieden, Backhäuser, Malzdarren, Brauhäuser, Brennereien, Oelmühlen und andere mit besonderer Feuergefährlichkeit verbundene Anlagen sind wo möglich massiv und gewölbt zu erbauen. Ist dies nicht zu erreichen, so muß wenigstens bei den Feuerungen doppelte Vorsicht angewendet, und der Bauplan vor der Ausführung von dem Bauinspector gegen billige Gebühren geprüft, die Anweisung des Letzteren aber genau befolgt werden.

Zusatz: Bei der Anlage von Zündholztrockenöfen sind insbesondere die nachstehenden Vorschriften zu beachten*):

1. Ein Zündholz-Trockenofen muß in den äußeren Wänden so stark gebaut werden, daß nicht nur bei regelmäßiger Benutzung, sondern auch bei etwaniger Entzündung der im Trockenraume gelagerten Zündhölzer, welche durch Ueberheizung oder zufällige Schadhaftigkeit des Ofens herbeigeführt werden kann, der Einsturz desselben nicht zu besorgen ist, auch keine übermäßige Erhitzung der äußern Fläche erfolgen kann.

2. Nicht nur die Feuerung, sondern auch die Oeffnung des Trockenraumes muß mit einer Thür von Eisenblech versehen werden; auch

3. alles eingebundene Holzwerk, so wie alle Brennmaterialien müssen so weit entfernt bleiben, daß sie auch bei Eröffnung der Thür des Trockenraumes von der Flamme der etwa in Brand gerathenen Zündhölzer nicht ergriffen werden können.

4. Wenn der zur Anlage bestimmte Raum nicht überwölbt ist, muß der Ofen unter einem gewölbten oder einem eisernen Rauchfange aufgestellt werden, damit eine Schadhaftigkeit der Ofendecke nicht feuergefährlich werde. — Der gewölbte Rauchfang muß auf einem Gurtbogen oder einem eisernen Rauchfangbalken ruhen, oder der hölzerne Rauchfangbalken, in der Horizontale gemessen, wenigstens 2 Fuß von den äußern Oberflächen entfernt bleiben, in welchen die Oeffnung des Trockenraumes sich nicht befindet.

5. Ueber dieser Oeffnung muß eine hinreichend weite, also besteigbare Schornsteinröhre vorhanden sein, um beim Brande der Zündhölzer den Rauch und die herausschlagende Flamme aufzunehmen und den Rauch abzuführen.

6. Das Dach des Gebäudes, in welchem ein Trockenofen angelegt werden soll, muß mit unverbrennlichem Material, Ziegeln, Metall, Dornscher Deckmasse oder einer sonst nach dem Zusatz zu §. 4. als feuersicher anerkannten Masse belegt sein.

§§. 12—15. Zusatz: Anstatt der in diesen §§. enthaltenen Bestimmungen gelten in Zukunft folgende Vorschriften:

I. In Betreff der Brandgiebel:

a. Wer — es sei auf einer alten Baustelle oder auf einem bisher unbebauten Platze — ein neues Haus oder ein anderes, mit einer Feuerung versehenes Gebäude errichtet, muß dasselbe mit gehörigen Brandgiebeln versehen, außer wenn die benachbarten Gebäude (gleich-

*) Diese Bestimmungen sind wörtlich entnommen dem allgemein gültigen Min. Rescr. vom 12. Dec. 1842 (Amtsbl. von 1844 S. 370). Zusätzlich hiezu ist sodann verordnet, daß denjenigen, welcher Streichfeuerzeuge anfertigt und nicht die dazu bestimmte Oertlichkeit der Pol.-Behörde anzeigt oder in untauglichen Räumen das Geschäft betreibt oder Zündhölzer aufbewahrt, eine Strafe von 5—20 Thlr. trifft (Min. Vrf. v. 31. März 1843. M. Bl. d. i. V. S. 79).

Für den Reg.-Bez. Potsdam bekannt gemacht durch V. v. 1. Mai 1843 (Amtsbl. S. 126).

viel, ob letztere ebenfalls dem Bauherrn oder einem andern Eigenthümer gehören) solche bereits besitzen oder mindestens 30 Fuß entfernt sind.

b. Ein solcher Brandgiebel darf, damit er die Mittheilung des Feuers möglichst verhindere, keine Oeffnung haben, ist von Grunde aus jedenfalls ganz massiv aufzuführen, und kann höchstens oberhalb der Dachbalken bloß aus einer, auf einen halben Stein verblendeten Holzwand bestehen. Die Dachlatten, die Dachfetten oder andere Hölzer dürfen nur bis an dieselben, nicht aber hinein- oder hindurchgehen.

c. Von dieser Regel, wonach Brandgiebel keine Oeffnungen haben dürfen, können Ausnahmen nur in dem Falle von den Ortspolizeibehörden nachgelassen werden, wenn die Giebel nach der Straße hinausgehen und dort Thür- oder Fensteröffnungen nothwendig sind.

d. Was vorstehend hinsichtlich der Brandgiebel bei Neubauten verordnet worden, gilt in der Regel auch bei der Vergrößerung eines schon vorhandenen Gebäudes durch Aufsetzung neuer Stockwerke, und bei Anlegung von Feuerungen in bis jetzt noch nicht mit Feuerungen versehenen Gebäuden, mit der Maaßgabe, daß, wo die Beschaffenheit der Fundamente es nicht anders zuläßt, anstatt des Massivbaues der Giebel allenfalls nachgelassen werden kann, daß solche aus Fachwerk aufgeführt oder nur mit einem halben Steine verblendet werden.

II. In Betreff der sonstigen Umfassungswände:

a. Wer — es sei auf einer alten Baustelle oder auf einem bisher unbebauten Platze — ein neues Haus oder ein anderes mit einer Feuerung versehenes Gebäude errichtet, muß die nicht an den Giebelseiten belegenen, also durch die vorstehend sub I. gegebenen Bestimmungen nicht betroffenen Umfassungs- und Gränzwände des Gebäudes massiv aufführen oder mit einem halben Stein verblenden, außer wenn die benachbarten Gebäude (gleichviel, ob letztere ebenfalls dem Bauherrn oder einem Andern gehören) bereits massive oder mit einem halben Stein verblendete Wände haben, oder mindestens 30 Fuß entfernt sind.

b. Dasselbe gilt bei der Vergrößerung schon vorhandener Gebäude durch Aufsetzung neuer Stockwerke, so wie bei Anlegung von Feuerungen in bisher noch nicht mit Feuerungen versehenen Gebäuden.

c. Bei Bauten mit dem Giebel nach der Straße in geschlossenen Straßenreihen werden die Seitenwände als Giebelwände betrachtet, und unterliegen daher den oben ad I., a. b. und d. aufgestellten Bestimmungen wegen des Massivbaues und des Mangels aller Oeffnungen.

III. Auf neu zu errichtende, oder durch Aufsetzung von Stockwerken zu vergrößernde Gebäude, in welchen keine Feuerungen befindlich sind, finden zwar die vorstehend sub I. und II. gegebenen Bestimmungen in der Regel keine Anwendung, jedoch steht der Ortspolizeibehörde die Befugniß zu, nach Maaßgabe der örtlichen Verhältnisse, und der etwa eintretenden besondern feuerpolizeilichen Rücksichten auch bei Gebäuden dieser Kategorie ausnahmsweise, durch die Bau-Erlaubnißscheine massive Brandgiebel, so wie massive oder verblendete Umfassungswände zu bedingen.

§. 16. Bauten mit dem Giebel nach der Straße sind wegen ihrer anerkannten Unzweckmäßigkeit möglichst zu vermeiden. Wenn bei solchen Häusern die dazwischen nothwendigen Dachrinnen erneuert, oder dergleichen neu angelegt werden sollen, so dürfen letztere nur durch metallene Röhren ersetzt werden.

Zusatz: Hölzerne Dachrinnen jeder Art, also nicht bloß die zwischen zwei Giebelhäusern, sondern auch die längs der Fronten- oder Hinterwände von Gebäuden befindlichen, dürfen nicht erneuert, sondern müssen im Reparaturfalle durch metallene Dachrinnen und metallene, ganz herunter reichende Abfallröhren ersetzt werden.

§. 17. Alle Mauern, an denen eine Feuerung stattfindet, und die

Wände neben den Oefen, müssen nicht verblendet, sondern ganz massiv aufgeführt werden.

Zusatz: Die Wände neben den Oefen brauchen nicht in der ganzen Länge der Stuben, sondern nur bis auf 2 Fuß Entfernung von den Oefen massiv aufgeführt zu werden.

§§. 18—19. Zusatz: 1. Wo an Fachwerks- oder verblendeten Holzwänden angebrachte Feuerstellen noch jetzt vorhanden sind, müssen dieselben fortgeschafft, oder die Wände nach Vorschrift des §. 17. in massive umgewandelt werden.

2. Die Heizöffnungen der Oefen, Bratöfen, Kessel- und sonstigen Feuerungen müssen mit Inbegriff ihres Aschenfalls mindestens 10 Zoll von dem Fußboden, insofern derselbe aus Balkenlagen und Dielungen besteht, entfernt bleiben, Letzterer auch mit einem Vorpflaster von gebrannten Steinen oder Platten einer andern, von der Landes-Polizeibehörde als feuersicher anerkannten Masse versehen werden.

3. Die Oefen und Feuerungen in den Werkstätten der Tischler und Holzarbeiter, so wie in solchen Räumen und Fabriklokalen, wo leicht entzündliche Stoffe fabricirt oder aufbewahrt werden, müssen jederzeit von außen geheizt werden.

4. Eiserne Oefen sind in Lokalitäten dieser Art nicht zulässig. In andern, weniger feuergefährlichen Räumen müssen dieselben, so wie alle andern Oefen mindestens 2 Fuß von allem Holzwerk entfernt bleiben.

5. Vorgelege, Kamine und Kesselfeuerungen dürfen weder durch Balken noch durch anderes Holzwerk unterstützt werden, sondern müssen entweder auf massivem senkrecht darunter befindlichem Mauerwerk oder auf massiven Wölbungen oder auf Auskragungen ruhen, welche aus unverbrennlichem Material bestehen.

6. Innere und äußere Heizlöcher, auch Vorgelege, müssen ein Vorpflaster oder Vorblech von 1 Fuß Länge erhalten, welches auf jeder Seite um einen Fuß breiter ist, als die Einheizung.

7. Hölzerne Vorlegethüren müssen mindestens 2 Fuß von den Einheiz-Oeffnungen entfernt sein; beträgt diese Entfernung nur 1 Fuß und darunter, so müssen sie ganz von Eisen; innerhalb 1 und 2 Fuß aber auf der innern Seite mit Eisenblech bekleidet sein.

8. Ein Vorgelege muß so geräumig sein, daß die Asche bequem aus dem Ofen gezogen werden kann.

9. Küchen, Vorgelege, Heiz- und Kochkamine dürfen nicht in Treppenräumen oder in größerer Nähe als 2 Fuß entfernt von hölzernen Treppen angelegt werden.

ad 2—9. Insofern in den vorstehend ad 2—9. gegebenen Bestimmungen Verschärfungen der früheren baupolizeilichen Bestimmungen enthalten sind, wird den Baubesitzern eine zweijährige Frist, von Publication dieser Verordnung ab, zu den in Gemäßheit der Bestimmungen ad 2—9. an den bisherigen Anlagen vorzunehmenden Abänderungen verstattet.

10. Hinsichtlich der Anlage enger, von den Schornsteinfegern nicht zu befahrender Schornsteinröhren bewendet es bei den Bestimmungen, welche dieserhalb in der Instruction v. 14. Jan. 1822 (Gesetzs. de 1822 S. 43) und in der nachträglichen Bestimmung v. 17. Mai 1830 (Gesetzs. de 1830 S. 84), so wie in den Amtsblatt-Publicandis der Potsdamer Regierung v. 24. Juni 1836, 20. Oct. dess. J. u. 26. März 1844 (Potsdamer Amtsblatt de 1836 S. 169 u. 293 und de 1844 S. 74) und der Frankfurter Regierung v. 17. Juni 1836 (Frankfurter Amtsblatt de 1836 S. 201) enthalten sind.*)

*) Diese Bestimmungen enthalten keine besondern Strafvorschriften und dienen nur als Maaßstab bei Ertheilung der Bau-Erlaubnisscheine, welche zu solchen Schornsteinröhren nöthig sind.

11. Ebenso verbleibt es hinsichtlich der Anlage von Schornsteinen für Dampfkessel und Dampfentwickler bei den Vorschriften des Regul. v. 6. Mai 1838 (Gesetzs. de 1838 S. 266—267).*)

12. Bei der Anlage besteigbarer Schornsteine und der zu denselben führenden Röhren ist genau nach den hier unten folgenden Regeln und Vorschriften zu verfahren:

a. Neue Schornsteine müssen in allen Fällen ganz massiv gebaut, die noch vorhandenen hölzernen aber, sobald sie nach dem Urtheil der Sachverständigen schadhaft und feuergefährlich sind, in massive umgewandelt werden.

b. Eine jede besteigbare Schornsteinröhre muß eine Weite von wenigstens 16 Zoll im Lichten haben.

c. Der nachstehend festgesetzte Querschnitt der Schornsteinröhren ist für die ganze Höhe derselben genau beizubehalten, und überall senkrecht auf die Richtungslinie der Röhre zu nehmen.

d. Die Wangen der Schornsteinröhren und die Zungen zwischen denselben müssen bei gewöhnlichen Stuben- und Heerd-Feuerungen wenigstens einen halben Stein stark angelegt werden, und alles Holzwerk dergestalt von denselben bis auf 3 Zoll entfernt bleiben, daß der zwischen dem Holze und der äußern Schornsteinwange verbleibende Zwischenraum mit einer doppelten, durch Lehm verbundenen Dachsteinschicht ausgefüllt werden kann.

Wo aber wegen anhaltender und starker Feuerung eine bedeutende Erhitzung der Röhren zu erwarten ist, sind die Wangen nach Maaßgabe der Umstände von einem bis auf drittehalb Stein zu verstärken.

e. Die Auffattelung und Unterstützung der Schornsteine durch Balken, Wechsel, Streben, Steif- oder Rauchfanghölzer, überhaupt durch brennbare Constructionstheile, ist untersagt; dieselbe muß vielmehr jederzeit hergestellt werden:

α) durch massives, senkrecht unter den Schornsteinen aufgeführtes Mauerwerk oder Auskragungen und Stützen von Eisen oder natürlichen Steinen, oder

β) durch massive Bogen und Wölbungen, auf denen die Schornsteine ruhen, und

γ) insofern die Röhren von der senkrechten Richtung abweichen oder geschleift werden müssen, durch Aufführung der schiefen oder gekrümmten Röhre in einer Mauer von gehöriger Stärke, oder auf einem massiven Bogen oder endlich auf massiven oder gewölbten Wangen.

Die Richtung der geschleiften Röhre muß aber mit der Horizontallinie einen Winkel von wenigstens 45 Grad bilden, und die Ecken, welche aus der veränderten Richtung der Röhre entstehen, innerhalb in einem Bogen von mindestens 3 Fuß Halbmesser abgerundet werden. Auch kann die Schleifung in einem nach unten gekehrten Bogen geschehen, der von den damit in Verbindung stehenden geraden Richtungslinien tangirt wird. Das Schleifen der Röhren unter einem kleineren Winkel als 45 Grad kann nur in einzelnen Fällen mit Genehmigung der betreffenden Regierung gestattet werden.

f. Wenn Röhren durch den Dachraum oder durch hohe Stockwerke außer Verbindung mit Mauern, also frei stehend aufgeführt werden, so ist auf gehörige Stabilität Bedacht zu nehmen und bei den desfallsigen Bestimmungen in jedem einzelnen Falle die Tüchtigkeit der zu verwendenden Materialien und die Genauigkeit der Arbeit nach örtlichen Verhältnissen zu berücksichtigen.

*) An Stelle dieses Regulativs ist später das Regulativ vom 6. September 1848 (Gesetzs. S. 321) getreten, welches besondere Strafvorschriften nicht enthält.

Als Regel ist anzunehmen, daß:

α) einzelne Röhren, welche in Kreisform, mit Einschluß der Wangen nicht über 2 Fuß im Durchmesser, oder wenn sie ein Viereck bilden, nicht über 26 Zoll im Quadrat sind, höchstens 12 Fuß hoch,

β) zwei oder mehrere mit einander verbundene Röhren, welche in einer Reihe liegen und einen Röhrkasten von einer Breite von 26 Zoll oder von einer geringeren Breite bilden, nicht über 16 Zoll hoch frei aufgeführt, bei größerer Höhe aber mit Pfeilern im gehörigen Verbande versehen, und diese Pfeiler an den langen Seiten der Röhren oder Röhrkasten angebracht werden müssen, insofern der Querschnitt der Röhren oder Röhrkasten von dem Kreise oder Quadrate abweicht; wogegen es

γ) bei Aufführung von Röhrkasten nach den nebenstehenden Figuren in den gewöhnlich vorkommenden Fällen keiner Verstärkung durch Pfeiler bedarf,

δ) Röhren, die entweder einzeln oder in einer Reihe liegend, mehr als 4 Fuß hoch über der Dachfläche aufgeführt werden, müssen einen Stein starke Wangen erhalten oder tüchtig geankert werden. Eine gehörige Verankerung ist jedenfalls nöthig, wenn die Höhe mehr als 8 Fuß beträgt.

Bei diesen Regeln, welche als Anhalt zu näheren Bestimmungen dienen, werden überall gute Materialien, namentlich gebrannte Steine und sorgfältige Ausführung vorausgesetzt.

g. Eingegangene oder blinde Röhren müssen von oben oder da, wo sie sich mit den noch benutzten Schornsteinen verbinden, wandgleich zugemauert oder überwölbt werden.

h. Jeder steigbare Schornstein muß insofern sein Gebrauch nicht schon von selbst die Anlage von Oeffnungen zum Einsteigen für die Schornsteinfeger bedingt, mit einer solchen leicht zugänglichen Oeffnung versehen werden.

i. Münden mehrere enge Röhren in der Höhe des obersten Dachbodens in einem weiteren Aufsatze aus, so erhält nur der Letztere eine Thür.

k. Alle diese Thüren dürfen jedoch weder unter einer hölzernen Treppe, noch in der Nähe von anderem Holzwerke angebracht werden, sondern müssen wenigstens 3 Fuß von Letzterem entfernt bleiben.

l. Eiserne Rauchröhren müssen wenigstens 2 Fuß (nach Umständen 3—6 Fuß) von allem Holzwerke entfernt bleiben, und dürfen mit ihren Ausmündungen weder an den Außenseiten noch in den Dachböden von Gebäuden angebracht werden. Auch müssen Röhren dieser Art stets so eingerichtet sein, daß deren Reinigung bequem stattfinden kann.

13. Räucherkammern müssen ganz massiv, und mit eisernen oder mit Blech bekleideten Thüren versehen sein. Die zu- und abführenden Rauchröhren dürfen nur 3 Zoll weit und müssen mit einer gemeinschaftlichen, mit einem Bindfaden offen gehaltenen Thür versehen sein.

14. Rauchfanghölzer sollen in senkrechter Richtung 3 Fuß, und in waagerechter Richtung 1 Fuß über dem Heerd angelegt und in dem Winkel, oder wenn sie über 12 Fuß frei liegen, mit massiven Pfeilern unterstützt oder an die Decke angebolzt werden. Die in geringerer Entfernung etwa schon vorhandenen Rauchfanghölzer müssen mit Blech bekleidet werden.

15. Rauchstangen müssen von Eisen und mindestens 12 Fuß vom Heerde entfernt sein. Hölzerne Rauchstangen sind unzulässig und dürfen nicht ferner geduldet werden.

§. 20. Wenn in den bereits bestehenden Lokal-Verordnungen Vorschriften vorkommen sollten, die beschränkender und für die feuersichere Bauart zuträglicher sind, als die vorstehenden, so bleiben dieselben für den Ort gültig.

§. 21. Wenn Maurer, Zimmerleute, Töpfer, welche die Ausführung eines Neubaues oder einer Reparatur übernommen haben, sich Abweichungen von den vorstehenden Regeln erlauben, die in dem Bauconsens nicht ausdrücklich genehmigt sind, oder wenn sie die in Letzterem etwa gestellten Bedingungen nicht genau erfüllen, so sind sie in 5—10 Thlr. Strafe zu nehmen. Beginnen sie einen Neubau oder eine Hauptreparatur ganz ohne schriftlichen Bauconsens, so haben sie sowohl, als der Bauherr jeder eine Geldstrafe von gleichem Betrage verwirkt.

§. 22. Die vorstehend angedrohten Strafen sind selbst dann verwirkt, wenn die ohne Erlaubniß begonnenen Bauten für untadelhaft oder die Abweichung von den baupolizeilichen Vorschriften und den besonders gemachten Bedingungen für zulässig und gefahrlos erachtet werden müssen.

Zusatz. Auch die Zuwiderhandlungen gegen die, in den obigen Zusätzen enthaltenen Vorschriften unterliegen den Strafen der §§. 21 u. 22.

Oberpräsidial-Erlaß v. 16. Sept. 1842, Amtsbl. S. 269—273; und hinsichts der Zusätze Oberpräsidial-Erlaß v. 10. Jan. 1846, Amtsbl. S. 27—34.

II. Bau-Polizei-Ordnung für das platte Land der Provinz Brandenburg und der Kreise Dramburg und Schievelbein.

§. 1. Zur Errichtung eines neuen Gebäudes, Verlegung eines solchen an einen andern Ort, Ausführung eines Anbaues, so wie Erweiterung eines schon vorhandenen Gebäudes, ferner zur Vornahme einer Hauptreparatur oder Hauptveränderung an irgend einem Gebäude, ist jedesmal die polizeiliche Erlaubniß einzuholen.

§. 2. Unter Haupt-Reparaturen und Haupt-Veränderungen sind solche zu verstehen, bei welchen ganze Theile eines Gebäudes entweder in ihrer Bauart, oder hinsichtlich des Materials eine Veränderung erfahren, die auf Festigkeit oder Feuersicherheit einen wesentlichen Einfluß hat, und wodurch der bisherige Zweck des Gebäudes verändert werden soll. Hieher gehören besonders:

a. Die Erneuerung der sämmtlichen Fundamente unter den Umfassungswänden der Gebäude von Fachwerk oder Holz, das Unterfahren massiver Wände, ingleichen die Unterschwellung eines ganzen Gebäudes;

b. die Anlegung eines Kellers in einem schon vorhandenen Gebäude;

c. das Abbrechen eines oder mehrerer Stockwerke eines Gebäudes;

d. die Aufführung eines oder mehrerer Stockwerke auf einem schon vorhandenen Gebäude, oder auf einem solchen, welches ursprünglich nicht so hoch zu bauen beabsichtigt gewesen ist;

e. die Aenderung der innern Einrichtung eines Gebäudes zu andern Zwecken, wenn eine neue Anlage von Feuerungen oder eine Umänderung oder Verlegung der vorhandenen damit verbunden ist; ingleichen, wenn Verbindungswände im Innern, Pfeiler, Unterzüge und Träger weggenommen oder verändert werden sollen;

f. die Vergrößerung vorhandener Gebäude durch deren Verlängerung oder Verbreitung (Anbau);

g. die Einziehung neuer Balken und Unterzüge;

h. die Anbringung eines neuen Dachstuhls oder auch nur neuer Sparren, wenn solches sich über ein Drittheil der ganzen Anzahl erstreckt;

i. die Aufführung neuer Schornsteine;

k. in Ansehung der Dächerdeckungen, wenn ein Dach von feuersicherm Material (§. 25.) in ein Stroh- oder Rohrdach umgewandelt werden soll.

§. 3. Die polizeiliche Erlaubniß ist in den in dem §. 27. der Gewerbeordnung v. 17. Jan. 1845 (Gesetzs. de 1845 S. 46) bezeichneten Fällen bei der Regierung, sonst aber bei der Ortspolizeibehörde, oder wenn diese selbst der Bauinteressent ist, bei dem Landrath des Kreises nachzusuchen.

Wenn es sich jedoch um Neubauten, es sei nun auf der alten oder einer neuen Baustelle, und in der bisherigen oder in einer davon abweichenden Bauart, so wie um Anlegung neuer oder Veränderung oder Verlegung vorhandener Feuerungen — wozu auch Backöfen gehören — handelt, sind die Ortspolizeibehörden verpflichtet, den ausgefertigten Bau-Consens vor dessen Aushändigung an den Bau-Unternehmer, mit den dazu gehörigen Zeichnungen und den nöthigen Erläuterungen, dem Landrath des Kreises zur Prüfung und Bestätigung vorzulegen. In allen andern Fällen sind die Ortspolizeibehörden zur selbstständigen Ertheilung der Bauconsense berechtigt.

§. 4. Jedem Gesuche um Ertheilung eines Bau-Consenses muß eine Handzeichnung mit genauer Angabe der Dimensionen, der Bauart und namentlich der Art der Bedachung des auszuführenden und der bereits vorhandenen Gebäude, so wie der zwischen jenem und diesen bestehenden Entfernungen in zwei Exemplaren beigefügt werden, von denen eins mit dem Bau-Consens versehen zurückgegeben, das andere bei den betreffenden polizeilichen Akten zurückbehalten wird. Für die Richtigkeit der in dem Bau-Consense angegebenen Entfernungen ist die Ortspolizeibehörde verhaftet.

Auf Verlangen derselben oder des Landraths müssen die einzureichenden Pläne von einem vereideten Werkmeister angefertigt werden.

§. 5. Bei dem Retablissement ganzer Dörfer oder mehrerer neben einander liegender Gehöfte sind die Retablissements-Pläne von der Ortspolizeibehörde unter Leitung des Landraths zu entwerfen, und von letzterem der Regierung in 3 Exemplaren zur Genehmigung einzureichen.

§. 6. Die Erlaubniß zur Ausführung der beabsichtigten Bauten ist von der competenten Behörde allemal schriftlich, sei es nun in der Form einer auszufertigenden Conzession oder auch nur eines auf die vorgelegten Pläne, Anschläge oder Gesuche, zu setzenden entsprechenden Vermerks zu ertheilen.

§. 7. Bei Anlegung neuer Etablissements, welche, wie z. B. Mühlen, abgesondert von einem Hauptorte errichtet werden, ist nach erfolgter Bestätigung des Bauplanes noch ein, von einem vereideten Feldmesser anzufertigender Situationsplan durch die Ortspolizeibehörde dem Landrathe und von diesem der Landespolizeibehörde einzureichen. Aus diesem Plane muß die Lage des neuen Etablissements und die Richtung und Entfernung desselben von dem Hauptorte, zu welchem es gehört, so wie von dem nächsten öffentlichen Wege zu ersehen sein.

§. 7. Kein Zimmermeister darf bei einer Geldbuße bis zu 50 Thlr. ein hölzernes Gebäude errichten, bevor nicht das zu demselben erforderliche Fundament mit einer mindestens 1½ Fuß hohen Plinte gelegt ist.

§§. 9—34. enthalten die näheren Vorschriften in Bezug auf vorzunehmende Bauten, welche hier indeß lediglich als Maaßstab für den zu ertheilenden Bau-Erlaubnißschein zu betrachten sind, auf deren Uebertretung an sich eine Polizeistrafe aber nicht gesetzt ist. Der oben angeführte §. 25. lautet:

Wohngebäude und andere mit Feuerung versehene Gebäude dürfen nicht anders als mit einer Stein-, Metall- oder sonst einer Bedachung versehen sein, deren Masse von der Landespolizeibehörde ausdrücklich als feuersicher anerkannt ist. Unbedingt verboten für alle Arten von Gebäuden ist die Bedachung mit Holzschindeln.

§. 35. Gegen denjenigen, welcher eine neue Feuerstelle zu errichten, oder eine alte zu verändern, oder auf einen andern Fleck zu verlegen anfängt, ohne den vorgeschriebenen polizeilichen Bau-Consens nachgesucht und erhalten zu haben, wird eine Geldbuße bis zu 50 Thlr. festgesetzt.

§. 36. Mit gleicher Strafe soll derjenige belegt werden, welcher ohne polizeilichen Consens den Bau oder die Versetzung eines nicht mit einer Feuerung versehenen Gebäudes unternimmt, oder an einem schon vorhandenen Gebäude eine Hauptveränderung oder Hauptreparatur vornimmt.

§. 37. Dieselben Strafen treffen in beiden Fällen denjenigen, welcher bei der Ausführung des Baues eine Abweichung gegen die in dem Bau-Consense enthaltenen Bedingungen sich erlaubt.

§. 38. Gegen die Bau-Gewerksmeister kommen in den vorgedachten Fällen überall gleiche Strafen zur Anwendung.

§. 39. Den Strafen ist jedesmal für den Fall des Unvermögens eine nach dem gesetzlich feststehenden Verhältnisse abzumessende Freiheitsstrafe zu substituiren.

§. 40. Die in den vorstehenden §§. angedrohten Strafen sind selbst dann verwirkt, wenn die ohne Erlaubniß begonnenen Bauten für untadelhaft, oder die Abweichung von den baupolizeilichen Vorschriften oder besonderen Bedingungen des Consenses für zulässig oder gefahrlos erachtet werden müssen.

Min. Resc. v. 11. Oct. 1847. Amtsbl. S. 383—394; erlassen auf Grund der A. K. O. v. 2. Aug. deff. J. (M. Bl. d. i. V. v. 1848 S. 7).

§. 183. Die nächsten Umgebungen der **Festungen** werden nach Maaßgabe ihrer Entfernung von den Werken in 3 Bezirke eingetheilt, und für jeden dieser Bezirke weiter unten besondere Bestimmungen festgestellt.

Zum ersten Bezirke gehören diejenigen Grundstücke, welche zwischen den Festungswerken und einer von diesen auf 160 Ruthen oder 800 Schritt Entfernung zu ziehenden Gränz- oder Rayon-Linie belegen sind;

zum zweiten Bezirke diejenigen Grundstücke, welche zwischen dieser ersten Rayon-Linie und einer zweiten um 100 Ruthen weiter, also auf 260 Ruthen oder 1300 Schritt Entfernung von den Festungswerken zu ziehenden Rayon-Linie und

zum dritten Bezirke diejenigen Grundstücke, welche außerhalb der zweiten Rayon-Linie und bis zu einer Entfernung von 360 Ruthen oder 1800 Schritt von den Werken belegen sind.

§. 1. des Regul. über das Verfahren bei baulichen Anlagen oder sonstigen Veränderungen der Erdoberfläche innerhalb der nächsten Umgebungen der Festungen v. 10. Sept. 1828; vollzogen durch A. K. O. v. 30. deff. M. u. J. Gesetzs. S. 119 ff.

§. 184. Von diesen oben genannten Gränz- oder Rayon-Linien werden nur die beiden ersten von resp. 160 und 260 Ruthen Entfernung von den Festungswerken wirklich abgesteckt und durch Pfähle oder Marksteine dauernd bezeichnet.

Die Abtragung jener Distanzen erfolgt von den ausspringenden Winkeln des bedeckten Weges und zwar von dem obern Rande des Glazis oder in Ermangelung eines Glazis von dem äußern Grabenrande, oder wenn auch ein Graben nicht vorhanden ist, von der Feuerlinie der Wallbrustwehren selbst.

Bei der großen Verschiedenartigkeit der Tracen und der fortificatorischen Verhältnisse der Befestigungen wird der Entwurf zur Ziehung der Rayon-Linien vom Kriegsministerio für die einzelnen Fälle festgestellt und die Absteckung demnächst durch die Fortifications-Behörde unter Concurrenz der Civilbehörde im commissarischen Wege vollzogen.

§. 2. a. a. O.

Wer auf Grundstücken, welche innerhalb der ersten beiden Rayon-Bezirke liegen, einen Neu-, Reparatur- oder Umbau vorzunehmen, oder eine sonstige die Gestalt der Erdoberfläche ändernde Anlage zu machen, oder Materialien-Vorräthe anzuhäufen beabsichtigt, muß das Gesuch um die Erlaubniß hierzu bei der Ortspolizeibehörde einreichen. Wenn diese in polizeilicher und gewerblicher Hinsicht dagegen nichts zu erinnern findet, übergiebt sie das Gesuch der Commandantur der Festung, welche es unter Zuziehung des Platz-Ingenieurs und des Festungs-Inspecteurs prüft, und zur Entscheidung an das Kriegsministerium gelangen läßt. Letzteres tritt nach Umständen darüber mit den höheren Instanzen des Ingenieur-Korps in Rücksprache. §. 185.

§. 3. a. a. O.

Besitzer von Grundstücken, welche innerhalb der beiden ersten Rayon-Bezirke mit der Ausführung einer Anlage vorschreiten, ehe sie den dazu erforderlichen Erlaubnißschein erhalten haben, und Handwerker, welche in solchem Falle zur Ausführung mitwirken, verfallen in eine polizeiliche Strafe von 2—10 Thlr. §. 186.

§. 7. a. a. O.

Die Aufstellung von Dampfmaschinen zum Gebrauche darf nach Bekanntmachung gegenwärtiger Bestimmungen nicht ohne besondere polizeiliche Erlaubniß geschehen. Diese Erlaubniß ist zeitig, vor der beabsichtigten Aufstellung, unter genauer, mit den erforderlichen Zeichnungen begleiteter Beschreibung des Ortes der Anlage, der Art, des Umfanges und Zweckes der Maschine, des Materials und der Stärke des Kessels u. s. w. und zwar in den Städten bei der betreffenden Orts-Polizeibehörde, auf dem platten Lande aber bei dem Kreis-Landrathe nachzusuchen. Im Falle der polizeilichen Zulässigkeit hat diese Behörde vor Ertheilung ihrer Genehmigung das Vorhaben, um etwaige privatrechtliche Einwendungen dagegen zu vernehmen, öffentlich bekannt zu machen, und nach erfolgter Aufstellung genau zu untersuchen, ob die Ausführung den Bestimmungen der dazu ertheilten Erlaubniß entspricht. Vor dem Empfang der hierüber auszufertigenden Bescheini- §. 187.

gung darf die aufgestellte Dampfmaschine nicht in Gebrauch gesetzt werden.

Wer entweder ohne Erlaubniß der betreffenden Polizeibehörde eine Dampfmaschine zum Gebrauche aufstellt, oder bei der genehmigten Aufstellung von den ihm vorgeschriebenen Bedingungen abweicht, oder endlich die Maschine vor Empfang der Bescheinigung über die vorschriftsmäßige Aufstellung in Gebrauch setzt, ist mit einer Polizeistrafe von 10—50 Thlr. zu belegen.

Diese Strafe trifft außer dem Unternehmer auch den Werkmeister, welcher die Aufstellung einer Dampfmaschine ohne die erforderliche polizeiliche Erlaubniß oder nicht nach den Vorschriften der letzteren ausführt.

A. K. O. v. 1. Jan. 1831. Gesetzs. S. 243.

§. 188. Die Vorschriften der Order vom 1. Jan. 1831 finden auch auf die Anlage und den Gebrauch von Dampfkesseln zu andern Zwecken, als zum Maschinenbetriebe, Anwendung.

A. K. O. v. 27. Sept. 1837. Gesetzs. S. 146.

§. 189. Die polizeiliche Genehmigung einer Dampfmaschine, eines Dampfkessels oder Dampfentwicklers steht von nun an der Regierung zu.

§. 37. der Gew. Ordn. v. 17. Jan. 1845. Gesetzs. S. 48.

Für den Reg.-B. **Potsdam**

Auf sämmtlichen, sowohl Königl. als Privatziegeleien in der Kurmark sind nur **Steine von folgenden brauchbaren Maaßen** zum Verkaufe anzufertigen:

1) Die Mauersteine, nach dem größten Maaß: 11½ Zoll lang, 5½ Zoll breit, 2½ Zoll dick; nach dem kleinsten Maaß: 9½ Zoll lang, 4½ Zoll breit, 2½ Zoll dick;
2) die Dachsteine, mit der Nase 15 Zoll lang, 6 Zoll breit und ½ Zoll dick;
3) die Hohlsteine, 15 Zoll lang, 6¼ Zoll breit, ¾ Zoll dick;
4) die Mauerfliesen oder Pflastersteine 8 Zoll lang, 8 Zoll breit, 2 Zoll dick;
5) die Brunnensteine, keilförmig, 10½ Zoll lang, an den breiten Enden 6 Zoll, an den schmalen Enden 4 Zoll breit und 3 Zoll dick.

Diejenigen Eigenthümer, Erb- oder Zeitpächter der Ziegeleien, welche diese Vorschrift übertreten, haben die Confiscation der Steine oder deren Kaufwerths zu gewärtigen.

Publik. der Königl. Kurmärkischen Kriegs- und Domainen-Kammer v. 5. Juli 1793. Rabe Bd. 2. S. 439.

Auch das Verkaufen und Gebrauchen von dergleichen von dem vorgeschriebenen Maaß abweichenden Steinen ist mit gleicher Strafe zu belegen.

Wer indessen nicht zum Handel, sondern zum eigenen Bedarf, Steine von abweichendem Maaße nöthig hat, dem können solche auf Vorzeigung eines polizeilichen Passes von den Ziegeleien verabfolgt, auch aus andern inländischen Provinzen eingeführt werden.

Außerdem soll erlaubt sein, zwischen den im Publicando v. 5. Juli 1793 vorgeschriebenen zweierlei Maaßen von Mauersteinen noch eine Mittelform von 10 Zoll lang, 4¾ Zoll breit und 2½ Zoll dick auf den kurmärkischen Ziegeleien zum Verkaufe anzufertigen.

Sämmtliche Maurermeister in der Kurmark haben sich nach diesen Vorschriften auf das Genaueste zu richten, keine, das gesetzliche Maaß nicht haltende Ziegelsteine zu vermauern, oder sich die Befugniß zum Gebrauche derselben von dem Bauherrn zuvor gehörig nachweisen zu lassen, widrigenfalls sie im ersten Uebertretungsfalle eine Geldbuße von 10 Thlr. oder verhältnißmäßige Leibesstrafe, im zweiten Wiederholungsfalle die Verdoppelung dieser Strafe trifft.

Deklarations-Patent v. 16. Juni 1798. Rabe Bd. 5. S. 131, eingeschärft durch Reg. V. v. 19. Jan. 1825. Amtsbl. S. 19 u. 8. Nov. 1820. Amtsbl. S. 241.

Die zu den Windmühlen führenden Treppen müssen, wenn nicht mit 2, doch wenigstens mit einem Geländer nach der Außenseite der Mühle versehen werden, welche sich an die Mühlen anschließen, und bis über den Mühlenschwanz hinweggehen müssen. — Müller, welche diese Einrichtung nicht treffen, sind mit 2 Thlr. für jede Mühle zu strafen.

Reg. V. v. 15. Jan. 1820. Amtsbl. S. 14.

Für Berlin

ist mit Bezugnahme auf die Bestimmungen des Allgem. Landrechts I. 8. §. 67. u. ff. über die Ausführung baulicher Anlagen und Vorrichtungen innerhalb des Verwaltungsbezirkes des Königlichen Polizeipräsidii Folgendes bestimmt:

§. 1. Die Ausführung jeder baulichen Anlage und Vorrichtung muß von dem Polizeipräsidio genehmigt worden sein, bevor mit derselben begonnen werden darf, insofern nicht deshalb besondere Ausnahmen gestattet sind.

§. 2. Ausgenommen hiervon sind diejenigen Arbeiten, durch welche die innerhalb der Umfassungswände befindlichen baulichen Anlagen und Vorrichtungen, mit Ausschluß der Feuerungsanlagen, wiederhergestellt oder verändert werden, und also die öffentlichen Interessen nicht gefährdet werden können. Namentlich bedarf die Ausführung folgender Arbeiten keiner speciellen Genehmigung:

1) Die Einlegung und Reparatur der Fußböden, die Anlage von Thüren und Fenstern, welche nicht auf die Straße oder auf benachbarte Grundstücke führen, die Deckung und Reparatur der Dächer, Erhöhung der Schornsteine bis auf 4 Fuß, und das Ausweißen und Abputzen der Wände. Sobald jedoch ein Haus an der Straßenfront abgeputzt werden soll, ist dem Polizei-Commissarius des Reviers von dem ausführenden Bauhandwerker 24 Stunden vor dem Beginn bei 1 Thlr. Strafe Anzeige zu machen.

2) Die Einziehung einzelner Balken, die Reparatur der Staketen, Gitter- und Bretterzäune, die nicht an die Straße gränzen, der Gewölbe und Schornsteine im Bodenraume und über dem Dache; das Setzen und die Reparatur der Stubenöfen und Kamine, jedoch ohne Anlegung neuer oder Veränderung bestehender Röhren oder Feuerstellen, die Reparatur der Backöfen, Feuerheerde und Feuerstellen der Handwerker mit gleicher Beschränkung.

3) Die Abtragung und Aufführung von Zwischenwänden, ausschließlich der Mittelwände, die Fortschaffung von Feuerstellen, die massive Untermauerung der nicht nach der Straße hin belegenen Schwellen bis unter den Riegel, so wie die Wölbung der Keller ohne Vertiefung der Fundamente.

Dagegen muß die Genehmigung eingeholt werden, namentlich:

1) Zur Besetzung jeder alten oder neuen Baustelle mit neuen Gebäuden.

2) Zu jedem Wasser- und Mühlenbau; zur Anlegung und

Versetzung von Dampfmaschinen, Dampfkesseln und Dampfheizungen;

3) Zu jeder Erhöhung bestehender Gebäude, Erneuerung oder Veränderung der Umfassungsmauern, Mittelwände und Dachstühle; Anlegung, Verlegung und Veränderung der Blitzableiter, Gallerie und bedeckten Gänge, der Feuerstellen, Schornsteinröhren und Schornsteine, insbesondere zur Aufsetzung eiserner Röhren.

4) Zur Ausführung, Wiederherstellung oder Veränderung jeder baulichen Anlage und Vorrichtung an der Straßenfronte der Gebäude, den Brandmauern an der nachbarlichen Grenze, auf dem Bürgersteige oder dem Straßendamme, so wie zu jeder Veränderung der Facade selbst.

§. 3. Wer mit der Ausführung einer baulichen Anlage beginnt, zu welcher die Genehmigung eingeholt werden muß, bevor dieselbe ertheilt ist, oder wer bei der Ausführung ohne diesfällige ausdrückliche Genehmigung von den Bedingungen abweicht, welche in dem ertheilten Bau-Erlaubnißscheine enthalten sind, verfällt in eine, nach Bewandniß der Umstände abzumessende Geldstrafe von 5 bis 40 Thlr. oder verhältnißmäßige Gefängnißstrafe.

Diese Strafe trifft nicht nur denjenigen Handwerker, welcher den Bau selbstständig ausführt oder ausführen läßt, sondern auch den Bauherrn selbst, in so fern derselbe nicht nachzuweisen vermag, daß die Uebertretung ohne sein Wissen begangen worden. Pfuschereien werden nach den bestehenden Bestimmungen noch besonders gerügt.

V. v. 9. Febr. 1842; erneut bekannt gemacht den 4. Apr. 1846. Amtsbl. S. 142.

(Durch diese Verordnung erscheinen aufgehoben sämmtliche frühere Verordnungen, welche über die speciellen Bauanlagen erlassen waren, wie z. B. die Verordn. v. 27. Mai 1838 in Bezug auf Reparaturen und Umpflasterungen der Bürgersteige und Rinnsteine. Amtsbl. S. 114, in Bezug auf die Anlegung von Schau- und Vorfenstern v. 23. Apr. 1829. Amtsbl. v. 1832 S. 130, in Bezug auf die Anlegung von Marquisen v. 24. Febr. 1841. Amtsbl. v. 1842. S. 77.)

Diejenigen, welche sich bei ihrem Gewerbsbetriebe eines **Apparates zum Schwefeln** der Hüte, Körbe und anderer Gegenstände bedienen wollen, müssen vor der Aufstellung und Benutzung desselben polizeiliche Erlaubniß einholen und erlangt haben. Wer hiergegen handelt, verfällt in 5 Thlr. Geld- oder verhältnißmäßige Gefängnißstrafe.

V. v. 19. Jan. 1838. Amtsbl. S. 44.

Die **Passage** über öffentliche Plätze, Straßen, Wege und Gänge darf **bei Bauten** oder andern Einrichtungen durch Auflagerung von Baumaterialien, Erd- und Schutthaufen, durch Gerüste, aufgerissenes Steinpflaster oder andere Vorkehrungen ohne vorgängige polizeiliche Genehmigung, nicht beschränkt oder gefährdet werden.

§. 1. der V. v. 19. März 1844; erneut bekannt gemacht den 12. März 1847. Amtsbl. S. 114.

Sofern eine solche Beschränkung nach dem Ermessen der Polizeibehörde nothwendig wird, müssen dergleichen Stellen zum Schutz des vorübergehenden Publikums durch Bauzäune oder Einfassung mit Stangen und Latten abgesondert und bei eintretender Dunkelheit durch Laternen erleuchtet werden.

§. 2. a. a. O.

Die Erlaubniß zur Errichtung von Bauzäunen wird nur auf eine bestimmte Zeit ertheilt. Mit Ablauf derselben und mit der auch nur einstweiligen Einstellung des Baues muß ohne vorherige Aufforderung der Bauzaun weggenommen und die freie Passage wieder hergestellt werden.

§. 3. a. a. O.

Das Herabwerfen des Bauschuttes aus den oberen Stockwerken ist untersagt. Der Schutt muß entweder hinuntergetragen oder in Rinnen, welche von allen Seiten dicht verschlossen und einen Fuß vom Erdboden entfernt aufzustellen sind, hinabgeleitet werden.

§. 4. a. a. O.

Erde und Schutt darf auf der Straße nicht angehäuft und gelagert, muß vielmehr im Laufe des Tages fortgeschafft werden.

§. 5. a. a. O.

Die Wagen, auf welchen Schutt oder Erde fortgeschafft wird, sind so einzurichten, daß nicht durch das Herabfallen der Ladung die Straße verunreinigt werden kann.

§. 6. a. a. O.

Die Nichtbefolgung dieser Vorschriften zieht für die Werkmeister und Bauherrn, in Bezug auf §. 6. für den Kutscher, eine Geldbuße von 2 — 10 Thlr. oder verhältnißmäßige Gefängnißstrafe nach sich.

§. 7. a. a. O.

Fünfter Titel.

Vergehen in Bezug auf das Vermögen.

I. Im Allgemeinen.

§. 1. Niemand soll ohne Recht den Andern an seinem Eigenthum oder Vermögen beschädigen.

§. 1105. II. 20. A. L. R.

§. 2. Wer dieses thut, der soll außer dem Schadensersatze, je nachdem die Beschädigung aus Fahrlässigkeit oder vorsätzlich, in der Absicht sich zu bereichern, oder aus Bosheit, Rache oder Muthwillen zugefügt worden, verhältnißmäßige Strafe leiden.

§. 1106. a. a. O.

§. 3. Beschädigungen aus Fahrlässigkeit ziehen außer dem Schadensersatze zugleich Strafe nach sich, wenn der Beschädiger dabei gegen ein ausdrückliches Polizeigesetz gehandelt hat.

§. 1107. a. a. O.

Für den Reg.-B. Potsdam:

Da das Zeichnen der Schaafe mit Theer der Wolle nachtheilig ist, so ist dasselbe bei Strafe der Confiscation der mit Theer gezeichneten Schaafe und Wolle verboten.

Circ. der Kurmärkischen Kriegs- und Domainenkammer v. 13. Febr. 1758. N. C. C. Tom. II. S. 287; in Wiederholung des Edikts v. 11. April 1725, später erneuert den 31. Aug. 1774 u. 11. März 1820. Amtsbl. v. 1820. S. 48.

Die Unterlassung des Raupens der Obstbäume in Gärten und Alleen bis Ende des Monats Februar jeden Jahres wird für jeden Uebertretungsfall mit einer Strafe von 2 Thlr. geahndet.

Public. v. 21. Jan. 1779, erneuert den 5. Febr. 1812. Amtsbl. S. 53; eingeschärft auch durch die V. v. 25. Jan. 1842. Amtsbl. S. 29.

Für Berlin:

Den Schlächtern ist für den ersten Uebertretungsfall bei 2 Thlr. Strafe, für den zweiten bei Verdoppelung dieser Strafe geboten: daß Köpfe, Füße, Eingeweide und andere weniger genießbare Gegenstände jedesmal für sich allein und mit Bestimmung eines besonderen Preises, niemals aber als Beilage der Braten und des Kochfleisches verkauft werden sollen.

Verordn. v. 29. Mai 1812; erneut unter dem 29. Juni 1830. Int. Bl. Nr. 160.

II. Verhütung von Diebstahl.

1) Vorschriften über das Halten und Anschließen von Kähnen.

Ueber das Halten und Anschließen der Kähne zur Verhütung von Holzdiebstählen und anderer Vergehen waren in den verschiedenen Provinzen mehrfache Verordnungen, unter andern für den Reg.-Bez. Potsdam das Publ. vom 17. Febr. 1810 ergangen, welches Strafverbote in dieser Beziehung enthielt. Höheren Orts ist darauf aber bestimmt: §. 4.

Da keine gesetzliche Vorschrift vorhanden ist, welche das Anschließen der Kähne allgemein gebietet, so muß der Regel nach jedem rechtmäßigen Eigenthümer eines Gewässers oder eines Kahnes freigelassen werden, wie er es hierunter halten will. Auch kann ohne gesetzliche Bestimmung nicht einmal in den Gränzbezirken eine solche Beschränkung des Eigenthums allgemein nachgegeben werden, theils, weil nach dem Allg. L. R. II. 13. §. 6. das Recht, allgemeine Polizei-Verordnungen zu geben, zur Gesetzgebung gehört, theils aber auch, weil in den Gränzbezirken nicht alle Teiche und Seen so gelegen sind, daß sie den Schleichhandel begünstigen können, vielmehr nur wenige und zwar nur die unmittelbar oder ganz nahe an der Gränze belegenen Gewässer diese Gefahr hervorbringen mögen.

Es bleibt hiernach nur das Verfahren übrig, Lokal-Verordnungen für spezielle Gewässer zu erlassen.

Circ.-Min.-Rescr. v. 27. Sept. 1826. v. Kamptz Ann. v. 1827. S. 699.

Zum Erlaß solcher Lokal-Verordnungen ist nicht abzuwarten, ob Jemand sich einen Kahn anschaffe, sondern es kann für ein bestimmt zu bezeichnendes Gewässer das Anschließen der Kähne unter Androhung einer polizeilichen Strafe angeordnet werden. §. 5.

Min. Verf. v. 2. Sept. 1827. Ann. v. 1827. S. 702.

Für Berlin:

1) Nur denjenigen Anwohnern der Spree innerhalb der hiesigen Residenz, welche wirklich Hauseigenthümer sind, ist es erlaubt, Kähne und andere kleine Fahrzeuge auf der Spree zu haben, ohne Unterschied, ob sie dieselben Behufs ihres Gewerbes oder bloß zu ihrem Vergnügen halten. Allen übrigen Anwohnern wird das Halten von Kähnen und ähnlichen Fahrzeugen auf dem Flusse, es sei unter welchem Vorwande es wolle, bei Strafe der Konfiscation untersagt.

2) Diejenigen Anwohner, welche hiernach Kähne und andere Fahrzeuge auf der Spree halten dürfen, müssen solche jedoch unter gehöriger Aufsicht halten; sobald sie nicht gebraucht werden, anschließen, und niemals an verdächtige Leute, sondern bloß an angesessene und andere sichere Personen verleihen, bei einer Strafe von 5 Thlr. für jeden Uebertretungsfall.

3) Sollen alle, mit entwendetem Holze betroffene Kähne, wenn der Eigenthümer derselben nicht ausgemittelt und wegen der ihm bei Aufbewahrung oder Verleihung des Fahrzeuges zur Last fallenden Schuld zur Verantwortung gezogen werden kann, confiscirt werden.

4) Werden alle, am Wasser wohnende Hauseigenthümer angewiesen, kein auf Kähnen angefahrenes verdächtiges Holz bei sich ausladen zu lassen, bei einer Strafe von 5 Thlr. für jeden Uebertretungsfall.

V. des Kgl. General-Directorii v. 30. April 1801, erlassen auf Allerhöchsten Spezialbefehl. v. Kamptz Ann. Jahrg. 1827. S. 700.

2) Vorsicht beim Ankauf von Sachen.

§. 6. Ein Jeder, dem von Verdächtigen (I. 15. §. 19.) oder Unbekannten, welche nicht mit dem Verkauf solcher Sachen ein öffentliches Gewerbe treiben (a. a. O. §. 43 u. 44.) Sachen zum Kauf oder Pfande angetragen werden, ist schuldig, zu prüfen, ob der Antragende wahrscheinlich über die angebotenen Sachen zu verfügen berechtigt sei.

§. 1231. II. 20. A. L. R.

§. 7. Für verdächtig sind diejenigen Personen anzusehen, welche mit Sachen derselben Art, von welcher die Rede ist, nicht zu handeln, oder dergleichen nach ihrem Stande und Lebensart nicht zu besitzen pflegen.

§. 19. I. 15. A. L. R.

§. 8. Sachen, die in den Läden solcher Kaufleute, welche die Gilde gewonnen haben, erkauft worden, sind keiner Vindication unterworfen.

§. 43. a. a. O.

§. 9. Wer außerdem eine Sache auf Messen und Märkten oder sonst von Leuten, welche Sachen dieser Art unter obrigkeitlicher Erlaubniß öffentlich feil haben, erkauft hat, dem kommen wegen der nur gegen Ersatz zu leistenden Rückgabe die Rechte eines redlichen Besitzers zu.

§. 44. a. a. O.

§. 10. Besonders muß die in §. 1231. II. 20. a. a. O. verordnete Vorsicht alsdann beobachtet werden, wenn der Verkäufer oder Verpfänder ein Dienstbote oder Hausgenosse, und die Sache so beschaffen ist, daß sie wahrscheinlicherweise der Dienstherrschaft oder dem Hausvater gehören könnte.

§. 1232. II. 20. A. L. R.

§. 11. In einem solchen Falle muß der Käufer oder Pfandnehmer sich bei der bloßen Angabe des Antragenden nicht beruhigen, sondern bei der Herrschaft oder dem Hausvater selbst nachfragen, ob etwa eine Untreue des Gesindes oder der Hausgenossen mit unterlaufe.

§. 1233. a. a. O.

Mit ganz unbekannten Leuten, welche Sachen von Werth, z. E. Gold, Silber, Juwelen und andere Kostbarkeiten zum Kauf oder Pfand anbieten, soll sich Niemand darüber einlassen. §. 12.

§. 1234. a. a. O.

Ebensowenig darf dieses geschehen, wenn die angetragene Sache von der Beschaffenheit ist, daß Leute von dem Stande und Gewerbe des Antragenden dergleichen Sachen nicht zu haben pflegen. §. 13.

§. 1235. a. a. O.

Erwächst aus Vergleichung der Beschaffenheit der Sache und der Person des Antragenden oder aus dem die Forderung des Verkäufers beträchtlich übersteigenden Werthe der Sache ein wahrscheinlicher Verdacht, daß sie entwendet sei, so ist ein Jeder, welcher aus dem Handel oder Pfänderleihen ein Gewerbe macht, bei willkührlicher, doch nachdrücklicher Geld- oder Gefängnißstrafe (§. 35. — Gefängnißstrafe bis zu 6 Wochen oder Geldbuße bis zu 50 Thlr. —) schuldig, eine solche verdächtige Sache anzuhalten, und an die Polizeiobrigkeit des Ortes zur weitern Untersuchung abzuliefern. §. 14.

§. 1236. a. a. O.

Wer ein Pferd von einer ihm unbekannten Person erwirbt, ohne daß diese durch ein vorschriftsmäßiges Attest über ihre Befugniß zur Veräußerung des Pferdes sich ausgewiesen, hat dadurch allein eine Polizeistrafe von 5 Thlr. oder 8 Tage Gefängniß verwirkt. §. 15.

§. 4. der Verordn., betreffend die Legitimationsatteste bei Veräußerung von Pferden in den östlichen Provinzen der Monarchie, v. 13. Febr. 1843. Gesetzs. S. 75.

Das Attest über die Legitimation zur Veräußerung eines Pferdes muß enthalten: §. 16.

1) den Namen und Stand des Eigenthümers, so wie desjenigen, der von ihm zur Veräußerung des Pferdes beauftragt ist;
2) die Bezeichnung des Pferdes nach Geschlecht, Farbe, Größe, Alter und etwaigen besonderen Kennzeichen;
3) Ort und Datum der Ausstellung, in Buchstaben ausgeschrieben;
4) Namen des Ausstellers unter beglaubigender Beidrückung des Siegels.

§. 5. a. a. O.

Ein solches Attest gilt längstens für die Dauer von 4 Wochen und dient während derselben einem jeden Besitzer des darin bezeichneten Pferdes zur Legitimation. §. 17.

§. 6. a. a. O.

§. 18. Die Ausstellung der Legitimationsatteste erfolgt in den Städten von der Polizeibehörde, auf dem Lande von den Gutsherrschaften für sich und ihre Einsassen; wo keine Gutsherrschaften vorhanden sind*), haben die Regierungen die Distrikts-Commissarien, die Dorfschulzen oder andere geeignete Personen mit der Ausstellung der Atteste zu beauftragen und solches durch die Amtsblätter bekannt zu machen.

§. 7. a. a. O.

3) Pflichten der Schlosser.

§. 19. Die Schlosser sollen bei 10 Thlr. Strafe ohne Genehmigung des Eigenthümers oder der Herrschaft, welche die Wohnung inne hat, kein Schloß öffnen, oder einen neuen Schlüssel dazu machen.

§. 1248. II. 20. A. L. R.

§. 20. Bei gleicher Strafe sollen sie keinen Hauptschlüssel ohne Einwilligung des Hauswirthes verfertigen.

§. 1249. a. a. O.

§. 21. Auch müssen sie demselben das Modell oder die Patrone davon treulich ausliefern.

§. 1250. a. a. O.

§. 22. Wenn ein Schlosser diesen Verboten (§. 1248—1250.) entgegenhandelt, so verfällt er in 10 Thlr. Strafe.

§. 1251. a. a. O.

§. 23. Eben diese Strafe findet statt, wenn Schlosser ihre Dietriche nicht sorgfältig verwahren oder unsicheren Personen verabfolgen.

§. 1252. a. a. O.

Für Berlin:

Die Besitzer von Leitern sind verpflichtet, dieselben, wenn sie nicht gebraucht werden, dergestalt sicher aufzubewahren, daß ein Mißbrauch derselben möglichst verhütet werde. Jede Vernachlässigung dieser Vorschrift wird mit einer Geldstrafe von 5 Thlr. geahndet.

V. v. 9. März 1805. Intelligenzblatt v. 23. u. 27. März u. 5. April 1805; erneuert den 15. Febr. 1836. Amtsbl. S. 63.

III. Verhütung von Betrug.

1) Durch unrichtiges Maaß und Gewicht.

§. 24. Zu seinem Privatgebrauch und in seiner eigenen Wirthschaft kann Jeder sich ungestempelter Maaße und Gewichte bedienen.

§. 10. der Maaß- und Gewichtsordnung für die Preußischen Staaten v. 16. Mai 1816. Gesetzs. S. 144.

---

*) Die Worte „wo keine Gutsherrschaften vorhanden sind" sind nach den Materialien des Gesetzes dahin zu verstehen, daß dadurch Dörfer bezeichnet werden, in denen die Gutsherrschaft und deren Polizei-Verwaltung nicht ihren Sitz haben. Min. V. v. 8. März 1845. Min. Bl. d. i. V S. 126.

Sobald aber irgend etwas nach Maaß oder Gewicht überliefert wird, kann sowohl der Geber als der Empfänger fordern, daß die Ueberlieferung nach gehörig gestempelten Maaßen und Gewichten geschehe. §. 25.

§. 11. a. a. O.

Wer irgend eine Waare für Jedermann feil hält, darf sich bei dem Verkauf keines andern, als gehörig gestempelten Maaßes und Gewichtes bedienen, auch selbst in seinem Laden und in seiner Bude keine ungestempelten Maaße oder Gewichte haben. Durch die Uebertretung dieser Vorschrift wird, wenn auch sonst keine Uebervortheilung vorgefallen ist, eine Polizeistrafe von 1—5 Thlr. verwirkt. §. 26.

§. 12. a. a. O.

Jede Kreis- und städtische Polizeibehörde muß gehörig gestempeltes Maaß und Gewicht so weit vorräthig haben, als der Lokalität nach zur Untersuchung der im gemeinen Verkehr vorkommenden Maaß- und Gewichtscontraventionen erforderlich ist. §. 27.

§. 14. a. a. O.

Steine, Mauerwerk, Faschinen, Erde, Torf, Brennholz sollen im gemeinen Verkehr und in öffentlichen Verhandlungen bloß nach Kubikklaftern von 108 Kubikfuß berechnet und dabei bloß der autorisirte Fuß gebraucht werden. Eine solche Kubikklafter ist ein rechtwinklig aufgestellter Haufen, 6 Fuß lang und breit, und 3 Fuß hoch oder tief, indeß ist auch jede andere Aufsetzung gestattet, wenn sie nur die vorgeschriebene Anzahl Kubikfuß giebt. Jeder Käufer kann Ablieferung nach diesem Maaße verlangen. Die Polizei ist verpflichtet, die Aufsetzung darnach für die genannten Materialien zu fordern, so weit sie zu Jedermanns feilem Verkaufe kommen. §. 28.

§. 25. a. a. O.

Die Bötticher sollen hinfort kein neues oder durch Einsetzung neuer Dauben verändertes Gefäß, worin Wein, Bier, Essig, Branntwein und ähnliche Flüssigkeiten verkauft werden, aus den Händen geben, ohne darauf die Berliner Quartzahl und ihren Stempel einzubrennen. Dieser Stempel, der durch einzelne Buchstaben den Verfertiger speziell bezeichnet, wird ihnen von der Eichungskommission des Departements durch die Ortspolizei gegen bloße Erstattung der Kosten zugefertigt. §. 29.

§. 26. a. a. O.

Durch das bloße Unterlassen der hiermit vorgeschriebenen Bezeichnung verwirken die Bötticher 1 Thlr. Polizeistrafe für jedes unbezeichnete Gefäß. Unrichtig befundene gebrannte Gefäße müssen sie unentgeldlich umarbeiten und außerdem erlegen sie noch den Werth des Gefäßes als Polizeistrafe. §. 30.

§. 27. a. a. O.

§. 31. Alle Flaschen, welche inländische Glashütten verfertigen, müssen daselbst mit einem Stempel bezeichnet werden, der neben dem besonderen Zeichen der Glashütte den Inhalt in Berliner Quarten oder deren Theilen ausdrückt. Diese Stempel erhalten die Hüttenbesitzer gegen bloße Bezahlung der Kosten von der Eichungscommission des Regierungsdepartements durch die örtliche Polizeibehörde.

§. 28. a. a. O.

§. 32. Durch die bloße Nichtbezeichnung wird eine Polizeistrafe von 2 Gr. für jede Flasche verwirkt.

§. 29. a. a. O.

§. 33. Die §§. 28 u. 29. sind dahin zu modificiren, daß es der vorgeschriebenen Stempelung der Flaschen nur dann bedarf, wenn es von dem Besteller verlangt wird.

A. K. O. v. 23. Apr. 1821. Gesetzs. S. 45.

§. 34. Derjenige Waarenverkäufer, in dessen Besitz oder Gebrauch ein ungestempeltes Maaß oder Gewicht gefunden wird (§. 12. der V. v. 16. Mai 1816) hat außer der Polizeistrafe auch die Confiskation des Maaßes oder Gewichtes zu erleiden, und ist mit der Behauptung des Privatgebrauches in seiner eigenen Wirthschaft zur Entschuldigung, nicht zu hören.

A. K. O. v. 28. Juni 1827. Gesetzs. S. 83.

§. 35. In allen Fällen, wo etwas nach Maaß oder Gewicht verkauft wird, darf die im Inlande erfolgende Ueberlieferung nur nach preußischem, gehörig gestempeltem Maaße oder Gewichte geschehen. Ist im Vertrage ein fremdes Maaß oder Gewicht verabredet, so muß dasselbe bei jener Ueberlieferung auf Preußisches Maaß oder Gewicht reducirt werden. Die Uebertretung dieser Vorschrift hat für jeden der Contrahenten eine polizeiliche Geldbuße von 1 — 5 Thlr. und Confiscation des dabei gebrauchten ungestempelten oder fremden Maaßes oder Gewichtes zur Folge.

§. 1. der V. v. 13. Mai 1840. Gesetzs. S. 127.

§. 36. Das in der Maaß- und Gewichtsordnung vom 16. Mai 1816 und in der Ordre v. 28. Juni 1827 in Ansehung der Waarenverkäufer enthaltene Verbot des Besitzes oder Gebrauches ungestempelter Maaße oder Gewichte findet auf sämmtliche Gewerbtreibende dergestalt Anwendung, daß dieselben bei Vermeidung der darin vorgeschriebenen Strafen kein ungestempeltes Maaß oder Gewicht von der Art, wie es zum Einkauf oder Verkauf von Waaren in ihrem Gewerbebetriebe dient, besitzen oder gebrauchen dürfen.

§. 2. a. a. O.

Für den Reg.-B. Potsdam

sind die angeführten Verordnungen über gestempeltes Maaß und Gewicht eingeschärft durch die Einführungs-Ordnung v. 14. Dez. 1818, Amtsbl.

S. 329, 16. Juli 1840, Amtsbl. S. 223, 20. Dez. 1844, Amtsbl. f. 1845 S. 10, betreffend die Anwendung gestempelter Maaße Seitens der Gutsbesitzer beim Ein- und Verkauf der Kartoffeln, und V. v. 29. Apr. 1826, Amtsbl. S. 137, betreffend die Stempelung der Buttergefäße.

Es ist vorgekommen, daß Waarenverkäufer, namentlich Hausirer aus dem Großherzogthum Posen Trage- oder Wanderstöcke geführt haben, welche zugleich als Ellen dienten und gestempelt waren, indeß die Einrichtung hatten, daß, je nachdem das obere oder untere Ende des Stockes als Handgriff gebraucht wurde, die Elle richtiges oder unrichtiges Maaß anzugeben vermochte, und der Handgriff, welcher oft sehr wenig in die Augen fiel, lediglich die Richtigkeit oder Unrichtigkeit bestimmte. Deshalb ist der Gebrauch von dergleichen Ellen im öffentlichen Verkehr bei einer polizeilichen Strafe von 1—5 Thlr. verboten.

Reg. V. v. 14. Mai 1838. Amtsbl. S. 168.

Es sind Fälle vorgekommen, daß Gewerbtreibende die geeichten Längenmaaße oder Flüssigkeitsgemäße und Gewichte noch außerdem mit einem Zeichen versehen, wodurch das frühere Provinzialmaaß und Gewicht bemerkt wird. Dies giebt zu Mißbräuchen Veranlassung, und ist deshalb bei 5 Thlr. Strafe verboten.

Reg. V. v. 8. Apr. 1828; erlassen in Folge Minist. Bestimmung v. 8. März dess. J. Amtsbl. S. 80.

Mit Rücksicht darauf, daß die Richtigkeit einer Waage nicht bloß von der richtigen Eintheilung des Balkens und dem Gleichgewicht der Schaale, sondern überhaupt von der ganzen Einrichtung der Waage abhängt, ist verordnet: §. 37.

daß bei den in der Maaß- und Gewichtsordnung vom 16. April 1816 vorgeschriebenen polizeilichen Revisionen der Maaße und Gewichte von dem Erforderniß der Stempelung der Waage abzusehen, dagegen aber die Richtigkeit der Waage sorgfältig zu prüfen ist, und daß gegen die in den §§. 12 u. 13. der Maaß- und Gewichtsordnung bezeichneten Personen, wenn die in ihrem Verkaufs- oder Geschäftslokal vorhandenen Waagen unrichtig befunden werden, eine Polizeistrafe von 1—5 Thlr. eintreten soll, vorbehaltlich der nach den bestehenden Gesetzen sonst etwa noch verwirkten Strafen.

Minist. Rescr. v. 12. Febr. 1836. Ann. Bd. 20. S. 222.

Für den Reg.-B. Potsdam

bekannt gemacht durch Reg. V. v. 21. Febr. dess. J. Amtsbl. S. 57.

Für Berlin

durch V. v. 3. Juni 1836, erneuert den 27. Jan. 1848, worin außerdem bemerkt ist, daß die Richtigkeit zum gewöhnlichen Gebrauche der Waagen sich aus folgenden Proben ergiebt:

1) Die Zunge muß einstehen, sobald man die Schaalen mit zwei gleich schweren Gewichten belastet, deren Summe ungefähr der Last gleich kommt, welche die Waage überhaupt zu tragen fähig ist.

2) Die Waage muß auch einstehen, sobald man nicht nur die beiden zur Prüfung benutzten Gewichte, sondern auch die Schaalen umwechselt.

3) Die Waage muß, sie sei belastet oder nicht, wenn man die eine Schaale herunterdrückt, nach der Aufhebung des Druckes nicht in der niedergedrückten Lage verbleiben.

4) Die Schaalen unter sich müssen gleich schwer sein.

5) Die Waagebalken müssen auch nach Entfernung beider Schaalen einstehen.

6) Eine Waage muß bei einer Belastung bis zur größten Last, die darauf gewogen werden kann, auf beiden Seiten sodann die Zunge ausschlagen lassen, wenn sie außerdem auf der einen Seite mit einem verhältnißmäßig geringen Gewichte beschwert wird, d. h. eine Waage, welche zum Wiegen von Centnern bestimmt ist, muß mindestens ein Loth angeben. Der Eigenthümer einer jeden Waage, welche bei der Revision nicht auf alle 6 Proben das angegebene Resultat ergiebt, verfällt einer Geldstrafe von 1 bis 5 Thlr.

Amtsbl. von 1848. S. 38.

Für den Reg.=B. Potsdam:

Als Maaß für Brennholz im öffentlichen Handel darf nur die Klafter zu 108 Kubikfuß ganz oder getheilt gebraucht, und es dürfen die Preise nur nach diesem Maaß bestimmt werden. Zu dem Ende sollen alle Holzhändler, auch diejenigen, welche nur klein gehauenes Holz führen, geeichte Klafterrahmen auf ihren Verkaufsstellen halten, und das verkaufte Holz den Käufern nur in diesen Rahmen zumessen. Die Rahmen sind in einer Größe von einer halben, einer ganzen Klafter, 1½ Klafter und von mehreren ganzen Klaftern in beliebiger Zahl gestattet. Bei dem ganzen Klafterrahmen muß die halbe Klafter, bei dem halben Klafterrahmen die Viertel-Klafter abgezeichnet sein. Der Rahmen einer Klafter muß bei der üblichen Klobenlänge eines Holzes von 3—6 Fuß hoch sein, und in der Länge für ½ Klafter 3 Fuß, für eine Klafter 6 Fuß, für 1½ Klafter 9 Fuß, für 2 Klafter 12 Fuß; für 3 Klafter 18 Fuß u. s. w. im Lichten haben. Ist der Rahmen oben durch eine Verbindungsleiste oder auf andere Weise geschlossen, so muß über den an den Seitenständern in der Höhe von 6 Fuß anzubringenden Marken noch ein mindestens 6 Zoll freier Zwischenraum bleiben, damit das Aufpacken der obersten Klobenschicht nicht erschwert wird. Beim Füllen der Rahmen müssen alle Kloben der Länge nach in denselben und mit der scharfen Seite so dicht als möglich an einander gepackt werden. Den Holzkäufern steht frei, das Einpacken selbst vorzunehmen oder durch ihre Leute vornehmen zu lassen, und ebenso können sie das von dem Verkäufer schon eingepackte Holz nochmals umpacken. Beim Zumessen von kleingemachtem Holz müssen entweder so viele Schichten hinter einander in den mit dichten Seitenwänden versehenen Rahmen gepackt werden, als zur Darstellung einer Klobenlänge von 3 Fuß nöthig sind, oder der Rahmen muß eben so oft mit einer einfachen Schicht angefüllt werden. Die Führung vorschriftswidriger oder ungeeichter Maaße und sonstiger Zuwiderhandlungen gegen diese Verordnung haben 1—5 Thlr. Geld- oder verhältnißmäßige Gefängnißstrafe zur Folge. Unrichtiges Gemäß unterliegt außerdem der Confiscation.

Reg. B. v. 5. Juni 1846. Amtsbl. S. 191.

Für Berlin

gilt dieselbe Verordnung.

V. v. 3. März. 1847. Amtsbl. S. 114.

Für den Reg.-B. Potsdam:

Für den Torf darf im öffentlichen Handel nur das Klaftermaaß einer Kumt von 138,36 Kubikfuß Rauminhalt ganz oder getheilt gebraucht, und es dürfen die Preise nur nach diesem Maaß bestimmt werden. Zu dem Ende soll jeder Torfverkäufer ein geeichtes Kumt auf seiner Verkaufsstelle halten, womit ganze, halbe und viertel Klafter abgemessen werden können. Jeder Käufer kann sich den gekauften Torf hiermit zumessen lassen, wenn er denselben nicht auf einen, mit einem geeichten Kumt versehenen Wagen ladet und das Zumessen in diesem geschieht. Beim Anfüllen des Kumtes muß der Torf, wie er nach dem Wurfe aus freier Hand oder beim Einschütten fällt, liegen bleiben, und das Kumt nur schlicht vollgefüllt und der Torf auf der Oberfläche geebnet werden. Das Einpacken oder Einrütteln ist untersagt.

Der fernere Gebrauch der Torfkörbe, welche geeicht sein müssen, wird nur beim Einkauf auf den Torfgräbereien als Maaß gestattet, wobei es eben sowohl dem Verkäufer als dem Käufer freisteht, in jedem Falle die Anwendung des Kumtmaaßes statt des Gebrauches der Körbe zu verlangen. Dagegen auf allen andern Verkaufsplätzen, namentlich in den Städten, wird der Gebrauch der Torfkörbe als Maaß untersagt. Der Detailverkauf des Torfes nach der Stückzahl bleibt gestattet.

Die Führung vorschriftswidriger oder ungeeichter Maaße, oder sonstige Zuwiderhandlungen gegen die vorstehenden Bestimmungen haben 1—5 Thlr. Geld- oder verhältnißmäßige Gefängnißstrafe zur Folge. Unrichtiges Gemäß wird confiscirt.

Reg. V. v. 13. Aug. 1845. Amtsbl. S. 265.

Für Berlin:

gilt dieselbe Bestimmung.

V. v. 27. Dec. 1844. Amtsbl. S. 10.

Bei gleicher Strafe ist übrigens verboten, die Schützen beim Einmessen von Torf in den Kumtmaaßen zu belassen, wenn dies zur Darstellung einer Unterabtheilung des Maaßes nicht erforderlich ist.

V. v. 2. Nov. 1845. Amtsbl. S. 345.

2) Durch unerlaubte Lotterieen.

Wer in auswärtigen Lotterieen, die nicht mit Königlicher Genehmigung in den preußischen Staaten besonders zugelassen sind, spielt, wer sich dem Verkaufe der Loose dergleichen auswärtiger Lotterieen unterzieht oder einen solchen Verkauf als Mittelsperson befördert, ingleichen wer innerhalb Landes ohne ausdrückliche Genehmigung der Minister des Innern und der Finanzen öffentliche Lotterieen unternimmt oder Glücksbuden errichtet, soll mit einer fiskalischen Geldbuße bis zu 500 Thlr. bestraft werden. §. 38.

§. 1. der V. v. 5. Juli 1847. Gesetzs. S. 262.*)

*) Es kann zweifelhaft sein, ob diese Verordnung ein Pol.-Vergehen enthält. Dagegen spricht, daß das Kgl. Ober-Tribunal sich über den Begriff des „Spielens" dahin in einem Erkenntniß, ohne seine Competenz zu bemängeln, ausgesprochen hat, daß dasselbe als vollendet anzunehmen sei, wenn die Bestellung erfolgt und die Loose an den Inländer abgesandt sind (Grundsätze der Cr. Abtheil. Nr. 112). Gleichwohl spricht dafür, daß die Absicht der Verordnung es ist, dem Betruge und dem Eigennutz vorzubeugen, welcher sich in fremden und Privat-Lotterieen sonst leicht gefährliche Bahn brechen würde.

§. 39. Den Lotterieen sind hierin alle öffentlich veranstaltete Ausspielungen beweglicher oder unbeweglicher Sachen gleich zu achten.

§. 2. a. a. O.

§. 40. Diese Verordnung hat in den Vorschriften der Verordnung vom 20. März 1827 hinsichts der erlaubten Privatausspielungen nichts geändert.

Resc. v. 12. Jan. 1848. Minist. Bl. d. i. V. S. 41.

§. 41. Als erlaubte Privatausspielungen im Gegensatz der verbotenen öffentlichen sind nur solche zu betrachten, welche in Privat-Zirkeln zum Zweck eines geselligen Vergnügens oder der Mildthätigkeit veranstaltet werden.

Verloosungen behufs der Auseinandersetzung und Theilung gemeinschaftlicher Sachen unterliegen den besonderen gesetzlichen Vorschriften.

K. O. v. 20. März 1827. Gesetzs. S. 29.

§. 42. Diejenigen, welche die ihnen auf irgend eine Weise zugekommenen Loose auswärtiger Lotterieen nicht spätestens 3 Tage nach deren Empfang an die Polizei-Behörde einliefern, verfallen in eine polizeiliche Strafe von 2—10 Thalern.

A. K. O. v. 6. Juni 1829. Gesetzs. S. 631.

Für Berlin:

Würfelspiele auf Schützenplätzen und bei Gelegenheit ähnlicher Volksfeste um Gegenstände geringen Werthes sind gestattet. Dergleichen Spiele dürfen indeß nie ohne polizeiliche Erlaubniß stattfinden und müssen die dabei auszulegenden Spielpläne von dem Pol.-Präsidio gestempelt und visirt werden. Etwaige Uebertretungen haben die Entfernung des Spielhalters, dessen Bestrafung, wie auch die Confiscation der Spielgeräthschaften zur Folge.

V. v. 8. Mai 1845. Amtsbl. S. 162.

3) Durch verbotswidrige Versicherungen.

§. 43. Ueber Alles, was der Gegenstand eines rechtsgültigen Vertrages sein kann, können auch Versicherungen geschlossen werden.

§. 1952. II. 8. A. L. R.

§. 44. Jede künftige Gefahr, die nicht mit verbotenen Handlungen verknüpft ist, kann der Versicherer übernehmen.

§. 1953. a. a. O.

§. 45. Ist eine Versicherung über die Gefahr bei verbotenen Handlungen geschlossen worden, so muß jeder Theil die gezeichnete Summe zur Strafe erlegen.

§. 1954. a. a. O.

§. 46. Sind Waaren und Güter, welche wider die Landesgesetze aus-, ein- oder durchgeführt werden sollen, versichert, so ist der Versicherte aller Vortheile aus dem Vertrage verlustig und der Fiskus tritt an seine Stelle.

§. 1955. a. a. O.

Hat der Versicherer wissentlich auf solche Waare gezeichnet, so wird er als Theilnehmer bestraft und die Prämie verfällt dem Fiskus. §. 47.

§. 1956. a. a. O.

Durch Versicherungen muß der Versicherte sich nur gegen Schaden decken, nicht aber Bereicherung dadurch suchen. §. 48.

§. 1983. a. a. O.

Niemand darf eine Sache höher versichern lassen, als bis zum gemeinen Werth derselben zur Zeit des geschlossenen Vertrags. §. 49.

§. 1984. a. a. O.

Niemand soll über ein und denselben Gegenstand, auf dessen nach §. 1984. zu bestimmenden Werthe, mehrere Versicherungen nehmen. §. 50.

§. 2000. a. a. O.

Kein Gegenstand des Mobiliarvermögens darf gegen Feuersgefahr höher versichert werden, als nach dem gemeinen Werthe zur Zeit der Versicherungsnahme. Solche Kunstsachen und ähnliche Gegenstände von größerer Bedeutung, denen ein gemeiner Werth nicht wohl beizulegen ist, müssen mit ihren Versicherungssummen in der Police einzeln aufgeführt werden. §. 51.

§. 1. des Gesetzes über das Mobiliar-Feuer-Versicherungswesen, erlassen zur Abwendung von Mißbräuchen bei der Versicherung von Gegenständen des Mobiliarvermögens gegen Feuersgefahr v. 8. Mai 1837. Gesetzs. S. 102.

Es ist unzulässig, Versicherungen auf einen und denselben Gegenstand bei verschiedenen Versicherungsgesellschaften zu nehmen. Eine Ausnahme von dieser Regel findet nur bei solchen kaufmännischen Waarenlägern und andern großen Vorräthen statt, welche einen Werth von mindestens 10,000 Thlr. haben. Der Gesammtbetrag der einzelnen Versicherungen darf jedoch auch in diesem Falle nicht über den gemeinen Werth des Versicherungsgegenstandes hinausgehen. §. 52.

Sind dergleichen Waarenläger oder Vorräthe bereits irgendwo versichert, so ist bei anderweitiger Versicherung der Betrag der früheren anzugeben. Andrerseits muß aber auch der frühere Versicherer von der späteren Versicherung innerhalb 8 Tagen nach Abschluß des Contractes durch den Versicherten benachrichtigt werden.

§. 2. a. a. O.

Es ist ferner unzulässig, Versicherungen ohne Vermittelung eines bestätigten inländischen Agenten unmittelbar bei ausländischen Gesellschaften zu nehmen; nur den im §. 19. bezeichneten Kaufleuten und Fabrikanten ist dies in Ansehung der daselbst erwähnten Gegenstände, jedoch auch nur bei solchen ausländischen Gesellschaften gestattet, welche von dem Königl. Ministerium des Innern und der Polizei die Erlaubniß hierzu erhalten haben (§. 6.). §. 53.

§. 3. a. a. O.

§. 54. Ergiebt sich eine zu hohe Versicherung (§. 1.), so ist die Ortspolizeibehörde befugt und schuldig, den Versicherungsbetrag auf den gemeinen Werth zurückführen zu lassen. Der Versicherte und die Gesellschaft sind verpflichtet, die nöthige Veränderung in den Büchern und in der Police vorzunehmen.

Die Polizeibehörde hat das Recht, sich durch Einsicht der Bücher und der Police von der Beobachtung dieser Vorschrift zu überzeugen.

§. 4. a. a. O.

§. 55. Zur Versicherung von Mobiliargegenständen ist deren Angabe nach einzelnen Stücken oder nach Gattungen erforderlich (§. 13.).

Bei Waarenlägern, großen Naturalienvorräthen und ähnlichen Gegenständen, welche zum Verkauf oder zum Verbrauch zusammengebracht zu werden pflegen, und deren Bestand nach Größe und Werth daher einem steten Wechsel unterworfen ist, soll jedoch die Versicherung auf den durchschnittlichen oder selbst auf den muthmaßlich höchsten Betrag, der nach dem Umfange des Geschäftes, der Production u. s. w. anzunehmen steht, zulässig sein. Die Versicherten sind jedoch gehalten, über die lagernden Güter und Vorräthe vollständige Bücher zu führen, aus welchen der jedesmalige Ab- und Zugang genau zu ersehen sein muß. Die Polizeibehörde hat das Recht, diese Bücher jederzeit einzusehen, um sich von der gehörigen Anlegung und Fortführung zu überzeugen. Ein tieferes Eindringen ist ihr nicht gestattet.

§. 5. a. a. O.

§. 56. Die in §. 5. gedachten Versicherungen von Naturalienvorräthen auf den durchschnittlichen Betrag sind auch solchen Landwirthen gestattet, welche darüber vollständige, den jedesmaligen Ab- und Zugang genau nachweisende Bücher oder Wirthschaftsregister führen.

A. K. O. v. 19. Aug. 1844; bekannt gemacht durch Reg. V. v. 12. Oct. 1844. Amtsbl. S. 281.

§. 57. Ausländische Gesellschaften bedürfen zu Versicherungsgeschäften in den Königl. Landen der Erlaubniß des Königl. Ministeriums des Innern und der Polizei, dem auch die Befugniß zustehen soll, die ertheilte Erlaubniß wieder zurückzunehmen, wenn es dazu Veranlassung findet. Die Ertheilung oder Zurücknahme einer solchen Erlaubniß hat das Ministerium durch die Amtsblätter zur öffentlichen Kenntniß bringen zu lassen.

§. 6. Ges. v. 8. Mai 1837.

§. 58. Wer Agent einer Gesellschaft werden, d. h. Versicherungen für dieselbe besorgen will, muß bei der Regierung seines Wohnsitzes die Bestätigung nachsuchen. Diese Bestätigung ist jedoch nur für inländische und für solche ausländische Gesellschaften zu ertheilen, welche die in §. 6. erwähnte Genehmigung erhalten haben.

§. 7. a. a. O.

Als Agenten sind nur Personen von gutem Rufe und Zuverlässigkeit, wenn sie zugleich im Inlande ihren festen Wohnsitz haben, zuzulassen. §. 59.

Die Gründe einer Zurückweisung ist die Regierung nur dem Ministerium, nicht aber dem Nachsuchenden anzuzeigen verbunden.

§. 8. a. a. O.

Auch die im Lande bereits vorhandenen Agenten sind zur Fortsetzung ihres Geschäftes die in §. 7. vorgeschriebene Bestätigung nachzusuchen schuldig. §. 60.

§. 9. a. a. O.

Die ertheilte Bestätigung (§. 7—9.) kann zu jeder Zeit widerrufen werden, und auch hierüber ist die Regierung nur dem Königl. Ministerium Rechenschaft zu geben schuldig. §. 61.

§. 10. a. a. O.

Wenn ein Agent das Geschäft wieder aufgiebt oder die Gesellschaft den Auftrag ihm wieder entzieht, ist er verbunden der Regierung hiervon innerhalb der nächsten 8 Tage Anzeige zu machen. §. 62.

§. 11. a. a. O.

Die Bestätigung eines Agenten (§. 7—9.) und die Erlöschung seines Auftrags (§. 10—11.) ist jederzeit durch das Amtsblatt bekannt zu machen. §. 63.

§. 12. a. a. O.

Jeder Agent ist verpflichtet, über seine sämmtlichen, das Feuer-Versicherungswesen betreffenden Geschäfte besondere Bücher zu führen, aus welchen zu ersehen sein muß: §. 64.

a. der Name und Wohnort des Versicherten;
b. der Gegenstand oder die Gegenstände der Versicherung nach Gattungen;
c. die Höhe der Versicherungssumme für jeden Gegenstand oder für jede Gattung von Gegenständen;
d. der Tag, mit welchem die Versicherung anfängt;
e. der Tag, mit welchem dieselbe aufhört; und
f. die über denselben Gegenstand bei einer andern Gesellschaft etwa schon bestehende Versicherung und deren Betrag.

Die Polizeibehörde (§. 14.) ist befugt, diese Bücher zu jeder Zeit einzusehen, sowohl um die Führung derselben zu beaufsichtigen, als um die Contraventionen zu ermitteln oder zu verhüten.

§. 13. a. a. O.

Kein Agent darf eine Police oder einen Prolongationsschein zu derselben aushändigen, bevor er nicht von der Polizeiobrigkeit des Wohnortes des Versicherungssuchenden die amtliche Erklärung erhalten hat, daß der Aushändigung in polizeilicher Hinsicht kein Bedenken entgegenstehe. Der Agent hat zu dem Ende ein Duplikat des Versicherungsantrags und der damit verbundenen Deklaration des Versicherungs- §. 65.

nehmers einzureichen. Der Polizeiobrigkeit bleibt überlassen, durch Besichtigung an Ort und Stelle oder durch andere ihr dienlich scheinende Mittel sich von der Angemessenheit des Versicherungsbetrages die nöthige Ueberzeugung zu verschaffen.

Versagt die Polizeiobrigkeit die nachgesuchte Erklärung, so steht dem Betheiligten der Recurs an die vorgesetzte Regierung zu.

§. 14. a. a. O.

§. 66. Die in §. 14. den Agenten auferlegten Verpflichtungen sind auch von inländischen Gesellschaften zu erfüllen, wenn Jemand bei ihnen unmittelbar eine Versicherung nimmt.

§. 15. a. a. O.

§. 67. Die §§. 14. und 15. a. a. O. finden auch auf Versicherungen von Immobilien bei in- und ausländischen Feuer-Versicherungs-Gesellschaften Anwendung.

A. K. O. v. 30. Mai 1841. Gesetzs. S. 122.

§. 68. Die Polizeibehörden sind verpflichtet, den Verpächtern und Vermiethern von Landgütern, Häusern und Niederlageräumen, auf Ansuchen derselben, über die von ihren Pächtern und Miethern genommenen Mobiliarversicherungen Auskunft zu ertheilen.

§. 16. des Gesetzes v. 8. Mai 1837.

§. 69. Im Falle eines Brandes darf der Anspruch des Versicherten den in Folge des Brandes wirklich erlittenen Verlust nicht übersteigen.

§. 17. a. a. O.

§. 70. Ist nach eingetretenem Brande die dem Versicherten gebührende Entschädigungssumme festgestellt, und zur Zahlung bereit, so hat die Gesellschaft oder der Agent der Ortspolizeibehörde davon Anzeige zu machen. Die Zahlung darf nur erst dann erfolgen, wenn die Behörde nicht binnen 8 Tagen nach erhaltener Anzeige dagegen Einspruch gethan hat.

§. 18. a. a. O.

§. 71. Versicherungen von Kaufleuten und mit kaufmännischen Rechten versehenen Fabrikanten, welche ordnungsmäßig eingerichtete Bücher führen, auf Waarenläger von mindestens 10,000 Thlr. sind den Vorschriften der §§. 14. und 15. nicht unterworfen; dagegen ist der §. 18. auch auf sie anwendbar.

§. 19. a. a. O.

§. 72. Wer Mobiliarvermögensgegenstände gegen Feuersgefahr wissentlich zu einem höheren als dem gemeinen Werth versichert, hat außer der Zurückführung der Versicherungssumme auf diesen Werth (§. 4.) eine, dem Betrag der Ueberschreitung gleichkommende Geldbuße verwirkt, welche, wenn die Entdeckung der Ueberversicherung erst nach eingetretenem Brande geschehen, verdoppelt wird.

Eine wissentliche Ueberversicherung wird vermuthet, wenn, ohne daß eine amtliche Abschätzung vorausgegangen, bei Waarenlägern u. s. w. (§. 5.) der Werth um 30 % oder bei anderem beweglichen Vermögen um 50 % überschritten ist.

§. 20. a. a. O.

Beträgt die Ueberschreitung bei Waarenlägern u. s. w. (§. 5.) 10—30 %, oder bei anderem beweglichen Vermögen 20—50 %, so tritt, wenn der Fall einer wissentlichen Ueberschreitung nicht vorliegt, eine Geldstrafe von 10—500 Thlr. ein. §. 73.

§. 21. a. a. O.

Wird von dem Versicherten die erfolgte Ueberschreitung entweder noch vor dem eingetretenen Brande oder wenigstens noch vor dem erhobenen Anspruche auf die Vergütung freiwillig angezeigt, so findet nur eine Geldbuße bis zu 10 Thlr. statt. §. 74.

§. 22. a. a. O.

Wenn eine der beiden in §. 2. für mehrfache Versicherungen vorgeschriebenen Anzeigen versäumt wird, so hat der Versicherte eine Geldbuße von 5—100 Thlr. verwirkt. §. 75.

§. 23. a. a. O.

Wer der Vorschrift des §. 2. zuwider mehrfache Versicherung nimmt, verfällt in eine Geldbuße von 10—500 Thlr. §. 76.

§. 24. a. a. O.

Unmittelbare Versicherungen bei ausländischen Gesellschaften gegen die Vorschrift des §. 3. werden mit einer Geldbuße von 10—500 Thlr. bestraft. §. 77.

§. 25. a. a. O.

Versicherungen bei nicht zugelassenen ausländischen Gesellschaften (§. 6.) werden mit einer Geldbuße von 10—500 Thlr. bestraft. §. 78.

§. 26. a. a. O.

Ein Versicherter, welcher die in §. 5. vorgeschriebenen Bücher gar nicht, oder nicht in gehöriger Ordnung führt, hat eine Geldstrafe von 5—100 Thlr. verwirkt. §. 79.

§. 27. a. a. O.

Ein Versicherter, welcher gegen die Vorschrift des §. 17. eine zu hohe Entschädigungsforderung aufstellt, hat eine Geldbuße von 5—100 Thlr. verwirkt. (Die Aufstellung in böslicher Absicht enthält ein Criminalverbrechen.) §. 80.

§. 28. a. a. O.

Wer im Namen einer Gesellschaft Versicherungsgeschäfte besorgt, ohne als Agent bestätigt zu sein (§§. 7—9.) oder nachdem die Bestätigung widerrufen (§. 10.), oder die Vollmacht zurückgenommen oder aufgegeben ist (§. 11.) verfällt in eine Geldstrafe von 50—500 Thlr. §. 81.

§. 29. a. a. O.

§. 82. Jeder Agent, welcher die in §. 13. vorgeschriebenen Bücher gar nicht, oder nicht in gehöriger Ordnung führt, hat eine Geldstrafe von 5—100 Thlr. verwirkt.

§. 30. a. a. O.

§. 83. Hat ein Agent die in §. 14. vorgeschriebene amtliche Erklärung einzuholen verabsäumt, so trifft ihn eine Geldstrafe von 10—500 Thlr. (Außerdem ist für gewisse Fälle der Verlust der Agentschaft bestimmt, welcher im Administrativwege ausgesprochen wird.)

§. 31. a. a. O.

§. 84. Dieselben Strafen (§. 31.) treffen den Agenten, wenn er gegen die Vorschriften des §. 18. Zahlungen leistet.

§. 32. a. a. O.

§. 85. Unterläßt eine inländische Gesellschaft, auf einen unmittelbar bei ihr gemachten Antrag die amtliche Erklärung einzuholen (§§. 14. u. 15.), oder leistet sie gegen die Vorschrift des §. 18. Zahlung, so verfällt sie in dieselben Geldstrafen, womit die gleichartigen Verschuldungen der Agenten Inhalts der §§. 31. und 32. belegt werden sollen.

§. 33. a. a. O.

§. 86. In Unvermögensfällen treten verhältnißmäßige Gefängnißstrafen an die Stelle der Geldbußen.

§. 34. a. a. O.*)

Für den Reg.-B. Potsdam:

I. Für die Städte der Kur- und Neumark, mit Ausnahme der Stadt Berlin, so wie für die Städte der Niederlausitz und der Aemter Senftenberg und Finsterwalde gelten hinsichts der Versicherung der städtischen Gebäude folgende Strafbestimmungen:

Die Versicherungssumme darf den dermaligen gemeinen Bauwerth derjenigen Theile des versicherten oder zu versichernden Gebäudes, welche durch Feuer zerstört oder beschädigt werden können, niemals übersteigen.

Als nicht zerstörbar sind nur die Fundamente und die unter der Erde befindlichen Umfassungsmauern der Keller zu erachten.

Ausgenommen hiervon sind Windmühlen, deren Versicherung dahin fixirt ist, daß eine Bockwindmühle nicht höher als mit 800 Thlr., und eine holländische Windmühle nach deren Umfang und den darin angebrachten Mahlgängen für jeden Mahlgang nur mit 800 Thlr. versichert werden kann.

§. 21. des revidirten Feuer-Societäts-Reglements für die gedachten Städte v. 23. Juli 1844. Gesetzs. S. 339.

---

*) Außerdem enthält dieser §. noch die Bestimmungen über die Festsetzung und Einziehung der nach dem Gesetze vom 8. Mai 1837 verwirkten Geldstrafen, welche darnach außer den Fällen der §§. 20., 21. u. 28., in welchen sogleich richterliche Untersuchung eintritt, zunächst den königl. Regierungen obliegen soll. Es ist daher fraglich geworden, ob die §§. 20., 21. u. 28. wirklich Polizeivergehen enthalten. Dies muß indeß, soweit diese §§. oben mitgetheilt sind, bejaht werden, da auch ihre Bestimmung lediglich die ist, den Betrug zu verhüten, und sie nur vorbeugender Natur sind, einen versuchten Betrug selbst aber noch nicht in sich schließen.

Mit Beobachtung dieser Beschränkung hat der Gebäudeeigenthümer die Summe anzugeben, auf welche er Versicherung nehmen will, nur muß die Summe den Betrag von 25 Thlr. erreichen, und fernerhin durch 25 theilbar sein. Es werden hierbei Beträge unter 12½ Thlr. gar nicht und von da ab bis 25 Thlr. für voll gerechnet.

§. 22. a. a. O.

Der in §. 21. angeordneten Abschätzung ist fortan auch jeder, der seine Gebäude anderswo als bei der Städte-Feuersocietät versichern läßt, unterworfen, dergestalt, daß jede höhere Versicherung unzulässig ist, und nur in Betreff der Windmühlen findet eine Ausnahme hiervon insofern statt, als die Besitzer derselben bei einer Privatversicherungsgesellschaft auch zu höheren als den in §. 21. normirten Sätzen, so weit dadurch der gemeine Bauwerth nicht überstiegen wird, versichern können.

Jedes Zuwiderhandeln von Seiten eines Versicherten gegen diese Vorschriften soll außer der Zurückführung der Versicherungssumme auf den in §. 21. bestimmten Werth mit einer zur Societätskasse fließenden Geldbuße von 5—50 Thlr., wenn der Contraventionsfall vor einem Brande entdeckt wird, sonst aber, wenn die Entdeckung der Ueberschreitung erst nach dem Brande geschieht, neben jener Geldbuße mit dem Verlust der Versicherungssumme, so weit sie über den in §. 21. bestimmten höchsten Versicherungswerth hinausgeht, bestraft werden.

Letztere Strafe fällt zur Hälfte dem Societätsfond und zur andern Hälfte der Ortsarmenkasse zu.

§. 23. a. a. O.

Wenn während der Versicherungszeit in oder an dem Gebäude eine Veränderung oder Anlage gemacht wird, welche die Feuersgefahr in dem Maaße erhöht, daß solche grundsätzlich die Versetzung des versicherten Gebäudes in eine andere, zu höheren Beiträgen verpflichtete Klasse nach sich ziehen würde, so ist der Versicherte verpflichtet, dem Magistrat innerhalb des Semesters davon Anzeige zu machen und sich der aus den getroffenen baulichen Abänderungen reglementsmäßig etwa folgenden Beitragserhöhung zu unterwerfen.

§. 50. a. a. O.

Wird die Anzeige nicht in dem laufenden Semester geleistet, so muß der Versicherte den vierfachen Betrag der Differenz zwischen den geringeren Beiträgen, welche er entrichtet hat, und den höheren, welche er hätte entrichten müssen, als Strafe zur Feuersocietätskasse einzahlen.

§. 51. a. a. O.

Dieser Strafbeitrag wird von dem Anfange des Semesters an, in welchem die Anzeige hätte gemacht werden sollen, bis zu Ende desjenigen Semesters, in welchem dieselbe nachträglich gemacht oder anderweitig die Entdeckung der vorgenommenen Veränderung erfolgt ist, jedoch nicht über den Zeitraum von 5 Jahren hinab berechnet.

§. 52. a. a. O.

II. Für das platte Land der Kurmark Brandenburg mit Ausschluß der Altmark, das Markgrafthum Niederlausitz und die Distrikte Jüterbogk und Belzig ist eine Landfeuersocietät gebildet, deren Reglement folgende Strafvorschriften enthält:

Wer heimlich bei fremden Societäten höhere Versicherungen nimmt, als er sie grundsätzlich bei der Kurmärkischen Landfeuersocietät würde erhalten haben, verliert, falls er abbrennt, zum Besten der Societätskasse die ganze Entschädigungssumme.

Die Vermuthung, daß die Versicherung höher gewesen, wird stets gegen den Betheiligten angenommen und kann nur durch den vollständigsten Beweis gehoben werden.

§. 11. des Reglem. v. 18. Dec. 1824; bestätigt durch A. K. O. v. 29. Aug. 1825; Beilage zum 48. Stück. Amtsbl. v. 1825.

Ein bei der Kurmärkischen General-Landfeuersocietät versichertes Gebäude zu gleicher Zeit auch bei einer andern Anstalt, oder ein bei einer andern Anstalt versichertes zu gleicher Zeit bei der Kurmärkischen General-Landfeuersocietät versichern zu lassen, ist verboten; und es trifft den Uebertreter dieser Vorschrift, falls er abbrennt, die Confiscation der ihm aus der Privatsocietät gebührenden Entschädigungssumme zum Besten der Kurmärkischen General-Landfeuersocietät, wenn auch beide Versicherungssummen zusammen ⅔ des Taxwerthes des Gebäudes nicht übersteigen.

§. 13. a. a. O.

Wenn die bei einer andern Anstalt genommene Versicherung zwar nicht die Summe, welche nach den Grundsätzen dieses Reglements bei der Kurmärkischen Landfeuersocietät zulässig gewesen sein würde, übersteigt, wohl aber die erforderliche Anzeige und Nachweisung von der Höhe der Versicherung an den Kreis-Feuersocietätsdirektor unterlassen worden ist, so verfällt der Versichernde in eine zum besten der Societätskasse einzuziehende Strafe von 50 Thlr.

§. 1. des Nachtrags zu dem Kurmärkischen Feuer-Societäts-Reglement v. 24. Oct. 1845. Beilage zum 47. Stück d. Amtsbl. v. 1845.

IV. Vergehen in Bezug auf die zum Schutz des Landbaus verordnete Feldpolizei.

§. 87. Die gegenwärtige Feldpolizei-Ordnung findet sowohl auf städtische als auf ländliche Orte und Feldmarken Anwendung, um dem Landbau einen wirksameren Schutz zu gewähren.

Einleitung und §. 1. der Feldpolizei-Ordnung für alle Landestheile, in denen das allgemeine Landrecht Gesetzeskraft hat, mit Ausschluß der Kreise Rees und Duisburg, v. 1. Nov. 1847. Gesetzs. S. 376.

§. 88. Niemand darf sein Vieh außerhalb geschlossener Höfe oder anderer eingefriedigter Plätze unbeaufsichtigt umherlaufen lassen. Wer solches thut, ist mit Geldbuße von 5 Sgr. bis zu 3 Thlr. zu bestrafen.

§. 2. a. a. O.

§. 89. Wer sein Vieh anders als unter der Aufsicht eines hierzu tüchtigen Hirten zur Weide gehen, oder außerhalb eingefriedigter Plätze weiden läßt, wird mit gleicher Strafe belegt.

§. 3. a. a. O.

(§§. 4—13. sprechen vom Pfändungsrecht und Pfandgeld, enthalten aber Strafbestimmungen nicht.)

§. 90. Wer vorsätzlich unbefugterweise Vieh auf einem fremden Grundstücke hütet, wird mit Geldbuße von 1—20 Thlr. bestraft. Diese Strafe wird verdoppelt, wenn der Frevel zur Nachtzeit (§. 29. u. 30.) oder an Sonn- und Festtagen verübt wird, oder wenn ein wegen Weidefrevels Verurtheilter sich innerhalb Jahresfrist nach dieser Verurtheilung eines solchen Frevels aufs Neue schuldig macht.

Ist das vorsätzliche Behüten fremder Grundstücke aus Rache oder Bosheit unternommen, so tritt die in den Criminalgesetzen bestimmte strengere Ahndung ein.

§. 14. a. a. O.

Läßt der zur Beaufsichtigung des Viehes bestellte, an sich tüchtige Hirte dasselbe unbeaufsichtigt gehen oder überträgt er die Aufsicht einer hierzu untüchtigen Person, so trifft ihn eine Geldstrafe von 10 Sgr. bis zu 3 Thlr. §. 91.

§. 15. a. a. O.

Wenn das unter der Aufsicht eines an sich tüchtigen Hirten weidende Vieh durch einen unabwendbaren Zufall zu dem Uebertritt auf ein fremdes Grundstück veranlaßt worden ist, so kann weder Pfandgeld noch Schadenersatz dafür gefordert werden. §. 92.

§. 16. a. a. O.

Ist der Uebertritt des Viehes auf ein fremdes Grundstück von dem an sich tüchtigen Hirten verschuldet, so hängt es von der Wahl des Beschädigten ab, ob er sich wegen des Pfandgeldes und Schadenersatzes an den Hirten oder an den Besitzer des Viehes halten will. §. 93.

§. 17. a. a. O.

Außerdem soll in den Fällen des §. 17. der Hirte, wenn er vorsätzlich das Vieh auf das fremde Grundstück getrieben hat, mit der im §. 14. bestimmten Strafe belegt, wenn ihm aber nur eine Vernachlässigung der Aufsicht über das Vieh zur Last fällt, mit Geldbuße von 10 Sgr. bis zu 3 Thlr. bestraft werden. §. 94.

§. 18. a. a. O.

Was in den §§. 3—18. verordnet worden, findet auch auf gemeinschaftliche Heerden und deren Hirten Anwendung. §. 95.

§. 19. a. a. O.

(§§. 20—25. enthalten keine Strafvorschriften.)

Wer unbefugterweise sein Vieh auf der gemeinschaftlichen Weide allein hütet, soll mit Geldbuße von 10 Sgr. bis zu 3 Thlr. bestraft werden. §. 96.

§. 26. a. a. O.

Auf Hütungsplätzen, die von so geringem Umfange sind, daß ein Uebertreten des Viehes auf die benachbarten fremden Grundstücke leicht zu besorgen steht, muß das Vieh mit Stricken an feste Gegenstände angebunden (getüdert) oder an Stricken geführt werden. §. 97.

Letzteres muß auch dann geschehen, wenn das Vieh auf Wegen zur Weide gebracht wird, denen die erforderliche Breite fehlt.

Wer diesen Vorschriften zuwider handelt, ist mit Geldbuße von 10 Sgr. bis zu 3 Thlr. zu bestrafen.

§. 27. a. a. O.

§. 98. Grundstücke, welche nicht auf allen Seiten so eingeschlossen sind, daß dadurch das Austreten des Viehes verhindert wird, dürfen nur während der Tageszeit zur Viehweide benutzt werden.

§. 28. a. a. O.

§. 99. Wenn das weidende Vieh nicht über Nacht in Hürden oder anderen geschlossenen Räumen verbleibt, so muß dasselbe spätestens eine Stunde nach Sonnenuntergang zu Stalle gebracht sein, und darf nicht früher, als eine Stunde vor Sonnenaufgang wieder ausgetrieben werden.

§. 29. a. a. O.

§. 100. Verbleibt das Vieh über Nacht im Freien in Hürden oder andern geschlossenen Räumen, so darf dasselbe nicht vor Sonnenaufgang auf die Weide gebracht werden, und muß bei Sonnenuntergang wieder eingetrieben sein.

§. 30. a. a. O.

§. 101. Für solche Feldmarken oder Bezirke, in denen das nächtliche Hüten auf ungeschlossenen Grundstücken bisher üblich gewesen, und nach den eigenthümlichen wirthschaftlichen Verhältnissen entweder für die ganze Weideperiode oder für einen Theil derselben nicht zu entbehren ist, kann dasselbe durch besondere Lokalordnungen gestattet werden, in welchen die zum Schutze gegen Beschädigungen und Mißbräuche erforderlichen Maßregeln vorzuschreiben sind.

§. 31. a. a. O.

§. 102. Wer den Bestimmungen der §§. 28—30. oder einer nach §. 31. errichteten Lokalordnung zuwider handelt, wird, auch wenn kein Vieh auf ein fremdes Grundstück übergetreten ist, mit Geldbuße von 10 Sgr. bis zu 3 Thlr. belegt.

Diese Strafe ist beim ersten Rückfall (§. 14.) bis zum doppelten, bei ferneren Rückfällen bis zum vierfachen Betrage zu verschärfen.

§. 32. a. a. O.

§. 103. Tritt Vieh zur Nachtzeit auf fremde, dem Hütungsrechte nicht unterliegende Grundstücke über, so ist außer der nach §. 32. eintretenden Strafe das Pfandgeld doppelt dafür zu entrichten. Auch sind alle diejenigen, welche an dem nächtlichen Hüten Theil nehmen, für Pfandgeld und Schadenersatz dem Beschädigten solidarisch verhaftet; unter sich aber tragen sie dazu nach Verhältniß des von einem jeden unter ihnen nächtlich gehüteten Viehes bei.

§. 33. a. a. O.

§. 104. Viehtreiber, welche ihre Heerden zur Nachtzeit (§. 29.) treiben, müssen bei Vermeidung einer Strafe von 10 Sgr. bis zu 3 Thlr. von Ort zu Ort einen von ihnen zu lohnenden Begleiter zur Aufsicht mitnehmen.

§. 34. a. a. O.

(Die §§. 35—40. enthalten wiederum Strafbestimmungen nicht.)

Mit Geldbuße von 5 Sgr. bis zu 3 Thlr. ist zu bestrafen, wer unbefugterweise: §. 105.

1. über Gärten, Weinberge, oder vor völlig beendeter Ernte, über bestellte Aecker oder Wiesen, oder über solche Aecker, Wiesen oder Weiden, welche eingefriedigt sind, oder deren Betreten durch Warnungszeichen (Tafeln, Strohwische, Gräben u. s. w.) untersagt ist, oder auf einem durch Warnungszeichen geschlossenen Privatwege geht, reitet, fährt oder Vieh treibt;

2. in Gärten, Obstanlagen, Weinbergen oder auf Aeckern eine Nachlese hält;

3. auf Grasangern oder Hecken Leinwand, Wäsche oder andere Gegenstände zum Bleichen, Trocknen u. s. w. ausbreitet oder niederlegt;

4. in Privatgewässern oder auf fremdem Grund und Boden Flachs oder Hanf röthet oder Privatgewässer durch Aufweichen von Fellen darin oder sonst verunreinigt;

5. fremde, auf dem Felde zurückgelassene Ackergeräthe gebraucht;

6. das an Gränzrainen, Gräben, Wegen oder Triften wachsende Gras oder sonstige Viehfutter abschneidet oder abrupft;

7. Dünger von Aeckern, Wiesen oder Weiden aufsammelt;

8. Knochen gräbt oder sammelt;

9. die zur Sperrung von Wegen oder von Eingängen in eingefriedigte Plätze dienenden Gatterthore, Pforten, Hecken u. s. w. öffnet oder nach dem Hindurchgehen nicht wieder schließt.

§. 41. a. a. O.

Mit Geldbuße von 10 Sgr. bis zu 5 Thlr. soll bestraft werden, wer unbefugterweise: §. 106.

1. Erde, Lehm, Grand, Sand, Mergel oder dergl. gräbt;

2. Plaggen oder Bülten haut oder Rasen sticht;

3. Steine gräbt, bricht oder einsammelt; insofern das unbefugte Fortnehmen derselben nicht deshalb, weil sie zum Bergregal gehören, in den Gesetzen mit einer höheren Strafe bedrohet ist;

4. Steine, Scherben, Schutt oder Unrath auf fremde Grundstücke oder Privatwege wirft;

5. von Allee- oder Feldbäumen, oder von Hecken Laub abpflückt oder Zweige abbricht;

6. Garten- oder Feldfrüchte in geringer Quantität und unter Umständen, welche die Absicht eines unredlichen Gewinnes ausschließen, z. B. zum Verzehren auf der Stelle, entwendet;

7. das zur Bewässerung von Grundstücken dienende Wasser ableitet.

§. 42. a. a. O.

Mit Geldbuße von 15 Sgr. bis zu 20 Thlr. ist zu belegen, wer unbefugterweise: §. 107.

1. sich eines Theils benachbarter Grundstücke durch Abpflügen oder auf andere Weise anmaßt, oder durch Abpflügen, Abgraben oder andere dergleichen Handlungen einen Privatweg oder Gränzrain ganz oder theilweise sich zueignet;

2. Bäume oder Sträuche, welche in Gärten, Obstanlagen, Alleen, auf Aeckern oder sonst außerhalb eines Forstes stehen, oder Hecken und andere zur Einfassung von Grundstücken dienende Anpflanzungen abhaut, abbricht oder beschädigt;

3. Einfriedigungen anderer Art, Baum- oder Prellpfähle, oder Brücken auf Privatwegen beschädigt oder zerstört;

4. Steine, Pfähle, Tafeln, Strohwische, Gräben oder ähnliche zur Abgrenzung, Absperrung oder Vermessung von Grundstücken oder Wegen dienende Merk- oder Warnungszeichen fortnimmt, vernichtet oder sonst unkenntlich macht;

5. Gräben, Wälle, Rinnen oder andere zur Ab- oder Zuleitung des Wassers dienende Anlagen beschädigt. Gleicher Strafe unterliegt:

6. wer ohne Erlaubniß der Ortspolizeibehörde Torfmoore abbrennt, oder Haidekraut, Bülten oder ähnliche Gegenstände auf dem Felde anzündet.

Sind Handlungen der unter Nr. 5. und 6. bezeichneten Art mit gemeiner Gefahr verbunden, wie z. B. die Beschädigung von Deichen oder Dämmen, so unterliegen sie den anderweit in den Gesetzen bestimmten strengeren Strafen.

§. 43. a. a. O.

§. 108. Sowohl in den in §. 41. Nr. 1. bezeichneten Fällen, als auch dann, wenn Jemand unbefugterweise über unbestellte Aecker, abgeerntete Wiesen oder uneingefriedigte Weiden reitet, fährt oder Vieh treibt, ist die Pfändung der Reit- oder Zugthiere, oder des Viehes, so wie die Forderung von Pfandgeld nach den Vorschriften der §§. 4. u. f. zulässig. Doch findet in allen diesen Fällen weder Pfändung, noch Schadenforderung, noch Bestrafung statt, wenn derjenige, welcher über das fremde Grundstück geritten oder gefahren ist, oder Vieh getrieben hat, hierzu durch die schlechte Beschaffenheit eines an dem Grundstücke vorüberführenden und zum gemeinen Gebrauche bestimmten Weges genöthigt worden ist.

§. 44. a. a. O.

§. 109. Ist in den Fällen der §§. 41—43. eine Beschätigung fremden Eigenthums aus Rache oder Bosheit verübt, so muß der Thäter mit den in den Criminalgesetzen bestimmten strengeren Strafen belegt werden.

§. 45. a. a. O.

§. 110. Die nach dieser Feldpolizeiordnung verwirkten Strafen werden durch Verjährung ausgeschlossen, wenn innerhalb dreier Monate seit der Uebertretung eine Untersuchung derselben nicht eingeleitet ist.*)

§. 46. a. a. O.

Die nach dieser Feldpolizeiordnung verwirkten Geldbußen fließen zur Gemeindekasse des Ortes, in dessen Feldmark die Uebertretung verübt ist. Liegen jedoch innerhalb der Feldmark Besitzungen, welche nicht zum Gemeindeverbande gehören, oder besteht in der Feldmark kein Gemeindeverband, so sind dergleichen Geldbußen an die Ortspolizeibehörde zu entrichten, welche dieselben zu gemeinnützigen Zwecken für den Ort zu verwenden, über diese Verwendung aber da, wo eine Gemeinde vorhanden ist, solche zu hören hat. §. 111.

§. 47. a. a. O.

Geldbußen, welche wegen Armuth der Schuldigen nicht beigetrieben werden können, sind den bestehenden Vorschriften gemäß in Gefängnißstrafe, oder, nach dem Ermessen der erkennenden Behörde, in Strafarbeit zu einem gemeinnützigen Zwecke zu verwandeln. Hierbei ist ein Arbeitstag einer eintägigen Gefängnißstrafe gleich zu achten. §. 112.

§. 48. a. a. O.

Eltern, Pflegeeltern und Dienstherrschaften haften, sofern die von ihren im älterlichen Hause sich aufhaltenden Kindern oder Pflegekindern oder von ihren Dienstleuten begangenen Feldfrevel zu ihrem Vortheil gereichen, für die Pfandgelder, Entschädigungen, Kosten und Geldbußen. §. 113.

Kann die Geldbuße gegen den eigentlich Schuldigen nicht vollstreckt werden, so steht der Behörde frei, nach ihrem Ermessen entweder die Geldbuße von jenen subsidiarisch dafür verpflichteten Personen einziehen, oder mit Verzichtung hierauf, die im Falle des Unvermögens an die Stelle der Geldbuße tretende Gefängnißstrafe oder Strafarbeit an dem Verurtheilten vollstrecken zu lassen.

§. 49. a. a. O.

Die gegenwärtige Feldpolizeiordnung soll am 1. Januar 1848 in Kraft treten. Von diesem Zeitpunkt ab verlieren alle bisherigen allgemeinen, provinziellen, statutarischen oder sonstigen Vorschriften über Gegenstände, worüber diese Feldpolizeiordnung Bestimmungen enthält, soweit nicht ausdrücklich darin auf sie verwiesen ist, ihre Wirksamkeit. §. 114.

§. 75. a. a. O.

*) Bei Anwendung dieses §. ist zu erwägen, daß die „Untersuchung", welche die Feld-Polizei-Ordnung vom 1. Nov. 1847 im Auge hatte, eine polizeiliche und solche dann schon „eingeleitet" war, wenn der erste Angriff der Sache erfolgt war, so daß seit der Gültigkeit der V. v. 3. Jan. 1849 auch nicht das förmliche Eröffnen der Untersuchung durch das Gericht, sondern die erste Verfügung des Pol.-Anwalts den Maaßstab für die Verjährung abgeben wird. Dies hat der Ober-Staats-Anwalt beim Kgl. Kammergericht unterm 28. März 1850 in einer Anweisung an die Pol.-Anwaltschaft zu Potsdam in Sachen wider Paul angenommen.

V. Vergehen in Beziehung auf die Forstpolizei.

§. 115. Die zum Bau-, Brenn-, Nutz- und Leseholz Berechtigten müssen sich nach der vorgeschriebenen Forstordnung richten.

§. 213. I. 22. A. L. R.

§. 116. Ohne Vorwissen des Waldaufsehers sind sie nicht befugt, Holz zu fällen und abzuführen.

§. 214. a. a. O.

§. 117. Zum Raff- und Leseholz wird nur dasjenige Holz gerechnet, welches in trockenen Aesten abgefallen ist oder in abgeholzten Schlägen an Abraum zurückgelassen worden.

§. 215. a. a. O.

§. 118. Stämme, die vor Alter umgefallen sind, werden zum Lagerholz gerechnet.

§. 216. a. a. O.

§. 119. Wer nur zum Raff- und Leseholz berechtigt ist, kann weder auf Lagerholz noch auf Windbrüche Anspruch machen.

§. 217. a. a. O.

§. 120. Dem Waldeigenthümer kommt es zu, für diejenigen, welche nur Raff- und Leseholz aus dem Walde zu nehmen berechtigt sind, gewisse Holztage zu bestimmen, und außer denselben ihnen den freien Eingang in den Wald zu untersagen.

§. 218. a. a. O.

§. 121. Wer nur zum Raff- und Leseholz berechtigt ist, darf keine Aexte, Beile oder andere Instrumente, wodurch stehende Bäume oder Aeste heruntergebracht werden können, mit in den Wald nehmen.

§. 219. a. a. O.

§. 122. Wird er mit einem solchen Instrumente betroffen, so hat er nicht nur den Verlust desselben, sondern außerdem noch die in den Provinzial-Forstordnungen näher bestimmten Strafen verwirkt.*)

§. 220. a. a. O.

§. 123. Die Befugniß, Streu zu rechen oder Kien zu holen, ist unter den Rechten zum Raff- und Leseholz nicht mitbegriffen.

§. 221. a. a. O.

§. 124. Wer aus Gewinnsucht mehr Raff- und Leseholz einsammelt, als seine persönlichen und Wirthschafts-Bedürfnisse erfordern, und einen solchen Ueberschuß verkauft, der soll das erste Mal um den doppelten

*) Eine solche spezielle Strafe findet sich in der Forstordnung für die Kurmark nicht. Auch die Declaration wegen der Einmiethe zum Raff- u. Leseholzholen aus den Königl. Forsten in der Kur- und Neumark vom 18. August 1806 (N. C. C. Tom. XII. S. 717. No. III. de 1806) enthält Nichts davon, sondern nur civilrechtliche Bestimmungen.

Betrag des zu viel eingesammelten und verkauften Holzes bestraft werden.

§. 222. a. a. O.

Im Wiederholungsfalle macht er sich seines Rechtes für seine Besitzzeit verlustig. §. 125.

§. 223. a. a. O.

Jeder Waldeigenthümer ist befugt, das Sammeln des Raff- und Leseholzes durch die Berechtigten auf das Bedürfniß derselben einzuschränken, und wenn er es für gut findet, nur an bestimmten Tagen unter der Aufsicht eines Forstbedienten nach dessen Vorschrift dies Recht ausüben zu lassen. §. 126.

§. 26. des Edikts zur Beförderung der Landkultur v. 14. Sept. 1811. Gesetzs. S. 307.

Für den Reg.-B. Potsdam:

Diejenigen Unterthanen, so zu den Königl. Aemtern gehören, und sich auf den Königl. Haiden das Raff- und Lagerholz zu ihrer nothdürftigen Feuerung, keinesweges aber zum Verkauf zu holen, einmiethen, sollen sich auf den Holzmärkten allemal gebührend melden, und sodann die gewöhnlichen Zettel fordern, auch gleich nach Michaelis oder wenn sie den Zettel lösen, das Einmiethsgeld entrichten.

§. 1. Tit. IV. der renovirten und verbesserten Holz-, Mast- und Jagd-Ordnung, wie es hinfort in der Mittel-, Alt-, Neu- und Uckermark, auch im Wendischen und zugehörigen Kreisen mit dem Holzverkauf und sonst in denen Haiden und Gehegen gehalten werden soll, v. 20. Mai 1720. C. C. M. Th. IV. Abth. 1. Cap. 2. S. 683.

Die Einmiethszeit hebt sich von Michaelis an und währt bis Ostern.

§. 2. a. a. O.

Kein Amtsunterthan darf bei Strafe anderes Holz, als was zu seiner Feuerung dienlich ist, fortfahren.

§. 3. a. a. O.

Wenn auch einige Bürger oder Bauern, so nicht Königl. Amtsunterthanen sind, sich einmiethen wollen, so soll ihnen solches nicht verwehrt sein; sie sollen aber einen Holzzettel darüber lösen, solchen an den wöchentlichen Holztagen bei sich haben und vorzeigen; auch, wenn sie sich wieder einmiethen wollen, die vorigen Zettel bei Strafe von 12 Gr. für jeden Zettel wieder ausliefern.

§. 4. a. a. O.

Niemand darf bei harter Strafe seinem Nachbar dergleichen Raff- und Lagerholz unter der Miethe verlegen oder sonst Handel damit treiben.

§. 5. a. a. O.

Ein jeder Holzungsberechtigte darf das Brennholz an den geordneten Holztagen in Gegenwart der Königl. Forstbedienten aus dem Königl. Forste hauen oder abführen, und das Bau- und Nutzholz nur auf Anweisung der Forstbedienten entnehmen.

Edikt vom 11. März 1772; betreffend die Art und Weise der Ausübung der Holzgerechtigkeiten auf Königl. Forsten. N. C. C. Tom. V. B. S. 119.

Das Sammeln des Raff- und Leseholzes von den dazu Berechtigten in den Holzschlägen der Königl. Forsten, worin die Holzschläger noch mit dem Aufarbeiten und Aufklaftern des Holzes beschäftigt sind, darf bei einer Polizeistrafe von 15 Sgr. bis 2 Thlr. nicht eher erfolgen, als bis das geschlagene Holz gehörig aufgeklaftert und aufgenommen ist, und die Holzschläge ganz oder theilweise von den verwaltenden Forstbeamten, als zum Sammeln des Raff- und Leseholzes geöffnet, bezeichnet sind.

Reg. V. v. 31. Juli 1824. Amtsbl. S. 178.

Für fiskalische, Privat- und Communal-Forsten gemeinschaftlich gelten folgende Bestimmungen:

1) Raff- und Leseholzberechtigte, welche außer den von dem Waldeigenthümer festgesetzten Holztagen Raff- und Leseholz aus dem Walde holen, werden für jeden Uebertretungsfall polizeilich mit einer Geldstrafe von 15 Sgr. bis 5 Thlr. belegt.

2) Wer auf Bau-, Brenn- und Nutzholz berechtigt ist, darf kein Holz ohne Vorwissen des Waldaufsehers fällen und abführen. Wer gegen diese Bestimmung fehlt, hat eine, dem doppelten Werthe des entnommenen Holzes gleichkommende Geldstrafe, welche jedoch 50 Thlr. nicht übersteigen darf, verwirkt. Im Falle des Unvermögens tritt verhältnißmäßige Gefängnißstrafe ein.

Reg. V. v. 5. Febr. 1847; erlassen auf Grund Minist. Rescr. v. 23. Oct. 1846. Amtsbl. für 1847. S. 49.

Wer ohne vorgängige Meldung und erhaltene Erlaubniß Gegenstände nach einer von der Königl. Forstverwaltung im Regierungsbezirk Potsdam ressortirenden Ablage bringt, oder zum Verladen über dieselbe fährt, verfällt für jeden Uebertretungsfall in eine Polizeistrafe von 1 Thlr. In dieselbe Strafe fällt der, welcher die, nach der Ablage gebrachten Gegenstände auf einem andern, als dem ihm angewiesenen Platze lagert, oder bei einem bloßen Ueberladen dieselben auf einem andern, als dem ihm angewiesenen Wege nach der Einladestelle fährt. Das Verladen der auf der Ablage gelagerten Gegenstände darf nur nach vorgängiger Anzeige an den Ablageaufseher und mit dessen Wissen erfolgen. Wer ohne eine solche Anzeige dergleichen Gegenstände verladet oder verladen läßt, verfällt in eine Polizeistrafe von 1 Thlr. für jeden Uebertretungsfall. Wer ohne vorgängige Zahlung des Stättegeldes Gegenstände von den Ablagen abfährt oder verschifft, verfällt für jeden Uebertretungsfall in eine Polizeistrafe von 10 Sgr. bis 2 Thlr. Werden bei der An- und Abfuhr von Gegenständen andere auf der Ablage bereits lagernde Gegenstände beschädigt oder umgefahren, so verfällt derjenige, durch dessen Verschulden die auf der Ablage lagernden Gegenstände beschädigt oder umgefahren werden, in eine Polizeistrafe von 15 Sgr. für jeden Uebertretungsfall. An Sonn- und Festtagen, desgleichen zur Nachtzeit, d. h. eine Stunde nach Sonnenuntergang und eine Stunde vor Sonnenaufgang, darf Nichts nach der Ablage angefahren oder von derselben verladen werden, bei Vermeidung einer Polizeistrafe von 1 Thlr. für jeden Uebertretungsfall.

Minist. Rescr. v. 23. Febr. 1848; bekannt gemacht durch Reg. V. v. 30. März dess. J. Amtsbl. S. 122.

Die Ausübung der Holzberechtigungen, die Entnahme der Waldstreu, das Sammeln des Raff- und Leseholzes und das Stubbengraben in der Königl. Forst ist bei einer Polizeistrafe von 1 — 5 Thlr. oder verhältnißmäßiger Gefängnißstrafe während der Nacht, d. h. in der Zeit von einer Stunde nach Sonnenuntergang bis eine Stunde vor Sonnenaufgang, in den Königl. Forsten verboten.

Reg. V. v. 11. Oct. 1844; erlassen auf Grund höherer Genehmigung. Amtsbl. S. 281.

Jeder Holzberechtigte ist bei Vermeidung einer Strafe von 5 Thlr. oder 8tägigem Gefängniß verpflichtet, das ihm angewiesene Holz, in so fern solches nach §. 218. Tit. 22. Th. I. A. L. R. an den festgesetzten Holztagen aus dem Walde entnommen wird, an demselben Tage, ohne solches unterweges ganz oder theilweise verladen oder niederlegen zu dürfen, an den Ort seiner Bestimmung, und wo es dem Zwecke der Abgabe gemäß von dem Berechtigten consumirt werden muß, zu beschaffen.

Reg. V. v. 7. Jan. 1841; erlassen mit Minist. Genehmigung. Amtsbl. S. 14.

Die Hirten sollen, wenn sie mit dem Vieh in die Haide treiben, bei harter Strafe, kein Beil noch Feuerzeug bei sich tragen.

§. 2. Tit. VI. der Holz-, Mast- u. Jagdordn. v. 20. Mai 1720.

Niemand soll sich eines von jungen Eichen verfertigten Peitschenstockes bedienen oder gebrauchen, sondern der Besitzer oder Inhaber eines Peitschenstockes, der von einer jungen Eiche gemacht worden, schon selbst straffällig erkannt und als Contravenient dieses Verbotes, ohne Ansehen der Person, mit 5 Thlr. bestraft werden; ebenso die Seiler, Sattler und sonstige Handwerksleute, welche dergleichen von jungen Eichen verfertigte Peitschenstöcke zum Verkaufe führen, für jedes Stück, so bei ihnen gefunden wird. Im Unvermögensfalle sind sie mit verhältnißmäßiger Gefängnißstrafe bei Wasser und Brot zu belegen.

Edikt v. 19. Juli 1770. N. C. C. Tom. IV. S. 7313; eingeschärft durch Reg. V. v. 17. Aug. 1814. Amtsbl. S. 307.

Das Besenreisschneiden soll keinem zu andern Gewerbe- und Landarbeiten brauchbaren, sondern nur lediglich solchen armen, alten oder invaliden Leuten gegen billige Forsteinmiethe gestattet werden, auf welche sich die Forstbedienten verlassen können, daß sie die Erlaubniß dazu nicht mißbrauchen, noch zur andern Zeit als im Herbste und Winter, nämlich vom 1. Oct. bis 1. März Besenreis schneiden, weil sich sonst die Birken verbluten.

Es ist ferner Besenreis nur in denjenigen Birkenschlägen, welche in folgenden Jahren abgeholzt werden, und zwar nie aus den Gipfeln, sondern nur allein aus den Seitenzweigen zu schneiden. Diese Schläge sind in jedem Einmiethezettel ausdrücklich anzuweisen und zu bestimmen.

Besenstiele sind nicht aus jungen Holzstämmen, als Kienen, Elsen oder Birken, sondern lediglich aus Enden von dem zu schlagenden Kienen-, Elsen-, Birken- oder Espen-Brennholz zu spalten und anzufertigen.

Jede Uebertretung hat außer der schon hergebrachten Pfändungsstrafe und der Confiscation 5 Thlr. Geld- oder 14tägige Gefängnißstrafe bei Wasser und Brod, und nach Befinden der Umstände, und besonders bei wiederholter und dreimaliger Contravention eine 4wöchentliche Zuchthaus- oder Gefängnißstrafe zur Folge.

Public. v. 3. Febr. 1802. N. C. C. T. XI. S. 459; eingeschärft durch Reg. V. v. 29. Aug. 1812. Amtsbl. S. 388.

Die Raff- und Leseholz-Berechtigten dürfen zwar auch das Stubben- oder Wurzelstammholz rein ausraden, die Stubben aber bei Pfändungsstrafe und bei Verlust ihres Rechtes nicht abklotzen.

Reg. V. v. 25. Juli 1811. Amtsbl. S. 127.

Wer Kienstubben in den Königl. Haiden ausgräbt, muß bei Vermeidung eines Thalers Strafe für jede offen gelassene Grube, die ausgeworfenen Gruben sogleich wieder zufüllen.

§. 1. Tit. III. der Holz-, Mast- und Jagdordn. v. 20. Mai 1720.

Ein Schneidemüller, welcher für seine Mühle einen Block, ohne ein glaubhaftes Attest des Ueberbringers über den redlichen Besitz, annimmt, verfällt in 55 Thlr. Strafe für jeden Block; auch wird der Block confiscirt.

§. 3. u. 4. Tit. XVIII. a. a. O.

Es dürfen weder Bau-, Nutz- und Brennholz, noch Holzkohlen oder Wildpret in die Städte zu den Thoren eingelassen werden, wenn sich der Ueberbringer nicht durch ein glaubwürdiges Attest als rechtmäßiger Besitzer jener Gegenstände ausweist. Dergleichen Atteste müssen

a) die Menge und die Gattung des Holzes, der Kohlen und des Wildpretes, und zwar erstere mit Buchstaben ausgedrückt enthalten; sie müssen,
b) wenn jene Gegenstände aus Königl. Forsten eingeführt werden, von dem betreffenden Königl. Revierforstbedienten,
c) aus adligen Forsten von dem Gutsbesitzer oder dem Gerichtshalter,
d) aus Stadtforsten von dem Magistrat der Stadt und
e) aus andern Privatforsten von der Ortsobrigkeit ausgestellt, und mit dem Amtssiegel der ausstellenden Behörde bedruckt sein; und sind die sämmtlichen Thor- und Acciseofficianten verpflichtet, die bezeichneten Gegenstände ohne dieses Attest anzuhalten und nicht einzulassen.

Die Atteste müssen von den Accise- und Thorofficianten genau geprüft werden. Werden sie unverdächtig und richtig befunden, so wird das eingebrachte Quantum und der Tag des Einbringens darauf jedesmal mit Buchstaben unentgeltlich dergestalt bemerkt, daß sie nicht noch einmal gebraucht werden können, und werden dieselben sodann den Einbringern zur Legitimation des Verkaufs zurückgegeben.

Finden sich Unrichtigkeiten in den Attesten, oder gar falsche Atteste, oder daß sich Jemand ohne Attest eingeschlichen, so wird das Eingebrachte in Beschlag genommen, und der Vorgang der Ortspolizeibehörde zur polizeilichen Untersuchung und ferneren Verfügung angezeigt. Bestätigt sich hiebei die Unrichtigkeit, Unechtheit oder der gänzliche Mangel eines Attestes, so tritt die Confiscation der in Beschlag genommenen Gegenstände ein, wodurch indeß die besondere gerichtliche Rüge der sich dabei etwa ergebenden Uebertretungen eines Strafgesetzes nicht ausgeschlossen ist. Der Betrag des Confiscats wird zur Hälfte zur Forstkasse und zur Hälfte demjenigen gezahlt, welcher die Contravention entdeckt und angezeigt hat.

Publicand. vom 4. Juni 1783. N. C. C. v. Jahre 1783 Spalte 2131 u. Amtsbl. vom Jahre 1812 S. 257; ferner eingeschärft durch Reg. V. v. 22. Apr. 1817. Amtsbl. S. 154 u. 22. Apr. 1838. Amtsbl. S. 133.

Spätere Beibringung eines Legitimationsattestes schließt die verwirkte Strafe der Confiscation des ohne Attest eingebrachten Holzes nicht aus.

Die V. v. 22. Apr. 1817 bezieht sich übrigens nur auf Holzmaterial im rohen Zustande.

Reg. V. v. 15. Nov. 1842. Amtsbl. S. 337.

Die Legitimationsatteste bei Versendung von Wildpret müssen enthalten:

1) Die Benennung des Besorgers, Fuhrmanns oder Trägers, zu dessen Legitimation das Attest ausgefertigt wird;
2) die Gattung und die mit Buchstaben ausgedrückte Zahl des ihm verabfolgten Wildes;
3) die Angabe der Zeit und des Ortes der Ausstellung; und
4) die Unterschrift und Siegel des Jagdeigenthümers oder Pächters oder des betreffenden Forstbeamten, von welchem das Wild verabfolgt worden ist.

Die von Forstbeamten zu ertheilenden Atteste dürfen von keinem Forstschutzbeamten, Förster, Hülfsaufseher, Waldwärter, sondern nur vom verwaltenden Forstbeamten, Oberförstern oder Revierförstern ausgestellt werden.

Reg. V. v. 11. Sept. 1838. Amtsbl. S. 306; erlassen in Folge Minist.-Genehmigung.

Für Berlin:

Mit Bezugnahme auf die Publikanda vom 17. Juli 1788, 2. Oktober 1836 und 14. August 1839 wird in Erinnerung gebracht:

1) Wer Brennholz, unverarbeitetes Bau- und Nutzholz, Birkenreis, Besen, Kiehn, Raff- und Leseholz und Holzkohlen in hiesige Residenz einbringt, hat sich auf Erfordern der Steuer-, Forst- und Polizeibeamten, durch eine Bescheinigung der Polizeibehörde seines Wohnorts oder durch ein glaubwürdiges Attest des Eigenthümers desjenigen Waldes, aus welchem die einzubringenden Gegenstände kommen, oder dessen Stellvertreter über den rechtlichen Erwerb derselben auszuweisen. In diesen Attesten müssen Quantität und Gattung des Holzes u. s. w., und zwar die erste mit Buchstaben ausgedrückt sein.

2) Holzberechtigte haben sich mit einem gleichen Atteste zu versehen, in welchem außerdem der Tag, an welchem, und die Transportmittel, mit welchen das Holz eingebracht wird, anzugeben sind.

3) Wer diesen Bestimmungen nicht Folge leistet, wird, wenn nicht ein zur gerichtlichen Bestrafung qualifizirtes Vergehen concurrirt, mit der Confiscation des Holzes u. s. w. bestraft, rücksichtlich dessen diese Bescheinigung nicht beigebracht ist.

V. v. 8. Febr. 1840, erneuert den 28. Nov. 1849. Amtsbl. S. 408 und 16. Oct. 1850. Amtsbl. S. 385.

Die Controlle des Wildprets ist unterm 25. Dec. 1848 aufgehoben. Amtsbl. v. 1849. S. 8.

Die Waldstreuberechtigung besteht in der Befugniß, abgefallenes Laub und Nadeln, so wie dürres Moos zum Unterstreuen unter das Vieh Behufs der Bereitung des Düngers in dem Walde eines Andern zu sammeln. §. 127.

§. 1. der Verordn. v. 5. März 1843 für die Provinzen Preußen, Brandenburg, Pommern, Schlesien, Posen und Sachsen. Gesetzs. S. 105.

Die Waldstreu kann zwar vorübergehend auch zu andern wirthschaftlichen Zwecken (§. 1.), z. B. zur Versetzung der Wände der Wohngebäude, zur Bedeckung der Kartoffelgruben u. s. w. benutzt, darf aber in ihrer Endbestimmung nur zum Unterstreuen unter das Vieh verbraucht, auch weder verkauft, noch sonst an Andere überlassen werden. §. 128.

§. 6. a. a. O.

Der Verbrauch der Waldstreu zu anderen Zwecken als zum Unterstreuen unter das Vieh (§. 6.) wird mit einer Strafe von 2 Thlr., und der Verkauf oder die sonstige Ueberlassung der Waldstreu an Andere, für eine Karr- oder Traglast mit 1 Thlr., für eine 1- oder 2spännige Fuhre mit 2 Thlr., für eine 3- oder 4spännige Fuhre mit 4 Thlr. neben dem Verlust der Berechtigung auf ein Jahr geahndet. In Wiederholungsfällen nach vorgängiger rechtskräftiger Verurtheilung §. 129.

zahlt der Contravenient die doppelte Geldstrafe, außerdem verliert er, wenn er nach zweimaliger Verurtheilung wegen Streuveräußerung sich dieses Vergehens von Neuem schuldig macht, die Waldstreuberechtigung auf die ganze Dauer seiner Besitzzeit. Die Geldstrafen fallen dem Waldeigenthümer anheim.

§. 7. a. a. O.

(Die übrigen Strafbestimmungen dieser Verordnung unterliegen dem Verfahren bei einfachen Holzdiebstählen.)

Für den Reg.=B. Potsdam:

Das Aufsuchen der Erdbeeren, Heidelbeeren, Himbeeren und Preißelbeeren, desgleichen der Morcheln und anderer Schwämme in den Forsten ist bei Vermeidung der üblichen Pfändungsstrafe nur allein solchen Personen, welche sich durch Armuth dazu qualificiren, und diesen nicht anders, als auf gedruckte, von dem Revierforstbedienten zu lösende, immer nur auf Ein Jahr gültige Erlaubnißzettel, und zwar überhaupt nicht in nur erst zwei Jahr alten Schonungen, sondern bloß in den, in den Erlaubnißzetteln zu bezeichnenden Forstörtern, und in diesen nicht anders, als zwischen dem 1. Juni und 1. November jeden Jahres an den dazu zu bestimmenden zwei Tagen jeder Woche erlaubt. Zugleich werden diejenigen, welche diese Erlaubniß erhalten, gewarnt, sich bei Vermeidung strenger gesetzlicher Bestrafung des Feueranmachens, Tabackrauchens und Aufgreifens des jungen Wildprets, des Eierausnehmens und des Vogelfangens, auch allen Lärmens in den Forsten zu enthalten.

Public. der Kurmärkischen Kammer v. 4. Apr. 1803. N. C. C. Tom. XI. S. 1679, eingeschärft durch Reg. B. v. 8. Febr. 1829. Amtsbl. S. 33.

Ein jeder Freiholz genießender Unterthan soll, und zwar ein Vollbauer 2 Schffl., ein Halbbauer, ein Kossäthe jeder 1 Schffl., ein Colonist und ein Büdner, jeder ½ Schffl. Kiehnäpfel, jährlich im December und Januar jeden Jahres einsammeln und solche demnächst sogleich im Februar bei Vermeidung einer Strafe von 16 Gr. für jeden Scheffel an den, von dem Forstamte zu bestimmenden Ort gehörig abliefern.

Die Ablieferung von Seiten der Freiholz genießenden Städte=Einwohner geschieht in eben der Art, und zwar nach folgendem Verhältniß unter den Bürgern: die Großbürger 2 Schffl., ein Kleinbürger 1 Schffl., eine Budenstelle ½ Schffl. bei Vermeidung derselben Strafe.

§. 3. des Publikandums, wegen der Freiholz genießenden Unterthanen=Forst=Verbesserungs=Beihülfe in der Kur= und Altmark v. 17. Jan. 1785. N. C. C. Tom. VII. S. 3009.

Ein Jeder, ohne Unterschied, er sei auch wer er wolle, der Ziegen hält und halten will, muß dieselben dergestalt hüten und weiden lassen, daß sie nicht bei den Schaafen, sondern bei den Schweinen, auch allein in den bloßen Feldern behalten; in die Königl. oder Privatwälder, Haiden und Brüche aber, ungeachtet einer und der andere die Hütungsgerechtigkeit oder Triften in den Haiden und Wäldern hätte, keinesweges gelassen werden, bei Vermeidung der Confiskation.

Edikt v. 18. Sept. 1705; erneuert den 27. Nov. 1719. N. C. C. Th. IV. Abth. 1. Kap. 2. S. 679.

§. 130. Es soll mit Strenge und Nachdruck auf Respectirung der Schonungen gehalten, und alles entfernt werden, wodurch sie verletzt werden können. Es ist deshalb die genaue Befolgung der polizeilichen Vorschriften verordnet:

a) daß da, wo ganze Communen das Weiderecht haben, nicht einzelne Mitglieder ihr Vieh in die Forst schicken dürfen, sondern solches von gemeinschaftlichen Hirten eingetrieben und gehütet werden muß;

b) daß noch viel weniger das Vieh einzeln ohne Hirten in die Wälder gejagt werden kann;

c) daß es da, wo es über Nacht bleibt, in Buchten oder eingehegte Koppeln getrieben werden muß.

§. 33. des Edikts zur Beförderung der Landkultur v. 14. Sept. 1811. Gesetzs. S. 308.

Für den Reg.-B. Potsdam:

I. Bei Hütungen des Viehes in den Königl. Forsten ist bestimmt:

Nachdem es sich verschiedentlich zugetragen, daß Schäfer, Hirten und anderes Gesinde ohne Befehl und Wissen ihrer Dienstherrschaften in die, zum neuen Holzanwuchs gehegten Schonungen der Königl. Forsten Vieh hineingehen und weiden lassen, und angefragt worden, wie es in solchen Uebertretungsfällen mit der geordneten Strafe von 1 Thlr. für jedes Pferd oder Stück Rindvieh, und von 8 Gr. für jedes Schaaf oder Schwein, welches in solchen Schonungen betroffen wird, gehalten werden soll, so ist festgesetzt:

1) Daß jede Dienstherrschaft, es sei selbige ein einzelner Wirth oder eine ganze Gemeinde, für die Hirten, Schäfer und anderes Gesinde, welches sie gewöhnlich oder auch nur zuweilen zum Hüten des Viehes gebraucht, wegen der durch solche begangenen Uebertretungen verhaftet bleibt, sobald sie nicht nachzuweisen vermag, daß sie dasselbe unter Vorhalt der darauf gesetzten Strafe vor dem unbefugten Hüten verwarnt, und falls dessenungeachtet eine Uebertretung stattgefunden hat, sofort nach erfolgter Kenntnißnahme, diese beim gehörigen Forstamte zur Anzeige gebracht habe.

2) Ist eine Mitverschuldung der Dienstherrschaft nicht vorhanden, und der Hirte, Schäferknecht oder anderes Gesinde zur Erlegung der Strafe unvermögend, so soll diese bis zum vierten Theil derselben für den Denuncianten, aus seinem zu fordern habenden Lohn und sonstigem Vermögen, so weit solches dazu reichet, beigetrieben, überdies der Uebertreter nach Maaßgabe der öftern Wiederholung und der Anzahl des Viehes auf einen oder mehrere Monate zur Zuchthausstrafe nebst derbem Willkommen und Abschiede verurtheilt werden.

Public. v. 18. Sept. 1784. N. C. C. Tom. VII. S. 2961.

II. Privatforsten müssen an denjenigen Seiten, wo sie an Triften und große Straßen stoßen, mit tüchtigen Graben verwahrt, die übrigen Seiten aber verwischt oder mit Warnungstafeln bezeichnet werden. Sollte aber dieser gehörig vorgekehrten Anstalten ungeachtet in einer solchen Schonung noch gehütet werden, so wird bei erfolgender Pfändung das Pfandgeld für ein Pferd oder ein Stück Rindvieh auf 1 Thlr., und für ein Schwein oder Schaaf auf 8 Gr. hiermit festgesetzt. Dieses, nicht blos von den wirklich gepfändeten, sondern von allen in der Schonung betroffenen Stücken zu entrichtende Pfandgeld soll in der Regel den Schadensersatz unter sich begreifen; wird aber die Uebertretung wiederholt, oder ist selbige gleich das erste Mal mit erschwerenden Umständen verknüpft, besonders aber in einer schon angepflogenen Schonung begangen, und dadurch dem Augenschein nach ein beträchtlicher Schaden verursacht worden, so muß außer dem Pfandgelde, so den Eigenthümer der Heerde trifft, auch noch gegen den Hirten oder Schäfer auf eine nachdrückliche Leibes- und allenfalls Festungsstrafe erkannt werden.

In Fällen endlich, wo der Eigenthümer der Heerde, oder auch ein Dritter, den Schäfer oder Hirten zu der Uebertretung veranlaßt oder verleitet hätte, muß ein solcher socius delicti mit Erlegung des doppelten bis 4fachen Betrages des Pfandgeldes, im Unvermögensfalle aber mit verhältnißmäßiger Leibesstrafe bestraft werden.

Rescr. v. 11. Jan. 1790. N. C. C. Tom. VIII. S. 2853.

III. Für Schonungen, Nebenwege und Gräben ist bestimmt:

1) In Ansehung derjenigen, die in den Schonungen hüten, es geschehe dies absichtlich oder durch Verschulden der Treiber, verbleibt es bei der schon früher verordnet gewesenen, hierdurch ausdrücklich anderweit festgesetzten Strafe dergestalt, daß für ein Pferd oder ein Stück Rindvieh 1 Thlr. Strafe, und für ein Schaaf, einen Hammel oder ein Schwein 8 Gr. Strafe erlegt, der Contravenient überdies nach dem Grade der Verschuldung und des Schadens dem Befinden nach mit empfindlicher Leibesstrafe und für wiederholte Uebertretungen mit 3 bis 6wöchentlicher, auch wohl mit stärkerer Festungsarbeit belegt werden soll.

2) Die Schäfer, Hirten und Viehtreiber müssen, bei Vermeidung einer neben dem Ersatz des Schadens mit überhaupt 12 Gr. zu bezahlenden Pfändungsstrafe, dafür besorgt sein, daß ihr Vieh nicht in die Gräben, womit die Landstraßen eingefaßt sind, laufe und diese dadurch verderbe.

3) Viehtreiber, d. h. solche, die nicht Hütungsberechtigte in der Forst sind, sondern Vieh, es bestehe worin es wolle, von einem Orte zum andern transportiren, müssen mit dem Vieh auf der Landstraße bleiben, und dürfen keine Neben- oder Richtwege nehmen, widrigenfalls von ihnen für jedes Stück Rindvieh 4 Gr., und für ein Schaaf, einen Hammel oder ein Schwein 2 Gr. Strafe erlegt werden sollen. Dagegen bleibt den Viehtreibern nach wie vor frei, da, wo die Landstraßen mehrere Meilen lang bloß durch die Forsten gehen, sowohl des Mittags als auch des Nachts die gewöhnlichen und erforderlichen Ruhestunden für das Vieh neben den Landstraßen auf solchen Plätzen in den Forsten zu nehmen, worauf weder Schonungen noch Anpflanzungen vorhanden, und die den Hütungsberechtigten zur Behütung frei gegeben sind, und wohin das Vieh, ohne die Gräben an den Landstraßen zu beschädigen, getrieben werden kann; wobei jedoch jeder Viehtreiber für das Ueberlaufen des Viehes in die Schonungen, Gräben und Anpflanzungen verantwortlich bleibt.

Public. v. 21. Sept. 1796. N. C. C. Tom. X. S. 1497.

Solche einzelne Mitglieder einer hütungsberechtigten Gemeinde, welche ihr Vieh, anstatt dasselbe in gemeinschaftlichen Heerden vorzutreiben, **einzeln hüten** lassen, haben eine Geldbuße von 1—5 Thlr. verwirkt.

Wenn das Vieh der Hütungsberechtigten **ohne tüchtiger Hirten**, wofür Kinder unter 14 Jahren nicht zu halten, in der Forst betroffen wird, sind die Eigenthümer desselben mit einer Geldstrafe von 2—10 Thlr. zu belegen.

In Fällen, wo Hütungsberechtigte das Recht haben, ihr Vieh **während der Nacht** in der Forst zu belassen, und dasselbe nicht in Buchten oder eingehegte Koppeln treiben, verwirken sie eine Geldbuße von 5 bis

20 Thlr. nach Befinden der Umstände. Im Unvermögensfalle tritt überall verhältnißmäßige Gefängnißstrafe ein.

Reg. V. v. 13. Mai 1832; erlassen auf Grund Minist. Rescr. v. 29. Febr. dess. J., in Ausführung des §. 33. des Landkulturedikts v. 14. Sept. 1811. Amtsbl. für 1832. S. 154.

Das einzelne Hüten in den Forsten und auf gemeinschaftlichen Weiderevieren, so wie das Verbot des Weidens des Viehes während der Nacht außer den gehegten Koppeln ist aufs neue bei einer Strafe von 1—5 Thlr. verboten worden.

Reg. V. v. 15. Mai 1843. Amtsbl. S. 145.

Wurde auch ein Schäfer oder Hirt weiter in die Wildpann oder sonsten ihm verbotenen Haiden dann ihm gebührt, treiben, soll er jederzeit Pfandrecht, welches 8 Groschen sein, zu erlegen verfallen sein.

Holzordnung des Kurfürsten Johann Georg vom 4. Jan. 1571. C. C. M. Th. IV. S. 794.

Das unbefugte Fahren und Reiten in den Königl. Forsten außerhalb der Wege und Triften ist bei einer Polizeistrafe von 5 Sgr., und wenn es in Schonungen geschieht, neben dem besonders zu verfolgenden Schadensersatze bei einer Polizeistrafe von 10 Sgr. in beiden Fällen für jedes Reit- und Zugthier, untersagt.

Ebenso wird gegen die Fußgänger, welche ohne Erlaubniß des Waldeigenthümers oder ohne eine ihnen deshalb zustehende Berechtigung die Schonungen in den Königl. Forsten betreten, eine Polizeistrafe von 10 Sgr., einschließlich des Schadensersatzes hiermit festgesetzt.

Reg. V. v. 26. Oct. 1847. Amtsbl. S. 344; erlassen auf Grund Minist. Rescr. v. 22. Sept. 1847 unter Aufhebung des Public. v. 29. März 1794.

Wer, ohne es der Obrigkeit und den Forstbedienten anzusagen, seine Wiesen und Aecker, um das Land zu reinigen oder das alte Werft und Strauch auszubrennen, ansteckt, soll nach Befinden mit empfindlicher Leibesstrafe belegt werden, wenn auch kein Schade dadurch erwachsen ist.

§. 2. Tit. XX. der Holz-, Mast- u. Jagdordn. v. 20. Mai 1720; erneuert durch das Edikt v. 8. Juli 1744. N. C. C. Tom. VI. S. 194.

Niemand, er sei wer er wolle, soll sich an den vor und in den Haiden befindlichen Warnungstafeln vergreifen, noch einiges Feuer, weder in den Feldern, wo Holzungen anstoßen, anmachen, oder das so oft verbotene Nachtfischen und Krebsen bei Feuer in den Holzungen sich unterstehen; ingleichen so wenig bei Sommerzeiten in den Holzungen, noch auch in der Ernte bei Aufladen und Einführung des Getreides, Heues, Holzes und Torfes, bei dem Dreschen, Hechselschneiden und Viehfuttern in den Scheunen und Ställen oder neben solchen Gebäuden, absonderlich wo Strohdächer vorhanden und überhaupt an Orten, wo Flachs, Hanf und feuerfangende Sachen liegen, es sei in Städten, Flecken oder Dörfern, Taback rauchen. Der Uebertreter soll mit Gefängniß bei Wasser und Brot und 3monatlicher Festungsstrafe ohne Ansehen der Person belegt werden. §. 131.

Edikt v. 19. Jan. 1764. N. C. C. Tom. III. S. 361.

Die im Edikt vom 19. Januar 1764 wegen des feuergefährlichen Tabackrauchens verordnete Strafe wird auf 2 Thlr. ermäßigt. §. 132.

Decl. v. 31. August 1815. Gesetzs. v. 1816. S. 1.

Für den Reg.-B. Potsdam:

Diejenigen, so auf den Königl. Haiden zeideln, sollen außer den zugedeckten Töpfen, mit welchen sie auf das allerbehutsamste umzugehen haben, auf und von der Haide kein Feuer führen.

Würde aber einer dawider handeln, welcher außerhalb des Topfes irgendwo etwas liegen ließe, ob es gleich keinen Schaden thäte, der soll 2 Thlr. und nach Befinden ein Mehreres zur Strafe erlegen.

§. 1. Tit. XVI. der Holz-, Mast- u. Jagd-Ordn. v. 20. Mai 1720.

Nicht weniger müssen auch die Balkenhauer, Stabschläger, Theer- und Pottaschschweler, ingleichen Kohlenbrenner bei in der Haide entstehendem Feuer, sich, um solches löschen zu helfen, bei Vermeidung einer Strafe von 10 Thlr. einfinden.

§. 2. a. a. O.

Die Hütungs- und Holzungsberechtigten sollen zu einem in den Königl. Haiden entstehenden Feuer, ebenso wie alle Bürger und Bauern, welche in der Nähe von 2 Meilen daran wohnen, bei empfindlicher Strafe sich einfinden, auch zu Hause Sturm schlagen und die Gemeinde zusammenbringen. Gleichzeitig sollen sie im Uebertretungsfall, wenn sie sich nicht einfinden, der Hütung und Holzung auf 3 Jahre lang verlustig sein. Diejenigen aber, so nicht Hütung- und Holzmiethe haben, und ebenfalls gleich anderen zurückgeblieben, und dem Feuer nicht zugelaufen sind, auch ihren nächsten Feldnachbarn es nicht angekündigt haben, sollen nach Befinden des Schadens darüber angesehen werden.

§. 6. Tit. XX. a. a. O.

VI. Vergehen in Bezug auf die Jagdpolizei.

§. 133. Wer, ohne einen Jagdschein gelöst zu haben, die Jagd ausübt, wird für eine jede Uebertretung mit einer Geldstrafe von 5—20 Thlr. belegt.

Wer seinen Jagdschein bei Ausübung der Jagd nicht bei sich führt, den trifft eine Geldstrafe bis zu 5 Thlr.

Wer es versucht, sich durch einen, nicht auf seinen Namen ausgestellten, fremden Jagdschein zu legitimiren, um sich dadurch der verwirkten Strafe zu entziehen, der wird mit einer Strafe von 5—50 Thlr. belegt.

§. 16. des Jagdpolizeigesetzes v. 7. März 1850. Gesetzs. S. 165 ff.

§. 134. Wer zwar mit einem Jagdschein versehen, aber ohne Begleitung des Jagdberechtigten oder ohne dessen schriftlich ertheilte Erlaubniß bei sich zu führen, die Jagd auf fremdem Jagdbezirke ausibt, wird mit einer Strafe von 2—5 Thlr. belegt.

Wer die Jagd auf seinem Grundstück gänzlich ruhen zu lassen verpflichtet ist, dieselbe dennoch aber darauf ausübt, hat eine Geldstrafe von 10—20 Thlr. und die Confiscation der dabei gebrauchten Jagdgeräthe verwirkt.

§. 17. a. a. O.

§. 135. Zur eigenen Ausübung des Jagdrechts auf seinem Grund und Boden ist der Besitzer nur befugt:

a. auf solchen Besitzungen, welche in einem oder mehreren an einander grenzenden Gemeindebezirken einen land- oder forstwirthschaftlich benutzten Flächenraum von wenigstens 300 Morgen einnehmen, und in ihrem Zusammenhange durch kein fremdes Grundstück unterbrochen sind; die Trennung, welche Wege oder Gewässer bilden, wird als eine Unterbrechung des Zusammenhangs nicht angesehen;

b. auf allen dauernd und vollständig eingefriedeten Grundstücken. Darüber, was für dauernd und vollständig eingefriedet zu erachten, entscheidet der Landrath;

c. auf Seen, auf zur Fischerei eingerichteten Teichen und auf solchen Inseln, welche Ein Besitzthum bilden.

§. 2. a. a. O.

Die Bestimmung der Hege- und Schonzeit erfolgt nach den zur Zeit der Verkündigung des Gesetzes v. 31. Oct. 1848 geltend gewesenen Gesetzen. Die Verordnung v. 9. Dec. 1842 §§. 1. u. 2. und das Public. v. 7. März 1843 treten wieder in Kraft. Sonstige Uebertretungen der Vorschriften über Hege- und Schonzeit werden mit einer, nach richterlichem Ermessen zu bestimmenden Geldbuße bis zu 50 Thlr. geahndet. §. 136.

§. 18. a. a. O.

Wer zur Begehung einer Jagdpolizeiübertretung sich seiner Angehörigen, Dienstboten, Lehrlinge oder Tagelöhner als Theilnehmer oder Gehülfen bedient, haftet, wenn diese nicht zahlungsfähig sind, neben der von ihm selbst verwirkten Strafe, für die von denselben zu erlegenden Geldstrafen und den Schadenersatz. §. 137.

§. 19. a. a. O.

Wegen einer Jagdpolizeiübertretung soll eine Untersuchung nicht weiter eingeleitet werden, wenn seit dem Tage der begangenen That bis zum Eingange der Anzeige an die Staatsanwaltschaft oder den Richter 3 Monate verstrichen sind. §. 138.

§. 20. a. a. O.

Wer die Jagd innerhalb des abgesteckten Festungsrayons von 1300 Schritten ausüben will, muß vorher seinen Jagdschein von dem Festungskommandanten besonders visiren lassen. Die Uebertretung dieser Vorschrift wird mit einer Strafe von 2—5 Thlr. geahndet. §. 139.

§. 28. a. a. O.

An die Stelle der in den §§. 16., 17., 18. und 28. angedrohten Geldstrafen tritt für den Unvermögensfall des Uebertreters verhältnißmäßige Gefängnißstrafe. §. 140.

§. 29. a. a. O.

In allen Festungswerken ist allein die Militairverwaltung befugt, die Jagd durch besonders dazu ermächtigte Personen ausüben zu lassen. Außerhalb dieser Werke, desgleichen um die Pulvermagazine und ähnliche Anstalten werden auf Kosten der Militairverwaltung Umkreise oder Rayons von zusammenhängender Fläche gebildet und bezeichnet, innerhalb welcher die Jagd mit Feuergewehren nicht ausgeübt werden §. 141.

darf, bei Vermeidung einer Polizeistrafe von 5—20 Thlr. oder im Unvermögensfalle eines verhältnißmäßigen Gefängnisses.

Die weiteste Entfernung der Außenlinien von den ausspringenden Winkeln des Glacis, der Pulvermagazine und ähnlicher Anstalten wird auf 300 Schritte festgesetzt. Die Abgrenzung erfolgt gemeinschaftlich von der Festungs-Behörde, einem Deputirten des Stadtvorstandes und einem der Kreisverwaltung.

§. 5. des Gesetzes v. 31. Oct. 1848. Gesetzs. S. 343.

Für den Reg.-B. Potsdam:

Die allgemeine Schonzeit ist nach den Bestimmungen der Holz-, Mast- und Jagd-Ordnung v. 20. Mai 1720 in Uebereinstimmung mit den Vorschriften in §. 48. Tit. 16. Th. II. A. L. R. auf die Zeit vom 1. März bis 24. August festgesetzt. Haselhähne können jedoch bis zum letzten April, Auerhähne bis zum letzten Mai, Birkhähne bis zum 15. Juni (§. 52. a. a. O.), Wölfe und andere schädliche Raubthiere aber zu allen Zeiten geschossen werden (§. 55. a. a. O.).

Dagegen bestehen statt der übrigen landrechtlichen Bestimmungen über die Schonzeit in der Mark Brandenburg folgende Festsetzungen:

1. Enten, Gänse und Schnepfen unterliegen nach den Verordn. v. 22. Dec. 1728 und 23. Mai 1729 (C. C. M. Th. IV. S. 762) keiner Schonzeit.

2. Der Hase muß ganz allgemein vom 1. März bis Bartholomäus geschont werden.

3. Rehböcke dürfen in der Schonzeit nur zu besonderen Festlichkeiten vom Jagdberechtigten geschossen werden (§. 1. Tit. XXXII. der Jagd-Ordn. v. 20. Mai 1720);

4. Ricken dürfen nach den Verordnungen vom 30. Juli 1749 und 27. Oct. 1781 gar nicht geschossen werden.

In den ehemals Königl. Sächsischen Landestheilen beginnt die hohe Jagd in der Regel mit dem ersten Sonntage nach Trinitatis, die Mittel- und niedere Jagd aber mit dem Tage Aegidi, wogegen sämmtliche Jagden mit dem Sonntage Invocavit schließen.

Die Eier von jagdbarem Federwilde dürfen niemals ausgenommen werden (§. 57. Tit. 16. Th. II. A. L. R.).

Reg. V. v. 28. Mai u. Bericht. v. 23. Nov. 1850. Amtsbl. S. 184. u. 413.

§. 142. Für das Tödten oder Einfangen des Wildprets während der vorgeschriebenen Schonzeit seitens der zur Jagd sonst berechtigten Personen treten nachstehende Geldbußen ein:

1. für ein Stück Elchwild 50 Thlr.;
2. für ein Stück Rothwild 30 Thlr.;
3. für ein Stück Dammwild 20 Thlr.;
4. für ein Stück Auerwild 10 Thlr.;
5. für einen Schwan 10 Thlr.;
6. für einen Fasan 10 Thlr.;
7. für ein Stück Rehwild 10 Thlr.;
8. für einen Dachs 5 Thlr.;
9. für einen Hasen 4 Thlr.;
10. für ein Stück Hasel- oder Birkwild 3 Thlr.;
11. für eine Schnepfe, Gans oder Ente 2 Thlr.

Diesen Geldbußen wird für den Fall des Unvermögens des Uebertreters verhältnißmäßige Gefängnißstrafe substituirt.

§§. 1—2. der Verordn. v. 9. Dez. 1842. Gesetzs. v. 1843 S. 2.

Auf die Verletzung der Schonzeit für die Rebhühner wird eine Strafe von 2 Thlr. für jedes Stück angedroht. §. 143.

Public. v. 7. März 1843. Gesetzs. S. 92.

Für den Reg.-B. Potsdam:

Das Ausnehmen der Jungen von jagdbaren Thieren ist bei denselben Strafen verboten, welche auf die Erlegung eben derselben Art Wildpret in der Schonzeit gesetzt sind.

Reg. B. v. 2. März 1838. Amtsbl. S. 77; erneuernd die Bestimmungen der Holz-, Mast- und Jagd-Ordnung v. 20. Mai 1720.

Das Publ. v. 27. Oct. 1784 bestimmt eine Strafe von 10 Thlr. auch noch für die Fälle, wenn Jemand:

1. im Winter bei Eis und Schnee Hunde auf Rehwildpret und besonders auf Ricken löset oder selbiges hetzt;
2. die geschossenen Rehböcke zerwürkt und nicht vielmehr ganz und ohne ausgeschlagene Gehörne abliefert.

Reg. B. v. 7. Sept. 1812. Amtsbl. S. 401.

Wo sich Wölfe aufhalten, mag jeder Grundbesitzer an abgelegenen Orten Wolfsgruben anlegen. §. 144.

§. 152. I. 9. A. L. R.

Damit aber Niemand dadurch Schaden leide, müssen dergleichen Gruben gegen Menschen und Vieh tüchtig umrückt werden. §. 145.

§. 153. a. a. O.

Auch ein Jagdberechtigter darf kein Selbstgeschoß legen. §. 146.

§. 58. II. 16. A. L. R.

Fuchseisen oder Schlingen dürfen nur an abgelegenen Oertern und mit solcher Vorsicht, daß dadurch weder Menschen noch Vieh ohne eigenes grobes Versehen der ersteren zu Schaden kommen können, gelegt werden. §. 147.

§. 59. a. a. O.

Für den Reg.-B. Potsdam:

Wer dabei betreten wird, in den Königl. Gehegen und Wildbahnen Selbstgeschosse und Büchsen zu legen, und dadurch das Wildpret auf seinen Steigen zu fällen, soll nicht nur an Geld, sondern auch dem Befinden nach, und wann Jemand dadurch zu Schaden kommen sollte, an Lib und Leben gestraft werden.

§. 1. Tit. XXIV. der Holz-, Mast- und Jagd-Ordn. v. 20. Mai 1720.

Niemand darf auf fremden Jagdrevieren Hunde laufen lassen, die nicht mit einem Knüppel, welcher sie an der Aufsuchung und Verfolgung des Wildes hindere, versehen sind. §. 148.

§. 64. II. 16. A. L. R.

Ungeknüppelte gemeine Hunde, ingleichen Katzen, die in Jagdrevieren herumlaufen, kann jeder Jagdberechtigte tödten, und der Eigenthümer muß das Schußgeld bezahlen. §. 149.

§. 65. a. a. O.

§. 150. Wenn Jagd- oder Windhunde während der, von einem Jagdberechtigten auf seinem Revier angefangenen Jagd, bloß überlaufen, so können sie nicht getödtet; sie müssen aber sofort zurückgerufen werden.

§. 66. a. a. O.

§. 151. Wenn Jagdhunde nicht mit Vorsatz an der Gränze gelöst worden, sondern nur von ungefähr über die Gränze gelaufen sind, so können sie aufgefangen, und müssen dem Eigenthümer gegen Entrichtung eines Pfandgeldes von 8 Gr. für das Stück zurückgegeben werden.

§. 67. a. a. O.

Für den Reg.-B. Potsdam: (S. auch oben S. 187.)

Ein Jeder, der in den Königl. Forsten und Wildfuhren Hirschstangen (Hirschgeweihe, Hirschgehörne) findet, ist gehalten, solche, bei Vermeidung einer Strafe von 10 Thlr. für jedes Paar zurückbehaltener oder unterschlagener Stangen an die nächsten Forstbeamten (Oberförster) abzuliefern.

§. 1. Tit. XXXV. der Holz-, Mast- u. Jagd-Ordn. v. 17. Mai 1720.

Zum Schutz des Königl. Wildparks in der Pirschhaide bei Potsdam ist verordnet:

1. Die Verbindungswege, welche früher durch den Wildpark geführt haben, sind seit dem 12. Octob. 1842 gänzlich geschlossen, und statt deren dem Publicum der neu angelegte Weg von den sogenannten Puppen unweit des neuen Palais um die Pirschhaide nach dem Golmer Damm, Kuhpforth, Entenfang zur Ueberfahrt nach Werder und nach Alt-Golm geöffnet worden.

2. Das Betreten des Wildparks ohne ausdrückliche Erlaubniß ist untersagt.

3. Alles Hinaufklettern an der Wildparkumzäunung, so wie jede Beschädigung derselben und der zum Wildpark gehörigen Anlagen und Pflanzungen wird von dem Polizeirichter geahndet.

4. Hunde dürfen den Wildpark nicht betreten, und in den nächsten Umgebungen desselben mit Ausnahme der Chaussee nur an der Leine geführt werden, nicht aber frei herumlaufen, widrigenfalls sie todt geschossen werden.

5. Alles Schießen und Lärmen in den Umgebungen des Wildparks ist unstatthaft.

6. Uebertretungen der vorstehenden Bestimmungen werden mit 1 bis 10 Thlr. Geld- oder verhältnißmäßiger Gefängnißstrafe vom Polizeirichter geahndet, vorbehaltlich der etwa sonst verwirkten Criminalstrafen und des Schadenersatzes.

Ingleichen wird, nachdem um das Forstrevier Spandau an der Landseite ein Zaun aufgestellt ist, alles Hinaufklettern an diesen Zaun, das Uebersteigen und jede Beschädigung desselben mit 1 Thlr. Geld- und im Unvermögensfalle mit verhältnißmäßiger Gefängnißstrafe für jeden Uebertretungsfall geahndet.

Reg. V. v. 16. Juni 1850, erlassen auf Grund der §§. 11 — 13. des Gesetzes v. 11. März 1850 über die Polizeiverwaltung. Amtsbl. S. 211.

Das unbefugte Fahren, Reiten und Gehen auf andern als den öffentlichen Wegen in der Schorfhaide, Forstreviers Grimnitz, ist, ersteres Beides bei 1 Thlr., Letzteres bei 15 Sgr. Strafe verboten.

Reg. V. v. 12. Nov. 1850. Amtsbl. S. 402.

Sechster Titel.

Vergehen in Beziehung auf die Feuerpolizei.

1. Allgemeine Vorschriften.

Jeder Einwohner des Staates ist schuldig, Vorsicht anzuwenden, damit durch sein Zuthun oder Veranlassung kein Feuerschade entstehe. §. 1.

§. 1538. II. 20. A. L. R.

Wer einen Bau führen oder Hauptreparaturen unternehmen will, muß sich dazu vereideter Werkmeister bedienen, und nach den zur Abwendung der Feuersgefahr abzielenden Anweisungen derselben sich achten. (Th. I. Tit. 8. §. 66 ff. S. oben S. 193.) §. 2.

§. 1539. a. a. O.

Handwerker und Professionisten, welche in Feuer arbeiten, müssen die Polizeiordnungen jedes Ortes wegen der Anlage und Verwahrung ihrer Werkstätten, ingleichen wegen der Art und Zeit, sich des Feuers zu bedienen, genau beobachten. §. 3.

§. 1540. a. a. O.

Alle sich von selbst entzündende oder leicht feuerfangende Waaren, Materialien und andere Vorräthe müssen an Oertern und in Behältnissen, wo ihre Entzündung nicht gefährlich werden kann, vorsichtig aufbewahrt werden. §. 4.

§. 1541. a. a. O.

Auch müssen Waaren, welche wie Hanf und Pech nicht ohne Gefahr bei einander aufbewahrt werden können, von einander abgesondert gehalten werden. §. 5.

§. 1542. a. a. O.

Gewerbe und Verrichtungen, deren Betrieb mit besonderer Feuersgefahr verbunden ist, sollen in Städten, Flecken und Dörfern, und überhaupt in der Nähe von andern, einer leichten Entzündung ausgesetzten Gebäuden nicht geduldet werden. §. 6.

§. 1543. a. a. O.

§. 7. Jeder Hauswirth ist schuldig, dafür zu sorgen, daß die Feuerstellen in seinem Hause beständig in baulichem, brandsicherm Stande unterhalten und besonders die Schornsteine zur gesetzlichen Zeit ordentlich gefegt werden.

§. 1544. a. a. O.

§. 8. Besonders müssen die Schornsteinfeger, sowohl auf dem Lande als in den Städten dafür haften, daß die Reinigung der Schornsteine gehörig erfolge.

§. 1545. a. a. O.

§. 9. Wenn der Eigenthümer oder Einwohner auf die Erinnerung des Schornsteinfegers nicht achtet, so ist dieser zur Anzeige bei der Polizeiobrigkeit gehalten.

§. 1546. a. a. O.

§. 10. Ein Jeder überhaupt ist schuldig, in Ansehung des Feuers und Lichtes die genaueste Vorsicht zu beobachten.

§. 1547. a. a. O.

§. 11. In Scheuern und Ställen, Böden und andern Behältnissen, wo Feuer fangende Sachen zu sein pflegen, soll sich Niemand mit bloßem Feuer oder Licht, brennenden Kienspänen oder Fackeln betreten lassen.

§. 1548. a. a. O.

§. 12. Vielmehr soll sich ein Jeder dazu der Oellampen in gehörig verwahrten blechernen Laternen bedienen.

§. 1549. a. a. O.

§. 13. Niemand soll an einem solchen Orte oder auch in und bei den Betten und Lagerstellen, in Wäldern, in den Dörfern bei Häusern, in den Ställen, auf den Höfen, oder in den Dorfstraßen und solchen Gegenden, wo leicht Feuer entstehen könnte, Taback rauchen.

§. 1550. a. a. O.

(vergl. Tit. V. §§. 131. 132.)

§. 14. In Wäldern und Haiden soll Niemand bei trockener Jahreszeit oder an gefährlichen Stellen Feuer anmachen.

§. 1551. a. a. O.

§. 15. Auch auf freien Plätzen darf in einer gefährlichen Nähe von Gebäuden oder andern feuerfangenden Sachen kein Feuer angemacht werden.

§. 1552. a. a. O.

§. 16. Niemand soll Kohlenbecken oder andere Feuerbehältnisse an Orten, wo dadurch Brand veranlaßt oder Menschen durch den Dampf erstickt werden könnten, über Nacht stehen lassen.

§. 1553. a. a. O.

§. 17. Des Schießens mit Feuergewehr, des Raketenwerfens, und andrer Feuerwerke in der Nähe von Häusern, Gebäuden oder andern leicht entzündbaren Sachen, soll sich ein Jeder enthalten.

§. 1554. a. a. O.

Wer den §. 1538—1554. vorgeschriebenen Vorsichtsregeln zuwiderhandelt, macht sich der in den besonderen Verordnungen festgesetzten Polizeistrafen schuldig. §. 18.

§. 1555. a. a. O.

Die gewöhnliche Polizeistrafe soll nach Verhältniß der Unvorsichtigkeit, der Größe der Gefahr, und der Qualität der Person, in den Polizeigesetzen näher bestimmt werden. §. 19.

§. 1556. a. a. O.

Hausväter und Dienstherrschaften sind schuldig, auf ihre Familien und Gesinde wegen behutsamen Verhaltens mit Feuer und Licht sorgfältige Aufsicht zu führen. §. 20.

§. 1559. a. a. O.

Ein Gleiches liegt in Ansehung der Fremden und Reisenden denjenigen ob, welche dieselben aufnehmen und beherbergen. §. 21.

§. 1560. a. a. O.

Sobald vorgedachte Personen wahrnehmen, daß diejenigen, welche in diesem Betracht unter ihrer Aufsicht stehen, mit Feuer und Licht fahrlässig umgehen, müssen sie solchem sofort nachdrücklich steuern, oder der Obrigkeit davon Anzeige machen. §. 22.

§. 1561. a. a. O.

Auch Hauswirthe, welche dergleichen unvorsichtige Behandlung an ihren Miethsleuten wahrnehmen, sind, wenn sie dergleichen nicht selbst hinlänglich steuern können, der Obrigkeit Anzeige zu thun verbunden. §. 23.

§. 1562. a. a. O.

Jeder, in dessen Wohnung oder Behausung ein Feuer ausbricht, welches leicht gefährlich werden könnte, ist den Vorfall sofort kund zu machen und die öffentliche Hülfe ohne Zeitverlust herbeizurufen schuldig. §. 24.

§. 1565. a. a. O.

Wer das ausgebrochene Feuer zu verheimlichen, und mit den Seinigen in der Stille dämpfen zu wollen unternimmt, soll, wenn es wirklich ohne weiteren Schaden gelöscht worden, dennoch mit 5—20 Thlr. Geld- oder verhältnißmäßiger Leibesstrafe belegt werden. §. 25.

§. 1566. a. a. O.

In Ansehung derjenigen, welche vermöge ihres Amtes oder zufolge ihrer Bürgerpflicht, ausbrechende Feuersbrünste kund zu machen oder bei deren Dämpfung mitzuwirken schuldig sind, hat es bei den Vorschriften ihrer Amtsinstruktion und den besonderen Feuerordnungen sein Bewenden. §. 26.

§. 1568. a. a. O.

Wer die nach diesen Ordnungen zu haltenden Löschgeräthschaften nicht vorräthig oder nicht im Stande hat, der soll zu seiner Pflicht sofort durch Execution angehalten werden. §. 27.

§. 1569. a. a. O.

§. 28. Ist die Anschaffung oder Instandhaltung aus Nachlässigkeit oder unzeitiger Sparsamkeit unterblieben, so soll der Uebertreter den doppelten Werth des fehlenden oder untauglichen Geräthes zur Strafe entrichten.

§. 1570. a. a. O.

2. Besondere Vorschriften.

Für den Reg.-B. Potsdam:

I. Verordnung, die Handhabung der Feuerpolizei und die bessere Einrichtung der Löschanstalten in den zu einer Versicherungssocietät verbundenen Städten der Kur- und Neumark, des Markgrafthums Niederlausitz, der Aemter Senftenberg und Finsterwalde, so wie der Distrikte Jüterbogk und Belzig, betreffend:

§. 1. Jeder Einwohner der Stadt ist schuldig, Vorsicht anzuwenden, damit durch sein Zuthun oder seine Veranlassung oder Verabsäumung kein Feuerschade entsteht.

§. 2. Soweit in dieser Verordnung keine andere Strafe ausgesprochen worden, ist jede Unvorsichtigkeit, woraus ein Brand hätte entstehen können, nach den Umständen und mit Rücksicht darauf, ob eine Entzündung wirklich stattgefunden, mit einer Strafe von 1—5 Thlr. zu rügen. Ist ein Schade entstanden, so erfolgt die Bestrafung nach den Criminalgesetzen durch den Richter.

§. 3. Wer einen Bau oder eine Hauptreparatur unternehmen will, hat sich nach den Vorschriften genau zu achten, welche dieserhalb in der besondern Bekanntmachung vom 16. Sept. 1842 enthalten sind.

§. 4. lautet wörtlich wie §. 1544. II. 20. A. L. R.

§. 5. desgleichen wie §. 1545 und 1546. a. a. O.

§. 6. Versäumung dieser Vorschriften (§. 4—5.) und die Weigerung, sie zu befolgen, ziehen gegen die Hauswirthe eine Strafe von 1—5 Thlr. nach sich. Gegen die Schornsteinfeger wird nach den sie betreffenden besondern Bestimmungen verfahren.

§. 7. entspricht dem §. 1541. II. 20. A. L. R. wörtlich. Zu den darin angegebenen Vorräthen gehört namentlich das Schießpulver, wovon selbst diejenigen, welche damit handeln, bei 10—20 Thlr. Strafe innerhalb der Stadt nur geringe Vorräthe halten, und solche nur an den von der Ortspolizeibehörde besonders zu bestimmenden Orten aufbewahren dürfen. Zur Aufbewahrung größerer Bestände muß außerhalb der Stadt an abgelegenen sichern Orten möglichst Gelegenheit verschafft werden.

Ebenso dürfen zu große Vorräthe von Holz in den Gehöften nicht geduldet werden, sofern sich außerhalb der Stadt sichere Aufbewahrungsorte oder Holzhöfe befinden. Die Aufbewahrung von Holz in größeren als den durch die Lokalordnung bestimmten Quantitäten in den Gehöften wird mit 1—5 Thlr. bestraft.

Heu und Stroh darf auf den Hausböden gar nicht, in den Ställen nur insoweit es zum fortlaufenden Gebrauche erforderlich ist, in größeren Quantitäten aber stets nur außerhalb der Stadt in den Scheunen aufbewahrt werden.

Dasselbe gilt von Flachs, Heede, Hanf und ähnlichen Stoffen. Größere Vorräthe von Speck, Fett u. s. w. dürfen in den oberen Gemächern oder auf den Hausböden, außer in vorschriftsmäßig angelegten Rauchkammern, nicht geduldet werden.

Die Aufbewahrung von Heu und Stroh auf den Hausböden wird mit einer Strafe von 2—5 Thlr., in den Ställen bei größerer als in der Lokalordnung nachgelassener Quantität mit einer Strafe von 1 bis 5 Thlr. belegt.

Aufbewahrung von Flachs, Heede, Hanf und ähnlichen Stoffen auf den Hausböden wird, wo solches sich auf den gewöhnlichen Wirthschaftsbedarf beschränkt, mit 20 Sgr. bis 1 Thlr., bei Handel- und Gewerbetreibenden mit 2—5 Thlr. bestraft, und diese Strafe auch auf die Aufbewahrung größerer Quantitäten, als in der Stadt gestattet sind, angewendet.

Gleiche Strafe findet auf nicht erlaubte Aufbewahrung größerer Vorräthe von Speck, Fett u. s. w. Anwendung.

Torfasche ist bei 2—5 Thlr. Strafe nur in irdenen, steinernen oder metallenen Gefäßen zu sammeln, jedesmal sogleich mit Wasser zu begießen und in ausgemauerten wohlverschlossenen Gruben oder Kellern aufzuschütten, bis sie aus der Stadt entfernt werden kann.

Auch Holzasche darf bei gleicher Strafe nicht unmittelbar vom Heerde oder aus den Oefen in hölzerne Gefäße gethan und nie auf dem Boden, sondern nur an sichern Orten aufbewahrt werden.

§. 8. Waaren, welche wie Hanf und Pech, mit Gefahr der Selbstentzündung nicht bei einander liegen dürfen, müssen außer der Aufbewahrung an einem sichern Orte auch noch bei 2—10 Thlr. Strafe von einander getrennt gehalten werden.

§. 9. entspricht wörtlich dem §. 1547. II. 20. A. L. R.

§. 10. den §§. 1548 und 1549. a. a. O.

§. 11. In den vorbenannten Orten und überall innerhalb der Städte und Vorstädte, wo nach dem Ermessen der Ortspolizeibehörde leicht Feuer dadurch entstehen könnte, ist auch das Tabackrauchen bei 2 Thlr. Strafe untersagt.

§. 12. Auf freien Plätzen darf in einer gefährlichen Nähe von Gebäuden oder feuerfangenden Sachen bei 2—10 Thlr. Strafe kein Feuer angemacht werden.

Auf Schiffen und Kähnen ist das Feueranmachen innerhalb der Städte bei gleicher Strafe nur in den Oefen der Kajüten und auch dort nur dann erlaubt, wenn diese ganz sicher eingerichtet sind und das Fahrzeug weder leicht feuerfangende Sachen geladen, noch an einem feuergefährlichen Orte angelegt hat.

§. 13. Niemand soll bei 1—5 Thlr. Strafe Kohlenbecken oder andere Feuerbehältnisse an solchen Orten über Nacht stehen lassen, wo dadurch Brand veranlaßt werden könnte.

§. 14. Des Schießens mit Feuergewehren, des Raketenwerfens und Abbrennens anderer Feuerwerke hat jedermann in der Nähe von Gebäuden oder anderen leicht entzündbaren Sachen bei 5—50 Thlr. Strafe sich zu enthalten.

§. 15. Das Trocknen des Flachses darf nur vor den Thoren, das Reinmachen, Schwingen und Hecheln desselben zwar innerhalb der Stadt, aber bei 2—10 Thlr. Strafe niemals bei Licht vorgenommen werden.

§. 16. Gewerbe und Verrichtungen, die mit besonderer Feuersgefahr verbunden sind, wie z. B. das Bereiten des Pechs, Theers, Terpentins, Firnisses, der Buchdruckerschwärze u. s. w. dürfen bei 10—50 Thlr. Strafe nicht innerhalb der Städte oder überhaupt in der Nähe von Gebäuden, sondern nur an ganz sicheren außerhalb der Stadt belegenen und von der Ortspolizeibehörde ausdrücklich vorher zu genehmigenden Orten betrieben werden.

§. 17. Gewerbtreibende, welche in Feuer arbeiten, oder wie die Bäcker, Brauer, Branntweinbrenner, Seifensieder, Töpfer u. s. w. starke Feuerungen haben, müssen sich bei 2—10 Thlr. Strafe rücksichtlich der Art und Weise und der Zeit ihres Geschäftsbetriebes den Beschränkungen unterwerfen, welche zur Verhütung von Feuersgefahr nothwendig sind.

§. 18. Diejenigen, welche in Holz arbeiten, wie die Böttcher, Tischler, Drechsler, Stell- und Rademacher u. s. w. sind zur besondern Vorsicht verpflichtet. Bei 2—10 Thlr. Strafe dürfen sie nicht in der Nähe der Kamine arbeiten, und müssen ihre Werkstätten von Spänen und Abgängen fleißig reinigen, diese auch nur an sichern Orten aufbewahren. Es ist möglichst dahin zu wirken, daß solche Gewerbe und die der Feuerarbeiter nicht dicht neben einander betrieben werden.

§. 19. entspricht dem §. 1559. II. 20. A. L. R. wörtlich.

§. 20. dem §. 1560. a. a. O. Hauswirthen liegt Hinsichts ihrer Miethsleute und einquartierten Soldaten dieselbe Pflicht ob.

§. 21. Eigenthümer, die ihre Häuser nicht selbst bewohnen, müssen einen geeigneten Stellvertreter ernennen, der ihre Verpflichtungen in dieser Hinsicht erfüllt, und solchen den Bewohnern des Hauses, so wie der Polizeibehörde namhaft machen.

Eine gleiche Verbindlichkeit liegt den Gerichten oder den von ihnen bestellten Administratoren ob, wenn sie Häuser unter Sequestration nehmen.

§. 22. entspricht den §§. 1561 u. 1562. II. 20. A. L. R.

§. 23. Verabsäumungen vorstehender Vorschriften (§§. 19—22.) sollen mit einer Strafe von 1—10 Thlr. geahndet werden.

§. 24. enthält eine reine Administrativvorschrift.

§§. 25—35. enthalten Bestimmungen und Anweisungen an die Städte über die Anstalten und Einrichtungen, welche die Unterdrückung und Löschung eines ausgebrochenen Feuers zum Zweck haben.

§. 36. entspricht dem §. 1569. II. 20. A. L. R. wörtlich.

§. 37. dem §. 1570. a. a. O.

§. 38. An Löschgeräthschaften sind erforderlich:

a. für ein größeres Haus 2—3 Feuereimer, ein Feuerhaken von 16 Fuß Länge, eine Leiter von 30 Fuß Länge, eine kleine Leiter unter dem Dache, zwei Laternen;

b. für ein kleineres Haus 1—2 Feuereimer, ein Feuerhaken, eine Handleiter, eine Leiter unter dem Dache, eine Laterne.

Bei Häusern und Etablissements von besonders großer Ausdehnung können von der Ortspolizeibehörde nicht allein die angegebenen Stücke in größerer Anzahl, sondern auch noch andere Löschgeräthschaften verlangt werden. Dagegen soll mit Rücksicht auf die Oertlichkeit auch eine geringere Zahl von Privatlöschgeräthschaften durch die vorgesetzte Behörde zugelassen werden.

§. 39. Zu jedem Gebäude, das ein Rohr-, Stroh-, Bretter- oder Schindeldach hat, muß eine Leiter von 30 Fuß Länge angeschafft und an einem zu jeder Zeit zugänglichen, vom Gebäude nicht zu weit entfernten, Orte aufbewahrt werden.

§. 40. entspricht dem §. 1565. II. 20. A. L. R.

§. 41. dem §. 1566. a. a. O.

§. 42. Auch Jeder außer den Bewohnern des Hauses, der das Entstehen eines Feuers bemerkt, hat für die sofortige Kundmachung desselben zu sorgen. Zur Nachtzeit liegt eine ganz besondere Verpflichtung in dieser Beziehung den Nachtwächtern und Thürmern ob.

§. 43. In Städten, wo keine gehörige Straßenbeleuchtung stattfindet, muß, wenn des Abends oder zur Nachtzeit Feuerlärm entsteht, sogleich Licht an die Fenster der untern Stockwerke gesetzt werden.

§. 44. Im Allgemeinen ist jeder arbeitsfähige Einwohner der Stadt verpflichtet, zur Löschung und Unterdrückung eines ausgebrochenen Feuers durch seine Hülfsleistungen beizutragen, und gleicher Gestalt jeder Besitzer von Zugthieren, namentlich auch von Luxuspferden, schuldig, dieselben zur Herbeischaffung der Löschgeräthschaften und des nöthigen Wassers zu gestellen.

§. 45. Die Dienstpferde des Militairs und die der Posthalter, insofern letztere keinen Ackerbau treiben, sind jedoch von dieser Verpflichtung ausgenommen. Eine gleiche Befreiung tritt bei den Civilbeamten ein, wenn diese während der Feuersgefahr Dienstreisen vorzunehmen haben.

§. 46. Damit beim Ausbruch eines Feuers Jedermann wisse, was er zu thun habe, und keine Unordnung entstehe, ist im Voraus mit Rücksicht auf Alter, Stand und Gewerbe ein- für allemal zu bestimmen, wer bei dem Herbeischaffen der Löschgeräthschaften, wer bei den Brunnen und dem Zuführen des Wassers, wer bei jeder der verschiedenen Spritzen, wer bei der Rettung der Personen und Mobilien, wer bei deren Sicherstellung und Bewachung u. s. w., Hülfe leisten soll.

§. 47. Eine jede solche Abtheilung muß in der Person eines achtbaren und erfahrenen Bürgers einen Vorsteher erhalten, der die Anwesenheit und Thätigkeit der einzelnen Mitglieder controllirt und leitet. Bei den Spritzen thun dies die Spritzenmeister. Für Behinderungsfälle sind ihnen, wie den übrigen Vorstehern Stellvertreter an die Seite zu setzen.

§. 48. Ebenso ist nach einer gewissen Reihenfolge im Voraus festzusetzen, welche Pferdebesitzer jedesmal während eines gewissen Zeitraumes vorzugsweise und ohne weitere Aufforderung zum Transport der Löschgeräthschaften und des nöthigen Wassers verpflichtet, und auf welchen Punkten die Pferde zu stellen sind. Die Aufsicht und Controlle hierüber ist ebenfalls einem zuverlässigen Beamten oder besondern Vorsteher zu übertragen.

Wenn solche Pferde, an denen die Reihe ist, über Nacht aus der Stadt abwesend sind, so muß jedesmal dem Beamten oder Vorsteher davon Anzeige gemacht und von diesem dafür ein andres Gespann beordert werden.

§. 49. Sobald Feuerlärm entsteht, müssen sofort und ohne weitere Aufforderung die Pferdebesitzer, an denen die Reihe ist, ihre Pferde vor die Löschgeräthschaften vorlegen, die Einwohner, denen nach §. 46. ein bestimmtes Geschäft übertragen ist, sich auf ihre Posten begeben, die Wundärzte mit ihrem Verbindezeuge, die Baugewerksmeister, behufs der Abbrechung der brennenden oder gefährdeten Gebäude, ingleichen die Schornsteinfeger nach Maaßgabe ihrer Instruktion mit ihren Gehülfen und dem nöthigen Handwerkszeuge bei dem Feuer sich einfinden, dort die weiteren Anweisungen gewärtigen, und denselben so lange nachkommen, bis die Gefahr vorüber ist.

§. 50. Alle Personen, von denen nach ihrem Alter und Geschlecht oder Gebrechlichkeit u. s. w. keine thätige Hülfe erwartet werden kann, müssen sich, so lange ihnen keine Gefahr droht, in ihren Wohnungen halten, oder von den ihrigen dort zurückgehalten werden, damit sie weder selbst zu Schaden kommen, noch Unordnungen und Störungen veranlassen.

§. 51. Die oberste Leitung der Löschanstalten hat bei jedem Brande in den Städten, wo sich besondere Königl. Ortspolizeibehörden befinden, der Polizeidirektor oder sonstige Vorsteher des Polizeiamtes, in den übrigen Städten in der Regel der dirigirende Bürgermeister oder eine sonstige besonders damit beauftragte Magistratsperson.

Findet sich in den Städten der letzteren Art der Kreislandrath bei dem Brande ein, so hat er sich sofort mit dem hierzu bestimmten Dirigenten über die getroffenen Anstalten zu verständigen. Hält er es für nöthig, so ist er befugt, die oberste Leitung, mit ihr aber auch die Verantwortlichkeit selbst zu übernehmen.

§. 52. Den Anordnungen und Befehlen desjenigen, dem hiernach die oberste Direktion zukommt und der unter seiner Leitung stehenden

Beamten und Vorsteher (§. 47 u. 48.) muß Jedermann während des Brandes pünktlich und ohne Widerrede Folge leisten, namentlich auch dann, wenn die Niederreißung von Gebäuden, Zäunen u. s. w. für nothwendig erachtet wird.

§. 53. Wer den Anordnungen in den §§. 42—44, 48—50 und 52. nicht pünktlich nachkommt, soll nach polizeilichem Ermessen in 20 Sgr. bis 10 Thlr. Strafe genommen werden.

§. 54. spricht von dem Verhalten des Militairs bei Feuersbrünsten.

§§. 55 bis 68. enthalten Administrativvorschriften.

§. 69. An die Stelle der Geldstrafe tritt im Unvermögensfalle eine nach dem gesetzlich bestehenden Verhältniß abzumessende Gefängnißstrafe.

Oberpräsidialerlaß v. 16. Sept. 1842. Amtsbl. S. 257—268.

II. Feuer- und Lösch-Ordnung für das platte Land der Provinz Brandenburg und der Kreise Dramburg und Schievelbein.

§. 1. Jedermann ist schuldig, Vorsicht anzuwenden, daß durch seine Handlungen oder Unterlassungen kein Feuerschade entstehe.

§. 2. Jeder Hauseigenthümer oder der nach §. 21. zu ernennende Stellvertreter desselben hat die Verpflichtungen des §. 1544. II. 20. A. L. R.

§. 3. entspricht den §§. 1545 und 1546. a. a. O.

§. 4. Versäumniß dieser Vorschriften zieht gegen den Schuldigen eine Strafe bis zu 10 Thlr. nach sich.

§. 5. Alle solche Waaren, Materialien, und andere Vorräthe, welche leicht sich von selbst entzünden oder Feuer fangen, müssen an Orten und in Behältnissen vorsichtig aufbewahrt werden, wo ihre Entzündung möglichst verhütet wird, oder wo sie, wenn sie dennoch erfolgt, nicht Gefahr bringen kann. Hierzu gehört vornehmlich das Schießpulver. Selbst diejenigen, welche damit handeln, dürfen davon innerhalb ihrer in der Dorflage befindlichen Gebäude nicht mehr als höchstens 10 Pfd. vorräthig halten, und ihren Vorrath nicht an anderen, als dem von der Orts-Polizei-Behörde besonders zu bestimmenden Orte aufbewahren. Andere Personen dürfen davon innerhalb ihrer in der Dorflage befindlichen Gebäude nicht mehr als höchstens 2 Pfd. vorräthig halten.

Getreide- und Strohmiethen, so wie Heuschober, dürfen nur in einer Entfernung von 120 Fuß von nicht feuersicher gedeckten, mit Feuerung versehenen Gebäuden, von jedem andern Gebäude aber in einer Entfernung von 60 Fuß aufgestellt werden.

Wenn Flachs, Heede, Hanf, Stroh und Heu auf den Böden der mit Feuerungen versehenen Gebäude aufbewahrt werden, so muß um die Schornsteinröhre von allen Seiten ein freier Raum von 4 Fuß auf jeder Seite gelassen werden, und außerdem müssen die vorbezeichneten Gegenstände sowohl von diesem Raum um den Schornstein als von dem übrigen Bodenraum durch eine vollkommen dichte Wand, wenn auch nur von Brettern, abgesondert werden.

Torfasche darf nur in irdenen, steinernen oder metallenen Gefäßen gesammelt, muß jedesmal sogleich mit Wasser begossen und demnächst in wohlverschlossenen Gruben oder Kellern aufgeschüttet werden, bis sie ganz entfernt werden kann. Auch Holzasche darf nicht unmittelbar vom Heerde oder aus dem Ofen in hölzerne Gefäße gethan, und nicht auf dem Boden, sondern nur an sicheren Orten aufbewahrt werden.

Wer den vorstehenden Bestimmungen zuwiderhandelt, soll mit Geldbuße bis zu 20 Thlr. bestraft werden.

§. 6. Bei gleicher Strafe müssen Waaren, welche ohne Gefahr der Selbstentzündung nicht bei einander liegen dürfen, nicht bloß an einem sicheren Orte, sondern auch noch abgesondert von einander aufbewahrt werden.

§. 7. entspricht wörtlich dem §. 1547. II. 20. A. L. R.

§. 8. In Scheunen und Ställen, auf Böden oder in solchen Behältnissen, wo feuerfangende Sachen befindlich zu sein pflegen, so wie in der Nähe der mit solchen Gegenständen beladenen Wagen soll bei Vermeidung einer Geldbuße bis zu 10 Thlr. sich Niemand mit bloßem Feuer oder Licht, mit brennenden Kienspähnen oder Fackeln betreten lassen, vielmehr Jedermann sich des Lichtes oder der Oellampen in gehörig verwahrten Laternen bedienen.

§. 9. Das Dreschen des Getreides, das Brechen, Klopfen, Schwingen und Hecheln des Flachses und Hanfes innerhalb oder in der Nähe von Gebäuden bei Licht, selbst bei dem Gebrauch gehörig verwahrter Laternen, so wie das Tabackrauchen an Orten, wo dasselbe feuergefährlich ist, besonders in Scheunen, Ställen und Wirthschaftshöfen, ferner auf mit Heu, Stroh und Torf beladenen Wagen, und überhaupt bei jeder Beschäftigung mit leicht feuerfangenden Sachen ist bei gleicher Strafe (§. 8.) verboten.

§. 10. Auf freien Plätzen darf in einer gefährlichen Nähe von Gebäuden oder feuerfangenden Sachen kein Feuer angemacht werden. Ein gleiches gilt von dem Feueranmachen auf Schiffen und Kähnen, wenn sie in der Nähe von feuergefährlichen Gegenständen anlegen oder mit leicht feuerfangenden Sachen beladen sind.

§. 11. Niemand darf Kohlenbecken oder andere Feuerbehältnisse mit brennenden Stoffen an solchen Orten unbeaufsichtigt stehen lassen, wo dadurch ein Brand entstehen könnte.

§. 12. Des Schießens mit Feuergewehren, des Raketenwerfens und des Abbrennens von Feuerwerkskörpern in der Nähe von Gebäuden oder andern leicht entzündbaren Sachen, hat sich Jedermann zu enthalten.

§. 13. Wer den vorstehenden Bestimmungen (§. 10—12.) zuwiderhandelt, soll mit Geldbuße bis zu 20 Thlr. bestraft werden.

§. 14. Das Trocknen der Kienäpfel, des Holzes, Flachses und Hanfes an den Stubenöfen und auf den Feuerheerden ist bei 2—10 Thlr. Strafe verboten.

Das Trocknen des Flachses in Backöfen darf bei gleicher Strafe nur dann vorgenommen werden, wenn dieselben in vorgeschriebener Entfernung von Gebäuden stehen und das Mundloch des Ofens mit einer blechernen Thüre verschlossen oder mit Steinen zugesetzt ist, und die zwischen denselben bleibenden Oeffnungen mit Lehm verschmiert werden.

§. 15. Gewerbe und Verrichtungen, die mit besonderer Feuersgefahr verbunden sind, wie z. B. das Bereiten von Pech, Theer, Terpentin, Firniß u. s. w. dürfen bei 10—50 Thlr. Strafe nicht innerhalb der Dörfer, sondern nur an außerhalb belegenen, von der Ortspolizeibehörde als sicher befundenen Orten betrieben werden.

§. 16. entspricht dem §. 17. der Feuer- und Lösch-Ordnung für die Städte vom 16. Sept. 1842. Die dort genannten Gewerbtreibenden unterlegen den Beschränkungen, welche zur Verhütung von Feuersgefahr von der Ortspolizeibehörde für nothwendig gehalten werden. Die Strafe geht hier bis zu 50 Thlr.

§. 17. entspricht dem §. 18. a. a. O. Die Reinigung der Werkstätten soll aler täglich erfolgen. Die Strafe geht nur von 2 bis zu 5 Thlr.

§. 18. Das Durchräuchern der Fischernetze auf den Hausböden, um denselben größere Haltbarkeit zu geben, ist bei gleicher Strafe (§. 17.) verboten.

§. 19. entspricht wörtlich dem §. 1559. II. 20. A. L. R.

§. 20. dem §. 1560. a. a. O. Hauswirthe haben in gleicher Weise die Aufsicht über ihre Miethsleute.

§. 21. entspricht wörtlich dem §. 21. der Feuer- und Lösch-Ordnung für die Städte vom 16. Sept. 1842.

§. 22. enthält eine Administrativvorschrift.

§§. 23—47. enthalten die Vorschriften und Anweisungen an die Behörden über die Anstalten und Einrichtungen, welche die Unterdrückung und Löschung eines ausgebrochenen Feuers zum Zweck haben, und die Pflichten und Befugnisse der Beamten.

Erheblich ist hier nur §. 34.:

Jede Gemeinde und jeder Einwohner des Distrikts ohne Unterschied ist verpflichtet, dem Distriktscommissarius oder wer sonst die oberste Leitung der Löschanstalten führt, innerhalb der Grenzen seiner Befugnisse, unweigerlich Folge zu leisten, und erstreckt sich diese Verpflichtung bei einem ausgebrochenen Feuer auch auf die am Orte des Brandes anwesenden fremden Personen, folglich auch auf die zur Löschung des Brandes aus andern Distrikten und Kreisen des platten Landes und der Städte herbeigeeilten obrigkeitlichen Personen und Mannschaften.

§. 48. entspricht wörtlich dem §. 1569. II. 20. A. L. R.

§. 49. dem §. 1570. a. a. O. Die Strafe ist jedoch auf eine bestimmte Geldbuße bis zu 10 Thlr. festgesetzt.

§. 50. An Privatlöschgeräthschaften müssen in jedem bewohnten Hause gehalten werden: 1 Feuereimer, 1 Feuerhaken von 12—16 Fuß Länge, eine Feuerleiter von angemessener Länge, ein Löschwisch, eine Laterne. Bei Gehöften und Gebäuden von größerer Ausdehnung können die vorstehend bezeichneten Löschgeräthschaften in größerer Anzahl gefordert werden, und bleibt die Entscheidung hierüber der Ortspolizeibehörde mit Zustimmung des Landraths überlassen.

§. 51. Jeder, in dessen Wohnung oder Behausung ein Feuer ausbricht, ist den Vorfall sofort kund zu machen, und die öffentliche Hülfe in Anspruch zu nehmen, schuldig.

§. 52. Wer einen in seiner Wohnung ausgebrochenen Brand absichtlich verheimlicht, soll mit Geldbuße bis zu 50 Thlr. bestraft werden.

§. 53. Wer den Ausbruch eines Feuers bemerkt, hat bei 1—5 Thlr. Strafe für die sofortige Kundmachung zu sorgen. Nachtwächtern und solchen Personen, denen vermöge ihres Amtes eine besondere Aufmerksamkeit zur Pflicht gemacht ist, liegt hiezu ganz besonders die Verpflichtung ob.

§. 54. Zur Löschung und Unterdrückung eines ausgebrochenen Feuers ist jeder arbeitsfähige männliche Einwohner verpflichtet durch seine Hülfsleistung beizutragen, und gleichergestalt ist jeder Besitzer von Zugthieren schuldig, dieselben zur Herbeischaffung der Löschgeräthschaften und des nöthigen Wassers herzugeben.

§. 55. Ausgenommen hiervon sind allein die Dienstpferde der Militair- und Civil-Beamten und die Pferde der Posthalter, insofern die letzteren nicht zugleich Ackerbau treiben.

§. 56. Bei auswärtigen Feuern muß ohne Rücksicht auf Kreis- und Distriktsgränzen und darauf, ob der betreffende Ort zu demselben Feuersocietätsverbande gehört oder nicht, durch schleunige Absendung der Spritze und eines Wasserwagens von jedem Orte, oder doch wenigstens des letzteren, sofern keine Spritze daselbst ist, auf 1½ Meile Entfernung gegenseitig Hülfe geleistet werden.

§. 57. Dazu müssen die im Dorfe vorhandenen Pferde, soweit darüber durch die Dorffeuerlöschordnung nicht etwas anders festgesetzt wird, nach der Reihe der Hausnummern und unter Berücksichtigung des bei jeder Hausnummer gehaltenen Zugviehes, sofort nach geschehener Kundmachung des Feuers gestellt werden. Sind die Pferde desjenigen, welcher an der Reihe ist, nicht bei der Hand, so müssen die bereitesten dazu genommen werden.

Der Ortspolizeibehörde, und, wenn diese betheiligt ist oder nicht am Orte ihren Sitz hat, dem Gerichtsschulzen liegt ob, die Beobachtung der Reihenfolge zu controlliren, und ist derselbe verpflichtet, demjenigen, bei dem die Reihe steht, die Leistung im Voraus anzusagen.

Sollten in dem zur Hülfsleistung verpflichteten Dorfe gar keine Pferde gehalten werden, oder die vorhandenen nicht zu erlangen sein, so müssen in gleicher Weise die Zugochsen dazu verwendet werden.

§. 58. Die Hirten sind verpflichtet, wenn im Dorfe selbst oder in der Nachbarschaft ein Feuer entsteht, sogleich die Pferde und resp. die Zugochsen von der Weide oder aus den Koppeln nach einem für solche Fälle von der Ortspolizeibehörde im Voraus ein für allemal zu bestimmenden sicheren Orte in die Nähe des Dorfes zu bringen.

§. 59. Außer der Spritze nebst den erforderlichen Feuereimern und einem Wasserwagen muß einschließlich der dazu erforderlichen Bedienung in der Regel der vierte Theil der männlichen arbeitsfähigen Einwohner des Dorfes zu Hülfe auf die Brandstelle abgesendet werden. Die nähere Bestimmung über die Anzahl der Hülfsmannschaften, je nach der Entfernung des Feuers und der Bevölkerung des Ortes, bleibt der Lokalfeuerordnung überlassen.

§§. 60. und 61. enthalten Anweisungen an die Behörden.

§. 62. Wer zu den Hülfsmannschaften ausgewählt wird, muß sich denselben unweigerlich anschließen und dem Anführer in allen Stücken pünktlichen Gehorsam leisten.

§. 63. Sobald die Spritze auf der Brandstelle eingetroffen ist, muß der auf derselben seinen Platz habende Spritzenmeister die Ankunft sofort demjenigen melden, welcher die Leitung der Löschanstalten übernommen hat, und ohne inzwischen unthätig zu warten, weitere Verhaltungsbefehle erbitten.

Dasselbe liegt dem Anführer der Hülfsmannschaften ob, sobald er mit denselben auf dem Platze eintrifft.

§. 64. Alle Personen, welche wegen ihres Alters, wegen Gebrechlichkeit oder aus anderen Gründen keine thätige Hülfe leisten können, müssen sich von der Brandstelle entfernt halten.

§. 65. Das Zugvieh, vermittelst dessen auswärtige Spritzen herbeigeschafft worden sind, darf nur im Nothfall zu andern Dienstleistungen auf der Brandstelle verwendet werden. Die Entscheidung darüber steht dem Commissarius oder dem, der an seiner Stelle die oberste Leitung der Löschanstalten führt, zu.

§. 66. Der Rücktransport der Spritzen und Wasserwagen liegt denjenigen Dörfern ob, welche sie zur Hülfe abgesendet haben. Doch darf dieser nicht eher unternommen werden, als bis der Löschungsdirigent Erlaubniß dazu ertheilt hat.

§. 67. Den Hülfsmannschaften wird das Fordern von Lebensmitteln und Branntwein ohne Entgeld untersagt. Letzterer darf, so lange die Löscharbeiten dauern, ohne besondere Genehmigung des Löschungsdirigenten auch nicht freiwillig oder gegen Entgeld verabreicht werden.

§. 68. Dem Landrathe, dem Distriktscommissarius, dem Stellvertreter desselben, der Ortspolizeibehörde, dem Gerichtsschulzen müssen, je nachdem der Eine oder der Andere zur Leitung der Löschanstalten berufen ist, alle auf der Brandstelle anwesende Personen, ohne Rücksicht auf das Verhältniß, in welchem sie sonst zu demselben stehen, bei 20 Sgr. bis zu 10 Thlr. Strafe unweigerlich Gehorsam leisten.

§. 69. Nach der Dämpfung des Feuers ist die Brandstätte, um den Wiederausbruch zu verhüten, noch eine Zeit lang zu bewachen, und ein Theil der Löschgeräthschaften, so wie ein Theil der Mannschaften, wenn solche zur Bewachung erforderlich, nach den Anordnungen des Commissarius (§. 66.) dort zu belassen.

§. 70. Die Aufräumung der Brandstelle darf vor der Feststellung des Schadens und vor der Aufnahme des Thatbestandes durch die

Polizei- oder Gerichtsbehörde, nicht angefangen, muß aber dann ohne Aufschub vorgenommen und möglichst beschleunigt werden.

§. 71. Die Löschgeräthschaften müssen gehörig gereinigt und wieder an Ort und Stelle gebracht, schadhaft gewordene Stücke aber sogleich reparirt oder durch neue ersetzt werden.

§§. 72—74. enthalten keine Strafvorschriften.

§. 75. Jede Uebertretung eines in dieser Verordnung enthaltenen Verbots und jede Unterlassung einer darin gebotenen Handlung, unterliegt, sofern sie nicht schon mit einer besonderen Strafe bedroht ist, einer polizeilichen Strafe bis zu 5 Thlr.

§. 77. Den erkannten Geldstrafen muß jedesmal für den Fall des Unvermögens eine nach den gesetzlich feststehenden Verhältnissen abzumessende Freiheitsstrafe substituirt werden.

§. 79. Vom Tage der Gesetzeskraft dieser Feuer- und Lösch-Ordnung an treten alle in derselben nicht ausdrücklich in Bezug genommenen allgemeinen und besonderen feuerpolizeilichen Vorschriften, welche für das platte Land der Provinz Brandenburg und der Kreise Dramburg und Schievelbein in älterer oder neuerer Zeit ergangen sind, außer Kraft.

Minist. Resc. v. 11. Oct. 1847; erlassen auf Grund A. K. O. v. 2. Aug. dess. J., bekannt gemacht durch Oberpräsidialerlaß v. 11. Dec. dess. J. Amtsbl. S. 395 bis 409.

§. 29. Wo die feuer- und baupolizeilichen Vorschriften in den Städten und auf dem platten Lande von einander abweichen und wo durch Anwendung der für das platte Land bestehenden feuer- und baupolizeilichen Vorschriften bei Gebäuden auf solchen zum platten Lande gehörigen Grundstücken, welche sich innerhalb der Städte oder im Gemenge mit städtischen bebauten Grundstücken befinden, die Feuersicherheit der Stadt erheblich gefährdet wird, können diese Gebäude, zu denen auch die auf Vorwerken oder Rittergütern befindlichen Gebäude zu rechnen sind, durch Anordnung der Regierung den für die städtischen Gebäude geltenden bau- und feuerpolizeilichen Vorschriften unterworfen werden.

Ist dieses in einzelnen Fällen ohne wesentliche Belästigung und Störung des ländlichen Gewerbebetriebes nicht ausführbar, so hat die Regierung zu ermessen, inwiefern mit Rücksicht hierauf die Anwendung jener Vorschriften zu modificiren oder eine Ausnahme davon zu gestatten sei.

§. 1. der Verordn. v. 17. Juli 1846. Gesetzs. S. 399.

§. 30. Da die Erfahrung gezeigt hat, daß der sogenannte Maschinenausputz in den Wollspinnereien zur Selbstentzündung sehr geneigt, und deshalb zur Verhütung von Feuersbrünsten die vorsichtigste Aufbewahrung desselben dringend nothwendig ist, so wird Folgendes bestimmt:

1. Die Eigenthümer solcher Fabriken, in welchen dergleichen Abgänge bei der Verarbeitung der Wolle auf Maschinen sich bilden, sind verpflichtet, für die tägliche Reinigung der Fabrikationslokalien von diesen Abgängen Sorge zu tragen.

2. Die Aufbewahrung des Maschinen-Ausputzes innerhalb der Gebäude darf nur in vollkommen feuersicheren Gefäßen stattfinden.

3. Außerhalb der Gebäude darf der Maschinen-Ausputz nicht im Freien aufgehäuft, sondern er muß in Gruben gelegt und sicher bedeckt werden. Dies ist besonders erforderlich, wenn beabsichtigt wird, den Maschinenausputz als Düngungsmittel zu verwenden.

4. Soll derselbe jedoch zur anderweitigen Verarbeitung aufbewahrt werden, so muß er sofort ausgewaschen und von Fett und Oel möglichst gereinigt, er darf aber auch dann nicht in hohe Haufen geschichtet, vielmehr nur 3 bis 4 Zoll hoch über einander gelegt werden.

5. Wenn Maschinenausputz verfahren wird, so darf er zugleich mit andern Waaren nicht ohne Vorwissen der Eigenthümer derselben verpackt werden. Auch müssen Wagen, die mit Maschinenausputz befrachtet sind, die Nähe von Stallungen und leicht entzündlichen Gegenständen meiden.

Die Uebertretung oder Vernachlässigung dieser Vorschriften ist mit einer Geldstrafe von 5—25 Thlr. bedroht.

Minist. Verf. v. 12. Juni 1843. Minist. Bl. d. i. V. S. 157.

Für den Reg.-B. Potsdam:

bekannt gemacht durch Reg. V. v. 23. Juni dess. J. Amtsbl. v. 1843. S. 191.

Bei Errichtung von Gebäuden und Lagerung von Materialien in der Nähe von Eisenbahnen sind zur Beseitigung der Feuersgefahr die nachstehenden Vorschriften zu befolgen: §. 31.

1. Liegt die Eisenbahn mit dem anstoßenden Terrain gleich hoch, so dürfen Gebäude, welche nicht mit einer feuersicheren Bedachung versehen sind, so wie Gebäude, in denen leicht entzündbare Gegenstände aufbewahrt werden sollen, nur in einer Entfernung von mindestens 10 Ruthen von der nächsten Schiene (in der Horizontale gemessen) errichtet werden; auch darf innerhalb der gleichen Entfernung die Aufbewahrung leicht entzündbarer Gegenstände auf freiem Felde nicht stattfinden. Alle andern Gebäude dürfen nur in einer Entfernung von mindestens 5 Ruthen von der nächsten Schiene aufgeführt werden.

2. Liegt die Eisenbahn auf einem Damm, so müssen die unter 1. festgesetzten Entfernungen um das Anderthalbfache der Höhe des Dammes über dem Terrain vergrößert werden. Bei einem 20 Fuß hohen Damme z. B. muß die Entfernung eines Gebäudes der zuerst gedachten Kategorie $10^{\circ} + 1\frac{1}{2}.\ 20' = 10^{\circ} + 30' = 12\frac{1}{2}$ Ruthe; die Entfernung eines andern Gebäudes aber $5^{\circ} + 1\frac{1}{2}.\ 20' = 5^{\circ} + 30' = 7\frac{1}{2}$ Ruthe von der nächsten Schiene betragen.

3. Die Regierungen sind ermächtigt, in einzelnen Fällen, in welchen durch die örtlichen Verhältnisse auch bei einer geringeren Entfernung eine Feuersgefahr ausgeschlossen wird, Ausnahmen eintreten zu lassen; sie haben jedoch zuvor die gutachtliche Aeußerung der betreffenden Eisenbahndirektion zu erfordern.

4. Wer diesen Bestimmungen zuwider in der Nähe von Eisenbahnen Gebäude errichtet oder Materialien niederlegt, wird mit einer Geldstrafe von 2—10 Thlr. oder im Unvermögensfalle mit verhältnißmäßiger Gefängnißstrafe belegt.

5. Auf die zu dem Betriebe der Eisenbahn erforderlichen Gebäude und Materialien findet die vorstehende Polizeiverordnung keine Anwendung.

Min. Verf. v. 4. Dez. 1847. Min. Bl. d. i. V. S. 332.

§. 32. Dieselben Bestimmungen, welche unter 1. der Min. Verf. vom 4. Dezember 1847 für den Fall angeordnet sind, daß die Eisenbahn mit dem anstoßenden Terrain gleich hoch liegt, gelten auch für den Fall, daß die Eisenbahn im Einschnitte liegt.

Minist. Verf. v. 20. März 1848. Minist. Bl. d. i. V. S. 133.

Für den Reg.-B. Potsdam:

bekannt gemacht durch Verordn. v. 27. Jan. u. 30. März 1848. Amtsbl. S. 5 u. 118.

Nachdem das Königl. Ministerium des Innern in einer Verfügung vom 26. Nov. 1822 bestimmt hat, daß die Schornsteinfeger-Bezirkseintheilung, in so weit sie nicht schon vor Publication des Gesetzes v. 2. Nov. 1810 und dessen Deklaration v. 7. Sept. 1811 bestanden, aufgehoben und den Hausbesitzern die Wahl eines nach §. 103. des letztgenannten Gesetzes qualificirten Schornsteinfegers, und die Anzeige dieser Wahl bei der Polizei, überlassen werden soll, wird hierdurch Folgendes bestimmt:

§. 1. Vom 1. Juli 1824 an treten an die Stelle der bisherigen seit Publikation der oben genannten Gesetze eingeführten Zwangsbezirke, die in den §§. 4—7 näher bezeichneten Ortsbezirke.

§. 2. Jeder Hauseigenthümer ist verpflichtet, seine Schornsteine wenigstens in dem Zeitraum vom 1. April bis 1. October zweimal und in dem Zeitraum vom 1. October bis 1. April viermal durch einen approbirten Meister fegen zu lassen, und kann das ausschließliche Fegen durch ihn selbst oder seine Angehörigen und sein Gesinde nicht ferner gestattet werden.

§. 3. Wenn die Construktion der Feuerungen und Röhren selbst, oder ein starker mit Feuerung verbundener Gewerbebetrieb, oder die Natur des gebrauchten Brennmaterials, z. B. Tanger und Busch ein öfteres Reinigen der Schornsteine nöthig macht, wird solches durch den Landrath oder die Polizeiobrigkeit bestimmt.

§. 4. In den Orten, in welchen mehr als ein Meister angesetzt ist, steht es jedem Hauseigenthümer frei, sich denjenigen auszuwählen, welchem er das Reinigen seiner Schornsteine übertragen will.

§. 5. In den Orten, in welchen ein oder gar kein Schornsteinfeger angestellt ist, wählt die Gemeinde denjenigen, mit welchem sie sich deshalb einigen will, und muß jeder zur Gemeinde gehörige Hauseigenthümer sich desselben bedienen.

§. 6. Den Rittergutsbesitzern, so wie den Domainen-, Zeit- und Erbpächtern steht es frei, für ihre Gebäude einen andern Schornsteinfeger, als den die Gemeinde gewählt hat, zu gebrauchen. Dagegen müssen die Hauseigenthümer, deren Gebäude auf Ritter- oder Domainen- oder Forstgrundstücken aufgeführt sind, sich erklären, ob sie den Schornsteinfeger des Gutsbezirks oder der Gemeinde annehmen wollen.

§. 7. Die Prediger-, Küster- und Schullehrer-Wohnungen müssen von dem Schornsteinfeger der Gemeinde gereinigt werden.

§. 8. Die Gemeinden sowohl, als die einzelnen nicht dazu gehörigen Hauseigenthümer, sind verpflichtet, der Ortsobrigkeit von der Wahl ihres Schornsteinfegers Anzeige zu machen, auch solches bei jeder Veränderung zu wiederholen.

§§. 9—10. enthalten reine Administrativmaaßregeln.

§. 11. Die Schornsteinfeger, welche sich bei ihrer Ankunft im Orte jedesmal beim Vorsteher zu melden haben, sind verpflichtet, wenn sie bei Reinigung der Schornsteine feuergefährliche Anlagen oder schadhafte Feuerungen finden, der Ortspolizeibehörde davon Anzeige zu machen.

§. 12. Wo die Reinigung nicht durch den Schornsteinfegermeister selbst, sondern durch seine Gesellen bewirkt wird, muß ersterer deren Arbeiten revidiren, und bleibt für die tüchtige Reinigung verantwortlich. Hat der Schornsteinfeger fehlerhaft gereinigt, so muß er außer einer zu erlegenden Ordnungsstrafe den bemerkten Mängeln sofort unentgeldlich abhelfen.

In gleicher Art sind die Hauseigenthümer, bei deren Feuerungen sich etwas Gefährliches gefunden hat, zur Verantwortung zu ziehen und zur Abhülfe anzuhalten. Bewirkt die Ortspolizei die Abhülfe nicht, so ist der Schornsteinfeger verpflichtet, solches dem Landrath zu melden.

§. 13. Die obigen Bestimmungen leiden auch auf diejenigen Gebäude Anwendung, in welchen sich noch keine Schornsteinröhren, sondern Schwiebbogen befinden. Außerdem aber sind die Hauseigenthümer gehalten, nach Anordnung der Polizeibehörden häufig in bestimmten Terminen Selbstreinigungen der Schwiebbogen vorzunehmen.

In besonderen Fällen, wo die Lage oder Construktion der Gebäude eine Ausnahme von der Regel erheischt, behält sich die unterzeichnete Regierung vor, dem Eigenthümer das Selbstreinigen ohne Zuziehung eines qualificirten Schornsteinfegers durch specielle Bewilligung nachzulassen.

§. 14. Die Unterlassung der oben genannten Vorschriften wird an den Polizeibehörden, Gemeinden, Hauseigenthümern und Schornsteinfegern nach Maaßgabe der Umstände mit einer willkührlichen Polizeistrafe gerügt werden.

Reg. V. v. 3. Febr. 1824. Amtsbl. S. 32.

Die Feuergefährlichkeit, welche dadurch entsteht, wenn Miethen (auch Diemen, Feimen und Schober genannt) in zu geringer Entfernung von Gebäuden aufgestellt werden, macht es nöthig, für den Regierungsbezirk Potsdam mit Genehmigung des Königl. Ministerii des Innern anzuordnen, was folgt:

§. 1. Die Aufstellung von Miethen zur Aufbewahrung von Getreide, Heu, Stroh und Oelfrüchten darf in geschlossenen Höfen oder Gärten überhaupt nur dann erfolgen, wenn die in der Nähe derselben befindlichen Gebäude, sämmtlich mit Ziegeln bedeckt sind.

§. 2. In diesem Falle müssen aber:

a) in geschlossenen Höfen die Miethen wenigstens 100 F. von jedem Gebäude entfernt bleiben, und selbige so aufgestellt werden, daß sie rings herum zugänglich sind und unter einander und von jedem sonstigen Hindernisse 24 F. entfernt stehen, und ebenso darf

b) in frei liegenden Gärten die Aufstellung nur dann stattfinden, wenn die in der Nähe befindlichen Gebäude eine gleiche Bedachung haben und die Miethen von jedem Gebäude 100 F. entfernt bleiben.

§. 3. Auf freiem Felde ist die Aufstellung von Miethen nur dann gestattet, wenn die Entfernung vom nächsten Gebäude wenigstens 200 F. beträgt.

§. 4. Auf den Straßen oder öffentlichen Plätzen dürfen unter keiner Bedingung Miethen aufgestellt werden.

§. 5. Der Uebertreter obiger Bestimmungen verfällt in eine polizeiliche Geldstrafe von 2—5 Thlr.

Reg. V. v. 24. Febr. 1847. Amtsbl. S. 78.

Steinkohlenhalden dürfen in unmittelbarer Nähe von Gebäuden oder brennbaren Gegenständen nur unter Beobachtung folgender Vorsichtsmaaßregeln aufgeschüttet werden:

Entweder müssen in den aufzustürzenden Haufen horizontale und senkrechte Kanäle aus Faschinen oder aus hölzernen Butten mit durchbohrten Wänden gebildet oder einige Eisenstäbe in die Kohlenhalden gesteckt und deren Temperatur von Zeit zu Zeit untersucht werden. Nehmen die Stäbe sodann eine hohe Temperatur an, so müssen die Haufen durchbrochen oder auch wohl auseinandergeworfen werden, wodurch der Selbstentzündung vollständig vorgebeugt wird.

Die Vernachlässigung dieser Vorsichtsmaaßregeln wird mit einer Polizeistrafe von 5 Thlr. Geld oder 8tägigem Gefängniß bedroht.

Reg. V. v. 14. Febr. 1842. Amtsbl. S. 53.

Für Berlin

bekannt gemacht durch V. v. 28. Oct. 1843. Amtsbl. S. 309.

Für den Reg.-B. Potsdam:

Niemand soll Torfasche, bevor sie nicht durch Wasser ausgelöscht worden ist, oder in den dazu bestimmten Gruben gelegen hat, auf die Dorfstraße oder den Mist werfen, auch überhaupt auf keine vorschriftswidrige Art wegschaffen, bei Strafe von 2 Thlr. oder verhältnißmäßiger Leibesstrafe für jeden Uebertretungsfall.

Ist nicht ausgemittelt, wer die Asche vorschriftswidrig ausgeschüttet hat, so muß derjenige, an dessen Gebäude die Asche zunächst liegt, deren augenblickliche sichere Fortschaffung unverzüglich besorgen, widrigenfalls er im Fall einer erweislichen Fahrlässigkeit in eine Strafe von 16 Gr. oder verhältnißmäßige Leibesstrafe verfällt.

Kann ein Hauswirth seinen Miethsleuten einen Raum zur sichern Aufbewahrung der Torfasche nicht verschaffen, so darf er bei Vermeidung einer Strafe von 10 Thlr. den Torfbrand bei seinen Miethsleuten nicht gestatten.

Wer die Torfasche auf fremden Grund und Boden heimlich schüttet, muß 2 Thlr. Strafe erlegen, und ist diese Strafe nach Befinden in eine höhere oder Leibesstrafe zu verwandeln.

V. v. 6. Dez. 1802; gültig für das platte Land; erneuert durch Reg. V. v. 13. Juni 1813. Amtsbl. S. 303.

(Die übrigen Bestimmungen dieser Verordnung sind durch die späteren Bestimmungen der Feuer- und Löschordnung für das platte Land als aufgehoben zu erachten.)

Derjenige, bei dem man hölzerne Laternen findet, sie mögen nun gerade im Gebrauch sein oder nicht, soll unnachsichtig in jedem Uebertretungsfall, außer der Confiscation der Laterne, mit 1 Thlr. Strafe belegt werden.

Avertissement vom 20. Febr. 1786; erneuert durch Reg. V. v. 12. Jan. 1845. Amtsbl. S. 27.

Nach dem Edikt vom 1. Oct. 1701 und der Deklaration zu demselben v. 14. Jan. 1716 (C. C. M. Th. V. Abth. 1. Kap. 2. No. XIX. u. XXVII.) ist das Holz- und Kientrocknen auf und neben den Stubenöfen überall bei Strafe verboten. Diese Strafe ist auf 15 Sgr. bis 1 Thlr. für jeden Uebertretungsfall festgesetzt.

Reg. V. v. 18. Juli 1840. Amtsbl. S. 226.

Für Berlin

gilt noch fortdauernd die Feuerordnung v. 31. März 1727, bestätigt am 2. Apr. dess. J. (C. C. M. Th. V. Abth. 3. Kap. 2. S. 375), welche folgende noch gültige bestimmte Strafvorschriften enthält:

Titel I.

§. 6. Zur Verhütung des besorglichen unvorsichtigen Bauens der Feuerstätten und Schornsteine sollen die Bauherrn selbige, bei Vermeidung willkührlicher Strafe, keinem Gesellen allein zu verfertigen verdingen, sondern jedesmal einen Meister annehmen.

§. 8. Die Schornsteine oder Feuermauern soll der Hauswirth, keinen, weß Standes und Condition er sei, ausgenommen, so oft dieselben Kehrens und Reinigens bedürfen, bevorab zu Winterszeit und zum allerwenigsten 4mal jährlich kehren und reinmachen lassen.

§. 9. Derjenige nun, er sei Geistlicher, Eximirter oder wer er wolle, dessen Schornstein brennen wird, daß das Feuer herausbrennete, soll 3 — 4 Thlr. Strafe zu Rathhaus sofort erlegen, oder durch schleunige Execution dazu angehalten, wäre er aber des Vermögens nicht, dem Befinden nach mit Gefängniß bestraft werden.

§. 13. Sollte Jemand seine Schornsteine, welche gebraucht werden, nach obigem §. 8. kehren zu lassen säumig sein, so soll der Schornsteinfeger den Hauswirth dessen erinnern, und wenn er es nöthig findet, begehrte es schon der Wirth nicht, zur Verhütung Unglücks die Schornsteine kehren, seinen Lohn fordern, und wenn der Wirth sich dessen weigerte, solches anzeigen, da denn dasselbe durch Execution abgefordert, oder wenn es mehrmalen geschehen sollte, zugleich eine Geldstrafe nach Ermessen beigetrieben werden soll.

§. 18. Ein jeder Einwohner, der Pferde hält, soll auf einmal mehr nicht als 1 Fuder Heu und 1 Fuder Stroh in der Stadt zu haben befugt sein, das Uebrige, so er entweder selbst gewinnt oder kaufet, muß er außerhalb der Stadt in Scheunen verwahren.

Den Gastwirthen wird aber wegen vielen Ausspannens der Fuhrleute und andern Fremden permittirt, auf ein Mal im Hause, jedoch an solchen Orten, da keine Gefahr zu besorgen, und wohin man mit brennendem Lichte nicht gehen darf, 2 Fuder Heu und soviel Stroh zu haben.

Wer ein mehreres thun und hierwider handeln wird, der soll jedesmal 3 Thlr. Strafe dem Magistrat erlegen.

§. 27. Die Seifensieder, Fleischer, Licht- und Schwefelzieher, auch andere, müssen bei Nachtzeit kein Unschlitt, Talg, Wachs oder Schwefel schmelzen, Licht oder Schwefel ziehen, Firniß sieden bei Vermeidung 10 Thlr. Strafe.

Titel II.

§. 1. Ein jeder Einwohner soll vor allen Dingen sich mit so viel ledernen Eimern als ihm nöthig, oder nach Beschaffenheit seines Hauses und seiner Profession, wenn er mit Holz oder mit Feuer viel umgeht, oder Gastwirthschaft treibet, erfordert werden, mit 8, 6 und 4, der geringste Eigenthümer wenigstens mit 2 oder

3 versehen, solche auf alle Fälle in seinem Hause bereit, auch in gutem Stande halten, darauf Zeichen machen, daran sie von andern zu unterscheiden, und wenn sie bei der Visitation nicht gefunden werden, vor jeden Eimer 1 Thlr. Strafe erlegen.

§. 10. Die zum Feuer verordneten Meister und Gesellen sollen auch bei Vermeidung harter Ahndung zur Probe der Spritzen erscheinen, und die Spritzenmeister, auch Jungmeister der Gewerke bei Strafe von 1 Thlr. von den Ausgebliebenen oder denen, die zu spät gekommen oder nicht das ihrige gethan haben, richtige Specification überreichen.

Titel III.

§. 7. Sobald ein Zeichen entstandener Feuersbrunst gegeben und es Nacht wäre, muß in den Straßen entweder vor jedes Haus eine Laterne gehangen, oder bei willkührlicher Strafe brennende Lichter in die Fenster gestellt werden.

§. 8. Desgleichen soll ein Jeder, insonderheit in der Gegend und Viertel, da das Feuer ist, Zober und Thienen voll Wasser vor seine Hausthür setzen.

Die Uebertretung der §§. 7 u. 8. wird mit einer Strafe von 2 Thlr. geahndet.

V. v. 15. März 1836. Amtsbl. S. 79, erneut den 3. Sept. 1842. Amtsbl. S. 248.

Titel V.

§. 3. Wer von denen, die in den dem Feuer allernächsten Straßen wohnen und Pferde bei der Hand haben, mit diesen ausbleibt oder zu spät kommt, soll um 2 Thlr. bestraft werden.

In andern Verordnungen ist bestimmt:

Innerhalb der Stadt Pech, Theer, Terpentin, Firniß oder Buchdruckerschwärze zu bereiten, ist bei 10 Thlr. Strafe verboten.

V. v. 2. und 23. Oct. 1801; erneut durch V. v. 13. Oct. 1837. Amtsbl. S. 333.

In keiner Bude darf ein Ofen, Heerd oder sonstige Feuerstelle angelegt werden.

Kein Inhaber einer Bude, kein Trödler und wer sonst auf dem Markt, in Buden, in den Straßen oder öffentlichen Plätzen Waaren feil bietet, darf sich eines Kohlentopfes ohne die ehemals üblich gewesene Feuerstube bedienen. Diese Feuerstube muß von Eisen, Blech, Messing oder Kupfer sein und die erforderliche Oeffnung an der Seite haben. Niemand darf sich eines Kohlentopfes an obigen Orten zum Kochen bedienen, noch denselben mit glühenden Kohlen ohne Aufsicht oder an feuergefährlichen Orten über Nacht stehen lassen. Ebensowenig darf in einer Bude Taback geraucht werden.

Jeder Budenbesitzer, Trödler und Höker darf sich vom 1. Mai bis 1. September nicht länger als von 5 Uhr Morgens bis 7 Uhr Abends, vom 1. März bis 1. Mai und vom 1. September bis 1. November von Morgens 7 Uhr bis Abends 5 Uhr und vom 1. November bis 1. März von Morgens 8 bis Abends 4 Uhr in seiner Bude oder an seiner Stelle aufhalten und feil bieten.

Wer gegen die obigen Vorschriften handelt, und länger aussteht, oder feuergefährliche Kohlentöpfe, Heerde u. dergl. hält, soll mit 10 Thlr. Geld- oder 14tägiger Gefängnißstrafe belegt werden.

V. v. 6. Oct. 1809. Samml. S. 63.

Wer vor erhaltener schriftlicher polizeilicher Erlaubniß einen zum Verkauf des Nutzholzes, Brennholzes, Torfes oder der Kohlen bestimmten Platz anlegt, verfällt in eine Polizeistrafe von 10 Thlr.

§. 4. der V. v. 18. Juli 1829. Amtsbl. S. 177.

Kein Grundbesitzer darf bei 10 Thlr. Strafe für jeden Fall den auf seinem Grundstücke vorhandenen Brunnen ohne vorherige specielle schriftliche Genehmigung des Polizeipräsidii eingehen lassen.

V. v. 7. März 1837. Amtsbl. S. 80; erneuernd Art. 1. §. 1. der Gassen- und Brunnen-Ordnung v. 14. Aug. 1660. C. C. M. Th. V. Abth. 2. S. 315.

Wenn Privatleute Leuchtgasbereitungs-Anstalten anlegen, so sind solche bei 5 — 50 Thlr. Strafe nicht eher zu gebrauchen, als bis die polizeiliche Erlaubniß ertheilt ist.

V. v. 30. Juni 1843. Amtsbl. S. 197.

Siebenter Titel.

Vergehen in Beziehung auf die Gewerbe-Polizei.

I. Stehende Gewerbe.

1. Bedingungen und Umfang des Gewerbebetriebes im Allgemeinen.

§. 1. Die polizeiliche Zulässigkeit des Betriebes derjenigen Gewerbe, welche nicht im Umherziehen betrieben werden (stehende Gewerbe), ist fortan nur nach den Bestimmungen dieses Gesetzes zu beurtheilen. Wer gegenwärtig zum Betriebe eines Gewerbes berechtigt ist, kann von demselben um deshalb nicht ausgeschlossen werden, weil er den Erfordernissen dieses Gesetzes nicht genügt.

§. 15. der allgemeinen Gewerbeordnung v. 17. Jan. 1845; erlassen für den ganzen Umfang der Monarchie. Gesetzs. S. 41 ff.

§. 2. Wer wegen eines von ehrloser Gesinnung zeugenden Verbrechens, insbesondere wegen Meineides, Raubes, Diebstahls oder Betrugs verurtheilt worden, bedarf zum Beginn eines jeden selbstständigen Gewerbebetriebes, derjenige aber, welchem der Betrieb eines bestimmten Gewerbes durch richterliches Erkenntniß untersagt worden ist, zum Beginn des selbstständigen Betriebes eines andern verwandten Gewerbes der besonderen Erlaubniß der Polizeiobrigkeit des Ortes. Diese Erlaubniß ist zu versagen, wenn nach der Eigenthümlichkeit des Gewerbebetriebes und nach der Persönlichkeit des Antragenden ein Mißbrauch zu besorgen ist, oder durch den beabsichtigten Gewerbebetrieb der Zweck des Straferkenntnisses vereitelt werden würde.

Diese Vorschriften finden auch Anwendung auf die Ehefrauen solcher Personen, ihre noch unter väterlicher Gewalt stehenden Kinder, ihre Dienstboten und andere Mitglieder ihres Hausstandes.

§. 21. a. a. O.

Wer den selbstständigen Betrieb eines Gewerbes anfangen will, muß zuvor der Communal-Behörde des Ortes Anzeige davon machen. §. 3.

Die Communal-Behörde hat diese Anzeige, wenn sie nicht zugleich die Polizeiobrigkeit ist, Letzterer mit ihren etwaigen Bemerkungen zuzustellen.

§. 22. a. a. O.

Die Polizeiobrigkeit hat zu prüfen, ob den in diesem Gesetze für den selbstständigen Gewerbebetrieb im Allgemeinen oder für das beabsichtigte Gewerbe ins Besondere vorgeschriebenen Erfordernissen genügt ist. Ist einem dieser Erfordernisse nicht genügt, so ist der Beginn oder die Fortsetzung des Gewerbebetriebes mittelst Bescheides zu untersagen, sonst aber dem Anmeldenden eine Bescheinigung über die erfolgte Anmeldung zu ertheilen. §. 4.

§. 23. a. a. O.

Eine besondere polizeiliche Genehmigung ist nur erforderlich: §. 5.

1) zur Errichtung gewerblicher Anlagen, welche durch die örtliche Lage oder die Beschaffenheit der Betriebsstätte für die Besitzer oder Bewohner der benachbarten Grundstücke oder für das Publicum überhaupt erhebliche Nachtheile, Gefahren oder Belästigungen herbeiführen können;

2) zu dem Beginn solcher Gewerbe, bei welchen entweder:

a) durch ungeschickten Betrieb, oder

b) durch Unzuverlässigkeit des Gewerbtreibenden in sittlicher Hinsicht das Gemeinwohl oder die Erreichung allgemeiner polizeilicher Zwecke gefährdet werden kann. *)

§. 26. a. a. O.

Zu den gewerblichen Anlagen, welche einer besondern polizeilichen Genehmigung bedürfen (§. 26. zu 1.) sollen für jetzt gerechnet werden: Schießpulverfabriken, Anlagen zur Feuerwerkerei und zur Bereitung von Zündstoffen aller Art, Gasbereitungs- und Gasbewahrungsanstalten, Anlagen zur Bereitung von Steinkohlentheer und Koaks, sofern sie außerhalb der Gewinnungsorte des Materials errichtet werden **); Spiegelfabriken, Porcellan-, Fayence- und Thongeschirrmanufakturen, Glas- und Rußhütten, Zuckersiedereien, Malzdarren, Kalk-, Ziegel- §. 6.

---

*) Hierher gehören auch Hühneraugen-Operateure, welche zum Betrieb ihres Geschäfts der Erlaubniß der Regierung bedürfen, dann aber auch Hühneraugen-Pflaster nach erfolgter Prüfung derselben verkaufen können. Approbirte Wundärzte haben eine besondere Erlaubniß zum Hühneraugen-Operiren nicht nöthig.

Min. Verf. v. 25. Aug. 1845.

**) Gewinnungsorte des Materials sind diejenigen Orte, wo die Steinkohlen zu Tage kommen, so wie die etwaigen damit in Verbindung stehenden Niederlageplätze der betreffenden Gruben.

Minist. Verf. v. 10. Apr. 1846. Min. Bl. d. i. V. S. 96.

und Gipsöfen*), Schmelzhütten, Hochöfen, Metallgießereien, Hammerwerke, chemische Fabriken aller Art**), Schnellbleichen, Firnißsiedereien, Cichorien-, Stärke-, Wachstuch- und Darmsaitenfabriken, Leim-, Thran-, Seifen- und Flußsiedereien, Knochenbrennereien, Knochen- und Wachsbleichen, Talgschmelzen, Schlachthäuser, Gerbereien, Abdeckereien, Poudretten- und Düngpulverfabriken; es gehören dahin ferner: Dampfmaschinen, Dampfkessel und Dampfentwickler (§. 37), durch Wasser oder Wind bewegte Triebwerke (Mühlen u. s. w.) jeder Art (§. 38.), so wie Branntweinbrennereien und Bierbrauereien (§. 39.). ***)

Bei allen diesen Anlagen macht es keinen Unterschied, ob sie nur auf den eigenen Bedarf des Unternehmers oder auch auf Absatz an Andere berechnet sind.

§. 27. a. a. O.

§. 7. Zur Errichtung neuer Anlagen dieser Art (§. 27.) ist die Genehmigung bei der Regierung nachzusuchen.

§. 28. a. a. O.

§. 8. Die polizeiliche Genehmigung zu einer der in §. 27. bezeichneten Anlagen bleibt so lange in Kraft, als keine Veränderung in der Lage oder Beschaffenheit der Betriebsstätte vorgenommen wird, und bedarf unter dieser Voraussetzung auch dann, wenn die Anlage auf einen neuen Erwerber übergeht, einer Erneuerung nicht. Sobald aber eine Veränderung der Betriebsstätte vorgenommen werden soll, muß die Genehmigung der Regierung von Neuem nachgesucht werden.

§. 36. a. a. O.

§. 9. Bei Dampfmaschinen, Dampfkesseln und Dampfentwicklern sind außer den Bestimmungen der §§. 27—36. auch die dafür ergangenen

---

*) Unter Ziegelöfen sind nicht die Feldziegelöfen oder Feldbrände zu verstehen, bei welchen es sich nur um die vorübergehende Verarbeitung des im Felde vorgefundenen Materials zu Ziegeln handelt.

Min. V. v. 14. Aug. 1845. Min. Bl. d. i. V. S. 263.

**) Hierher gehören auch die Anstalten zur Bereitung künstlicher Mineralwasser.

Min. Verf. v. 18. Apr. 1846. Min. Bl. d. i. V. S. 65.

Für Berlin:

Die Besitzer derselben müssen außerdem bei Strafe des unbefugten Gewerbebetriebes vor der Eröffnung die Anstalten durch einen Medicinalrath des Polizeipräsidii unter Zuziehung eines geeigneten Apothekers untersuchen, jährlich wenigstens einmal revidiren lassen und nur solche Kruken und Flaschen verkaufen, die den Namen des Wassers und Verfertigers auf den Etiquett enthalten.

V. v. 8. Dez. 1844. Amtsbl. v. 1845. S. 25.

***) Hierunter sind auch Destillir- und Liqueurfabriken zu verstehen.

Min. Verf. v. 18. Jan. 1847. Min. Bl. d. i. V. S. 63.

besonderen Vorschriften mit der Maaßgabe anzuwenden, daß die polizeiliche Genehmigung der Anlagen nunmehr nach §. 28. überall der Regierung zusteht.

§. 37. a. a. O.

Auch bei den durch Wasser oder Wind bewegten Triebwerken (Mühlen u. s. w.) jeder Art sind außer den Bestimmungen der §§. 27 bis 36. die dafür bestehenden besondern Vorschriften anzuwenden. Es werden jedoch die in einzelnen Landestheilen bestehenden Vorschriften, wonach die Anlage neuer und die Erweiterung und Veränderung vorhandener auf die Consumtion der Umgegend berechneter Getreidemahlmühlen von dem Bedürfnisse der Umgegend abhängig ist (§. 242. Tit. 15. Th. II. A. L. R. und Ordre v. 23. Oct. 1826. Gesetzs. S. 108) hierdurch aufgehoben. §. 10.

§. 38. a. a. O.

Die in einzelnen Landestheilen bestehenden Vorschriften, wonach die Genehmigung zur Anlage neuer Branntweinbrennereien und Bierbrauereien bei ländlichen Grundstücken nur dann ertheilt werden darf, wenn diese Grundstücke nach landwirthschaftlicher Taxe einen Werth von 15,000 Thlr. haben, werden hiermit aufgehoben. §. 11.

§. 39. a. a. O.

Einer besondern Beschränkung mit Rücksicht auf örtliche Lage sind ferner unterworfen: §. 12.

a. Tanz- und Fechtschulen, so wie Turn- und Badeanstalten. Zur Errichtung oder Verlegung derselben ist eine polizeiliche Genehmigung erforderlich, welche in den Städten bei der Polizeiobrigkeit, auf dem Lande unter Vorlegung eines Attestes der Polizeiobrigkeit bei dem Landrathe nachzusuchen ist, und erst dann ertheilt werden kann, wenn sich die Behörde von der Angemessenheit des Lokals und der beabsichtigten Einrichtung überzeugt hat.

b. Die Errichtung oder Verlegung der Betriebsstätte solcher Gewerbe, deren Ausübung mit ungewöhnlichem Geräusch verbunden ist. Die Betriebsstätte muß, in so fern zur Anlage derselben nicht schon nach den Vorschriften der §§. 27. u. f. die Genehmigung der Regierung einzuholen ist, der Polizeiobrigkeit angezeigt werden. Diese hat, wenn in der Nähe der gewählten Betriebsstätte Kirchen, Schulen, Krankenhäuser oder andere öffentliche Gebäude vorhanden sind, deren bestimmungsmäßige Benutzung durch den Gewerbebetrieb auf dieser Stelle eine erhebliche Störung oder Belästigung erleiden würde, die Entscheidung der Regierung darüber einzuholen, ob die Ausübung des Gewerbes an der gewählten Betriebsstätte zu untersagen, oder nur unter Bedingungen zu gestatten sei.

§. 40. a. a. O.

§. 13. Aerzte, Wundärzte, Augenärzte, Zahnärzte, Geburtshelfer, Apotheker und Unternehmer von Privatkranken- und Privatirrenanstalten bedürfen einer Approbation des Ministeriums der Medicinalangelegenheiten. *)

§. 42. a. a. O.

§. 14. Hinsichtlich der Unternehmer von Erziehungs- und Unterrichtsanstalten, so wie der Privatlehrer, bewendet es bei den besonderen Vorschriften.

§. 43. a. a. O.

§. 15. Baumeister, welche aus der Leitung von Bauunternehmungen ein Gewerbe machen, bedürfen eines Prüfungszeugnisses der Oberbaudeputation.

§. 44. a. a. O.

§. 16. Seeschiffer und Seesteuerleute, Vorsteher öffentlicher Fähren (Fährmeister), Maurer, Steinhauer, Schiefer- und Ziegeldecker, Haus- und Schiffs-Zimmerleute, Mühlen- und Brunnenbaumeister, Schornsteinfeger, Personen, welche mit Aufstellen von Blitzableitern sich beschäftigen, ingleichen solche, welche Feuerwerke zum Verkauf bereiten oder gegen Entgelt abbrennen, Kastrirer und Abdecker müssen sich über den Besitz der erforderlichen Kenntnisse und Fertigkeiten durch ein Befähigungszeugniß der Regierung ausweisen. Dasselbe gilt von Hebeammen, Bandagisten und Verfertigern chirurgischer Instrumente. Soweit in Betreff der Schiffer und Lootsen auf Strömen in Folge von Staatsverträgen besondere Anordnungen getroffen sind, behält es dabei sein Bewenden.

§. 45. a. a. O.

§. 17. Wie die Prüfungen der in den §§. 44 u. 45. bezeichneten Gewerbtreibenden vorzunehmen sind, und in wie weit die unter ihrem Gewerbe begriffenen Verrichtungen auch von ungeprüften Personen ausgeübt werden dürfen, wird durch Anordnungen der Ministerien bestimmt. Diesen steht auch die Befugniß zu, Personen, deren Befähigung unzweifelhaft ist, ausnahmsweise von der vorgeschriebenen Prüfung zu entbinden.

§. 46. a. a. O.

---

*) Der §. 42. setzt die Befähigung als Arzt, Wundarzt voraus; der §. 177. (s. unten) betrifft sonach nur den Fall, wenn die an sich als Arzt, Wundarzt u. s. w. befähigte Person ihr Gewerbe ohne vorhergehende Approbation unternimmt. Der §. 177. findet daher keine Anwendung auf solche Personen, welche jeder Qualifikation als Arzt entbehren und sich des gewerbsmäßigen Kurirens aus Gewinnsucht schuldig machen. Solche Personen sind nach den Grundsätzen der §§. 707. folg. des Strafrechts (— kein Polizei-Vergehen —) zu beurtheilen.

Erk. des Königl. Ober-Tribunals vom 12. Dez. 1849 (Grundsätze der Criminal-Abth. desselben Nr. 66.).

Schauspielunternehmer bedürfen einer besondern Erlaubniß des Oberpräsidenten der Provinz, in welcher sie ihre Vorstellungen geben wollen. Diese Erlaubniß darf ihnen nur nach vorgängigem Nachweise gehöriger Zuverlässigkeit und Bildung ertheilt, kann jedoch auch dann, wenn sie dieser Bedingung entsprechen, nach dem Ermessen des Oberpräsidenten versagt werden. §. 18.

§. 47. a. a. O.

Buch- und Kunsthändler, Antiquare, Inhaber von Leihbibliotheken oder Lesekabinetten, Verkäufer von Flugschriften und Bildern, Lithographen, Buch- und Steindrucker bedürfen einer besondern Erlaubniß der Regierung, welche nur dann ertheilt werden darf, wenn diese Behörde von der Unbescholtenheit und Zuverlässigkeit, so wie von einer zum Betrieb des Gewerbes genügenden allgemeinen Bildung des Unternehmers sich Ueberzeugung verschafft hat. §. 19.

§. 48. a. a. O.

Die Bestimmungen der Gew. Ordn. vom 17. Jan. 1845 wegen Ertheilung und Zurücknahme der zum Gewerbebetriebe der Buch- und Kunsthändler, Antiquare, Inhaber von Leihbibliotheken oder Lesekabinetten, Verkäufer von Flugschriften und Bildern, Lithographen, Buch- und Steindrucker erforderlichen besondern Erlaubniß der Regierung sind als aufgehoben nicht zu betrachten. Demgemäß sind diese Bestimmungen auch auf diejenigen Gewerbtreibenden gedachter Art, welche ohne jene Erlaubniß den Betrieb des Gewerbes begonnen haben, zur Anwendung zu bringen, jedoch mit der Maaßgabe, daß denselben zur nachträglichen Einholung der Erlaubniß eine Frist bis zum 1. Juli 1850 verstattet ist. §. 20.

§. 2. der V. zur Ergänzung der Verordnung über die Presse vom 30. Juni 1849, vom 5. Juni 1850. Gesetzs. S. 329.

Schlossern, Pfandleihern, so wie denjenigen, welche mit gebrauchten Kleidern oder Betten, mit gebrauchter Wäsche oder altem Metallgeräth, mit Schießpulver oder Giften handeln, ferner denjenigen, welche aus der Vermittelung von Geschäften oder der Uebernahme von Aufträgen, namentlich aus der Abfassung schriftlicher Aufsätze für Andere ein Gewerbe machen, oder möblirte Zimmer oder Schlafstellen gewerbsweise vermiethen, Kammerjägern, Lohnlakaien und andern Personen, welche auf öffentlichen Straßen und Plätzen oder in Wirthshäusern ihre Dienste anbieten, ingleichem denen, welche auf öffentlichen Straßen und Plätzen Wagen, Pferde, Sänften, Gondeln und andere Transportmittel zu Jedermanns Gebrauch bereit halten, ist der Gewerbebetrieb erst dann, wenn sich die Behörden von ihrer Unbescholtenheit und Zuverlässigkeit überzeugt haben, zu gestatten. Diese Erlaubniß ist in den Städten bei der Polizeiobrigkeit, auf dem Lande unter Vor- §. 21.

legung eines Attestes der Polizeiobrigkeit bei dem Landrath nachzusuchen.

§. 49. der allg. Gew. Ordn. v. 17. Jan. 1845.

Für Berlin:

finden diese Bestimmungen auch auf den Verkauf von Theaterbillets auf Straßen oder an andern öffentlichen Orten Anwendung.

V. v. 24. Febr. 1845. Amtsbl. S. 77.

Ebenso ist auf Grund des §. 49. a. a. O. verordnet:

§. 1. Außer bestellten Privat- und concessionirten Droschkenresp. Omnibusfuhrwerken dürfen sich zur Abholung von Reisenden auf und bei den Eisenbahnhöfen nur die Fuhrwerke der hiesigen Gasthofsbesitzer einfinden.

§. 2. Diese Gasthofsequipagen können außer dem Kutscher, der den Wagen nicht verlassen darf, zwar noch einen Begleiter zur Dienstleistung für die Reisenden mit sich führen; hierzu darf jedoch nur ein völlig zuverlässiges Individuum aus dem Dienstpersonal des Gasthofes oder ein für diesen concessionirter Fremden-Commissionair gewählt werden.

§. 3. Ein jeder solcher Begleiter muß eben so wie der Kutscher an der Kopfbedeckung ein Blechschild mit dem Namen des Gasthofes, dem er angehört, tragen und außerdem eine unter der eigenhändigen Unterschrift des Gasthofbesitzers ausgestellte, von dem Revier-Polizeikommissarius gestempelte Legitimationskarte bei sich führen, um solche auf Erfordern den Polizeibeamten, so wie den fremden Gästen vorzuzeigen.

§. 4. Die Begleiter der Gasthofsequipagen müssen sich aller zudringlichen Anpreisungen der Gasthöfe, aus denen sie geschickt sind, so wie sonstiger Dienstanerbietungen enthalten, vielmehr die Aufforderung der Reisenden abwarten; und dürfen sich auch zu dem Ende nicht auf die Perrons oder überhaupt in das Bahnhofsgebäude begeben, sondern müssen sich vor dem Ausgange desselben aufhalten.

§. 5. Uebertretungen der vorstehenden Bestimmungen werden sowohl gegen die Gastwirthe, als gegen die von ihnen abgesandten Personen mit Geldstrafe bis zu 10 Thlr. eventualiter verhältnißmäßigem Gefängniß geahndet.

Finden sich andere unconcessionirte Fuhrwerke oder Personen auf oder bei den Eisenbahnhöfen ein, um ihre Dienste dem Publikum anzubieten, so haben sie Bestrafung des unerlaubten Gewerbebetriebes nach §. 177. der Gewerbeordnung zu gewärtigen.

V. v. 8. Dez. 1847. Amtsbl. S. 410.

Unbefugte Personen, namentlich die für andere Dienstleistungen concessionirten Commissare, welche Dienste der Lohnlakaien verrichten, werden nach §. 177. der Gewerbeordnung bestraft.

V. v. 7. Juni 1849. Amtsbl. S. 204.

§. 22. Unternehmern von Tanz- oder Fechtschulen, Bade- oder Turnanstalten ist die nach §. 40. zu a. erforderliche Genehmigung erst dann zu ertheilen, wenn sie sich über ihre Unbescholtenheit und Zuverlässigkeit ausgewiesen haben.

§. 50. a. a. O.

§. 23. Die Geschäfte der Baukondukteure, Feldmesser, Nivellirer, Markscheider, Auktionatoren, See- und Binnenlootsen, Mäkler, Dispacheurs und Gesindevermiether dürfen nur von denjenigen Personen betrieben werden, welche als solche von den verfassungsmäßig dazu befugten Staats- oder Communalbehörden oder Corporationen angestellt oder concessionirt sind.

§. 51. a. a. O.

Ein gleiches (§. 51.) gilt von denen, welche den Feingehalt edler Metalle, oder die Beschaffenheit, Menge oder richtige Verpackung von Waaren irgend einer Art feststellen, von Güterbestätigern, Schaffnern, Wägern, Messern, Braakern, Schauern, Stauern u. s. w., so wie von denjenigen, welche ein Gewerbe daraus machen, Leichen zu reinigen und anzukleiden oder die zur Bestattung von Leichen erforderlichen Geräthschaften und Wagen zu halten. §. 24.

§. 52. a. a. O.

Die bisherigen Vorschriften über die Befähigung der in den §§. 51. u. 52. bezeichneten Personen, über die Zahl so wie den Umfang der Befugnisse und Verpflichtungen derselben, bleiben ferner in Kraft; jedoch wird den Ministerien vorbehalten, die nöthigen Abänderungen und Ergänzungen zu treffen; auch sind die Ministerien befugt, da, wo über die Anstellung und den Geschäftsbetrieb dieser Personen keine Vorschriften bestehen, solche zu erlassen. §. 25.

§. 53. a. a. O.

Außer der Approbation (§. 12.) bedürfen Apotheker, welche sich nicht im Besitz eines Realprivilegiums befinden, einer Concession des Oberpräsidenten, in welcher der Ort und das Grundstück, wo das Gewerbe betrieben werden soll, bestimmt sein muß. §. 26.

§. 54. a. a. O.

Hinsichtlich des Kleinhandels mit Getränken, so wie der Gastwirthschaft und der Schankwirthschaft behält es bei den unter dem 7. Febr. 1835 und unter dem 21. Juni 1844 ergangenen Bestimmungen mit der Maßgabe sein Bewenden, daß die Rücksicht auf bisherige ausschließliche Gewerbeberechtigungen nicht weiter stattfindet, und daß an die Stelle der in jenen Bestimmungen angedrohten Strafen die des gegenwärtigen Gesetzes treten. §. 27.

In der polizeilichen Genehmigung kann eine noch vor Ablauf des Kalenderjahres endende Frist bestimmt werden, innerhalb deren das Gewerbe, bei Verlust der Befugniß zum Betriebe desselben, begonnen werden muß.

§. 55. a. a. O.

Wer zum selbstständigen Betrieb eines stehenden Gewerbes befugt ist, unterliegt dabei nur denjenigen Beschränkungen, welche durch gesetzliche oder polizeiliche Bestimmungen angeordnet sind, insbesondere darf er an seinem Wohnorte in festen Verkaufsstätten die Erzeugnisse oder sonstigen Gegenstände seines Gewerbebetriebes feil halten; auch §. 28.

in und außer seinem Lokale bestellte Arbeiten vornehmen, izgleichen verkaufte Waaren versenden und, soweit es nach §. 75—87. zulässig ist, auf Märkten verkehren. Er ist befugt, die zu dem Betriele seines Gewerbes erforderlichen Materialien und Werkzeuge zu verfertizen und unter Beachtung der dieserhalb bestehenden Vorschriften überall anzukaufen und ankaufen zu lassen.

Zum Feilhalten und Anbieten der gewerblichen Erzeugnisse oder Dienste auf Straßen oder an andern öffentlichen Orten außer der gewöhnlichen Marktzeit oder außerhalb der zum Marktverkehr bestimmten Plätze bedarf es der besondern Erlaubniß der Ortspolizeiobrigkeit.

§. 59. a. a. O.

Für Berlin

ist noch eine besondre Verordnung zur Ausführung des §. 59. a. a. O. für diejenigen, welche auf öffentlichen Straßen und Plätzen dauernde Handelsstellen einnehmen wollen, erlassen. Danach muß Jeder, der dies beabsichtigt, bei einer Strafe bis zu 10 Thlr. oder verhältnißmäßigem Gefängniß: 1) eine Erlaubnißkarte des Polizei-Präsidii nachsuchen, 2) solche stets während des Handelsbetriebes bei sich führen, auch 3) die darauf bezeichneten Gränzen seiner Handelsstelle und die ihm sonst hierüber ertheilten Bestimmungen halten.

V. v. 19. Dec. 1848. Int. Bl. v. 1848. Nr. 306.

Das Aufstellen bespannter Wagen zur Abwartung von Bestellungen auf Holz- und Torffuhren auf den Straßen und Plätzen ist bei 2 Thlr. Geld- oder verhältnißmäßiger Gefängnißstrafe verboten.

V. v. 17. Sept. 1840. Amtsbl. S. 485.

§. 29. In Ansehung der Befugniß der Gewerbtreibenden mit kaufmännischen Rechten, auch im Umherreisen, entweder selbst oder durch Gehülfen Waarenbestellungen zu suchen, oder zum Behuf des Wiederverkaufs Waaren aufzukaufen, behält es bei den bestehenden Vorschriften sein Bewenden.

§. 60. a. a. O.

§. 30. Die Befugnisse zum Gewerbebetrieb können durch Stellvertreter ausgeübt werden; diese müssen jedoch nicht nur den für den selbstständigen Betrieb im Allgemeinen, sondern auch den für das in Rede stehende Gewerbe insbesondere vorgeschriebenen Erfordernissen genügen.

§. 61. a. a. O.

§. 31. Nach dem Tode eines Gewerbtreibenden darf das Gewerbe für Rechnung der Wittwe während des Wittwenstandes oder, wenn minderjährige Erben vorhanden sind, für deren Rechnung durch einen nach §. 61. qualificirten Stellvertreter betrieben werden, insofern die über den Betrieb einzelner Gewerbe bestehenden besondern Vorschriften nicht ein Anderes anordnen. Dasselbe gilt während der Dauer einer Kuratel oder Nachlaßregulirung.

§. 62. a. a. O.

Inwiefern für die in den §§. 51—54. bezeichneten Personen eine Stellvertretung zulässig ist, hat in jedem einzelnen Falle die Behörde zu bestimmen, welcher die Anstellung oder Concessionirung zusteht. Bei den in §. 55. bezeichneten Gewerben ist der Betrieb durch Stellvertreter nicht statthaft. §. 32.

§. 63. a. a. O.

Bei Ertheilung der polizeilichen Genehmigung zu einer gewerblichen Anlage der in den §§. 27, 37 u. 38. bezeichneten Arten, ingleichem zur Anlegung von Apotheken, von Privatkranken- und Privatirrenanstalten, so wie zu Schauspielunternehmungen kann von der genehmigenden Behörde den Umständen nach eine Frist festgesetzt werden, binnen welcher die Anlage oder das Unternehmen bei Vermeidung des Erlöschens der Genehmigung begonnen und ausgeführt und der Gewerbebetrieb angefangen werden muß. §. 33.

Ist eine solche Frist nicht bestimmt, so erlischt die ertheilte Genehmigung, wenn der Inhaber nach Empfang derselben ein ganzes Jahr verstreichen läßt, ohne davon Gebrauch zu machen. Eine Verlängerung der Frist kann von der Behörde bewilligt werden, sobald erhebliche Gründe nicht entgegenstehen.

§. 66. a. a. O.

Hat der Inhaber einer solchen Genehmigung (§. 66.) seinen Gewerbebetrieb während eines Zeitraums von 3 Jahren eingestellt, so erlischt dieselbe. §. 34.

§. 67. a. a. O.

Auf die Inhaber der bereits vor dem Erscheinen des gegenwärtigen Gesetzes ertheilten Concessionen finden die in den §§. 66 und 67. bestimmten Fristen ebenfalls Anwendung, jedoch mit der Maaßgabe, daß diese Fristen vom Tage der Verkündung des Gesetzes an zu laufen beginnen. §. 35.

§. 68. a. a. O.

Wer ohne vorgängige Anmeldung oder nach erfolgter Untersagung ein Gewerbe beginnt oder fortsetzt, hat, insofern nicht die strengeren Strafen der §§. 177, 178 und 180. eintreten, eine Geldbuße bis zu 50 Thlr. oder im Unvermögensfalle verhältnißmäßige Gefängnißstrafe verwirkt. Diese Strafe bleibt jedoch ausgeschlossen, wenn das Vergehen eine Steuerdefraudationsstrafe nach sich zieht. §. 36.

§. 176. a. a. O.*)

*) Daß die §§. 176—180. Polizei-Vergehen enthalten, ist nicht nur durch die Kab. Ordre vom 24. Januar 1848 (Gesetzs. S. 73) ausdrücklich ausgesprochen, sondern auch durch das Kgl. Ober-Tribunal in dem Erkenntniß v. 27. März 1850 in Sachen wider Flemming und durch Just. Min. Vrf. v. 23. Dec. 1845 (Just. Min. Bl. von 1846 S. 67) anerkannt worden. Auf die Höhe des Strafmaßes kommt es nicht an. Instr. für die Pol. Anwalte §. 19. (J. M. Bl. S. 239).

§. 37. Wer den selbstständigen Betrieb eines Gewerbes, zu dessen Beginn eine besondere polizeiliche Genehmigung (Concession, Approbation, Bestallung) erforderlich ist, ohne die vorschriftsmäßige Genehmigung unternimmt oder fortsetzt, oder von den in der Genehmigung festgesetzten Bedingungen abweicht, hat Geldbuße bis zu 200 Thlr. oder Gefängnißstrafe bis zu 3 Monaten verwirkt.

Enthält die Handlung zugleich ein Steuervergehen, so soll nicht außerdem noch auf eine Steuerstrafe erkannt werden; es ist aber darauf bei Zumessung der Strafe Rücksicht zu nehmen.

§. 177. a. a. O.

§. 38. Wer der Befugniß zum selbstständigen Betriebe eines Gewerbes für immer oder auf Zeit durch rechtskräftiges Erkenntniß oder in den zulässigen Fällen durch Beschluß der Verwaltungsbehörde verlustig erklärt worden ist, und diesem Erkenntnisse oder Beschlusse zuwider handelt, soll mit Geldbuße bis zu 200 Thlr. oder mit Gefängniß bis zu 3 Monaten bestraft werden.

§. 178. a. a. O.

§. 39. Was in den §§. 176—178. hinsichtlich der selbstständigen Gewerbtreibenden bestimmt ist, gilt auch von denjenigen, welche die Stellvertretung eines selbstständigen Gewerbtreibenden übernehmen (§. 61.).

§. 179. a. a. O.

§. 40. Die Strafbestimmung des §. 177. tritt auch gegen denjenigen ein, welcher eine gewerbliche Anlage, zu der mit Rücksicht auf die Lage oder Beschaffenheit der Betriebsstätte oder des Lokals eine besondere polizeiliche Genehmigung erforderlich ist, ohne diese Genehmigung errichtet oder von den Bedingungen, unter welchen die Genehmigung ertheilt worden, eigenmächtig abweicht, insonderheit ohne neue Genehmigung eine Veränderung der Betriebsstätte oder eine Verlegung des Lokals vornimmt.

§. 180. a. a. O.

§. 41. Sind polizeiliche Vorschriften von dem Stellvertreter eines Gewerbtreibenden bei Ausübung des Gewerbes übertreten worden, so ist die Strafe zunächst gegen den Stellvertreter festzusetzen. Ist die Uebertretung mit Vorwissen des Vertretenen begangen worden, so verfallen beide der gesetzlichen Strafe. Kann gegen den Stellvertreter Geldstrafe nicht vollstreckt werden, so bleibt der Polizeibehörde überlassen, nach ihrem Ermessen die Geldstrafe von dem Vertretenen, welcher dafür subsidiarisch verhaftet ist, einziehen, oder statt dessen und mit Verzichtung hierauf die im Unvermögensfalle an die Stelle der Geldbuße tretende Freiheitsstrafe sogleich an dem Stellvertreter vollstrecken zu lassen.

§. 188. a. a. O.

2. Handwerksmäßiger Gewerbebetrieb.

Den nachstehend benannten Handwerkern ist fortan der Beginn des selbstständigen Gewerbebetriebes nur dann gestattet, wenn sie entweder in eine Innung nach vorgängigem Nachweise der Befähigung zum Betriebe ihres Gewerbes aufgenommen sind, oder diese Befähigung vor einer Prüfungscommission ihres Handwerkes besonders nachgewiesen haben.*) Diese Handwerker sind: Müller, Bäcker, Pfefferküchler und Conditoren, Fleischer, Gerber aller Art, Lederbereiter, Corduaner, Pergamenter, Schuh- und Pantoffelmacher, Handschuhmacher und Beutler, Kürschner, Sattler mit Einschluß der Riemer und Täschner, Tapezirer, Buchbinder, Seiler und Reifschläger, Bürstenbinder, Perrückenmacher, Hutmacher, Tuchmacher und Tuchbereiter, Weber und Wirker jeder Art, Posamentiere und Knopfmacher, Schneider, Tischler und Stuhlmacher, Rade- und Stellmacher, Groß- und Kleinböttcher, Drechsler aller Art, Kammmacher, Korbflechter, Töpfer, Glaser, Grob- und Kleinschmiede jeder Art, Messerschmiede, Nagelschmiede, Kupferschmiede, Büchsenmacher, Sporer, Schlosser, Feilenhauer, Nadler und Siebmacher, Klempner, Schwertfeger, Gürtler, Gelb- und Rothgießer, Glockengießer, Zinngießer, Gold- und Silberarbeiter, Gold- und Silberschläger, Uhrmacher, Vergolder, Maler und Lakirer, Färber, Seifensieder. §. 42.

§. 23. der Verordn. v. 9. Febr. 1849. Gesetzs. S. 93 ff.; betreffend die Errichtung von Gewerberäthen und verschiedene Abänderungen der allgemeinen Gewerbeordnung, von beiden Kammern genehmigt, laut Staatsministerial-Erklärung vom 30. Jan. 1850. Gesetzs. S. 43.

Maurer, Steinhauer, Schiefer- und Ziegeldecker, Haus- und Schiffszimmerleute, Mühlen- und Brunnenbaumeister und Schornsteinfeger haben sich über die Befähigung zum selbstständigen Betriebe ihres Handwerks durch das im §. 45. der allgemeinen Gewerbeordnung v. 17. Jan. 1845 vorgeschriebene Zeugniß der Regierung auszuweisen; im Uebrigen sind für ihre gewerblichen Verhältnisse die Bestimmungen der gegenwärtigen Verordnung maaßgebend. §. 43.

§. 24. a. a. O.

Baumeister sind nicht befugt, bei der Leitung von Bauunternehmungen die Arbeiten derjenigen Handwerke, für welche sie das Befähigungszeugniß der Regierung nicht besitzen, oder den im §. 23. vorgeschriebenen Nachweis der Befähigung nicht geführt haben, ohne Zuziehung geprüfter Meister ausführen zu lassen. §. 44.

§. 25. a. a. O.

*) Zur Bildung dieser Prüfungscommissionen ist eine besondere Ministerial-Anweisung vom 31. März 1849 ergangen und deren Einrichtung für den Regierungsbezirk Potsdam durch Reg. V. v. 27. Oct. 1849 bestimmt worden. Beilage zum 44sten Stück des Amtsblatts v. 1849.

§. 45. Soweit in einzelnen Orten oder Bezirken für die im §. 23. genannten Handwerke andre Benennungen üblich sind, oder bestimmte Arbeiten dieser Gewerbe die ausschließliche Beschäftigung besonderer Klassen von Handwerkern bilden, kann die Regierung nach Anhörung des Gewerberathes den Nachweis der Befähigung für dieselben besonders anordnen. Das Ministerium für Handel, Gewerbe und öffentliche Arbeiten ist ermächtigt, diesen Nachweis nach Maaßgabe der örtlichen Verhältnisse und nach Vernehmung des Gewerberathes auch für andere als die im §. 23. genannten Gewerbe vorzuschreiben oder für einzelne dieser Gewerbe zu erlassen.

§. 26. a. a. O.

§. 46. In denjenigen Orten, für welchen ein Gewerberath nicht besteht, sind die demselben zugewiesenen Angelegenheiten von der Communalbehörde zu erledigen.

§. 22. a. a. O.

§. 47. Dem Ministerium für Handel, Gewerbe und öffentliche Arbeiten steht die Befugniß zu, Personen, deren Befähigung zu dem beabsichtigten Gewerbebetriebe anderweit feststeht, in besondern Ausnahmefällen nach Vernehmung des Gewerberathes von der in §. 23. vorgeschriebenen oder nach §. 26. angeordneten Prüfung für die Befugniß zum selbstständigen Gewerbebetriebe zu entbinden.

§. 27. a. a. O.

§. 48. Darüber, welche Arbeiten zu den unter den einzelnen Handwerken (§§. 23. 24. 26.) begriffenen Verrichtungen gehören, hat der Gewerberath mit Berücksichtigung der über ihre Abgrenzung von der Regierung oder von dem Ministerium für Handel, Gewerbe und öffentliche Arbeiten getroffenen Anordnungen nach den Verhältnissen des örtlichen Gewerbebetriebes zu entscheiden.

§. 28. a. a. O.

§. 49. Die gleichzeitige Ausübung mehrerer Handwerke durch dieselbe Person kann, wenn dadurch erhebliche Nachtheile entstehen, nach Anhörung der betheiligten Innungen und des Gewerberaths durch Ortsstatuten (§. 168. der Gewerbeordn.) den örtlichen Verhältnissen entsprechend beschränkt werden.

§. 29. a. a. O.

§. 50. Die Bestimmungen des §. 23. finden auf den Betrieb von Fabrikanstalten, so wie auf die Anfertigung von Fabrikaten, deren Erzeugung zu den Nebenbeschäftigungen der Landleute der Gegend gehört, oder durch Tagelöhnerarbeit bewirkt wird, keine Anwendung. Die durch örtliche Verhältnisse bedingten näheren Festsetzungen hierüber bleiben der Regierung nach Anhörung des Gewerberathes und der Communalbehörde vorbehalten.

§. 30. a. a. O.

Dem Fabrikinhabern ist die Beschäftigung von Handwerksgesellen §. 51.
nur, soweit sie derselben zur unmittelbaren Erzeugung und Fertigmachung ihrer Fabrikate, so wie zur Anfertigung und Instandhaltung ihrer Werkzeuge und Geräthe bedürfen, gestattet.

§. 31. a. a. O.

Fabrikinhaber, welche ein den Bestimmungen der §§. 23 und 26. §. 52.
dieser Verordnung unterliegendes Gewerbe betreiben, ohne die Befähigung zum handwerksmäßigen Betriebe nachgewiesen zu haben (§. 30.), dürfen außerhalb ihrer Fabrikstätten keine Gesellen oder Gehülfen beschäftigen.

§. 32. a. a. O.*)

Inhaber von Magazinen zum Detailverkauf von Handwerkerwaaren §. 53.
dürfen sich mit deren Anfertigung nicht befassen, wenn sie nicht die zum Betriebe des betreffenden Handwerks erforderliche Meisterprüfung bestanden haben. Ausgenommen hiervon sind diejenigen, welche in Betreff der gewerbsmäßigen Anfertigung solcher Waaren vor Verkündigung der gegenwärtigen Verordnung die vorschriftsmäßige Anzeige bei der Communalbehörde gemacht haben.

§. 33. a. a. O.

Wo das Halten von Magazinen zum Detailverkauf von Hand- §. 54.
werkerwaaren erhebliche Nachtheile für die gewerblichen Verhältnisse des Ortes zur Folge hat, kann durch Ortsstatuten für gewisse Gattungen von Handwerkerwaaren festgesetzt werden, daß die Anlegung solcher Magazine denjenigen, welche nicht zum selbstständigen Betriebe der betreffenden Handwerke befugt sind, nur mit Genehmigung der Communalbehörde gestattet sei, welche dann nur nach vorgängiger Vernehmung der betheiligten Innungen und des Gewerberathes zu ertheilen ist.

§. 34. a. a. O.

Handwerksmeister (§. 23. 24. 26.) dürfen sich zu den technischen §. 55.
Arbeiten ihres Gewerbes nur der Gesellen, Gehülfen und Lehrlinge

*) Unter Gesellen oder Gehülfen sind diejenigen Personen zu verstehen, welche nach §. 23. das Recht zum selbstständigen Betriebe eines Gewerbes noch nicht erlangt haben. Soweit aber Personen vor Verkündigung der V. v. 9. Februar 1849 die Befugniß zum selbstständigen Gewerbebetriebe bereits auf damals zuständige Weise, also namentlich durch Anmeldung bei der Communalbehörde oder beim Gewerbesteueramte erlangt haben, sind sie gleichfalls nicht als Gesellen anzusehen, wenn sie auch sämmtliche Materialien von den Fabrikbesitzern erhalten und nur gegen einen bestimmten Lohn für sie arbeiten. Endlich soll auch, wenn Jemand den selbstständigen Gewerbebetrieb schon vor der Verkündung der V. v. 9. Febr. 1849 begonnen hat, die Bescheinigung der Behörde über die Anmeldung aber erst später erfolgt ist, doch derselbe nicht als Geselle gelten.

So angenommen vom Min. für Handel, Gewerbe, und öffentliche Arbeiten und dem Just. Min., ausgesprochen in einer Anweisung an den Ober-Staatsanwalt beim Kgl. Kammergericht vom 30. Mai 1850 aus Veranlassung eines Spezialfalls.

ihres Handwerks bedienen, soweit nicht von dem Gewerberath eine Ausnahme gestattet wird. Die Beschäftigung weiblicher Personen unterliegt keiner Beschränkung.

§. 47. a. a. O.

§. 56. Fabrikinhaber, so wie alle diejenigen, welche mit Ganz- oder Halbfabrikaten Handel treiben, sind verpflichtet, die Arbeiter, welche mit der Anfertigung der Fabrikate für sie beschäftigt sind, in baarem Gelde zu befriedigen. Sie dürfen denselben keine Waaren kreditiren. Dagegen können den Arbeitern Wohnung, Feuerungsbedarf, Landnutzung, regelmäßige Beköstigung, Arzeneien und ärztliche Hülfe, so wie Werkzeuge und Stoffe zu den von ihnen anzufertigenden Fabrikaten, unter Anrechnung bei der Lohnzahlung, verabreicht werden.

§. 50. a. a. O.

§. 57. Die Bestimmungen des §. 50. finden auch Anwendung auf Familienglieder, Gehülfen, Beauftragte, Geschäftsführer, Faktoren und Aufseher der dort bezeichneten Personen, so wie auf Gewerbtreibende, bei deren Geschäft eine der erwähnten Personen unmittelbar oder mittelbar betheiligt ist.

§. 51. a. a. O.

§. 58. Unter Arbeitern (§. 50.) werden hier auch diejenigen verstanden, welche außerhalb der Fabrikstätten für Fabrikinhaber oder für die ihnen gleichgestellten Personen die zu deren Gewerbebetrieb nöthigen Ganz- oder Halbfabrikate anfertigen oder solche an sie absetzen, ohne von dem Verkauf dieser Waaren an Consumenten ein Gewerbe zu machen.

§. 52. a. a. O.

§. 59. Oeffentliche Versteigerungen neuer Handwerkerwaaren dürfen, soweit sie nicht im Wege der Execution oder im Auftrage eines Gerichtes oder einer andern öffentlichen Behörde erfolgen, nur mit besonderer Genehmigung der Communalbehörde des Versteigerungsortes stattfinden.

§. 69. a. a. O.*)

§. 60. Wer den Bestimmungen der §. 23. 25. 31. 32. 33. 47. 69. zuwiderhandelt, oder zu ihrer Umgehung durch Leihung seines Namens mitwirkt, ist mit Geldbuße bis zu 200 Thlr. oder mit Gefängnißstrafe bis zu 3 Monaten zu bestrafen.

Dieselbe Strafbestimmung gilt für die Uebertretung der nach §. 26. von der Regierung oder von dem Ministerium für Handel, Ge-

*) Ein Möbelmagazin in Berlin hatte Handwerkerwaaren, welche es auf dem Lager nicht mehr verkaufen konnte oder wollte, an einen Privatmann verkauft und dieser sie dann sofort an den Auctions-Commissarius zur Versteigerung übergeben. Das Kammergericht nahm in Sachen wider Cohn u. Gen. an, daß auch diese Handwerkerwaaren als „neue" gelten müßten und der Privatbesitz nicht den Maaßstab für diesen Begriff abgebe.

werbe und öffentliche Arbeiten, oder nach den §§. 29. 34. durch Ortsstatuten getroffenen Festsetzungen.

§. 74. a. a. O.

Uebertretungen der §§. 50—52. werden mit einer Geldbuße bis zu 500 Thlr. und im Falle des Unvermögens mit verhältnißmäßiger Gefängnißstrafe bestraft. Im Wiederholungsfalle wird die Strafe verdoppelt. §. 61.

Jede rechtskräftige Verurtheilung wird auf Kosten des Verurtheilten durch das Amtsblatt und andere öffentliche Blätter derjenigen Kreise, in welchen derselbe und der betheiligte Arbeiter ihren Wohnsitz haben, bekannt gemacht.

§. 75. a. a. O.

Gesellen, Gehülfen und Fabrikarbeiter, welche ohne gesetzliche Gründe eigenmächtig die Arbeit verlassen, oder ihren Verrichtungen sich entziehen, oder sich groben Ungehorsams oder beharrlicher Widerspenstigkeit schuldig machen, sind mit Geldbuße bis zu 20 Thlr. oder Gefängniß bis zu 14 Tagen zu bestrafen. §. 62.

§. 184. der Gewerbeordn. v. 17. Jan. 1845. Gesetzs. S. 77. §. 63.

Die Gesellen und Gehülfen können die Arbeit vor Ablauf der vertragsmäßigen Zeit und ohne vorhergegangene Aufkündigung verlassen:

1. wenn sie zur Fortsetzung der Arbeit unfähig werden;
2. wenn der Arbeitsherr sich thätlich an ihnen vergreift;
3. wenn er sie zu Handlungen hat verleiten wollen, welche wider die Gesetze oder wider die guten Sitten laufen;
4. wenn er ihnen den versprochenen Lohn oder die sonstigen Gegenleistungen ohne genügende Veranlassung vorenthält.

§. 141. a. a. O.

Jeder Meister, dessen Gesellen sich an den zur Arbeit bestimmten Tagen derselben entziehen, ist schuldig, bei 1—3 Thlr. Strafe zur Gewerkskasse, der Obrigkeit davon Anzeige zu machen. §. 64.

§. 362. II. 8. A. L. R.

Kein Wirth oder sogenannter Krugvater in einer Gewerksherberge soll an den zur Arbeit bestimmten Tagen, besonders aber an Montagen einen in Arbeit stehenden Gesellen während der gewöhnlichen Arbeitsstunden bei sich dulden, vielweniger demselben Speisen oder Getränke verabfolgen. §. 65.

§. 363. a. a. O.

Wer diesem Verbote zuwiderhandelt, soll mit einer Polizeistrafe von 2—5 Thlr. belegt werden. §. 66.

§. 364. a. a. O.

Für Berlin:

1) Jeder fremd einwandernde Geselle oder Gehülfe, desgleichen jeder fremde Lehrling, welcher nach beendigter Lehrzeit als Gehülfe

oder Geselle in Berlin bleibt, muß mit einem polizeilichen Arbeitsbuche, jeder in Berlin heimische oder sich bereits längere Zeit dort aufhaltende Geselle oder Gehülfe eines Gewerks, für welches in Berlin eine Innung besteht, dagegen mit einem Innungs-Arbeitsschein versehen sein. 2) Kein Arbeitgeber darf einen Gesellen oder Gehülfen ohne polizeiliches Arbeitsbuch oder Innungsschein in Arbeit nehmen. 3) Erhält der fremde einwandernde Geselle oder Gehülfe Arbeit, so muß er die in der V. v. 18. Januar 1845 verlangte, von dem Arbeitsgeber ausgestellte Bescheinigung, mag der Letztere der Innung angehören oder nicht, von dem Innungs-Vorstande zur Sicherung der Controlle abstempeln lassen. 4) Jeden Arbeits-Ein- und Austritt müssen die mit einem Innungs-Arbeitschein versehenen Gesellen dem Innungs-Vorstande anzeigen und durch einen Stempel auf dem Schein controlliren lassen. Kein Arbeitgeber, mag er der Innung angehören oder nicht, darf einen Gesellen oder Gehülfen annehmen, in dessen Arbeitsschein nicht der fragliche Vermerk gemacht worden. 5) Uebertretungen dieser Bestimmungen ziehen für den Gesellen eine Geldbuße von 5 Sgr. bis zu 1 Thlr., für den Gewerbetreibenden eine solche von 1 bis zu 5 Thlr. oder verhältnißmäßige Gefängnißstrafe nach sich.

V. v. 9. December 1846. Int. Bl. Nr. 295.

Diese Verordnung, namentlich Nr. 3, ist nicht aufgehoben durch Verordn. v. 5. Februar 1848, s. oben S. 26. Die Nr. II. 5. daselbst ist hiernach zu modifiziren.

V. v. 1. März 1848. Int. Bl. Nr. 58.

§. 67. Kein Meister soll dem andern die bei ihm in Arbeit stehenden Gesellen abwendig machen.

§. 368. a. a. O.

§. 68. Geschieht dies, so muß der Meister mit 2—5 Thlr. zur Gewerkskasse bestraft werden.

§. 369. a. a. O.

§. 69. Lehrherrn, welche ihre Pflichten gegen die ihnen anvertrauten Lehrlinge gröblich vernachlässigen, sind mit Geldbuße bis zu 50 Thlr. oder im Falle des Unvermögens mit verhältnißmäßiger Gefängnißstrafe zu belegen.

§. 185. der Gewerbeordn. v. 17. Jan. 1845.

§. 70. Der Lehrherr muß sich angelegen sein lassen, den Lehrling durch Beschäftigung und Anweisung zum tüchtigen Gesellen auszubilden. Er darf dem Lehrlinge die hierzu erforderliche Zeit und Gelegenheit durch Verwendung zu andern Dienstleistungen nicht entziehen. Der Lehrherr muß bemüht sein, den Lehrling zur Arbeitsamkeit und zu guten Sitten anzuhalten, und vor Lastern und Ausschweifungen zu bewahren.

§. 150. a. a. O.

§. 71. Vor zurückgelegtem neunten Lebensjahr darf Niemand in einer Fabrik, oder bei Berg-, Hütten- und Pochwerken zu einer regelmäßigen Beschäftigung angenommen werden.

§. 1. des Regulat. über die Beschäftigung jugendlicher Arbeiter in den Fabriken vom 9. März 1839; bestätigt durch A. K. O. v. 6. April 1839. Gesetzs. S. 156.

Wer noch nicht einen dreijährigen regelmäßigen Schulunterricht genossen hat, oder durch ein Zeugniß des Schulvorstandes nachweist, daß er seine Muttersprache geläufig lesen kann und einen Anfang im Schreiben gemacht hat, darf vor zurückgelegten 16. Jahre zu einer solchen Beschäftigung in den genannten Anstalten nicht angenommen werden. Eine Ausnahme hiervon ist nur da gestattet, wo die Fabrikherrn durch Errichtung und Unterhaltung von Fabrikschulen den Unterricht der jungen Arbeiter sichern. Die Beurtheilung, ob eine solche Schule genüge, gebührt den Regierungen, welche in diesem Falle auch das Verhältniß zwischen Lern- und Arbeitszeit zu bestimmen haben. §. 72.

§. 2. a. a. O.

Junge Leute, welche das 16. Lebensjahr noch nicht zurückgelegt haben, dürfen in diesen Anstalten nicht über 10 Stunden täglich beschäftigt werden. Die Ortspolizeibehörde ist befugt, eine vorübergehende Verlängerung dieser Arbeitszeit zu gestatten, wenn durch Naturereignisse oder Unglücksfälle der regelmäßige Geschäftsbetrieb in den genannten Anstalten unterbrochen, und ein vermehrtes Arbeitsbedürfniß dadurch herbeigeführt worden ist. Die Verlängerung darf täglich nur 1 Stunde betragen und darf höchstens für die Dauer von 4 Wochen gestattet werden. §. 73.

§. 3. a. a. O.

Zwischen den im §. 3. bestimmten Arbeitsstunden ist den genannten Arbeitern Vor- und Nachmittags eine Muße von einer Viertelstunde und Mittags eine ganze Freistunde, und zwar jedesmal auch Bewegung in freier Luft zu gewähren. §. 74.

§. 4. a. a. O.

Die Beschäftigung solcher jungen Leute vor 5 Uhr Morgens und nach 9 Uhr Abends, so wie an den Sonn- und Feiertagen, ist gänzlich untersagt. §. 75.

§. 5. a. a. O.

Christliche Arbeiter, welche noch nicht zur heiligen Communion angenommen sind, dürfen in denjenigen Stunden, welche ihr ordentlicher Seelsorger für ihren Katechumenen- und Confirmandenunterricht bestimmt hat, nicht in den genannten Anstalten beschäftigt werden. §. 76.

§. 6. a. a. O.

Die Eigenthümer der bezeichneten Anstalten, welche junge Leute in denselben beschäftigen, sind verpflichtet, eine genaue und vollständige Liste, deren Namen, Alter, Wohnort, Aeltern, Eintritt in die Fabrik enthaltend, zu führen, dieselbe in dem Arbeitslokal aufzubewahren und den Polizei- und Schulbehörden auf Verlangen vorzulegen. §. 77.

§. 7. a. a. O.

Zuwiderhandlungen gegen diese Verordnung sollen gegen die Fabrikherrn oder deren mit Vollmacht versehenen Vertreter durch Strafe von 1—5 Thlr. für jedes vorschriftswidrig beschäftigte Kind geahndet werden. §. 78.

Die unterlassene Anfertigung oder Fortführung der in §. 7. vorgeschriebenen tabellarischen Liste, wird zum erstenmal mit einer Strafe von 1—5 Thlr., die zweite Verletzung dieser Vorschrift wird mit einer Strafe von 5—50 Thlr. belegt.

§. 8. a. a. O.

§. 79. Den Ministern der Medicinalangelegenheiten, der Polizei und der Finanzen bleibt es vorbehalten, diejenigen besondern sanitäts=, bau- und sittenpolizeilichen Anordnungen zu erlassen, welche sie zur Erhaltung der Gesundheit und Moralität der Fabrikarbeiter für erforderlich halten. Die hierbei anzudrohenden Strafen dürfen 50 Thlr. Geld= oder eine diesem Betrag entsprechende Gefängnißstrafe nicht übersteigen.

§. 10. a. a. O.

Für den Reg.=B. Potsdam:

Durch mehrere Gesetze, namentlich durch das Patent v. 6. Aug. 1732 sind die Schmausereien bei Lossprechung der Handwerkslehrlinge bei ernstlicher Strafe untersagt worden. Diese Verordnung wird, da der Mißbrauch sich wieder, namentlich bei den Papiermachern, gezeigt hat, hierdurch erneut bekannt gemacht.

Reg. V. v. 28. Jan. 1817. Amtsbl. S. 46.

§. 80. Die Inhaber von Buchdruckereien dürfen bei einer Geldbuße von 50—100 Thlr. das sogenannte Postuliren in ihren Officinen nicht dulden, auch keinen Unterschied zwischen Cornuten und postulirten Gesellen gestatten, vielmehr, wenn die Gesellen es sich herausnehmen, sich irgend einen Vorzug vor andern ihres gleichen, die nicht postulirt haben, beizulegen, diese als Cornuten zu behandeln, von ihnen Beiträge zu erfordern, sie dazu durch Ausschließungen von den den postulirten Gesellen zukommenden Rechten zu nöthigen, oder dieselben zu beschimpfen, solches sogleich der Obrigkeit anzeigen. Diejenigen Gesellen, welche das Postulat anwenden oder bei sich anwenden lassen, sollen erstere mit 14, letztere mit 8tägiger Gefängnißstrafe belegt werden.

Bei hartnäckiger Fortsetzung eines solchen Mißbrauchs soll gegen erstere 4wöchentliche Zuchthausstrafe und Abnahme des Lehrbriefes stattfinden.

Wenn Gesellen von losgesprochenen Lehrlingen das Geringste an Gelde, es sei unter dem Namen Cornuten=, Postulatgeld oder irgend einer andern Benennung erheben, sind sie für jeden Thaler mit 24stündiger Gefängnißstrafe zu belegen.

Im Falle Buchdruckergesellen, die bereits in hiesigen Landen oder außerhalb Landes postulirt haben, sich irgend einen Vorzug vor andern Gesellen, die nicht postulirt haben, beilegen, oder gar diese beschimpfen möchten, sind erstere nach Befinden mit 3, 6 bis 8tägiger Gefängnißstrafe zu belegen, und soll in wiederholten Fällen ebenso, als es für dergleichen Wiederholungen und Hartnäckigkeit bei Anwendung des Postulats oben vorgeschrieben ist, gegen sie verfahren werden.

Verbot des Generaldirektoriums v. 8. Oct. 1803, den bei den Buchdruckergesellen unter dem Namen des Postulirens bestehenden Mißbrauch betreffend, erlassen auf Allerhöchsten Spezialbefehl N. N. C. Tom. XI. S. 1895.

3. Schutz der Gewerbtreibenden.

Wer überführt wird, ein durch ein Patent erlangtes Recht beeinträchtigt zu haben, dem wird unter Zulastlegung der Untersuchungskosten die Benutzung oder Anwendung der patentirten Sache auf so lange, als das Patent besteht, untersagt, ihm auch bekannt gemacht, daß er im Wiederholungsfalle mit Confiscation der vorgefundenen Werkzeuge, Materialien und Fabrikate bestraft werden würde, welche Strafe, wenn die Drohung fruchtlos ist, dergestalt zur Ausführung gebracht wird, daß sämmtliche confiscirte Objekte dem Patentirten zur weitern Benutzung übergeben werden, welchem außerdem überlassen bleibt, im Wege des Civilprocesses den ihm zugefügten Schaden gegen den Beeinträchtiger geltend zu machen. §. 81.

§. 10. der K. O. v. 27. Sept. 1815, mitgetheilt durch das Reskript v. 17. Oct. 1815. v. Kamptz Ann. Bd. VII. S. 827.

Wenn Jemand vollständig zu erweisen im Stande ist, daß er die nämliche Sache, worüber ein Patent ertheilt worden, früher oder gleichzeitig mit dem Patentirten erfunden oder in nämlicher Art verbessert hat, so wird demselben das Recht, seine gleichzeitige oder frühere Erfindung oder Verbesserung zu benutzen, durch das ertheilte Patent in keiner Art beschränkt. §. 82.

§. 8. a. a. O.

4. Marktverkehr.

Der Besuch der Messen, Jahr- und Wochenmärkte, so wie der Kauf und Verkauf auf denselben steht einem Jeden mit gleichen Befugnissen frei. Beschränkungen hierin gegen Ausländer als Erwiderung der im Auslande gegen diesseitige Unterthanen angeordneten Beschränkungen bleiben den Ministerien vorbehalten. §. 83.

§. 75. der allgemeinen Gewerbeordnung vom 17. Jan. 1845. Gesetzs. S. 55.

Die Ministerien sind befugt, die Zahl, Zeit und Dauer der Märkte festzusetzen. Dem Marktberechtigten steht gegen eine solche Anordnung kein Widerspruch zu. §. 84.

§. 76. a. a. O.

Der Marktverkehr darf in keinem Falle mit andern als solchen Abgaben belastet werden, welche eine Vergütung für den überlassenen §. 85.

Raum, und den Gebrauch von Buden und Geräthschaften bilden. In den Bestimmungen darüber, ob und in welchem Umfange Abgaben dieser Art erhoben werden dürfen, wird durch gegenwärtiges Gesetz nichts geändert.

§. 77. a. a. O.

§. 86. Gegenstände des Wochenmarktverkehrs sind:

1. rohe Naturerzeugnisse mit Ausschluß des größeren Viehes;
2. Fabrikate, deren Erzeugung mit der Land- und Forstwirthschaft oder der Fischerei in unmittelbarer Verbindung steht, oder zu den Nebenbeschäftigungen der Landleute der Gegend gehört, oder durch Tagelöhnerarbeit bewirkt wird, mit Ausschluß der Getränke;
3. frische Lebensmittel aller Art.

Jede Regierung hat unter Genehmigung der Ministerien ein Verzeichniß der Gegenstände bekannt zu machen, welche hiernach oder nach Ortsgewohnheit und Bedürfniß in ihrem Bezirke überhaupt oder an gewissen Orten zu den Wochenmarktsartikeln gehören.

§. 78. a. a. O.

§. 87. Einrichtungen, nach welchen der Einkauf von Lebensmitteln auf Wochenmärkten einzelnen Klassen von Käufern nicht während der ganzen Dauer des Marktes, sondern nur während einer gewissen Zeit gestattet wird, dürfen nur dann fortbestehen, wenn ihre Beibehaltung in Rücksicht auf örtliche Gewohnheiten und Bedürfnisse von der Regierung genehmigt wird.

§. 79. a. a. O.

§. 88. Gegenstände, welche an sich zum Marktverkehr gehören und von außerhalb zum Marktorte gebracht werden, dürfen an Markttagen an keinen andern, als an den für den Markt bestimmten, von der Ortspolizeibehörde in genügendem Umfange anzuweisenden Plätzen, auch nicht vor oder in den Thoren gekauft werden. Nähere Bestimmungen hierüber bleiben den einzelnen Marktordnungen vorbehalten.

§. 80. a. a. O.

§. 89. Von der Bestimmung des §. 80. sind diejenigen Gegenstände ausgenommen, welche täglich zum Verkauf in den Häusern und auf den Straßen umhergetragen werden dürfen (§. 86.); auch bleibt der Verkauf aus besonderen Lokalen zulässig.

§. 81. a. a. O.

§. 90. Auf Jahrmärkten dürfen außer den in §. 78. genannten Gegenständen auch Südfrüchte und ausländische Gewürze, ingleichen Fabrikate aller Art feil gehalten werden.

§. 82. a. a. O.

§. 91. Der Verkauf von Getränken und zubereiteten Speisen zum Genuß auf der Stelle darf auf Jahrmärkten nur nach Maaßgabe der örtlichen Gewohnheiten und Bedürfnisse gestattet werden.

§. 83. a. a. O.

In den Grenzen der Bestimmungen der §§. 76—83. kann die Polizeiobrigkeit unter Genehmigung der Regierung die Marktordnung nach dem örtlichen Bedürfniß festsetzen, namentlich auch für das Feilbieten von gleichartigen Gegenständen den Platz, und für das Feilbieten im Umhertragen mit oder ohne Ausruf die Tageszeit und die Gattung der Waaren bestimmen. §. 92.

§. 84. a. a. O.

Die Bestimmungen der §§. 76. 77. 79. 80. 81. u. 84. finden auch auf diejenigen Märkte Anwendung, welche an einzelnen Orten bei besonderen Gelegenheiten oder für einzelne Gattungen von Gegenständen gehalten werden; z. B. Weihnachtsmärkte, Woll-, Vieh-, Butter-, Garn-, Leinwandmärkte und dergl. mehr. §. 93.

Hinsichtlich der Gegenstände, welche auf dergleichen Märkten feilgehalten, und der Verkäufer, welche darauf zugelassen werden dürfen, bleibt es bei der bisherigen Observanz. Erweiterungen dieses Marktverkehrs können von der Regierung nach Vernehmung der Communalbehörden angeordnet werden.

§. 85. a. a. O.

In wiefern solche Erzeugnisse, welche nach §. 78. Gegenstände des Wochenmarktverkehrs sind, auch außer der Marktzeit auf offener Straße oder in Fahrzeugen auf öffentlichen Gewässern feilgehalten, oder zum Verkauf in Häusern umhergetragen werden dürfen, ist nach dem örtlichen Bedürfniß und nach den Vorschriften für den Gewerbebetrieb im Umherziehen von der Ortspolizeiobrigkeit zu bestimmen. §. 94.

§. 86. a. a. O.

Beschränkungen des Verkehrs mit den zu Messen und Märkten gebrachten oder unverkauft gebliebenen Gegenständen werden hierdurch aufgehoben. Der Einzelnverkauf solcher Gegenstände außer der Marktzeit ist jedoch nur unter denselben Bedingungen zulässig, unter welchen derselbe statthaft sein würde, wenn die Gegenstände nicht auf den Markt gebracht wären. §. 95.

§. 87. a. a. O.

Die Uebertretungen der polizeilichen Anordnungen wegen des Marktverkehrs sind mit Geldbuße bis zu 20 Thlr. oder im Unvermögensfalle mit verhältnißmäßiger Gefängnißstrafe zu belegen. §. 96.

§. 187. a. a. O.

Wo nach der bisherigen Ortsgewohnheit gewisse Handwerkerwaaren, welche nicht zu den Gegenständen des einem Jeden frei gegebenen Wochenmarktverkehrs gehören (§. 78. der Gewerbeordn.), nur von Bewohnern des Marktortes auf dem Wochenmarkte verkauft werden durften, kann die Regierung nach Anhörung des Gewerberathes den einheimischen Verkäufern die Fortsetzung des herkömmlichen Wochenmarktverkehrs mit jenen Handwerkerwaaren gestatten, ohne auswärtige Verkäufer §. 97.

derselben Waaren auf dem Wochenmarkte zuzulassen. (§. 75. der Gewerbeordn.)

§. 70. der Verordn. v. 9. Febr. 1849. Gesetzs. S. 108.

§. 98. Einrichtungen, nach welchen der Einkauf von Lebensmitteln auf Wochenmärkten einzelnen Klassen von Käufern nicht während der ganzen Dauer des Marktes, sondern nur während einer gewissen Zeit gestattet wird, dürfen auch an Orten, wo solche noch nicht bestehen (§. 79. der Gewerbeordn.) nach Maaßgabe des örtlichen Bedürfnisses mit Genehmigung der Regierung eingeführt werden.

§. 71. a. a. O.

§. 99. Das Edikt über den Vor- und Aufkauf vom 20. Nov. 1810 ist durch die §§. 80. 187. der allg. Gew.-Ordn. aufgehoben.

Min. Vrf. v. 7. Febr. 1847 (M. Bl. d. i. V. S. 22.).

Dies kann sich indeß nur auf die Strafe der Käufer beziehen; die Verkäufer sind in der Gew.-Ordn. nicht mit Strafe bedroht, wie das Min. Rscr. v. 31. Januar 1848 (M. Bl. d. i. V. S. 54) anerkennt. Deshalb ist das Edikt hier noch mit der darin enthaltenen Strafvorschrift nachgetragen:

§. 100. An Markttagen bleibt das Aufkaufen und Verkaufen in und vor den Thoren, so wie auf den Straßen und in den Wirthshäusern, kurz an jedem Orte außer dem Markt untersagt, insofern das Objekt unter 5 Thlr. werth ist, bei Strafe der Confiscation; hat das Objekt höheren Werth, so findet nach dem Ermessen der Polizeibehörde eine Strafe von 5—100 Thlr. Statt. Käufer und Verkäufer haften gemeinschaftlich für diese Strafe, jedoch so, daß sie von dem einen derselben vollständig, mit Ueberlassung des Regresses wegen der Hälfte an den andern, beigetrieben werden kann.

§. 3. des Edikts über den Vor- und Aufkauf in der ganzen Monarchie v. 20. Nov. 1810 (Gesetzs. S. 100).

Für Berlin

ist eine besondere Wochenmarktordnung erlassen, welche folgende Strafvorschriften enthält:

§. 1. Die Berliner Wochenmärkte finden Statt:
Montags und Donnerstags auf dem Neuen Markt,
" " Alexanderplatz,
" " Leipzigerplatz.
Dienstags und Freitags auf dem Neuen Markt,
am Oranienburger Thor,
" Frankfurter Thor.
Mittwochs und Sonnabends auf dem Neuen Markt,
" " Molkenmarkt,
" " Gendarmenmarkt,
" " Dönhofsplatz,
am Halleschen Thor,
" Rosenthaler Thor.

§. 2. Außerdem werden noch:
1) des Sonntags auf dem Neuen Markt und
am Rosenthaler Thor
Frühmärkte,
2) Montags und Donnerstags auf dem Neuen Markt und
Dienstags und Freitags auf dem Dönhofsplatz
Abendmärkte abgehalten.

§. 3. Zu den Wochenmarkt-Artikeln gehören:

I. Erzeugnisse des Bodens, der Land- und Forstwirthschaft, der Jagd und Fischerei, welche zum Genusse dienen:

Alle eßbaren Garten-, Wald- und Feldfrüchte (frisch, getrocknet, gebacken oder eingekocht), als: Obst, Citronen, Pomeranzen, Apfelsinen, Gemüse, Kräuter, Knollen und Wurzeln, auch rohe ungedörrte Cichorienwurzeln; ferner Pilze, Beeren, Sämereien, Getreide und Hülsenfrüchte, Mehl jeder Art (einschließlich des Kartoffel- und Senfmehls) und alle anderen Mühlenfabrikate aus Getreide und Hülsenfrüchten, sodann Hefe, Brod, Semmel und ähnliche Backwaaren. — Kleine vierfüßige Thiere, Kälber, Schaafvieh, Schweine, Ziegen, Milch, Butter, Käse, Fleisch und Fleischwaaren (frisch, gesalzen oder geräuchert), wildes Geflügel und Wildprett aller Art, Federvieh, Eier, Honig, Krebse, Muscheln, Fische (frisch, gesalzen, gedörrt oder geräuchert).

II. Andere Erzeugnisse der Natur und der mit dem Landbau und mit der Forstwirthschaft verbundenen gewerblichen Thätigkeit:

Rohe Steine und Erden, Schiefer, Kalksteine, roher Gyps und Traß, Kreide, Thon, Walkerde, Sand, Feuer-, Wetz- und Schleifsteine und Ziegel.

Gras, Heu, Viehfutter (auch Oelkuchen); Stroh, Schilf, Rohr, Bast, Laub- und Nadelstreu, Seetang, Moos, Schwamm, rohe Wurzelgewächse, Stengel und Blätter (namentlich auch rohe, unbearbeitete Tabacksblätter), Blumen und Pflanzen, Hopfen, Wau, Karden, desgleichen Oel- und Kleesaat und andere Pflanzensaamen.

Sträucher, Bäume, Ruthen, Reiser, auch Besen aus Reisern, so wie grobe Geflechte aus Holzspänen, aus Weiden, Schilf, Rohr, Bast, Stroh und dergleichen.

Flachs, Hanf, Leinengarn, Zwirn, Band und Strümpfe aus Leinen, Leinwand, Zwillich und Drillich.

Brennholz, Torf, Holz-, Braun- und Steinkohlen und andere Brennmaterialien, Lohe und Lohkuchen, Harz, Theer, Pech, Kienöl, Kienruß, Asche, Bau-, Nutz- und Schirrholz, Pfähle, Bretter, Latten, Dachsplitten, auch grobe Holzwaaren.

Vögel, Bienenstöcke, rohes Wachs, Schreib- und neue Bettfedern, rohes Horn, Knochen, rohe Thierfelle, Borsten, Thierhaare und wollenes Strickgarn*).

§. 4. Andere, als die vorstehend aufgeführten Artikel und Kramwaaren jeder Art, dürfen auf den Wochenmärkten nicht verkauft werden, und wo solches noch hin und wieder aus älterer Zeit her geschieht, muß der Handel mit denselben am 1. Januar 1849 aufhören. Kramwaarenhändler, welche ihre Verkaufsstelle auf dem Wochenmarkt länger als drei Monate nicht benutzt haben, werden sogleich ausgeschlossen.

*) §. 3. ist wörtlich entnommen aus der Circ. Verf. des Minist. v. 26. Dec. 1847 (Min. Bl. d. i. V. v. 1848 S. 25), welche für den Reg. Bez. Potsdam durch V. v. 26. Febr. 1848 (Amtsbl. S. 64) bekannt gemacht ist.

§. 5. Zu den Victualien, welche auf den Märkten verkauft werden können, dürfen Getränke, namentlich Bier und Branntwein, nicht gerechnet werden. Jedoch soll zur Bequemlichkeit der Marktfieranten der Handel mit gekochtem Kaffee gestattet sein.

§. 6. Die vorstehend (§. 3.) genannten Artikel dürfen, mit Ausnahme von Getreide, Stroh, Heu, Holz und Torf, so wie Landtaback in Wagenladungen, und kleinem Schlachtvieh auf allen Wochenmärkten feil gehalten werden.

§. 7. Für Getreide findet der Landmarkt täglich auf dem Gendarmenmarkt und der Wassermarkt täglich an der Friedrichsbrücke statt.

§. 8. Stroh und Heu, Nutz- und Brennholz, so wie Torf, werden nur auf dem Alexanderplatz und dem Gendarmenmarkt an den gewöhnlichen Wochenmarkttagen zugelassen.

§. 9. Landtaback in Wagenladungen darf Dienstags und Freitags, im Herbst jedoch täglich, in der Klosterstraße zu Markte gebracht werden.

§. 10. Für Kälber, Schaafvieh, Schweine und Ziegen ist der Viehmarktplatz am Landsberger Thore mit bestimmt, woselbst sie täglich verkauft werden dürfen.

§. 11. Für Fische findet, außer auf den Wochenmärkten, ein täglicher Markt an dem Inselgebäude und auf dem Spittelmarkt statt.

§. 12. Mit frischem Obst darf in den zutreffenden Jahreszeiten täglich an der Friedrichsbrücke von den Werderschen Obstzüchtern, mit sauren Kirschen auch in der Klosterstraße Markthandel getrieben werden.

§. 13. Apfelsinen, frisches Obst, Waldbeeren, Radischen, Rüberettige, Zimmt- und Fastenprezeln, eingelegte Gurken, Bollen, Bücklinge und Flundern, Milch, Reiserbesen und Sand können täglich in den Häusern und auf den Straßen, nach Maaßgabe der dazu ertheilten polizeilichen Erlaubnißscheine, verkauft werden.

§. 14. Andere als die oben genannten (§. 13.) Gegenstände, die zu den Wochenmarkt-Artikeln gehören und von außerhalb zu Markte gebracht werden, dürfen an keinen andern als den für den Markt bestimmten Plätzen, auch nicht vor oder in den Thoren gekauft und verkauft werden. Nur bei Kohlen, Torf, Kartoffeln, Bollen und frischem Obst ist der Verkauf vom Schiffe auf den hierzu angewiesenen Anlegeplätzen gestattet.

§. 18. Personen, die ihre Dienste als Marktträger anbieten wollen, müssen nummerirte Legitimationskarten und mit gleicher Nummer versehenes Tragegeräth bei sich führen, sich auch in allen übrigen Stücken nach den über ihren Gewerbebetrieb erlassenen besonderen Bestimmungen verhalten.

§. 19. Der Markt, d. h. der eigentliche Handel, beginnt auf den gewöhnlichen Wochenmärkten (§. 1.) in den Sommermonaten, vom 1. April bis 1. October, um 6 Uhr, in den Wintermonaten, vom 1. October bis 1. April, um 7 Uhr Morgens, und dauert bis 1 Uhr Mittags. Der Anfang des Marktes wird durch das Aufziehen der Marktflagge, wo eine solche vorhanden, und dessen Beendigung durch das Einziehen derselben kund gethan. Vor und resp. nach dieser Zeit darf auf dem Markte kein Handel betrieben werden.

§. 20. In Betreff dieser Schlußzeit macht der des Sonnabends auf dem Gendarmenmarkt stattfindende Wochenmarkt eine Ausnahme, indem dieser wegen Nähe der Kirchen und der darin stattfindenden gottesdienstlichen Verrichtungen schon um 12 Uhr Mittags vollständig beendigt und der Platz selbst von allen Marktutensilien geräumt sein muß.

§. 21. Die Sonntags-Frühmärkte (§. 2. ad 1) müssen in den Monaten Mai, Juni, Juli und August um 8 Uhr, in den übrigen Monaten aber um 8½ Uhr geschlossen und spätestens eine halbe Stunde nach dem Schluß sämmtliche Utensilien vom Marktplatze fortgeschafft sein.

Die Abendmärkte (§. 2. ad 2) dauern von 1 Uhr Mittags bis 5 Uhr Abends in den sechs Wintermonaten und bis 7 Uhr Abends in den sechs Sommermonaten.

§. 22. Die Handelsstellen werden den Verkäufern von dem inspicirenden Polizeibeamten angewiesen, dessen Anordnungen ein Jeder pünktlich Folge zu leisten hat. Glaubt der Eine oder Andere sich in seinen Rechten verletzt, so bleibt ihm die Beschwerde bei dem Polizei-Präsidium überlassen.

§. 25. Kein Verkäufer ist berechtigt, seine Marktstelle einem Andern zu überlassen, er muß es sich daher gefallen lassen, daß sie anderweitig vergeben wird, wenn er von ihr keinen Gebrauch macht.

§. 27. Die Marktverkäufer müssen mit den nöthigen Vorrichtungen zur Lagerung ihrer Waare versehen sein. Das Aufschütten des Obstes, der Kartoffeln, Bollen, Gurken und dergleichen auf bloßer Erde darf unter keinen Umständen stattfinden.

§. 28. Einen Plan oder eine sonstige Bedachung über die zu Markte gebrachten Gegenstände anzubringen ist im Allgemeinen nicht statthaft. Da indessen mehrere Wochenmarkt-Artikel durch den Einfluß der Witterung leiden, so soll dies in einzelnen Fällen nachgegeben werden. Die Erlaubniß hierzu ertheilt der Markt-Polizei-Inspector. Die Bedachung muß aber genau nach seiner Anweisung und jederzeit so angebracht werden, daß sie weder der Passage hinderlich wird, noch dem Publikum überhaupt zum Nachtheil gereichen kann.

§. 29. Mit dem Aufbauen des Marktes darf nicht früher als eine Stunde vor dem Anfang des eigentlichen Marktverkehrs begonnen werden, in den Sommermonaten daher nicht vor 5 und in den Wintermonaten nicht vor 6 Uhr.

§. 30. Die Wagen müssen, soweit es thunlich, beim Abladen nicht neben einander, sondern einer hinter den andern auffahren, und dürfen nicht länger auf dem Marktplatze verweilen, als zum Abladen der Waaren unumgänglich nöthig ist. Sobald das Abladen erfolgt ist, müssen die Fuhrwerke ohne weiteren Aufenthalt den Marktplatz verlassen.

§. 31. Nur den auswärtigen Handelsleuten, welche ihre Waare mittelst Fuhre hierher bringen, ist es nachgelassen, ihre Wagen auf dem Markt nach Anweisung der Markt-Polizeibeamten aufzufahren, und von denselben herab die Waare zu verkaufen.

§. 32. Solche Verkäufer dürfen jedoch keine Kasten, Körbe oder andere Behältnisse neben dem Wagen absetzen, um aus diesen gleichzeitig zu verkaufen. Wollen sie dies, so müssen sie eine ordentliche Verkaufsstelle auf dem Markte selbst einnehmen, den Wagen aber von demselben fortschaffen.

§. 33. Auch die Handwagen, auf welchen die Waaren zu Markte gebracht werden, sind nach erfolgtem Abladen vom Marktplatze zu entfernen, es sei denn, daß die Waare ihrer Beschaffenheit nach auf dem Wagen verbleiben muß und durch dessen Aufstellung die Handelsstelle selbst keine größere Ausdehnung erhält.

§. 34. Die Aufstellung der Bänke und Sitze für die Verkäufer muß zur Vermeidung jeder Störung im Marktverkehr vor dem Beginn des Marktes geschehen.

§. 35. Das Mitbringen von Hunden auf den Markt ist sowohl den Verkäufern, als den Käufern untersagt (noch besonders mit einer Strafe bis zu 5 Thlr. oder verhältnißmäßigem Gefängniß bedroht in der V. v. 11. Febr. 1848, Amtsbl. S. 66). Diejenigen Hunde, welche zum Ziehen der Transportwagen benutzt worden sind, müssen mit einem vorschriftsmäßigen Maulkorb versehen sein, und dürfen gleichfalls nicht auf dem Markte gelassen werden.

§. 36. Der Gebrauch von Kohlenbecken ist zwar auf den Wochenmärkten gestattet, jedoch müssen dieselben von Eisen, Blech, Messing oder Kupfer sein und die erforderliche Oeffnung nur an der Seite haben, auch nicht zum Kochen von Speisen und Getränken benutzt werden.

§. 37. Niemand darf solche Lebensmittel zu Markte bringen, welche nach ihrer Beschaffenheit der Gesundheit nachtheilig werden können. Dahin sind u. a. zu rechnen: abgestandene alte Fische, in Fäulniß übergegangenes Fleisch, verdorbene Butter, unreife Kartoffeln u. s. w. Finden sich dergleichen, auch nur verdächtige Nahrungsmittel vor, so ist deren Verkauf sofort einzustellen, und es erfolgt ihre Beschlagnahme und Untersuchung durch einen Sachverständigen. Bestätigt sich der Verdacht, und können die Waaren in einen genießbaren Zustand nicht zurückversetzt werden, so sind dieselben auf Kosten des Eigenthümers zu vergraben; entgegengesetzten Falles aber dem Verkäufer zurückzugeben, ohne daß diesem ein Anspruch auf Entschädigung zusteht.

§. 38. Unreifes, zum Einmachen oder zu Saucen dienendes Obst darf zwar zu Markte gebracht, jedoch niemals an Kinder verkauft werden.

§. 39. Absichtliche Verfälschung der Lebensmittel, wohin jede zur Maaß- oder Gewichtsvermehrung dienende Vermischung mit schädlichen oder unschädlichen Stoffen, z. B. die absichtliche Vermischung der Butter oder Milch mit Wasser und dergleichen zu rechnen ist, wird außer der Confiscation mit der in den Gesetzen bestimmten Strafe geahndet.

§. 40. Ein jeder Verkäufer muß richtiges Preußisches Maaß und Gewicht halten, und kein anderes mit sich führen; da der Einwand, daß er es nicht zum Messen und Wägen, sondern zu andern Zwecken benutze, kein gesetzlicher Entschuldigungsgrund ist.

§. 41. Da die Courantrechnung bei den Groschen abgeschafft ist, so spricht bei jedem nach Groschen abgeschlossenen Handel die gesetzliche Vermuthung dafür, daß Silbergroschen gemeint seien.

§. 42. Der Verkauf von finnigem Fleische, dessen Genuß an sich der Gesundheit keinen Nachtheil bringt, ist zwar erlaubt, indessen ist der Verkäufer verpflichtet, den Käufer vor dem Abschluß des Handels mit dieser Eigenschaft des Fleisches bekannt zu machen. Geschieht dies nicht, so muß der Verkäufer nicht allein das Fleisch zurücknehmen, sondern es trifft ihn außerdem noch Strafe.

§. 43. Den Fleischern ist verboten, Köpfe, Füße, Knochen und andere dergleichen weniger genießbare Gegenstände als Beilage zu dem Braten und dem Kochfleische mit einzuwiegen. Diese Theile müssen vielmehr für sich allein und zu besondern Preisen verkauft werden.

§. 44. Wer Roßfleisch zum Verkauf auf den Markt bringt, darf nicht gleichzeitig anderes Fleisch feilhalten und muß an seiner Verkaufsstelle eine Tafel mit der deutlichen Aufschrift „Roßfleisch" führen.

§. 45. Niemand darf den Andern durch Zurückdrängen und auf andere Weise von dem beabsichtigten Kauf und Handel abhalten oder darin stören.

§. 46. Die Verkäufer von Kartoffeln dürfen während des Markthandels den Preis nicht steigern, widrigenfalls sie vom Markte fortgewiesen werden.

§. 49. Käufer und Verkäufer sind gehalten ihr Benehmen so einzurichten, daß weder der Anstand noch die öffentliche Ruhe gestört wird. Müßiges, zweckloses Stillstehen, wodurch die freie Passage leidet, und bei entstandener Unruhe der Zusammenlauf vergrößert wird, ist unbedingt verboten.

§. 52. Sobald das Signal zum Abbauen des Marktes durch Einziehen der Marktflagge gegeben ist, welches um 1 Uhr Mittags und Sonnabends auf dem Gendarmenmarkt um 12 Uhr geschieht, müssen die Verkäufer nicht allein den Handel einstellen, sondern auch ihre Handelsutensilien zusammenpacken und fortschaffen. Es ist daher ihre Sache, für die rechtzeitige Ankunft ihrer Transportmittel zu sorgen; da der Platz spätestens eine Stunde nach dem Marktschluß von allen Waaren und Utensilien geräumt sein muß.

§. 53. Bei dem Aufladen und dem An- und Abfahren der Wagen ist dasselbe Verfahren zu beobachten, wie im §. 30. bei dem Aufbauen des Marktes vorgeschrieben ist. Kein Fuhrwerk darf zur Abwartung des Marktschlusses in den angrenzenden Straßen des Marktes aufgestellt bleiben.

§. 54. Es ist durchaus unstatthaft, Schragen und andere Marktutensilien, namentlich Fleischblöcke auf dem Marktplatze, oder in der Umgegend stehen zu lassen. Wo dergleichen Geräthe nach beendigtem Markt noch wahrgenommen werden, sind sie auf Gefahr und Kosten des Eigenthümers von Polizei wegen wegzuschaffen, und wenn dieser nicht binnen 8 Tagen die Rückgabe nachsucht, zu verkaufen. Der Erlös wird mit Zurückweisung aller Ansprüche des sich später meldenden Eigenthümers, nach Abzug der Kosten, zur Stadt-Armen-Casse abgeführt.

§. 55. Dasselbe gilt von den Fischbehältern, in so fern solche nicht ihren beständigen Stand auf den Verkaufsstellen haben.

Alle Fischbehälter, bei denen letzteres der Fall ist, müssen täglich des Abends entleert, des Morgens aber wieder mit frischem Wasser gefüllt werden.

§. 56. Zur Schonung des Straßenpflasters darf die Entleerung der Fischfässer vom Wasser niemals durch Umstürzen geschehen. Vielmehr muß in dem Boden der Fischbehälter ein Zapfloch angebracht und durch dieses vermittelst einer untergelegten, bis in den Rinnstein reichenden Rinne das Wasser abgelassen werden. Dies muß auch geschehen, wenn das Wasser während der Marktzeit gewechselt werden soll.

§. 57. Das Zurücklassen von Kraut, Knochen und anderen größeren Abgängen ist ebenfalls untersagt. Dergleichen muß jeder Verkäufer zusammenraffen und mit den Handelsutensilien zugleich fortschaffen.

§. 58. Die Bänke und Sessel muß der Stättegeldpächter, oder wer solche sonst vermiethet, unmittelbar nach dem Schluß des Marktes vom Platze wegschaffen lassen. Der Stättegeldpächter oder sonstige Vermiether bleibt in dieser Beziehung für sein Dienstpersonal allein verantwortlich.

§. 59. Der Marktverkehr darf in keinem Falle mit andern als solchen Abgaben belastet werden, welche eine Vergütigung für den überlassenen Raum oder den Gebrauch von Buden und Geräthschaften bilden.

§. 60. Eine solche Abgabe ist das Stättegeld, welches dem hiesigen Magistrat für die einzelnen Verkaufsstellen nach Maaßgabe ihres Umfanges zusteht und von dem Stättegeldpächter erhoben wird.

§. 61. Für die Wochenmärkte beträgt dieses Stättegeld

1) für eine Wagenladung	1 Sgr. 3 Pf.,
2) für den laufenden Fuß jeder andern Verkaufsstelle	— = 1 =
3) für lebendes Geflügel, welches nicht auf Karren oder in andern Behältnissen ausgestellt ist, pro Stück	— = 1 =

§. 62. Die Zahlung des Stättegeldes liegt dem Marktverkäufer ob, sobald er seine Verkaufsstelle eingenommen hat. Wer die Zahlung verweigert, hat sofortige Wegweisung vom Markte zu gewärtigen, und es wird hierbei auf den Einwand, daß der Marktfierant noch nichts verkauft und daher kein Zahlungsmittel habe, nicht Rücksicht genommen.

§. 63. Die Bewohner des platten Landes und kleinerer Städte, welche selbst oder durch ihre Dienstleute eigene Erzeugnisse an Getreide, Victualien oder andere Bedürfnisse für Menschen, als: Holz, Kiehn, Besen, Taback, Kohlen, Flachs, Hanf u. s. w., oder Futter für das Vieh, als: Heu, Stroh, Häckfel u. s. w. auf die hiesigen Wochenmärkte bringen, sind zwar ohne Ausnahme von der Erlegung des Stättegeldes befreit.

§. 64. Dieselben müssen jedoch, wenn sie diese Befreiung genießen wollen, jedesmal ein für das laufende Jahr ausgestelltes Zeugniß des Magistrats oder Schulzen ihres Wohnorts des Inhalts bei sich führen: daß sie nicht aufgekaufte Gegenstände hierher zu Markte bringen, und dieses Zeugniß den Stättegelderhebern auf Verlangen vorzeigen.

§. 65. Kein Verkäufer ist verpflichtet, von dem Stättegeldpächter Bänke, Stühle u. s. w. zu miethen. Wünscht er jedoch von dem Pächter einen Sitzplatz auf einem Stuhl oder einer Bank, so zahlt er dafür, incl. des Transports, 8 Pf.

§. 66. Der geltende Stättegeldtarif selbst, vom 3. September 1824, ist zu Jedermanns Ansicht in der Marktbude des inspicirenden Polizeibeamten aufgehängt.

§. 67. Etwanige Streitigkeiten über die Verpflichtung zur Zahlung des Stättegeldes oder dessen Betrag sind zur Kenntniß des Markt-Polizeibeamten zu bringen, welcher mit Vorbehalt der weiteren Bestimmung des Polizei-Präsidii nach Anleitung des Tarifs eine einstweilige Entscheidung zu treffen und, wenn er den Verkäufer zur Zahlung für verpflichtet hält, das Stättegeld bis zum nächsten Markttage in Verwahrung zu nehmen hat.

§. 68. Von einer Ueberhebung ist jederzeit dem Polizei-Präsidium Anzeige zu machen.

§. 69. Dagegen werden auch alle gerechte Forderungen des Stättegelderhebers auf Anrufung des polizeilichen Beistandes von dem Markt-Polizeibeamten in Schutz genommen werden.

§. 70. Uebertretungen der Vorschriften dieser Markt-Ordnung werden, in so fern dieselben nicht nach anderweiten Gesetzen oder besonderen Polizei-Verordnungen zu bestrafen sind, mit einer Geldbuße bis zu 20 Thalern oder im Unvermögensfalle mit verhältnißmäßiger Gefängnißstrafe geahndet.

V. v. 9. Febr. 1848. Beil. zum 9. Stück des Amtsbl.

Die im §. 18. derselben in Bezug genommenen besonderen Bestimmungen sind folgende:

§. 1. Personen, welche auf Wochen- oder Jahrmärkten ihre Dienste als Träger anbieten wollen, bedürfen einer besondern polizeilichen Concession.

§. 2. Diese Concession wird von dem Königl. Gewerbesteueramt nur großjährigen unbescholtenen Personen, Ehefrauen, insofern der Ehemann einwilligt, und zwar in der Form gestempelter Legitimationskarten mit fortlaufender Nummer und dem Namen und Signalement des Inhabers ertheilt.

§. 3. Der Inhaber ist verpflichtet, das zum Markt mitzubringende Tragegeräth mit der Nummer seiner Legitimationskarte an einer sichtbaren äußeren Stelle mit schwarzer Farbe deutlich zu bezeichnen, und muß diese Nummer stets leserlich erhalten.

§. 4. Jeder Träger muß sich bei seinem Einfinden auf dem Marktplatz unter Vorzeigung der Legitimationskarte bei dem Aufsicht führenden Polizeibeamten melden, und die ihm von diesem etwa angewiesene Stelle einnehmen.

§. 5. Der Träger muß sich auf dem Markte ruhig und anständig verhalten, das Publikum nicht durch aufdringliche Anbietung seiner Dienste behelligen, und sich nirgend dem Verkehr und der Passage hinderlich zeigen.

§. 6. Das Trägerlohn bleibt der freien Einigung überlassen, muß aber jedesmal vor Antritt des Transportes bestimmt verabredet sein, welcher früher nicht unternommen werden darf.

§. 7. Nach Empfang der Marktwaaren muß der Träger seine Legitimationskarte unaufgefordert dem Inhaber des Transportes einhändigen, von dem er dieselbe erst nach der Ablieferung zurückerhält.

§. 8. Uebertretungen der gegenwärtigen Verordnung werden nach Maaßgabe der allgemeinen Gewerbeordnung v. 17. Jan. 1845 §. 177. mit verhältnißmäßiger Geld- oder Gefängnißstrafe geahndet.

V. v. 5. Nov. 1847. Amtsbl. S. 365.

5. Taxen.

Polizeiliche Taxen sollen, soweit nicht ein Anderes nachstehend angeordnet worden, künftig nicht vorgeschrieben werden; da, wo solche gegenwärtig bestehen, sind dieselben in einer von der Ortspolizei-Obrigkeit zu bestimmenden, höchstens einjährigen Frist aufzuheben. §. 101.

§. 88. der allg. Gewerbe-Ordn. v. 17. Jan. 1845. Gesetzs. S. 57.

Brodtaxen können an einzelnen Orten, wenn und so lange dies durch besondere Umstände gerechtfertigt erscheint, mit Genehmigung der Ministerien beibehalten oder eingeführt werden. §. 102.

§. 89. a. a. O.

Die Ortspolizeiobrigkeit ist ermächtigt, die Bäcker anzuhalten, monatlich die Preise und das Gewicht ihrer verschiedenen Backwaaren durch einen Anschlag im Verkaufslokal zur Kenntniß des Publikums zu bringen. §. 103.

§. 96. a. a. O.

Die Verkaufsstätten, welche den Landbäckern auf dem Markte angewiesen werden, sind als das Verkaufslokal derselben im gesetzlichen Sinne anzusehen. §. 104.

Min. Verf. v. 31. März 1847. Min. Bl. d. i. V. S. 89.

Gastwirthe können durch die Ortsobrigkeit angehalten werden, das §. 105.

Verzeichniß der von ihnen gestellten Preise einzureichen und in den Gastzimmern anzuschlagen.

Diese Preise dürfen zwar mit jedem Monat abgeändert werden, bleiben aber so lange in Kraft, bis die Abänderung der Polizeiobrigkeit angezeigt und dies abgeänderte Verzeichniß in den Gastzimmern angeschlagen ist.

§. 91. der Gew.-Ordn. v. 17. Jan. 1845.

§. 106. Für Schornsteinfeger und Abdecker können innerhalb der denselben angewiesenen Bezirke von der Ortspolizeiobrigkeit, oder, wenn der angewiesene Bezirk mehr als eine Ortschaft umfaßt, von dem Landrathe Taxen aufgestellt werden.

Ingleichen ist die Ortspolizeiobrigkeit befugt zur Aufstellung von Taxen für Lohnlakaien und andere Personen, welche auf öffentlichen Straßen und Plätzen oder in Wirthshäusern ihre Dienste anbieten (§. 49.), so wie für die Benutzung von Wagen, Pferden, Sänften, Gondeln und andern Transportmitteln, welche öffentlich zum Gebrauch ausgestellt sind.

§. 92. a. a. O.

§. 107. Hinsichtlich der Taxen für die Medicinalpersonen und Apotheker, so wie der Taxen für rohe Bergwerkserzeugnisse wird durch gegenwärtiges Gesetz nichts geändert.

Ein Gleiches gilt in Ansehung der in den §§. 51 u. 52. bezeichneten Personen. Für diese sind die Ministerien befugt, auch da Taxen einzuführen, wo dergleichen bisher nicht bestanden.

§. 93. a. a. O.

§. 108. Gewerbetreibende, welche die von der Obrigkeit vorgeschriebenen oder genehmigten Taxen überschreiten, haben Geldbuße bis zu 50 Thlr. oder im Unvermögensfalle verhältnißmäßige Gefängnißstrafe verwirkt.

§. 186. a. a. O.

§. 109. Die Ortspolizeiobrigkeit ist ermächtigt, die Bäcker und die Verkäufer von Backwaaren anzuhalten, die Preise und das Gewicht ihrer verschiedenen Backwaaren für gewisse von ihr zu bestimmende Zeiträume durch einen von außen sichtbaren Anschlag am Verkaufslokale zur Kenntniß des Publikums zu bringen. Dieser Anschlag ist mit dem polizeilichen Stempel zu versehen, und täglich während der Verkaufszeit auszuhängen. Ueberschreitungen der erwähnten Taxen werden nach §. 186. der Gew.-Ordn. bestraft.

§. 72. der V. v. 9. Febr. 1849. Gesetzs. S. 109.

§. 110. Wo der Verkauf von Backwaaren nur nach polizeilich festgestellten oder von den Bäckern und Verkäufern an ihren Verkaufslokalen angeschlagenen Taxen erlaubt ist, kann die Ortspolizeiobrigkeit die Bäcker und Verkäufer zugleich anhalten, im Verkaufslokale eine Waage mit den erforderlichen geeichten Gewichten aufzustellen, und die Benutzung derselben zum Nachwiegen der verkauften Backwaaren zu gestatten.

§. 73. a. a. O.

Für den Reg.-B. Potsdam:

Die Anordnung des §. 91. der allg. Gewerbe-Ordn. bestand hier bereits in Folge der Verordn. v. 26. Sept. 1811. Amtsbl. S. 211, welche zugleich bestimmte, daß die Gastwirthe, welche das Anschlagen der Taxen unterlassen, durch angemessene Polizeistrafen zu ihrer Schuldigkeit hierin anzuhalten seien.

Erneuert ist diese Verordnung durch Reg. V. v. 25. März 1846. Amtsbl. S. 116.

Für die Bäcker bestand eine gleiche Bestimmung schon in Folge der Reg. V. v. 6. Juli 1823. Amtsbl. S. 185.

Für Berlin:

1) Jeder Bäcker, welcher Semmel, Weiß- oder Hausbackenbrod zum Verkaufe backt, ist verpflichtet, vor dem 1sten eines jeden Monats eine mit deutlichen, mindestens einen Zoll langen Buchstaben gedruckte Preisliste von seinen Backwaaren dem Revierpolizeikommissarius vorzulegen, der darin das Gewicht, welches die verschiedenen Waaren erhalten sollen, nach Angabe des Bäckers einschreibt und die Liste stempelt.

2) Diese Taxe muß im Laufe des Monats stets an einer den Käufern in die Augen fallenden Stelle zunächst dem Verkaufsfenster aushängen.

3) Innerhalb des Monats darf die Taxe nicht verändert werden, und keine verkaufte Backwaare ein geringeres als das darin angegebene Gewicht haben.

Es ist daher auch verboten, für einen gewissen Preis eine Waare unter dem taxmäßigen Gewicht mit einer sogenannten Zugabe zu verkaufen, wenn der Käufer solches nicht ausdrücklich verlangt hat.

4) Ueberschreitungen der Taxen werden nach der allg. Gew.-Ordn. v. 17. Jan. 1845 §. 186., sonstige Uebertretungen der gegenwärtigen Verordn. mit 1—5 Thlr. geahndet.

V. v. 5. Nov. 1846. Amtsbl. S. 360.

Dieselbe Verordnung ist von der Forst- und Oekonomiedeputation des Magistrats für den Verkauf von Backwaaren in den Kämmereidörfern und Etablissements, nämlich: Deutsch-Rixdorf, Treptow, Reinickendorf, Lichtenberg, Friedrichsberg, Bockshagen, Rummelsburg, Stralau, Woltersdorf, Neu-Moabit, den Wedding, das Louisenbad und die Kolonien hinter demselben, erlassen unterm 17. Nov. 1846 (Amtsbl. S. 373). Nur muß die Liste dem Ortsvorsteher vorgelegt werden.

Die Gastwirthe sind gehalten, in allen Gastzimmern ein bei dem Polizeipräsidium vorgelegtes und hier gestempeltes Verzeichniß der von ihnen gestellten Preise anzuschlagen. Diese Preise dürfen zwar mit Anfang eines jeden Monats abgeändert werden, bleiben aber so lange in Kraft, bis die Abänderung dem Polizeipräsidium angezeigt und das abgeänderte gestempelte Verzeichniß in den Gastzimmern angeschlagen ist.

Die Nichtbefolgung dieser Vorschriften zieht eine Geldbuße bis zu 10 Thlr. nach sich.

Ueberschreitungen der Taxe werden nach §. 186. der Gewerbeordnung geahndet.

V. v. 28. Febr. 1847. Amtsbl. S. 103.

6. Einzelne Gewerbe.

a) Betrieb der Gast- und Schankwirthschaft.

§. 111. Wer auf dem Lande einen Kleinhandel mit Getränken, oder in den Städten wie auf dem Lande Gast- oder Schankwirthschaft betreiben, oder überhaupt zubereitete Speisen oder Getränke zum Genuß auf der Stelle gegen Bezahlung verabreichen will, bedarf dazu eines auf seine Person und auf ein bestimmtes Lokal lautenden polizeilichen Erlaubnißscheines.

§. 1. der A. K. O. v. 7. Febr. 1835. Gesetzs. S. 18.

§. 112. Dieser Erlaubnißschein wird in den Städten von der Ortspolizeibehörde, nach vernommenem Gutachten der Communalbehörde, sowie außerhalb der Städte und ihres Polizeibezirkes nach vernommenem Gutachten der Ortspolizei- und Communalbehörde von dem Kreislandrath ertheilt, und darf jederzeit nur für ein Kalenderjahr ausgestellt, kann aber von der ausstellenden Behörde von Jahr zu Jahr durch einen darauf zu setzenden Verlängerungsvermerk erneuert werden.

§. 2. a. a. O.

§. 113. Die ertheilte Erlaubniß beschränkt sich jederzeit auf die Person der in den Scheinen benannten Gewerbtreibenden. Die Erben derselben, oder die Erwerber ihrer Betriebslokalien genießen keinen Vorzug vor Anderen.

§. 6. a. a. O.

§. 114. Wer ein Gewerbe, zu welchem ein polizeilicher Erlaubnißschein erforderlich ist, ohne einen solchen Schein oder vor dem Anfang des Jahres, auf welches derselbe lautet, oder in einem andern als dem darin bezeichneten Lokale beginnt oder nach dem Ablauf des Kalenderjahres fortsetzt, ohne einen neuen Erlaubnißschein oder den Verlängerungsvermerk auf den früher ertheilten erwirkt zu haben, verfällt in eine Geldbuße von 5—50 Thlr. oder in verhältnißmäßige Gefängnißstrafe.

§. 8. a. a. O.

§. 115. Das Maaß dieser Strafe ist abgeändert durch den §. 55. der Gewerbeordn. v. 17. Jan. 1845; dabei jedoch anzunehmen, daß die Gewerbeordnung die Strafe nicht unter dem in der A. K. O. vom 7. Febr. 1835 festgestellten Minimum habe bestimmen wollen, weil sie sich sonst nicht darauf beschränkt haben würde, ein anderes Maximum der Strafe zu verordnen und übrigens im §. 55. auf die A. K. O. v. 7. Febr. 1835 und 21. Juni 1844 zu verweisen.

Min. Verf. v. 15. Apr. 1847. Min. Bl. d. i. V. S. 88.

Der Kleinhandel mit Getränken soll nicht bloß auf dem Lande, sondern auch in den Städten den Bestimmungen der Ordre v. 7. Febr. 1835 unterworfen sein. §. 116.

§. 1. der A. K. O. v. 21. Juni 1844. Gesetzs. S. 214.

In allen zur 4ten Gewerbesteuerabtheilung gehörigen Ortschaften sollen die Vorschriften jener Ordre wegen des Schankwirthschaftsbetriebes auch auf den Betrieb der Gastwirthschaft Anwendung finden. §. 117.

§. 2. a. a. O.

In den unter 2 bezeichneten Ortschaften hat fortan nicht die Ortspolizeibehörde, sondern der Kreislandrath die Erlaubnißscheine zum Betriebe derjenigen Gewerbe zu ertheilen, welche den durch die Ordre vom 7. Febr. 1835 und durch die gegenwärtige Ordre vorgeschriebenen Beschränkungen unterliegen. §. 118.

§. 3. a. a. O.

Mit der Concession zum Schankbetriebe wird zugleich auch die Berechtigung zum Verkauf von Getränken über die Straße ertheilt. §. 119.

Min. V. v. 20. Juni 1849. Min. Bl. d. i. V. S. 144.

Unter Kleinhandel mit Getränken ist der Handel (Kauf zum Wiederverkauf) mit Wein, Branntwein oder andern geistigen Getränken zu verstehen, sobald Letztere anders als in hölzernen Gebinden verkauft werden, oder sobald diese nicht die Größe eines halben Ankers haben. §. 120.

Min. V. v. 13. Aug. 1835 u. 12. Oct. 1837. Amtsbl. v. 1837. S. 340.

Auch den Besitzern von Brennereien und Brauereien, sowohl in den Städten als auf dem platten Lande ist der Verkauf selbstverfertigter Getränke im Kleinen nur nach Einholung einer besondern polizeilichen Erlaubniß zu gestatten. §. 121.

Min. Erlaß v. 7. Juni 1850. Amtsbl. S. 231.

Für Berlin

ist die K. O. v. 7. Febr. 1835 und die v. 21. Juni 1844 aufs neue durch V. v. 14. Sept. 1844. Amtsbl. S. 265 eingeschärft.

b) Mühlengewerbe.

Wer überhaupt zu Bauanlagen auf einem Grundstücke gesetzlich berechtigt ist, ist es gleichfalls zu Anlagen von Mühlen, die durch Wasser, Wind, thierische Kräfte oder Dämpfe getrieben werden; ferner von Brennereien und Brauereien mit Beobachtung der erlassenen und noch zu erlassenden Polizeivorschriften in Absicht der Feuersicherheit. Jedoch darf ohne Genehmigung der Landespolizeibehörde keine Mühle angelegt oder eine vorhandene verändert werden. §. 122.

§. 5. des Edikts wegen der Mühlengerechtigkeit v. 28. Oct. 1810. Gesetzs. S. 96.

Für den Reg.-B. Potsdam

ist die Uebertretung dieser Vorschriften mit einer Strafe von 20 bis 50 Thlr. für den Bauherrn, und von 5—10 Thlr. für den Baumeister bedroht.

Reg. V. v. 20. Apr. 1828. Amtsbl. S. 102.

§. 123. Unter keinem Vorwande darf der Müller dasjenige Getreide, mit dessen Abmahlen er schon den Anfang gemacht hat, liegen lassen. Auf die Nichtbefolgung dieser Vorschrift steht 1 Thlr. Strafe für jeden Fall.

§. 5. der Mühlenordn. für die ges. Monarchie vom 28. Oct. 1810. Gesetzs. S. 99.

c) Bauhandwerker.

Für den Reg.-B. Potsdam:

Wenn ein Maurer- oder Zimmermeister einem Gesellen fälschlich ein Arbeitsattest ertheilt, ohne den Bau wirklich selbst übernommen zu haben, so verfällt er in eine Polizeistrafe von 5—50 Thlr. *), der Geselle aber ist wegen unbefugten Gewerbebetriebes zu bestrafen.

Reg. V. v. 27. Oct. 1837. Amtsbl. S. 342.

Für Berlin:

Jeder Zimmer- und Maurermeister, welcher einen Gesellen, ohne ein Attest darüber, daß derselbe bei dem genau zu bezeichnenden, dem Meister übertragenen Bau von Letzterem in Arbeit angestellt sei, zu einem Baue schickt, verfällt in eine Strafe von 2 Thlr.

V. v. 7. März 1835. Amtsbl. S. 74.

Jeder Maurer- und Zimmermeister, welcher Polirer und Gesellen zu Arbeiten auf Bauten sendet, und solche nicht ordnungsmäßig persönlich beaufsichtigt, ist für jede Vernachlässigung mit einer Ordnungsstrafe von 5—50 Thlr. zu belegen.

Vorstehendes findet auch auf Baumeister Anwendung, welche in Folge der gesetzlichen Prüfung, ohne Maurer- und Zimmermeister zu sein, berechtigt sind, Maurer- und Zimmerarbeiten zu übernehmen und Gesellen und Polirer auf Bauten zu senden.

Die Bauherrn, welche sich bei Ausführung der Maurer- und Zimmerarbeiten, sofern nicht von Flickwerk die Rede ist, nicht qualificirter resp. Maurer- und Zimmermeister oder Baumeister bedienen, verfallen in eine Geldstrafe von 5—50 Thlr.

V. v. 13. Febr. 1838. Amtsbl. S. 79.

Töpfermeister, welche zur Arbeit bei einem von ihnen zu setzenden Ofen einen Gesellen abschicken, haben denselben, bei Vermeidung einer Geldstrafe von 2 Thlr., mit einer von dem betreffenden Revierpolizeikommissarius zu beglaubigenden Bescheinigung, worin die Namen des Meisters und des Gesellen und Zeit und Ort der Arbeit angegeben sind, zu versehen.

Bauherrn und überhaupt diejenigen, welche einer zum Ofensetzen nicht befugten Person diese Arbeit übertragen, haben Geldbuße von 5—10 Thlr. oder 1 bis 14tägigen Arrest verwirkt.

V. v. 17. Oct. 1842. Amtsbl. S. 344.

---

*) Diese Bestimmung dürfte indeß aufgehoben sein durch §. 74. der Gewerbeordn. v. 9. Febr. 1849.

d) Lustfeuerwerker.

Für dise sind folgende Strafbestimmungen durch Min. Verf. v. 19. Aprill 1847 erlassen: §. 124.

§. 8. Der zu concessionirende Lustfeuerwerker hat die Pflicht, bei Auswahl seiner Gehülfen Rücksicht darauf zu nehmen, daß dieselben als nüchterne, ordnungsliebende, besonnene und gesetzte Männer bekkannt seien, und durch ihren Charakter zu der Voraussetzung berechtiger, daß sie die bei dem Betrieb dieses gefährlichen Gewerbes nöthigen Vorsichtsmaaßregeln strenge und gewissenhaft beobachten, und bei eintretender Gefahr mit Besonnenheit und Entschlossenheit sich benehmen werden.

§. 19. Das Laboratorium darf unter keinen Umständen in bewohntem Gebäuden angelegt werden, es soll vielmehr eine möglichst isolirte Lage haben, so daß die näheren Umgebungen desselben durch einen eintetenden Unglücksfall nicht leicht gefährdet werden können. Die in diser Beziehung zu stellenden speciellen Bedingungen bleiben dem Ermessen der Ortspolizeibehörde überlassen. Dieselben Rücksichten geben auch die Bestimmungsgründe dafür ab, ob das Laboratorium massiv oder in Fachwerk zu erbauen ist, oder ob dasselbe ganz oder theilweise aus bloßen Bretterschuppen bestehen kann. Letztere missen aber jedenfalls so dicht sein, daß ein Einwehen von Sand und Staub nicht stattfinden kann. Der Fußboden darf weder gepflastert sein, noch aus einem Staub erzeugenden Material bestehen.

Zur Aufbewahrung der Vorräthe an Pulver und fertigen Feuerwerksstücken ist ein besonderes Magazin erforderlich, sobald das Pulverquantum mit Einschluß des in den Feuerwerksstücken befindlichen Satzes mehr als 20 Pfd. beträgt.

§. 10. Diejenigen Laborirgeräthe, welche bei der Arbeit mit Pulver oder entzündlichen Sätzen in Berührung kommen, sollen so weit als zugänglich nur aus Holz, Horn, Kupfer, Messing oder Bronze bestehen. Geräthe der Art, welche dem Zweck entsprechend nicht anders als aus Eisen dargestellt werden können, müssen an den Stellen, welche bei der Arbeit mit Pulver oder Satz in Berührung kommen, mit Kupfer vorgeschuht sein.

Eine Ausnahme hiervon machen die Raketenbohrer und die Dorne der Raketenstöcke, die nur von Stahl und resp. Eisen angefertigt werten können.

Für die Bereitung und Verarbeitung von chlorsaures Kali enthaltenden Sätzen ist eine besondere Garnitur von Laborirgeräthschaften anzuschaffen, welche zu keiner andern Arbeit verwendet werden darf.

§. 11. Bei der Arbeit selbst hat der Feuerwerker mit Sorgfalt und Strenge auf Ruhe, Ordnung und Reinlichkeit zu halten. Rasche und übereilte Behandlung des Pulvers und zündenden Satzes, Reibungen von Eisen auf Eisen, Sand, Steine u. dergl. sind in der Nähe der Pulverarbeiten sorgfältig zu vermeiden.

Der Fußboden der Arbeitsstelle ist mit wollenen Decken zu belegen oder doch vor Beginn der Arbeit mit Wasser zu besprengen und während der Dauer derselben genäßt zu erhalten.

Ein Verstauben oder Verstreuen von Pulver und Satz ist so viel als möglich zu verhindern. Sollte es dennoch vorkommen, so ist das Verstreute mit einem Borstwisch zusammenzufegen, behutsam aufzunehmen und nicht weiter zur Verarbeitung zu verwenden, sondern sofort in ein mit Wasser gefülltes Gefäß zu schütten. Die Stelle des Fußbodens, auf welcher das Verstreuen stattgefunden, ist stark zu befeuchten.

§. 12. Alle Arbeiten, bei welchen Feuerung nothwendig ist, dürfen nur im Freien oder in einer von den übrigen Arbeitslokalen abgesonderten Küche vorgenommen werden. Die vom Feuer genommenen Gefäße müssen, bevor sie in die Arbeitszimmer gebracht werden, mit feuchten Lappen abgewischt und ihre Füße in kaltem Wasser gut abgekühlt werden.

§. 13. Giftige Stoffe sind, um das Stauben zu verhüten, vor ihrer Verarbeitung mit Weingeist anzufeuchten.

§. 14. In dem Laboratorio darf sich nie mehr als 20 Pfd. an Pulver und zündbarem Satze in verschlossenen, oder doch bedeckten Gefäßen befinden; in den Arbeitsräumen selbst nur so viel, als zur geregelten Fortsetzung der Arbeit unumgänglich nothwendig ist, jedoch höchstens per Arbeitsstelle ein halbes Pfund. Die fertigen Arbeitsstücke dürfen sich in den Arbeitsräumen niemals anhäufen.

§. 15. Die Anwendung von Sätzen, welche einer Selbstentzündung fähig sind, ist möglichst zu vermeiden. Kommt dieselbe aber vor, so dürfen dergleichen Feuerwerksstücke niemals in Vorrath, sondern nur kurze Zeit vor dem Gebrauch angefertigt werden.

Ihre Niederlegung in dem Magazin ist unstatthaft, sie sind vielmehr in verschlossenen Blechkasten oder Töpfen zu verpacken und diese an einem feuersichern Orte, etwa in einem mit einer eisernen Thür verschlossenen Kamine, aufzustellen.

In derselben Weise ist bei Aufbewahrung frisch gebrannter Holzkohle zu verfahren. Das Zerkleinern derselben und ihre Verarbeitung zu Feuerwerksätzen darf frühestens am fünften Tage nach vollendeter Schwelung erfolgen.

§. 16. Zum Abbrennen eines Feuerwerks ist die specielle Erlaubniß der Ortspolizeibehörde erforderlich, welche unter genauer

Angabe des Schauplatzes und der beabsichtigten Anordnung rechtzeitig und jedenfalls vor Erlaß einer öffentlichen Bekanntmachung einzuholen ist.

§. 17. Der Verkauf von Lustfeuerwerksgegenständen unterliegt denselben gesetzlichen Bestimmungen, wie der des Schießpulvers. Die im Hause des Verkäufers niederzulegenden Feuerwerksstücke dürfen im Ganzen nicht mehr als 20 Pfd. Pulver und zündbaren Satz enthalten, und müssen in gut verschlossenen Kisten verpackt sein. Die Hälfte davon kann in dem Verkaufslokal aufbewahrt werden, die zweite Hälfte aber muß auf dem Boden des Hauses liegen.

§. 18. Contraventionen gegen die in den vorstehenden §§. 8 bis 17. enthaltenen Bestimmungen sind mit einer Geldstrafe von 5 bis 20 Thlr., eventualiter 8tägiger bis 4wöchentlicher Gefängnißstrafe zu belegen.

Minist. Bl. d. i. V. S. 90.

e) Gondelfahrer.

Für Berlin

gelten folgende specielle Strafvorschriften, erlassen durch V. v. 31. März 1834:

§. 3. Jede Veränderung im Besitze einer Miethsgondel oder in der Person des Führers muß sofort dem Polizeipräsidio angezeigt werden.

§. 5. Gleichzeitig mit der Erlaubniß zum Betriebe des Gondelfahrergewerbes erhält ein jeder Gondelfahrer eine an der Gondel an einer gehörig bemerkbaren Stelle zu befestigende Nummer von Blech.

§. 6. Nach erfolgter Ermittelung der Belastungsfähigkeit der Gondel müssen solche mittelst einer mindestens einen Zoll breiten Leiste um das Gefäß bezeichnet werden, welche mit einer möglichst unauslöschlichen weißen Farbe anzustreichen und immer zu erneuern ist, so oft sie unkenntlich geworden sein sollte. Ueber diese Marke hinaus darf unter keinen Umständen, bei Vermeidung der §. 14. festgesetzten Strafen, eine Belastung des Gefäßes stattfinden.

§. 8. Auf dem Verdecke der Gondel dürfen keine Personen aufgenommen werden.

§. 9. Die Gondeln dürfen nur an den bestimmten Halteplätzen in einer Reihe sich aufstellen.

§. 10. Sobald eine Gondel die nach der Belastungsfähigkeit zulässige Zahl von Personen aufgenommen hat (§. 6.), muß dieselbe ohne den mindesten Aufenthalt abfahren. Die in der Reihe zunächst folgende Gondel rückt dann in deren Stelle ein, und das Eindrängen in die durch die Abfahrt einer Gondel in der Reihe entstandene Lücke ist untersagt.

§. 11. Die Absetzung der Fahrgäste erfolgt in der Regel an den bestimmten Landungsplätzen, und bleiben die Gondelführer bei der Landung an andern Orten für allen dabei etwa angerichteten Schaden verhaftet.

§. 12. Kein Gondelführer darf sich ein unsittliches oder ruhestörendes Betragen beim Verweilen auf den Halteplätzen oder auf der Fahrt, so wie ein lautes Anrufen oder eine üble Begegnung der eine Fahrgelegenheit suchenden Personen oder der Fahrgäste erlauben. Kein Gondelführer darf sich zur Einladung von Fahrgästen zur Benutzung seiner Gondel von derselben entfernen.

§. 13. Die Eigenthümer der Gondeln haften für alle Uebertretungen ihrer Dienstleute gegen die Bestimmungen dieses Reglements.

§. 14. Jede Uebertretung dieser Bestimmungen wird unnachsichtlich mit 2 Thlr. Geld- oder verhältnißmäßiger Leibesstrafe geahndet.

Amtsbl. v. 1834. S. 179.

f) Auktionskommissarien.

Für Berlin:

Gegenstände einer Auktion, welche unverkauft geblieben und für keine anderweite Auktion bestimmt sind, müssen von den Auktionsbestellern zurückgenommen werden, und dürfen den Auktionscommissarien bei einer Polizeistrafe von 5—20 Thlr. nicht zum Verkauf aus freier Hand überlassen werden.

V. v. 12. Aug. 1829. Amtsbl. S. 198.

g) Trödler.

Für Berlin:

Die Buch- und Geschäftsführung der Trödler soll von Zeit zu Zeit durch Abgeordnete des Polizeipräsidii speciell revidirt werden. Werden hierbei Unregelmäßigkeiten entdeckt, so trifft den Trödler auf Grund der Vorschrift in §. 177. der allg. Gewerbeordn. v. 17. Jan. 1845 verhältnißmäßige Geld- oder Gefängnißstrafe.

Gegenstände, welche mit Personen oder Thieren in Berührung gekommen sind, die an ansteckenden Krankheiten litten, dürfen Trödler nur ankaufen, nachdem sie sich von deren vorschriftsmäßig erfolgter Desinfection vollständig überzeugt haben.

Contraventionen hiergegen ziehen eine Geldbuße bis zu 10 Thlr. oder verhältnißmäßige Gefängnißstrafe, und nach Umständen die höhern Strafen nach sich, die in dem Regulativ v. 8. Aug. 1835 (Gesetzs. S. 240 ff.) festgesetzt sind.

Trödler-Reglem. v. 5. April 1849; erlassen auf Grund einer Min. Verf. Amtsbl. S. 147.

h) Annahme von fremden Kindern gegen Entgeld.

Für den Reg.-B. Potsdam:

Diejenigen Personen, welche für Geld fremde, noch nicht 4 Jahr alte Kinder in den Städten Potsdam, Brandenburg, Neu-Ruppin und Prenzlau in Pflege nehmen wollen, haben dazu bei Vermeidung einer willkürlichen, bis zu Gefängnißstrafe von 7 Tagen oder 5 Thlr. für jeden Uebertretungsfall zu verhängenden Polizei-Strafe die Erlaubniß der betreffenden Ortspolizeibehörden nachzusuchen.

Reg. V. v. 27. Jan. 1841, erlassen auf Grund A. K. O. vom 30. Juni u. Min. Rescr. v. 19. Dez. 1840. Amtsbl. v. 1841, S. 36.

Für Berlin:

Diejenigen Personen, welche für Geld fremde, noch nicht 4 Jahr alte Kinder in Pflege nehmen wollen, müssen dazu polizeiliche Erlaubniß nachsuchen. Diese muß vor einem etwaigen Wohnungswechsel aufs neue nachgesucht werden. Allen durch Erkennungskarten legitimirten Mitgliedern des Vereins zur besondern Fürsorge für solche Kinder haben diejenigen Personen, welche um eine solche Erlaubniß eingekommen sind, oder die bereits ein Kind in Pflege haben, Zutritt in ihre Wohnungen zu gestatten, auf alle das Pflegekind betreffende Fragen Auskunft zu ertheilen, und dieses auf jedesmaliges Erfordern vorzuzeigen.

Die an den Revierpolizeicommissarius zu leistende Meldungen von der Annahme oder dem Abgange eines solchen Pflegekindes muß die Pflegemutter jedesmal zuvor bei dem Abtheilungsvorsitzenden des Vereins in ihrem Revier zur Visirung vorlegen, und es darf ohne dessen Visa keine Meldung im Polizeibüreau angenommen werden.

Uebertretungen gegen diese Bestimmungen werden mit einer Geldstrafe bis zu 5 Thlr. oder verhältnißmäßigem Gefängniß belegt.

Wer Pflegekinder ohne die erforderliche Erlaubniß des Polizeipräsidiums annimmt oder sie bei einem Wohnungswechsel ohne Erneuerung dieser Erlaubniß behält, wird nach §. 177. der Gewerbeordn. v. 17. Jan. 1845 bestraft.

V. v. 10. April 1850; erlassen auf Grund A. K. O. vom 30. Juni 1840. Amtsbl. S. 168.

i) Privatlehrer und Privatschulen.

Wer eine Privaterziehungs- oder sogenannte Pensionsanstalt errichten will, muß bei derjenigen Behörde, welcher die Aufsicht über das Schul- und Erziehungswesen des Ortes aufgetragen ist, seine Tüchtigkeit zu diesem Geschäfte nachweisen, und seinen Plan, sowohl in Ansehung der Erziehung als des Unterrichts zur Genehmigung vorlegen. §. 125.

§. 3. II. 12. A. L. R.

Diejenigen, welche ein Gewerbe daraus machen, daß sie Lehrstunden in den Häusern geben, müssen sich wegen ihrer Tüchtigkeit dazu bei der §. 3. bezeichneten Behörde ausweisen und sich von derselben mit einem Zeugnisse darüber versehen lassen. §. 126.

§. 8. a. a. O.

Diese §§. sind, nachdem sie durch das Gewerbepolizeigesetz vom 7. Sept. 1811 (§§. 83 — 86.) abgeändert waren, wieder hergestellt und ist verordnet worden: daß ohne das Zeugniß der örtlichen Aufsichtsbehörde keine Schul- und Erziehungsanstalt errichtet, auch ohne dasselbe Niemand zur Ertheilung von Lehrstunden als einem Gewerbe zugelassen werden darf. §. 127.

A. K. O. v. 10. Juni 1834. Gesetzs. S. 135.

Zur Ausführung dieser Kabinetsordre ist eine besondere Instruktion erlassen, welche die betreffende Erlaubniß zur Anlegung einer Privatschul- und Privaterziehungsanstalt, zum Beginn des Gewerbebetriebes §. 128.

als Privathauslehrer, Erzieher und Erzieherin, vorschreibt. Polizeistrafvorschriften sind darin nicht enthalten.

Instruktion v. 31. Dez. 1839; mitgetheilt durch Min. Verf. v. 18. Mai 1840. Minist. Bl. d. i. V. v. 1840. S. 94.

Für den Reg.-B. Potsdam:

Die vorgeschriebene Erlaubniß ist auch zur Ertheilung des Privatunterrichts in Musik und Tanz erforderlich.

Reg. V. v. 20. Aug. 1841. Amtsbl. S. 244.

Personen, welche den Erlaubnißschein nicht nachgesucht oder nicht erhalten haben und dennoch unbefugt Privatunterricht ertheilen, werden in Polizeistrafe von 5—50 Thlr. oder verhältnißmäßige Gefängnißstrafe genommen.

Reg. V. v. 27. April 1842. Amtsbl. S. 123 und 30. Jan. 1830. Amtsbl. S. 26.

II. Gewerbe im Umherziehen.

§. 129. Kaufleute, Fabrikanten und Handwerker, welche mit ihren Waaren Jahrmärkte beziehen, und sie daselbst in offenen Laden oder Buden feil halten, ingleichen Personen, welche auf die Wochenmärkte solche Erzeugnisse zum Verkauf bringen, die nach den deshalb geltenden besondern Vorschriften oder nach der Ortsobservanz zu den Gegenständen gehören, womit auf diesen Märkten auch von andern als Ortseinwohnern Handel getrieben werden darf, sind für Personen, die ihr Gewerbe im Umherziehen betreiben, nicht zu achten, wohl aber diejenigen, welche eigene oder fremde Erzeugnisse von einem Orte zum andern zum Verkauf herumführen und auf offenen Straßen, Gasthöfen oder in Privathäusern umherziehend feil bieten.

§. 1. des Regulat. über den Gewerbebetrieb im Umherziehen und insbesondere des Hausirens v. 28. April 1824. Gesetzs. S. 125 ff.

§. 130. Wer Waaren ohne Bestellung an einen oder mehrere andere Orte außer seinem Wohnorte bringt oder versendet, um solche daselbst außer den Märkten zu Zeiten (nicht fortdauernd) selbst zu verkaufen oder durch andere für seine Rechnung verkaufen oder öffentlich versteigern zu lassen, bedarf dazu eines Gewerbscheines.

Dasselbe findet bei Pferde- und Viehhändlern statt, welche die Thiere an einen oder mehrere Orte hinbringen, und zuweilen dieselben öffentlich versteigern lassen, oder welche sich beim Durchführen derselben an einzelnen Orten des Verkaufs wegen eine Zeit lang verweilen.

§. 2. a. a. O.

§. 131. Gewerbtreibenden, welche mit dem Gewerbeschein zum Handel im Umherziehen versehen sind, ist es auf Grund des §. 2. a. a. O. unbedenklich zu gestatten, ihr Gewerbe in der Art zu betreiben, daß sie außerhalb ihres Wohnortes ein Lager ihrer Waaren in Ga sthöfen ode sonstigen Lokalen aufstellen, und das Publicum durch Umhersendung von Karten, durch öffentliche Anschläge, Anzeige in den Zeitungen u. s. w., durch Boten u. s. w. zum Besuch dieser Lokale einladen, sofern dabei nur der Charakter des zeitweisen Betriebes nicht verloren geht.

Min. Verf. v. 11. März 1850; Min. Bl. d. i. V. S. 73.

Das Umhertragen zum Verkauf oder der Aufkauf von solchen Waaren, mit welchen der Verkehr im Umherziehen überhaupt statthaft ist, wird, wenn dies von dem Gewerbtreibenden selbst, oder seinen Hausgenossen bloß im Polizeibezirk des Wohnorts geschieht, für gewerbescheinpflichtig nicht erachtet, vielmehr bedarf es dazu nur der besondern Erlaubniß der Ortspolizeibehörde. §. 132.

§. 3. des Hausir-Regul. v. 28. April 1824.

Selbstgewonnene Produkte und selbstverfertigte Waaren, welche zu denen gehören, die Jedermann auf Wochenmärkten feil halten darf (§. 11. No. 1.), kann jeder Inländer auch außer seinem Wohnorte (in der Umgegend desselben, welche erforderlichen Falls näher zu bestimmen den Kreispolizeibehörden vorbehalten bleibt), zum feilen Verkaufe umhertragen oder schicken, ohne dazu eines Gewerbescheines zu bedürfen. Auch zu dem Verkehr mit selbstgewonnenen Waaren, welche (wie z. B. Holz, Kohlen, Torf, Heu, Obst u. s. w.) gewöhnlich zu Schiffe verfahren, und auch außer der gewöhnlichen Marktzeit vom Schiffe aus verkauft zu werden pflegen, ist der Gewerbeschein nicht erforderlich. Wenn aber solche Waaren nicht selbst gewonnen, sondern aufgekauft sind, so findet §. 2. darauf Anwendung. §. 133.

§. 4. a. a. O.

Die in §. 4. den Inländern beigelegte Befugniß ist auch auf Ausländer ausgedehnt, die in angrenzenden, von den Regierungen nach jedesortigem Bedürfniß näher zu bestimmenden, Bezirken wohnhaft sind. §. 134.

A. K. O. v. 6. Oct. 1829. Gesetzs. v. 1830. S. 1.

Zum Gewerbebetrieb im Umherziehen gehört ferner zwar auch das Geschäft derjenigen Personen, welche im Lande umherreisen, um in Privathäusern und Gasthöfen oder auf offener Straße Waaren irgend einer Art zum Wiederverkauf zu erstehen, oder um Waarenbestellungen zu suchen. §. 135.

Es gehört aber nicht dahin das Bereisen der Messen und Jahrmärkte, um daselbst Waaren zum Wiederverkauf, einzuhandeln. Auch bedürfen diejenigen Inländer, welche ein offenes Gewerbe treiben, und zu dessen Behuf umherreisen, um die Materialien zu ihrer eigenen Fabrikation aufzukaufen, keines Gewerbescheines, sondern bloß einer polizeilichen Legitimation.

§. 5. des Hausir-Regul. v. 28. April 1824.

Zum Aufsuchen von Bestellungen auf Edelsteine und edle Fossilien, als Achate, Carneole u. s. w., oder auf Quincailleriewaaren, deren §. 136.

Hauptwerth in solchen Steinen besteht, dürfen Gewerbescheine nicht ferner ertheilt werden.

A. K. O. v. 12. Jan. 1833. Gesetzs. S. 22.

§. 137. Von Kaufleuten und den ihnen gleich stehenden Fabrikanten soll neben der Gewerbesteuer, welche sie nach dem Gesetz v. 30. Mai 1820 für ihr kaufmännisches Gewerbe überhaupt entrichten, eine besondere Steuer für die Gewerbescheine künftig nicht erhoben werden, deren sie für ihre Person oder für die ausschließend in ihrem Dienste stehenden Handelsgehülfen nach §. 21 a. des angeführten Gesetzes und §. 5. des Regul. v. 28. April 1824 bedürfen, wenn sie im Umherreisen Waarenbestellungen suchen oder zum Behufe des Wiederverkaufs Waaren aufkaufen, welche sie nicht mit sich umherführen, sondern frachtweise befördern lassen.

A. K. O. v. 12. Febr. 1831. Gesetzs. S. 5.

§. 138. Diejenigen Kaufleute und Handelsgehülfen, welche den Bestimmungen der K. O. vom 12. Febr. 1831 unterliegen und beim Aufsuchen von Waarenbestellungen im Umherreisen sich über die Befugniß dazu mittelst Gewerbescheines für das laufende Jahr nicht ausweisen können, sind nach §. 26. des Hausir-Regul. v. 28. April 1824 und K. O. v. 31. Dez. 1836 zu bestrafen.

Plenarbeschluß des geheimen Obertribunals v. 26. Aug. 1839. Justiz-Minist.-Bl. S. 315.

(Ein solches Vergehen ist also kein polizeiliches.)

§. 139. Personen, welche ein stehendes Gewerbe treiben, dessen Betriebsart nach Landesgebrauch es mit sich bringt, unbestellte Arbeit in der Umgegend ihres Wohnortes zu suchen, als Glaser, Schornsteinfeger u. s. w., bedürfen dazu weder für sich, noch für ihre Gesellen und Lehrlinge eines Gewerbescheines, sondern bloß einer polizeilichen Legitimation, welche die nähere Bezeichnung, was zu der Umgegend ihres Wohnortes zu rechnen ist, mit ausdrücken muß. Welche Handwerker nach der gewöhnlichen Betriebsart in einzelnen Gegenden des Landes hierher zu rechnen sind, soll jede Regierung für ihren Bezirk bestimmen, und diese Bestimmung durch das Amtsblatt bekannt machen.

Andere Personen, welche Dienste oder Arbeiten im Umherziehen anbieten, oder in dieser Art Gegenstände zur Schau ausstellen (§. 17 u. 18.) sind gewerbescheinpflichtig.

§. 6. des Hausir-Regul. v. 28. April 1824.

Für den Reg.-B. Potsdam

gehören zu den im §. 6. genannten Handwerkern: Glaser.

Reg. B. v. 7. Febr. 1825. Amtsbl. S. 31.

Böttcher und Faßbinder.

Reg. B. v. 5. Oct. 1825. Amtsbl. S. 229.

§. 140. Der §. 6. des Hausir-Regul. setzt in seinem Schlußsatze wie in den vorhergehenden Bestimmungen solche Personen voraus, welche die von ihnen angebotenen Dienste und Arbeiten an dem Orte, wo das Anerbietten geschieht, auch wirklich verrichten, mithin das Gewerbe im Umherziehen betreiben.

Plenarbeschluß des geheimen Ober-Tribunals v. 18. Febr. 1839; Justiz-Minist.-Bl. v. 1839 S. 108.

Das Umhertragen von Lotterieloosen behufs ihres Absatzes oder das Anbieten derselben bei Gelegenheit einer Reise kann als Hausirhandel nicht angesehen werden. §. 141.

K.O. v. 5. Mai 1829. v. Kamptz Jahrbücher Bd. 31 S. 112.

Inländer, welche ein offenes Gewerbe treiben, dürfen die Materialien zu ihrer eigenen Fabrikation auch durch ihre umherreisenden Gewerbegehülfen und Angehörigen aufkaufen lassen, ohne daß die Aufkäufer einer andern Legitimation bedürfen, als einer polizeilichen Bescheinigung, durch welche ihr Verhältniß zu dem Gewerbtreibenden, für den sie aufkaufen, beglaubigt wird. §. 142.

K. O. v. 27. März 1828. Gesetzs. S. 49.

(§§. 7—9. des Hausirregulativs enthalten keine hierher gehörigen Bestimmungen.)

Da jeder Gewerbeschein nur für das Kalenderjahr, auf welches er ertheilt worden, gültig ist, so muß von den Personen, welche ein Gewerbe im Umherziehen fortdauernd betreiben, die Erneuerung ihrer Gewerbescheine für das nächstfolgende Jahr wenigstens 3 Monate vor Ablauf des Jahres bei der Polizeibehörde ihres Wohnortes nachgesucht werden. §. 143.

§. 10. des Hausirregul. v. 28. April 1824.

(§§. 11. und 12. enthalten ebenfalls keine hierher gehörigen Verordnungen.)

Solchen Personen, die Werke der bildenden Kunst, Landkarten, Instrumente u. s. w. (§. 14. Nr. 6.) umhertragen oder schicken, können zum Betriebe ihres Gewerbes auch Gehülfen, und auch für Rechnung inländischer stehender und namhafter Handlungen und Werkstätten dieser Art ausländische Gehülfen bewilligt werden; und ebenso sind zum Durchreisen der Provinz, um Waarenbestellungen zu suchen, Mittelspersonen (reisende Diener) zulässig; nur müssen solche Gehülfen und Diener in dem Gewerbeschein namentlich benannt und signalisirt werden. §. 144.

Bloße Begleiter zum Transport der Waaren oder zur Wartung des Gespannes können die Regierungen nach den Umständen und ihrem pflichtmäßigen Ermessen, bewilligen; jedoch müssen auch diese in dem Gewerbeschein benannt und signalisirt, und dürfen unter keinen Umständen Kinder vor vollendetem 14ten Jahre, es sei unter welchem Vorwande es wolle, mit umhergeführt werden.

§. 13. a. a. O.

Für den Reg.-B. Potsdam:

Personen, welche einen Hausirhandel mit Vieh betreiben, haben zu ihrer Erleichterung, wenn im Laufe des Jahres die Treiber, welche in dem Gewerbeschein bei Ausstellung desselben benannt und signalisirt worden sind, gewechselt werden, den Schein nur bei der Polizeibehörde, in deren Bezirk der bisherige Treiber entlassen wird, vorzulegen, um den Abgang des entlassenen Treibers darauf zu bemerken und statt desselben den neu angenommenen zu bezeichnen.

Wer sich aber eines im Gewerbeschein nicht benannten und gehörig signalisirten Treibers bedient, wird nach §. 30. des Regulativs bestraft.

Reg. V. v. 10. Januar 1828; erlassen mit Minist. Genehmigung. Amtsbl. S. 14.

Das Mitführen von Kindern unter 14 Jahren unterliegt dem polizeilichen Strafverfahren.

Reg. V. v. 27. Juli 1842. Amtsbl. S. 213.

§. 145. Gewerbescheine zum Hausiren dürfen in der Regel (§. 16.) nur auf nachbenannte Gegenstände ausgefertigt werden:

1. auf solche, welche Jedermann, auch wenn er nicht im Orte wohnt, auf Wochenmärkten feil halten darf. Dahin gehören z. B. frische Lebensmittel aller Art und andere Produkte des Bodens, der Land- und Forstwirthschaft, der Jagd und der Fischerei, trockene Mühlenfabrikate zum Genusse, Zitronen, Pommeranzen, Apfelsinen, überhaupt frisches und gedörrtes Obst und Gemüse aller Art, Milch, Eier, Federvieh, frische, gesalzene, gedörrte und geräucherte Fische, gesalzenes, gedörrtes und geräuchertes Fleisch; wogegen der Hausirhandel mit frischem Fleische aber nur besonders zuverlässigen Personen, und auch nur für die nächste in dem Gewerbeschein zu bezeichnende Umgegend ihres Wohnortes gestattet werden soll; ferner Theer, Pech, Kienruß, Besen, Sämereien, Hopfen und ähnliche Gegenstände.

Es bleiben aber Material- und Spezereiwaaren, Weine, Branntweine und Liqueure aller Art unbedingt ausgeschlossen.

2. auf Abfälle und Abgänge, die in der Haus- und Landwirthschaft und beim Betriebe der Gewerbe entstehen, mit Ausnahme alter (gebrauchter) Kleidungsstücke und Betten, ingleichen Metallbruch, mit Ausnahme des Bruchgoldes und Bruchsilbers;

3. auf alle diejenigen Waaren, welche nach der jedesmaligen Erhebungsrolle der Abgaben zu den groben, kurzen Waaren gerechnet werden; desgleichen

4. auf ähnliche Waaren, die den daselbst ausdrücklich benannten gleich zu achten sind, z. B. alle groben Eisenwaaren aus geschmiedetem Eisen, Eisenblech, Stahl und Eisendraht; ferner gewöhnliche Steingut-, Fayence- und irdene Waaren; desgleichen Korbmacherarbeiten, Schleifsteine, Flintensteine, Serpentinsteinwaaren, Schwamm, Oblaten, Saiten, Fischbein u. s. w.;

5. auf gewöhnliche Seiler- und andere Handwaaren, auf Garn, Zwirn, Band und Strümpfe von Leinen, auf Leinwand, Zwillich und

Drillich, gebleicht und ungebleicht, einfarbig und bunt; ferner auf bunte Gewebe aus Leinen- und Baumwollengarn gemischt, welche im Lande verfertigt werden, doch nur insofern, als deren Fabrikation bereits vor Erscheinung des Gewerbesteuergesetzes vom 30. Mai 1820 auf den Hausirhandel gegründet war; desgleichen auch auf wollenes Band, wollenes Strickgarn, wollene gestrickte Waaren; endlich:

6. auf Werke der bildenden Kunst, Landkarten, mechanische, mathematische, optische und physikalische Instrumente.

§. 14. des Hausirregul. v. 28. April 1824.

Für alle Gegenstände, mit welchen nach vorstehendem 14ten §. der Hausirhandel zulässig ist, kann in der Regel auch der Aufkauf gestattet werden. §. 146.

§. 15. a. a. O.

Sollten örtliche Verhältnisse und Bedürfnisse Erweiterungen oder Beschränkungen der hiedurch bestimmten Hausirbefugnisse erforderlich oder wünschenswerth machen, so werden solche auf die desfallsigen Anträge der Regierungen von den Ministerien des Handels, des Innern und der Polizei, und der Finanzen gemeinschaftlich ertheilt werden. §. 147.

§. 16. a. a. O.

Für den Reg.-B. Potsdam:

Zur Erleichterung des Absatzes solcher selbstgewonnenen landwirthschaftlichen Erzeugnisse, welche Abschn. 1. des §. 14. des Regul. vom 28. April 1824 benannt sind, haben die Königl. Ministerien des Innern und der Finanzen mittelst Reskr. v. 22. Juli 1830 gestattet: daß der gewerbweise Aufkauf in gleicher Art gewerbescheinfrei geschehen dürfe, wie es in Ansehung des Verkaufs selbstverfertigter Produkte und selbstverfertigter Waaren nach §. 4. des Regulativs in der von der Kreispolizeibehörde näher zu bestimmenden Gegend des Wohnortes erlaubt ist.

Bei Bestimmung des Umfanges der Umgegend des Wohnortes sollen die Kreispolizeibehörden als Regel annehmen, daß eine zweimeilige Entfernung von dem Wohnorte des, einen solchen Aufkaufs- und Verkaufs-Handeltreibenden als äußerste Grenze anzusehen ist. In der darüber zu ertheilenden Legitimation müssen die Orte, über welche nicht hinausgegangen werden darf, genannt werden.

Reg. B. v. 30. Juli 1830. Amtsbl. S. 189.

Nach einem Erlaß des Königl. Ministeriums des Innern und der Polizei und des Königl. Finanzministeriums v. 10. März 1838 soll der Hausirhandel mit Druckschriften, da solche nicht zu den in §. 14. des Regul. v. 28. April 1824 bezeichneten Gegenständen gehören, nach wie vor verboten bleiben.

Derselbe Grundsatz findet auch auf Steindruckschriften überhaupt Anwendung, indem das Hausiren nur mit solchen lithographirten Landkarten und Kunstwerken, auf welche die Bestimmung Nr. 6. des obigen §. 14. zu beziehen ist, zulässig sein soll.

In Verfolg dieser Vorschriften haben die genannten Ministerien mittelst weitern Erlasses v. 31. Mai 1838 bestimmt, daß der Hausirhandel mit Liedern ebenso wenig zu gestatten sei, als der mit andern Drucksachen.

Reg. B. v. 9. Juli 1838. Amtsbl. S. 230.

Inländische sowohl, als ausländische Tabacksblätter gehören zu den

Materialwaaren, und nicht zu denjenigen Gegenständen, mit denen ein Hausirhandel gestattet werden darf.

Reg. V. v. 24. Aug. 1840. Amtsbl. S. 260.

Der Hausirhandel mit Kalendern darf ebenso wenig, wie der mit Druckschriften, geduldet werden.

Reg. V. v. 15. Nov. 1845. Amtsbl. S. 349.

Für Berlin:

Der als Hausirhandel anzusehende Verkehr mit Tuchwaaren außer den Jahrmärkten seitens auswärtiger Tuchfabriken ist unzulässig.

V. v. 28. Sept. 1840. Amtsbl. S. 298.

(§. 17. des Hausirregulativs interessirt hier nicht.)

§. 148. Auch Gesellschaften von Musikern des In- und Auslandes, welche unter einem Vorsteher, der für die übrigen haftet, aus wenigstens 4 unverdächtigen geschickten Personen bestehen, ist der Gewerbschein nicht zu versagen; einzelnen Musikanten aber, Harfenspielern, Drehorgelspielern und Schaukastenführern, desgleichen Equilibristen, Kunstreitern, Marionetten- und Puppenspielern, Taschenspielern und solchen Personen, die Kunst- oder Naturseltenheiten zur Schau ausstellen, ist derselbe nur ausnahmsweise zu bewilligen. Wenn jedoch bei solchen Kunstleistungen und Ausstellungen umherziehender Personen ein rein wissenschaftliches oder ein höheres Kunstinteresse stattfindet, und dieselben ihre Vorstellungen nur in größeren oder mittleren Städten und in eigends dazu eingerichteten Lokalen für Eintrittsgeld geben wollen, so bedarf es dazu überall nicht des Gewerbescheines, sondern nur der besondern ortspolizeilichen Erlaubniß.

§. 18. des Hausirregul. v. 28. April 1824.

§. 149. Musiker, die ihr Gewerbe zwar außerhalb des Polizeidistriktes ihres Wohnortes, jedoch nicht über 2 Meilen von Letzterem entfernt, betreiben, bedürfen dazu keines Gewerbescheins, sondern nur einer polizeilichen Legitimation.

K. O. v. 14. Oct. 1833. Gesetzs. S. 126.

Für den Reg.-B. Potsdam:

Das unaufgeforderte Eintreten in die Häuser zum Einsammeln und Abholen von Zahlungen für unbestellte Straßenmusik ist den umherziehenden Musikern verboten.

Reg. R. v. 29. Nov. 1845. Amtsbl. S. 373.

Die Uebertretung soll, so wie überhaupt das Eintreten der Hausirer in Privathäuser und Gasthöfe zu dem Zweck, Gaben für unbestellte Leistungen zu fordern, mit der Strafe des §. 30. des Hausirregul. belegt werden.

Reg. V. v. 2. März 1846. Amtsbl. S. 86, erl. mit Minist. Genehmigung.

§. 150. Die polizeiliche Legitimation zum steuerfreien Musikmachen innerhalb des in der K. O. v. 14. Oct. 1833 bezeichneten Bezirkes ist für diejenigen Städte, in denen selbstständige, nicht mit der Communalverwaltung verbundene Polizeiverwaltung stattfindet, von der Stadtpolizeibehörde, in allen sonstigen Fällen von dem Landrath zu ertheilen.

Minist. Verf. v. 17. Dec. und 14. Juni 1839. Amtsbl. v. 1840 S. 22 und v. 1839 S. 245.

(§§. 19 u. 20. des Hausirregul. enthalten keine Polizeistrafvergehen.)

Der Gewerbeschein berechtigt immer nur, wofern darin nicht eine noch engere Grenze bezeichnet ist, zum Gewerbebetrieb innerhalb des Bezirks der Regierung, welche ihn ertheilt hat. Soll also die Befugniß daraus noch auf einen andern Regierungsbezirk oder auf einen Theil desselben ausgedehnt werden, so muß jede betreffende Regierung die Erlaubniß dazu unter dem Gewerbeschein besonders vermerken. §. 151.

Innerhalb des Grenzzollbezirks darf überhaupt kein Gewerbe im Umherziehen betrieben werden, wenn nicht der Gewerbeschein die Erlaubniß ausdrücklich dazu ertheilt.

§. 21. des Regulat. v. 28. April 1824.

Diese Bestimmung des §. 21., wonach ein Hausirer auf den ihm zum ermäßigten Steuersatz ertheilten, nur für einen Regierungsbezirk gültigen Gewerbeschein, ohne Visirung durch eine andere Regierung, mithin auch ohne Steuernachzahlung in einem zweiten Regierungsbezirk sein Gewerbe treiben kann, enthält in Bezug auf die unterlassene Visirung keine finanzielle, sondern eine polizeiliche Vorschrift, so daß die Uebertretung nach §. 30. des Regulativs zu ahnden ist. §. 152.

Minist. Verf. v. 17. Dec. 1834; erlassen an die Regierung zu Potsdam und bekannt gemacht durch Reg. V. v. 29. dess. M. Amtsbl. v. 1835 S. 9.

(§. 22. des Regulativs vom 28. April 1824 enthält keine Polizeistrafvorschriften.)

Jeder Inhaber eines Gewerbescheines muß denselben beim Umherziehen stets in der Urschrift bei sich führen. Beglaubigte Abschriften desselben sind unzulässig und ungültig. Auch muß er sich an jedem Orte, wohin er kommt, vor dem Anfang seines Geschäftes bei der Ortspolizei persönlich melden (Gesetz v. 30. Mai 1820 §. 23.). §. 153.

Bei denjenigen Personen, welche mit Lebensmitteln hausiren (§. 14. No. 1.) bedarf es dieser persönlichen Meldung nur, wenn sie sich ihres Gewerbes wegen länger als einen Tag an dem Orte aufhalten wollen.

§. 23. des Hausirregul. v. 28. April 1824.

Die Gastwirthe sind verpflichtet, von Personen, die ein Gewerbe umherziehend betreiben, wenn dieselben über Nacht aufgenommen sein wollen, sich den Gewerbeschein für das laufende Jahr vorzeigen zu lassen, und wenn selbige ihn nicht besitzen, davon der Ortspolizeibehörde sofort Anzeige zu machen (Gewerbesteuergesetz v. 30. Mai 1820 §. 24.). §. 154.

§. 24. a. a. O.

Niemals darf eine Person, welche ihr Gewerbe im Umherziehen treibt, in Privathäuser, ohne aufgefordert zu sein, oder in Gasthöfe ohne besondere Erlaubniß des Wirthes, zu dem Zwecke eintreten, um ihre Waaren oder Dienstleistungen anzubieten. Nur Personen, welche §. 155.

durch das Land reisen, um Waarenbestellungen zu suchen, sind hiervon ausgenommen.

§. 25. a. a. O.

§. 156. Die für den ganzen Umfang der Monarchie, die Grenzbezirke nicht ausgenommen, gültigen Gewerbescheine sollen auch den Beschränkungen der §§. 22—24. des Regulativs nicht unterworfen sein, wenn die Inhaber zu solchen Kaufleuten, Gehülfen oder Reisedienern gehören, denen der Gewerbeschein ertheilt ist, um umherziehend Waarenbestellungen zu suchen oder Waaren zu erstehen, die sie behufs des Wiederverkaufs nicht selbst mitführen, sondern frachtweise befördern lassen. Jedoch müssen auch diese Personen immer den Gewerbeschein im Original bei sich führen.

K. O. v. 11. Juni 1826. Gesetzs. S. 61.

(Die §§. 26—28. des Hausirregulativs enthalten die finanziellen Strafvorschriften und deshalb keine Polizeivergehen.)

§. 157. Wer die Vorschrift des §. 25. muthwillig verletzt, hat unfehlbar 1—2tägige Gefängnißstrafe verwirkt.

§. 29. des Hausirregul. v. 28. April 1824.

§. 158. Andere Uebertretungen des gegenwärtigen Regulativs, für welche vorstehend nicht besondere Strafen bestimmt sind, sollen mit einer Geldstrafe von 10 Sgr. bis 10 Thlr. geahndet werden.

§. 30. a. a. O.

§. 159. Wo festgesetzte Geldstrafen wegen Unvermögens nicht vollstreckt werden können, da tritt die verhältnißmäßige Gefängnißstrafe an deren Stelle, und zwar in dem Verhältniß, daß 8tägiges Gefängniß und 5 Thlr. Geldstrafe einander gleichgeachtet werden.

§. 31. a. a. O.

§. 160. In den Provinzen, wo das Allgemeine Landrecht, und die allgemeine Gerichtsordnung eingeführt sind, ist über die polizeilichen Straffälle (§§. 29 u. 30.) von den Polizeibehörden zu entscheiden.

§. 32. a. a. O.*)

§. 161. Bei der Umwandlung der Geldbuße in Gefängnißstrafe ist das in §. 31. des Regulativs vorgeschriebene Maaß nicht unbedingt festzuhalten, vielmehr darf nach Bewandniß der Umstände ein milderes Verhältniß angenommen werden.

A. K. O. v. 31. Dec. 1836. Gesetzs. v. 1837 S. 13.

---

*) Diese Fälle unterliegen nach der Verordnung v. 3. Jan. 1849 demgemäß der Entscheidung des Polizeirichters.

Zusätze und Berichtigungen.

S. 27 hinter V. v. 27. Juli 1849 ist zu setzen für Berlin:

Die §§. 1 und 3. dieser V. sind dahin declarirt, daß diejenigen 4 Stunden, binnen welchen die Meldung der bei Privatpersonen eintreffenden, resp. abreisenden Fremden erfolgen soll, von 8 Uhr Morgens an laufen, sobald dieselben nicht bereits vor 9 Uhr des vorhergegangenen Abends vollständig abgelaufen sind.

V. v. 2. Januar 1850. Int. Bl. Nr. 7.

Die Bestimmungen über das Meldewesen in Berlin (oben S. 24—27 unter I—III.) sind neuerdings in einer auf Grund des §. 11. des Ges. v. 11. März 1850 erlassenen Polizei-Verordnung vom 23. Oct. 1850 in 31 §§. erneut worden. Die ersten 13 §§. entsprechen wörtlich den Vorschriften I. 1—13. (S. 24. 25), §§. 14—20. handeln von den Fremdenmeldungen; §. 14. lautet speziell:

Als Fremde sind alle Personen zu betrachten, welche in Berlin keinen eigenen Hausstand haben oder zu einem solchen nicht gehören, auch hier nicht angestellt sind, vielmehr, selbst wenn sie hier ein sogenanntes Absteige-Quartier besitzen, ihren gewöhnlichen Aufenthalt auswärts haben.

Die §§. 15—20. entsprechen wörtlich den Vorschriften III. 1—6 bis zum Worte „erfolgt." (S. 27).

Die §§. 21—31. lauten ganz gleich mit den Bestimmungen II. 1—11 (S. 26). Die in 10 u. 11. enthaltene Strafvorschrift gilt allgemein für §§. 1—29. §. 31. hat noch folgenden Zusatz:

Die beiden polizeilichen Bekanntmachungen vom 1. März 1848 (s. oben S. 284) und vom 8. März 1850 (s. oben S. 28) sind nicht aufgehoben.

V. v. 23. Oct. 1850. Amtsbl. S. 389—392.

S. 66 hinter V. v. 1. August 1850 ist zu setzen für Berlin:

Zur Sicherung der durch die Spree führenden baulichen Anlagen des Staats ist den Schiffern, welche mit ihren Fahrzeugen die Marschalls-, die Schloß- und die Schillingsbrücke passiren, das Auswerfen und Schleppen von Ankern auf 5 Ruthen oberhalb und unterhalb der genannten Brücken bei 5 Thlr. Strafe untersagt.

Pol. V. v. 21. Nov. 1850. Amtsbl. S. 414. Erlassen auf Grund des §. 11. des Ges. v. 11. März 1850.

S. 74 hinter §. 1024. II. 20. A. L. R. ist zu setzen:

Um aber dergleichen Unheil (die Blutschande) mit desto mehrerer Sicherheit zu verhüten, sollen Aeltern mit ihren Kindern verschiedenen Geschlechts, die schon zehn Jahr oder darüber alt sind, nicht in Einem Bette schlafen. §. 8a.

§. 1044. II. 20. A. L. R.

§. 8b. Auch Geschwistern verschiedenen Geschlechts soll dergleichen Zusammenschlafen, sobald das jüngere das zehnte Jahr vollendet hat, nicht gestattet werden.

§. 1045. a. a. O.

§. 8c. Die Uebertretung dieser Vorschrift ist, so lange noch kein Verbrechen begangen worden, an den Aeltern durch gerichtlichen Verweis und im Wiederholungsfalle mit verhältnißmäßiger willkührlicher Gefängnißstrafe zu ahnden.

§. 1046. a. a. O.

S. 111 hinter V. v. 21. Febr. 1835 ist zu setzen für Berlin:

3a) Betreffend die Ordnung bei Krolls Wintergarten: Die Anfahrt geschieht von der Zelten-Allee auf dem neu aufgeschütteten und durch Laternen bezeichneten Weg; die Wagen fahren in einer Reihe hinter einander, ohne dieselbe verlassen zu dürfen. Nachdem die Herrschaften unter der Durchfahrt ausgestiegen sind, nehmen die Wagen ihren Weg in gerader Richtung bis zu dem Wege, der nach dem Beerschen Grundstück führt und von da links nach der Charlottenburger Chaussee. Auf der Zelten-Allee dürfen sie nicht zurückfahren.

Die zum Abholen der Herrschaften bestimmten Wagen stellen sich im südwestlichen Winkel des Exercier-Platzes nach polizeilicher Anweisung auf.

Die Abfahrt geschieht von dem Halteplatze nach der Durchfahrt und von dort auf dem neu aufgeschütteten Wege nach der Zelten-Allee zurück.

V. v. 14. Febr. 1844. Int. Bl. Nr. 40.

S. 112 hinter V. v. 5. Dez. 1846 ist zu setzen für Berlin:

5a) Für den bevorstehenden Weihnachtsmarkt ist verordnet, daß die Planstangen bei 1 Thlr. Strafe beim Schließen der Buden nicht auf das Pflaster niedergelegt, sondern am Dach der Bude befestigt werden müssen.

V. v. 2. Dezember 1850. Int. Bl. v. 4. Dez.
(Im Uebrigen enthält die V. keine Strafvorschrift.)

S. 115 hinter V. v. 23. Dec. 1848 ist zu setzen für Berlin:

Die Ableitung sowohl des reinen als des unreinen Wassers von den Grundstücken an der Schönhauser Allee in den Chaussee-Graben, so wie jede sonstige Verunreinigung desselben ist auf Grund des §. 11. des Ges. v. 11. März 1850 bei 5 Thlr. Strafe verboten.

Pol. V. v. 14. Nov. 1850. Amtsbl. S. 414.

S. 118 hinter V. v. 20. Aug. 1846 ist zu setzen für Berlin:

XXII. 1) Das zum Verkaufe auf den Berliner Viehmarkt zu stellende Vieh darf in den Monaten August bis October Morgens nicht vor 5 Uhr, in den Monaten November bis März Morgens nicht vor 6 Uhr und in den Monaten April bis Juli Morgens nicht vor 4 Uhr dahin aufgetrieben werden.

2) Alles Vieh, welches am Tage vor dem Markt hier eintrifft, kann nur bis Abends 9 Uhr in die Stadt eingelassen, es muß sofort in Ställe oder Höfe untergebracht und von dort aus erst in den oben bestimmten Stunden nach dem Markte getrieben werden.

3) Das Verweilen der Viehheerden auf den Straßen überhaupt und namentlich in der Umgegend des Viehmarktes wird hiermit untersagt. Hieraus folgt:

4) daß das am Morgen eines Markttages in die Stadt eingetriebene Vieh sofort nach dem Viehmarkte getrieben und, wenn daselbst kein Platz mehr sein sollte, nach der Anweisung der Markt-Polizei-Beamten aufgestellt werden muß und dasselbe für die Viehheerden, welche an den Markttagen aus den Ställen und von den Höfen zu Markt getrieben werden, zu beachten ist.

Der Uebertreter einer dieser Anordnungen wird mit 10 Thlr. Geld- oder nach Befinden mit körperlicher Strafe belegt.

V. v. 25. Januar 1825. Amtsbl. S. 30.

XXIII. Das Betreten des der Königl. Militär-Verwaltung gehörigen, im Köpnicker Felde belegenen Exercier-Platzes durch Civilpersonen wird bei 1 Thlr. Strafe verboten.

V. v. 18. Nov. 1844. Int. Bl. Nr. 285.

S. 129 Zeile 22 v. oben statt: homöopatische lies: homöopathische.

S. 149 Zeile 8 v. unten statt: Anleitung lies: Einleitung.

S. 156 Zeile 2 v. oben statt: persönlicher lies: chemischer.

S. 190 hinter V. v. 4. Sept. 1830 ist zu setzen für Berlin:

Zur Vermeidung von Unglücksfällen bei Transporten ungewöhnlicher Lasten von über 300 Centner, so wie von Lasten, welche mit mehr als 7 Pferden fortbewegt werden, über die Strombrücken zu Berlin ist eine besondere Sicherstellung der Aufzugsklappen erforderlich.

Damit solche getroffen werden kann, haben die Absender von dergleichen Lasten 24 Stunden vor dem Eintreffen an den Brücken bei einer Strafe von 10 Thlr. in Betreff der sämmtlichen Brücken über die alten Spreeläufe dem Bauführer Zölffel, in Betreff der Brücken über die neuen Schifffahrts-Kanäle innerhalb und außerhalb der Stadt dem Baurath Helfft und in Betreff der Brücken in der Richtung der verlängerten Invalidenstraße dem Baurath Nietz Anzeige zu machen.

V. v. 20. Mai 1850. Amtsbl. S. 199.

S. 209 hinter §. 7. a. a. O. ist zu setzen für Berlin:

Behufs der Ausführung des Allerhöchsten Orts genehmigten Bebauungsplanes für die Gegend vor dem Halleschen und Potsdamer Thore soll im Laufe dieses und des kommenden Jahres durch den Königlichen Vermessungsrevisor Meyer eine neue Aufmessung des Terrains und die Absteckung der anzulegenden Straßen und öffentlichen Plätze stattfinden. Die Natur der gedachten Arbeiten erfordert es, daß sie zu jeder Tageszeit verrichtet, daß ein und dasselbe Grundstück nach Umständen mehrmals betreten, die verschiedenen Fluchtlinien abgesteckt und zuletzt durch einzugrabende oder einzuschlagende Pfähle oder durch Marken an Häusern, Planken, Zäunen u. s. w. bezeichnet werden müssen, deren sorgfältige Erhaltung nothwendig ist, damit sie bei dem nachherigen Nivellement oder bei Anweisung von Baustellen benutzt werden können.

Indem das Publikum hiervon öffentlich in Kenntniß gesetzt wird, werden insonderheit die Besitzer und Bewohner in der beregten Gegend aufgefordert, den Königlichen Vermessungsrevisor Meyer nebst dessen Gehülfen und Arbeitern, sobald und so oft dieselben es für nöthig finden, zu ihren Grundstücken zuzulassen und die von ihnen Behufs der Absteckung anzubringenden Marken und Vorrichtungen in keiner Art zu zerstören oder zu beschädigen.

Zuwiderhandlungen gegen diese Verordnung werden in Gemäßheit des §. 11. des Gesetzes vom 11. März c. mit einer Geldstrafe von 5 Thlr. geahndet, sofern nach den bestehenden Gesetzen keine härtere Strafe verwirkt sein sollte.

V. v. 16. Nov. 1850. Amtsbl. S. 413.

S. 220 Zeile 21 von oben statt 631 lies: 63.

S. 220 hinter A. K. O. v. 6. Juni 1829 ist zu setzen:

§. 42a. Der bisher von Privat-Personen des In- oder Auslandes unternommene Verkauf sogenannter Promessen zu den Prämienscheinen der Seehandlung oder zu ausländischen, mit einer ähnlichen Prämienverloosung verbundenen Staatsanleihen ist in den Preußischen Staaten verboten und jeder Verkehr mit solchen Papieren, sowohl rücksichtlich der Verkäufer als der Käufer oder sonstiger Besitzer derselben überall nach den bestehenden Strafgesetzen wider das verbotene Lotterie-Spiel zu beurtheilen.

A. K. O. v. 27. Juni 1837. Gesetzs. S. 129.

S. 278 hinter §. 188. a. a. O. ist zu setzen:

§. 41a. Im Handel und Verkehr im Innern soll keine andre Berechnungsart, als im Preußischen Gelde, den Thaler zu 30 Silbergroschen und den Silbergroschen zu 12 Pfennigen Statt finden, und jede dagegen entdeckte Kontravention polizeilich bestraft werden.

Kaufleute und Gewerbetreibende, welche kaufmännische Rechte haben, sollen ihre Bücher bei 20—100 Thlr. Strafe nach dieser Eintheilung führen.

Wird bei öffentlichen Verhandlungen der Verwaltungs- und Justizbehörden, Notarien, Auktions-Kommissarien u. s. w. die vorgeschriebene Münzeintheilung nicht zur Anwendung gebracht, so verfällt der Beamte, welcher die Verhandlung aufnimmt, in eine Strafe von 2—25 Thlr. Nur der Wechsel-Verkehr bleibt von dieser Vorschrift ausgenommen.

Nr. 3 der A. K. O. v. 30. Nov. 1829. Gesetzs. v. 1830 S. 3.

Für Berlin

ist die in der K. O. vom 30. Nov. 1829 angedrohte polizeiliche Strafe auf 1—5 Thlr. festgesetzt.

V. v. 28. Juli 1835. Amtsbl. S. 209.

Chronologisches Register.

Die hinter den Verordnungen stehenden Zahlen weisen auf die Seiten des Buchs.

1571 — 1810.

1840.

1841.

1842.

1843.

1844.

Alphabetisches Sachregister.

Die Zahlen weisen auf die Seiten des Buchs.

Die **nur** für **Berlin** oder **den Regierungsbezirk Potsdam** gültigen Verordnungen sind unter diesen beiden Rubriken in besonderer alphabetischer Folge zusammengestellt und dort speziell zu suchen.

A.

H.

S.

T.

U.

Verzeichniß

der in dem Allgemeinen Landrecht enthaltenen und oben aufgenommenen Polizei-Strafgesetze.

§§. 33. 35.	Theil	II.	Titel	20.	Seite	6.
§. 85.	=	II.	=	20.	=	22.
§§. 120—130.	=	II.	=	20.	=	9, 10.
§§. 181—183.	=	II.	=	20.	=	13.
§§. 186—190.	=	II.	=	20.	=	15.
§§. 239. 240.	=	II.	=	20.	=	35, 6.
§§. 512. 513.	=	II.	=	20.	=	1, 2.
§§. 691. 692.	=	II.	=	20.	=	127.
§§. 693—701.	=	II.	=	20.	=	128, 129.
§§. 702—706.	=	II.	=	20.	=	178.
§§. 709—715.	=	II.	=	20.	=	179.
§§. 720—721.	=	II.	=	20.	=	179.
§. 722.	=	II.	=	20.	=	127.
§§. 726. 727 a.	=	II.	=	20.	=	165.
§§. 728—730.	=	II.	=	20.	=	157.
§. 731.	=	II.	=	20.	=	182, 183.
§. 732.	=	II.	=	20.	=	80.
§§. 733—736.	=	II.	=	20.	=	191.
§§. 738. 739.	=	II.	=	20.	=	191.
§§. 740—743.	=	II.	=	20.	=	183.
§. 745.	=	II.	=	20.	=	183.
§§. 746—748.	=	II.	=	20.	=	190.
§§. 749—755.	=	II.	=	20.	=	187.
§§. 756—761.	=	II.	=	20.	=	189.
§§. 762. 763.	=	II.	=	20.	=	191.
§§. 764.	=	II.	=	20.	=	192.
§§. 765. 766.	=	II.	=	20.	=	194.
§§. 771—774.	=	II.	=	20.	=	194.
§§. 775—776.	=	II.	=	20.	=	195.
§§. 782—783.	=	II.	=	20.	=	180.
§. 785.	=	II.	=	20.	=	180.
§§. 788—790.	=	II.	=	20.	=	181.
§§. 1004.	=	II.	=	20.	=	73.
§§. 1013. 1014.	=	II.	=	20.	=	73.
§. 1019.	=	II.	=	20.	=	73.
§§. 1023. 1024.	=	II.	=	20.	=	73, 74.
§§. 1044—1046.	=	II.	=	20.	=	317, 318.
§§. 1079. 1080.	=	II.	=	20.	=	179.
§§. 1105—1107.	=	II.	=	20.	=	210.
§§. 1231. 1232.	=	II.	=	20.	=	212.
§§. 1233—1236.	=	II.	=	20.	=	213.
§§. 1248—1252.	=	II.	=	20.	=	214.
§. 1440 b.	=	II.	=	20.	=	77.
§§. 1538—1556.	=	II.	=	20.	=	249—251.
§§. 1559—1562.	=	II.	=	20.	=	251.
§§. 1565. 1566.	=	II.	=	20.	=	251.
§§. 1568—1570.	=	II.	=	20.	=	252.

Kolibri 360 GmbH
Ferdinand-Jühlke-Straße 7
99095 Erfurt, Deutschland
produktsicherheit@kolibri360.de